Zeitschrift für kritische Theorie

Heft 18-19/2004

herausgegeben von
Gerhard Schweppenhäuser
und Wolfgang Bock

zu Klampen

Zeitschrift für kritische Theorie, 10. Jahrgang (2004), Heft 18-19

Herausgeber: Wolfgang Bock, Gerhard Schweppenhäuser

Redaktion: Roger Behrens (Weimar/Hamburg); Wolfgang Bock (Weimar); Christoph Görg (Frankfurt am Main); Thomas Friedrich (Mannheim); Gerhard Schweppenhäuser (Bozen)

Korrespondierende Mitarbeiter: Rodrigo Duarte (Belo Horizonte); Jörg Gleiter (Tokyo/Berlin); Frank Hermenau (Kassel); Fredric Jameson (Durham, North Carolina); Sven Kramer (Toronto); Claudia Rademacher (Berlin); Gunzelin Schmid Noerr (Mönchengladbach); Jeremy Shapiro (New York)

Redaktionsbüro: Alle Zusendungen redaktioneller Art bitte an das Redaktionsbüro:
Zeitschrift für kritische Theorie
c/o HD Dr. Wolfgang Bock
Bauhaus-Universität Weimar / Fakultät Gestaltung
Geschwister-Scholl-Str. 7, D-99423 Weimar
e-mail: wolfgang.bock@gestaltung.uni-weimar.de

Erscheinungsweise: Die Zeitschrift für kritische Theorie erscheint einmal jährlich als Doppelheft.
Preis des Doppelheftes: 28,– Euro [D];
Jahresabo Inland: 25,– Euro [D];
Bezugspreis Ausland bitte erfragen.
Berechnung jährlich bei Auslieferung des Heftes.
Das Abonnement verlängert sich automatisch, wenn die Kündigung nicht bis zum 15. 11. des jeweiligen Jahres erfolgt.

Umschlagentwurf: Johannes Nawrath

Druck: Majuskel Medienproduktion GmbH

Bibliografische Information Der Deutschen Bibliothek
Die Deutsche Bibliothek verzeichnet diese Publikation in der Deutschen Nationalbibliografie; detaillierte bibliografische Daten sind im Internet über ›http://dnb.ddb. de‹ abrufbar.

Aufnahme nach 1995, H. 1 ISSN 0945-7313; ISBN 3-9934920-39-X

Inhalt

Vorbemerkung der Redaktion 5

KRITISCHE THEORIE IM DIALOG

Gunzelin Schmid Noerr
Emanzipation des Subjekts – von sich selbst?
Pädagogisches Handeln im Angesicht der Paradoxien der Moderne 7

Tobias Bevc
Ernst Cassirer und die Kritische Theorie.
Ein doppelter Blick auf die Sprache des Nationalsozialismus 28

Peter-Erwin Jansen
Weitermachen! Der Briefwechsel Marcuse-Dutschke 58

Marcus Hawel
Ein Begriff muss bei dem Worte sein.
Theorie und Praxis in den Sozialwissenschaften 73

Kenichi Mishima
Nietzsche als transkultureller Akrobat
im Lichte unserer Erfahrung der kulturellen Hybridität 80

WALTER BENJAMIN, DIE MODE UND DIE BILDER

Sven Kramer
Stillstellung oder Verflüssigung?
Schrift-Bild-Konstellationen bei Walter Benjamin und Peter Weiss 99

Mauro Ponzi
Kunstproduktion und Simulation im post-auratischen Zeitalter 116

Georg Otte
Zitieren und Antizipieren – die Frage der Lesbarkeit der Welt
im *Passagen-Werk* Walter Benjamins 133

Stavros Arabatzis
Die Rüsche am Kleid. Zur Lesbarkeit der Mode 150

ADORNOS AKTUALITÄT

Lars Rensmann
Adorno at Ground Zero. Zur Vergegenwärtigung kritischer Theorie
im Zeitalter postindustrieller Globalisierung 161

Andreas Gruschka
Pädogogische Aufklärung nach Adorno 188

Konstantinos Rantis
Adornos Kritik antiker Ontologie 201

Silke Kapp
Asyl für Obdachlose
oder Zwischen Frankfurter Küche und Frankfurter Schule 219

Michael Hirsch
Adorno nach Benjamin. Politik des Geistes 239

Jochen Hörisch
Über die Sprache Adornos
Rundfunkgespräch mit Peter Kemper 264

Kurt Lenk
Nachlese zum Adorno-Jahr 282

Autorin und Autoren 289

Vorbemerkung

Die Zeitschrift für kritische Theorie erscheint ab 2004 nicht mehr in zwei Heften pro Jahr, sondern jährlich einmal als Doppelheft. Dafür sind äußere Zwange verantwortlich. Der Verlag, der das Projekt seit 1993 betreibt und fördert, obwohl die Tendenzen des Buch- und Wissenschaftsmarkts dafür wahrlich nicht günstig sind, muss die Herstellungs- und Vertriebskosten verringern. Und die Redaktion muss den Organisations- und Reiseaufwand verringern, weil Herausgeber und Redakteure ihren akademischen Berufen inzwischen an weit auseinander liegenden Orten nachgehen. Wir bemühen uns, trotz veränderter Arbeitsbedingungen auch weiterhin Kontinuität und Aktualität der Diskurse über kritische Theorie in dieser Zeitschrift zu ermöglichen.

Dem veränderten Erscheinungsmodus entspricht eine veränderte Aufteilung der Hefte. Zwar wird es nach wie vor keine Themenhefte geben, aber dieses Doppelheft ist nach Themenschwerpunkten gegliedert. Den Anfang macht eine Reihe von Beiträgen, die kritische Theorie im Diskurs mit anderen Theorietypen darstellen bzw. solche Diskurse herstellen.

Gunzelin Schmid Noerr untersucht ausgehend von Kant, welche Anforderungen heute in der Pädagogik an den Emanzipationsbegriff zu stellen sind. Tobias Bevc unternimmt einen der seltenen Brückenschläge zwischen Ernst Cassirer und der kritischen Theorie Horkheimers und Adornos. Peter-Erwin Jansen dokumentiert und kommentiert den Briefwechsel von Herbert Marcuse und Rudi Dutschke. Marcus Hawel stellt seine Reflexionen über die Voraussetzungen moderner Begriffsbildung vor. Kenichi Mishima geht der Bedeutung Nietzsches im globalisierten Kulturdiskurs aus der Perspektive Japans nach.

Die zweite Gruppe versammelt Beiträge, die sich mit Walter Benjamin beschäftigen. Sven Kramer zeigt Ähnlichkeiten und Differenzen in der Bild-Schrift-Konstellation bei Benjamin und Peter Weiss auf. Mauro Ponzi greift mit Hilfe der Begrifflichkeit aus der Vorrede von Benjamins Trauerspielbuch in den postmodernen Mediendiskurs ein. Georg Otte und Stavros Arabatzis stellen die Lesbarkeit der Mode in Benjamins Passagenwerk auf unterschiedliche Weise in den Mittelpunkt ihrer Überlegungen.

Schließlich gibt es eine Gruppe von Beiträgen, die Adornos Aktualität aus verschiedenen Perspektiven untersuchen. Lars Rensmann tut dies mit Blick auf den Terroranschlag am 11. September 2001 in New York. Andreas Gruschka verweist auf den Horizont der Aufklärung bei Adorno und einige Aporien kritischer Pädagogik nach Adorno. Konstantinos Rantis stellt Adornos Aristoteles-Interpretation und deren Ort in der kritischen Theorie vor. Silke Kapp wirft einen vergleichenden Blick auf Theorie, Design und Architektur der Frankfurter Provenienz und zieht daraus Schlüsse für die Analyse von Wohnverhältnissen in brasilianischen Elendsvierteln. Michael Hirsch kritisiert Benjamins Politikvorstellung aus einer Adornoschen Perspektive heraus. Und Jochen Hörisch führt in einem Rundfunkgespräch mit Peter Kemper vom September 2003 vor, wie Impulse von Adorno auf provokante und unabhängige Weise in der veränderten kulturellen und wissenschaftlichen Landschaft von heute zur Wirkung gebracht werden können.

Am Schluss des Heftes steht ein Literaturbericht von Kurt Lenk, der einige charakteristische Veröffentlichungen aus dem ›Adorno-Jahr‹ 2003 kommentiert.

Die Redaktion

KRITISCHE THEORIE IM DIALOG

Gunzelin Schmid Noerr

Emanzipation des Subjekts – von sich selbst?
Pädagogisches Handeln angesichts der Paradoxien der Moderne

1. Emanzipation – ein pädagogischer Grundbegriff

In jener Epoche, die von der unseren durch eine Generation getrennt ist, konnte es so aussehen, als sei die pädagogische Theorie eine kritische Sozialwissenschaft, und als sei die pädagogische Praxis normativ auf ein ›emanzipatorisch‹ genanntes Ziel hin angelegt. Aber dieses Selbstverständnis der Pädagogik war nur für einen geschichtlichen Moment vorherrschend. Seither ist es den ironischen Hammerschlägen von Postmodernisten und soziologischen Systemtheoretikern ausgesetzt. Zumindest hat der Leitbegriff Emanzipation deutlich Patina angelegt. Viele halten ihn heute entweder für maßlos überspannt oder einfach für unangebracht. Schlimmerenfalls steht Emanzipation im Verdacht, bloß ein Deckmantel für die Selbstherrlichkeit zu sein, mit der Pädagogen insgeheim eigene Machtansprüche gegenüber ihren Klienten ausspielen. Gilt es also heute, sich von der Idee der Emanzipation zu emanzipieren?

Schon die klassisch-aufklärerische Idee der Emanzipation zielte nicht nur auf die Befreiung von äußeren Zwängen staatlicher und klerikaler Vormundschaft, sondern auch auf die Beherrschung innerer Natur als unabdingbare Voraussetzung für jene äußere Befreiung. Diese Voraussetzungsleistung war vor allem Sache der Pädagogik und die mit ihrer Praxis verbundenen Zwänge schienen dadurch legitimiert. Andererseits richtete sich die Selbstkritik der Aufklärung immer wieder auch gegen die Annahme der Unabdingbarkeit des pädagogischen Zwangs. Diese Kritik kulminiert heute in der postmodernen Absage ans Subjekt, das auf eine innere Abbildung von Macht- und Unterwerfungsstrukturen reduziert wird. Entgegen solchen Annahmen möchte ich im Folgenden zeigen, inwiefern Emanzipation auch in der Gegenwart, nämlich gerade angesichts der zugespitzten Paradoxien der Moderne, zu Recht ein allgemeines regulatives Prinzip des pädagogischen Handelns darstellt. Dazu ist es allerdings erforderlich, den Begriff der Emanzipation nicht kurzschlüssig auf eine politisierte Pädagogik zu verengen, sondern ihn in einem größeren Rahmen der gesellschaftlichen Modernisierung zu verorten.

An die emanzipatorische Pädagogik der 70er Jahre können wir heute schon deshalb nicht mehr *unmittelbar* anknüpfen, weil sich die gesellschaftlichen Rahmenbedingungen gewandelt haben. Diese pädagogische Strömung konnte sich in der damaligen Bundesrepublik Deutschland als Theorie in Beziehung zu praktisch-politischen Bestrebungen weitreichender Bildungsreformen verstehen, die inzwischen längst weitgehend technokratisch umgebogen oder beendet wurden. Die globalisierte Risikogesellschaft mit ihren Dimensionen der Individualisierung, der konstanten Massenarbeitslosigkeit, der ökologischen Zerstörung oder der Bedrohung durch Massenvernichtungswaffen haben die Perspektive von Humanisierung und Emanzipation zu Gunsten der Maxime des Überlebens verdrängt. In dieselbe Richtung wirken auch die Kräfte der Wissens- und Informationsgesellschaft. Wissen wird in der Wissensgesellschaft nicht gleichmäßig verteilt, vielmehr entstehen zugleich neues Unwissen, neue Unbeständigkeit, neue Ungleichheit. Damit ist die Hoffnung auf allgemeine Emanzipation durch Bildung fragwürdig geworden.

Die beiden erwähnten Angriffsstrategien der Postmoderne und der Systemtheorie gegen den von kritischen Theorien vertretenen Emanzipationsbegriff unterscheiden sich in einer entscheidenden Hinsicht. Unter dem Titel des *Postmodernen Wissens* verkündete Jean-François Lyotard[1] das Ende der großen Metaerzählung von der Emanzipation. Fortschritt und das Versprechen auf Befreiung hatten, so Lyotard, den Prozess der Modernisierung legitimiert, aber hinter der vorgeblich universellen Vernunft verbargen sich partikulare Interessen. Legitimiert wurde die Unterdrückung derjenigen Minoritäten und vormodernen Lebensformen, die sich in die Emanzipationsvorstellungen der Moderne nicht einfügen ließen. Ziel des postmodernen Denkens bei Lyotard ist dementsprechend die Steigerung der Sensibilität für das mit der herrschenden Vernunft Inkommensurable. Auch Lyotard unterlegte also seiner Vernunftkritik insgeheim noch den Maßstab der Emanzipation. Dennoch lehnte er die Argumentationsweise einer immanenten Kritik universalistischer Konzepte ab, wie sie die kritische Theorie angewandt hatte. Statt dessen berief er sich auf die unauflösbare Heterogenität der Sprachspiele. Desillusioniert von allen Ideologien der Moderne, reduzierte er Rationalität auf schiere Macht. Allerdings lassen sich dann, so ist gegen Lyotard einzuwenden, keine guten Gründe mehr dafür angeben, warum *eine* partikulare Lebensform (die Minorität) durch eine *andere* partikulare Lebensform (die Majorität) *nicht* unterdrückt werden sollte.

Anders die Argumentationslinie der soziologischen Systemtheorie. Die moderne Gesellschaft als autopoietisches System bedarf, so Niklas Luhmann, nicht mehr der Zustimmung durch lebendige Subjekte. Diese sind für die sozialen Systeme nur Teil der jeweiligen System-Umwelt. Psychische Systeme können sich auf soziale Systeme nur beziehen, insofern sie an deren systemische Operationen anschlussfähig sind. Subjektive Widerstände oder Proteste gegen Systemanforderungen prallen an diesen ab oder werden in bürokratische Verfahren integriert. Luhmann stellte nicht nur deskriptiv die Chancenlosigkeit der Subjekte gegenüber der jeweiligen Systemlogik fest, er unterstellte auch präskriptiv die Überlegenheit der systemischen Operationen gegenüber der Vernunft der Subjekte. Bereits Ende der achtziger Jahre blickten er und Karl Eberhard Schorr[2] auf die »›gesellschaftskritische‹ Ambitionierung der Pädagogik des letzten Jahrzehnts [...] wie auf eine fatale Geschichte« zurück, die in ein »führungsloses Oszillieren zwischen Protest und Resignation« auslaufe. In seinem nachgelassenen Buch *Das Erziehungssystem der Gesellschaft* bezeichnete Luhmann[3] die Ideen von Emanzipation oder Chancengleichheit in der Pädagogik als imaginäre Selbstinspirationen, die mit der systemischen Wirklichkeit der institutionellen Erziehung, das heißt mit den ›Schwierigkeiten des classroom management‹, der ›Erhaltung von Disziplin‹ und der ›Vermeidung von Störungen‹, überhaupt nichts zu tun haben. Ideologiekritisch ließ er die Idee sich an der Realität blamieren, wenn er, in der Tradition konservativer Gleichheitsskeptiker, feststellte, dass »die Emanzipation des einen [...] die Unsicherheit des anderen ist«[4], und dass individuelle Freiheit notwendig in Konflikt mit den zugleich erhobenen Ansprüchen von Gleichheit und Solidarität gerät.

Gegen derartige Entzauberungen des Emanzipationsbegriffs ist meines Erachtens kaum etwas einzuwenden. Tatsächlich können Grund- und Leitbegriffe wie ›Subjekt‹, ›Freiheit‹, ›Emanzipation‹, worauf auch die Kritische Theorie immer wieder hingewiesen hat, nur allzu leicht zur Verklärung und Scheinrechtfertigung des Handelns gebraucht werden. Andererseits aber wird mit der Soziologie der Erziehung die spezifische Wirklichkeit des Pädagogischen noch nicht ausgeschöpft. Das Subjekt als Bildungsziel mit den Aspekten des Selbstbewusstseins, der Selbstbestimmung, der Selbstachtung und der Selbstverantwortung[5] ist aus der Pädagogik nicht zu verbannen. Individuen sind noch nicht per se Subjekte, sie werden erst zu solchen durch Sozialisation, Erziehung und Bildung. Zugleich ist Subjektivität grundsätzlich nur eingeschränkt zu verwirklichen. Diese ambivalente Relation von Subjekt und Gesellschaft (Gesellschaft als subjektbildend und entsubjektivierend) wurde in der Kritischen Theorie als ›dialektische‹ bezeichnet.

Emanzipation als allgemeiner *Grundbegriff* der Pädagogik ist zutiefst in der gesamten Pädagogik seit der Aufklärung verhaftet und lässt sich als Orientierung der Pädagogik an den Anforderungen der Moderne verstehen. Man kann, nach einem Vorschlag von Arnim und Ruth Kaiser[6], den pädagogischen Emanzipationsbegriff neben dem der Mündigkeit als Teilmoment des übergeordneten Begriffs der *Bildung* interpretieren. Bildung ist ein allgemeiner Maßstab für die Bewertung von Erziehungszielen. Bildung zielt, dem pädagogischen Diskurs seit Rousseau zufolge, auf eine selbstständige Haltung ab, die auch eine kritische Distanz gegenüber gesellschaftlichen Rollenanforderungen enthalten kann. Unter dem Begriff der Bildung werden die Einzelnen einerseits als Selbstzweck, andererseits in ihrer sozialen Bezogenheit betrachtet. Maßstab der kritischen Prüfung sozialer Einpassung und deren oberster Bezugspunkt ist Selbstbestimmung. Emanzipation schafft die Voraussetzungen für Selbstbestimmung. Sie ist als allgemeines regulatives Prinzip des pädagogischen Handelns für konkrete Teilziele zu verstehen, die ihrerseits festlegen, welche Handlungen in bestimmten Situationen gefördert oder verhindert werden sollen. Während konkrete Ziele des Erziehungshandelns unmittelbar umgesetzt werden, können allgemeine Ziele wie das der Emanzipation nur indirekt angestrebt werden. Sie bezeichnen eher eine innere Haltung als ein äußeres Verhalten und werden im Laufe des Erziehungsprozesses eher vorbewusst internalisiert als bewusst gelernt.

Der grundbegriffliche Status des Emanzipationsbegriffs wird auch in einer Bestimmung von Emanzipation als ›kommunikativem Begriff‹ deutlich. »Was sich«, so Klaus Mollenhauer, »aus dem [...] allgemeinen Erziehungsziel Emanzipation im detaillierten Kontext pädagogischen Handelns als Zwischen- oder Teilziele ergibt, kann keine Theorie mit Bestimmtheit sagen, es sei denn, das, was für den Begriff ›Emanzipation‹ als unverzichtbar behauptet wird, nämlich die Chance für Individuen und Gruppen, ihr Handeln selbst zu bestimmen, würde aufgegeben.«[7] Das bedeutet, dass emanzipatorisches Erziehungshandeln nicht über Ursache-Wirkungszusammenhänge verfügt, sondern auf die Herstellung einer Kommunikationsstruktur abzielt, an der die an der pädagogischen Interaktion Beteiligten gleichermaßen beteiligt sind. Der Edukand ist noch nicht Subjekt, aber auch nicht Objekt. Daraus folgt eine gewisse Ergebnisoffenheit pädagogischen Handelns. »Jeder emanzipatorische Erziehungsakt«, erläutert Micha Brumlik, »ist, wenn er wirklich ›emanzipatorisch‹ sein will, dem paradoxen Risiko ausgesetzt, von den nunmehr ›emanzipierten‹ Individuen zumindest ex post zurückgewiesen zu werden. [...] So ist auch die Unterstellung eines objektiven Interesses an Glück und Mündigkeit letzten Endes daran gebunden, zurückgewiesen werden zu können [...].«[8] Pädagogik kann den Widerspruch nicht beseitigen, dass der zu befördernde Anspruch auf Selbstbestimmung im Kern auch einen Anspruch auf die Freiheit *von* den Ansprüchen auf Legitimation, Folgerichtigkeit, Berechenbarkeit, Beherrschbarkeit enthält.

2. Emanzipatorische Pädagogik als Reaktion auf die Paradoxien der Moderne

Ob, in welchem Maße und wie im einzelnen der allgemeine pädagogische Emanzipationsbegriff jeweils Eingang in die Pädagogik fand, war sehr unterschiedlich. Man kann die verschiedenen Versionen emanzipatorischer Pädagogik als Reaktionen auf die unterschiedlich ausgeformten Paradoxien der Moderne[9] verstehen. Sehen wir von den die Moderne auszeichnenden Veränderungen der sozialen Struktur, der Technik und der Kultur ab und fokussieren wir den Begriff der Modernisierung auf die im sozialen Feld handelnden Personen, dann tritt als Merkmal der Modernisierung vor allem die *Individualisierung* in den Vordergrund. Der Begriff der Individualisierung, wie ihn Ulrich Beck[10] in seiner Beschreibung der ›Risikogesellschaft‹ expliziert hat, bedeutet die Freisetzung aus traditionalen Versorgungs- und Herrschaftszusammenhängen und zugleich die Auslieferung der Individuen an globale ökonomische Zwänge, die die Einzelnen als neuartige persönliche Lebensrisiken erfahren. Das Repertoire an verfügbaren Lebensentwürfen erweitert sich. Ohne damit besonders aufzufallen, können die Individuen verschiedene Lebensstile in sich vereinen und nebeneinander her praktizieren. Individualisierung bedeutet also nicht nur die Pluralisierung von Lebenskonzepten, die die Individuen für sich auswählen können und müssen (welcher Ausbildung unterzieht man sich?, welchen Beruf strebt man an?, welchen Lebensstil pflegt man?, welche religiöse Heilsbotschaft sagt einem zu? usw.), sondern auch diese Pluralisierung innerhalb eines einzigen Individuums (wie stellt man sich am Arbeitsplatz dar?, welchen Lebensstil wählt man in der Freizeit? usw.).

Modernisierung ist ein ambivalenter Prozess, der im Erleben der Individuen zu pragmatischen Paradoxien führt. Hinsichtlich der personalen Dimension entwickelt sich das *Individualisierungsparadox* als Gegensatz von zunehmender *Freiheit* und zunehmender struktureller *Abhängigkeit und Ohnmacht*. Moderne Individuen beanspruchen, über ihr Leben nicht im Rahmen traditioneller Vorgaben der Gemeinschaft, sondern auf der Basis ihrer persönlichen Vorlieben und Ansichten zu entscheiden. Die *Ent*mächtigung lokaler Traditionen nimmt ihnen aber auch Sicherheit und Identität, und die *Er*mächtigung zunehmend anonymer, abstrakter Verbände erzeugt neue Abhängigkeiten und Ohnmachtserfahrungen. So hat beispielsweise der moderne Sozialstaat die Freiheit gegenüber der Bedrohung durch individuelle Schicksalsschläge erweitert, zugleich aber auch die Abhängigkeit von den Wohlfahrtsbürokratien gesteigert.

Die Widersprüchlichkeit von Freiheit und Zwang ist seit jeher für pädagogisches Handeln zentral, wird aber durch die Modernisierung zunehmend verschärft. In den philosophischen Begründungen pädagogischen Handelns zu Beginn der Moderne wurde auf die Dialektik von pädagogischem Zwang zum Zwecke der Herstellung von Autonomiefähigkeit hingewiesen. »Zwang ist nötig!« so beispielsweise Kant in seiner Vorlesung über Pädagogik. »Wie cultiviere ich die Freiheit bei dem Zwange? Ich soll meinen Zögling gewöhnen, einen Zwang seiner Freiheit zu dulden, und soll ihn selbst zugleich anführen, seine Freiheit gut zu gebrauchen. [...] Er muß früh den unvermeidlichen Widerstand der Gesellschaft fühlen, um die Schwierigkeit, sich selbst zu erhalten, zu entbehren, und zu erwerben, um unabhängig zu sein, kennen zu lernen.«[11] An dieser Beschreibung kann man die Grundparadoxie des pädagogischen Handelns in der Moderne erkennen: Der Edukand soll in der Einwirkung vorwegnehmend als autonom behandelt werden, das pädagogische Handeln soll sich selbst überflüssig machen. Pädagogisches Handeln kann nur über die Einsicht des Edukanden wirken, aber diese Einsicht hängt wiederum von der Erziehung ab. »Daher ist Erziehung das größte Problem, und auch das schwerste, was dem Menschen kann aufgegeben werden.«[12]

Erziehung war für Kant praktische Aufklärung, Mündigkeitsarbeit am Subjekt. Diese Arbeit war, ihm zufolge, die unabdingbare Voraussetzung für die Kritik an Dogmen, Traditionen und autoritären gesellschaftlichen Machtstrukturen. Aufklärung, der »Ausgang des Menschen aus seiner selbstverschuldeten Unmündigkeit«[13], Befreiung des Subjekts *von* sich selbst (von seiner Mutlosigkeit, seinem mangelnden Willen) und *zu* sich selbst (zu seiner Autonomie und Moralität). »Der Mensch kann nur Mensch werden durch Erziehung. Er ist nichts, als was die Erziehung aus ihm macht. [...] Vielleicht, daß die Erziehung immer besser werden und daß jede folgende Generation einen Schritt näher thun wird zur Vervollkommnung der Menschheit; denn hinter der Education steckt das große Geheimniss der Vollkommenheit der menschlichen Natur. Von jetzt an kann dieses geschehen. Denn nun erst fängt man an richtig zu urtheilen und deutlich einzusehen, was eigentlich zu einer guten Erziehung gehöre. Es ist entzückend, sich vorzustellen, daß die menschliche Natur immer besser durch Erziehung werde entwickelt werden [...]. Der Mechanismus in der Erziehungskunst muss in Wissenschaft verwandelt werden, sonst wird sie nie ein zusammenhängendes Bestreben werden, und eine Generation möchte niederreißen, was die andere schon aufgebaut hätte.«[14] Kants Visionen einer aufgeklärten Pädagogik waren allerdings weit von der damaligen Wirklichkeit der Erziehung in den Familien, Schulen und den neu entstehenden Wohlfahrtseinrichtungen entfernt. Dennoch, oder gerade deshalb, haben die Leitbegriffe der Aufklärung wie Kritik, Toleranz und Autonomie als normative Ansprüche pädagogischer Theorie und Praxis bis heute fortgewirkt.

Kant, am Beginn der Moderne, forderte die Selbstbestimmung des Menschen, seine Kultivierung durch Erziehung und die Verwissenschaftlichung der Pädagogik, mit anderen Worten: Modernisierung in den Bereichen der Individualisierung, der Domestizierung innerer Natur und der kulturellen Rationalisierung. Daran wird der spezifisch aufklärerische Begriff der Emanzipation deutlich. Ursprünglich, in der römischen Antike, hatte Emanzipation das Rechtsgeschäft der Entlassung eines Abhängigen (eines Sklaven oder Sohnes) aus der väterlichen Gewalt, also einen von den Betroffenen eher passiv erfahrenen Vorgang, bedeutet. Nun aber stand Emanzipation für das eigenaktive Sich-Herausarbeiten der Menschen aus kirchlicher und politischer Bevormundung. Überkommene Bindungen sollten, der Grundidee der Aufklärung zufolge, nur noch gelten, sofern sie durch vernünftige Gründe und freiwilligen Entschluss beglaubigt wären. Jedoch wurde dabei Autonomie nicht als von selbst entstehend gedacht, sondern als Resultat einer erzieherischen Einwirkung.

Kant beschrieb das, was wir heute Modernisierung nennen, als Zurückdrängung der Naturschranke durch Vernunft, aber noch nicht als Erzeugung und Bewältigung von Paradoxien. So berücksichtigte er noch nicht den Gegensatz zwischen der Forderung nach Selberdenken und der nach Wissenschaftlichkeit, das dem Selberdenken für den Lernenden enge Beschränkungen auferlegt. Modernisierungsparadoxien tauchten, der Sache nach, erst bei Hegel und Marx auf, die den aufklärerischen Begriff der Emanzipation noch einmal entscheidend veränderten. Sie entdeckten die später so genannte Dialektik der Aufklärung, die sich darin äußert, dass die Erringung von Freiheit zur Erzeugung neuer Unfreiheit führt (beispielsweise der freie Arbeitsmarkt zu Armut und Arbeitslosigkeit). Deshalb beharrten sie auf der gesellschaftlichen Bedingtheit der individuellen Fähigkeit zum Vernunftgebrauch. Damit stellten sie einen strukturellen Emanzipationsbegriff über den individuellen. Die individuelle Selbstbefreiung kann demnach nur gelingen, wenn sich die Gesellschaft als ganze von autoritären Strukturen emanzipiert. Aufklärung war für Marx nicht mehr, wie für Kant, als Appell an die moralische Einsicht zu verstehen, sondern als Veränderung derjenigen Verhältnisse, die die Unmündigkeit der Individuen erzeugen und zementieren. Aufklärung wurde erweitert, radikalisiert und emphatisch aufgeladen zur umfassenden menschlichen Emanzipation, zur inneren und äußeren Vervollkommnung und Befreiung des Menschen.

Erst in den späten 60er Jahren des vergangenen Jahrhunderts avancierte Emanzipation explizit zum pädagogischen Leitbegriff. Unmittelbar plausibel erschien die Idee der Emanzipation für viele vor dem Hintergrund der als restaurativ bewerteten gesellschaftlich-kulturellen Verhältnisse der Nachkriegsjahre und im Kontext der Aufbruchstimmung der Studentenbewegung sowie der damaligen Bildungsreformen. Besonders einflussreich auf die Pädagogik wirkte die Sozialphilosophie von Jürgen Habermas, der, in Anknüpfung an Max Horkheimers Idee der kritischen Theorie, ein ›emanzipatorisches Erkenntnisinteresse‹ als methodisch wirksame Grundlage kritisch orientierter Wissenschaften postulierte. Kritische Wissenschaften (wie die Kritik der politischen Ökonomie oder die Psychoanalyse) sollten objektive Erkenntnis in dem Maße liefern, in dem sie dazu beitrugen, die Subjekte »aus der Abhängigkeit von hypostasierten Gewalten«[15] zu lösen. Dies sollten sie, wie Habermas gegen ein Marxsches Selbstmissverständnis vorbrachte, deshalb können, weil Emanzipation eine Wirkung nicht nur des Fortschritts von Produktivkräften, sondern vor allem auch der Entschränkung von Interaktions- und Kommunikationsverhältnissen sei.

In diesem Ansatz konnten sich auch viele Erziehungswissenschaftler und Erzieher der 68er-Generation gut wiedererkennen, ja man kann sagen, dass der von der sozialphilosophischen Theorie-Diskussion ebenso wie von der politischen Studentenbewegung zum Signal erkorene Emanzipationsbegriff in Pädagogik und Sozialer Arbeit zu besonderer Blüte kam. Denn in diesem Feld schienen sich individuelle und gesellschaftliche, theoretische und praktische Aspekte des Emanzipationsbegriffs auf einzigartige Weise zu verbinden. Zugleich schien auf diesem Feld ein Ausweg aus einer Konstellation von Individuum und Gesellschaft erkennbar, die die ältere Kritische Theorie von Horkheimer, Adorno und Marcuse als tiefgreifende Formierung und Funktionalisierung der Individuen in einer ›eindimensional‹ gewordenen Gesellschaft beschrieben hatte. Emanzipation wurde nun greifbar als Entwicklung eines kritischen Bewusstseins, das sich in Demokratisierungsprozessen zu bewähren hatte. 1968 erschien in Deutschland als erste entsprechende pädagogische Publikation, die geradezu eine Diskussionslawine auslöste, Mollenhauers *Erziehung und Emanzipation*. Erziehung hatte, diesem Autor zufolge, weniger die Funktionstüchtigkeit des zu Erziehenden im gesellschaftlichen System zu gewährleisten, als vielmehr ihm die Möglichkeit zu erschließen, zur Umgestaltung der sozialen Wirklichkeit beizutragen. »Emanzipation heißt«, so Mollenhauer, »die Befreiung der Subjekte – in unserem Fall der Heranwachsenden in dieser Gesellschaft – aus Bedingungen, die ihre Rationalität und das mit ihr verbundenen gesellschaftliche Handeln beschränken«[16].

Mollenhauer rechtfertigte die emanzipatorische Pädagogik mittels einer zweifachen Abgrenzung: einerseits von der von Hermann Nohl schon in den 20er Jahren geprägten und noch bis in die 60er Jahre dominanten ›geisteswissenschaftlichen Pädagogik‹, andererseits von der seit den 50er Jahren zunehmend hervorgetretenen, empirisch verfahrenden Erziehungswissenschaft, die die tatsächliche pädagogische Praxis mit sozialwissenschaftlichen Methoden zu beschreiben suchte. Während die immer noch paternalistischen Wertvorstellungen und normativen Appelle der geisteswissenschaftlichen Pädagogik, Mollenhauer zufolge, unzeitgemäß geworden waren, hatte andererseits die empirische Erziehungswissenschaft die Wertdimension überhaupt verleugnet. Dem gegenüber setzte Mollenhauer auf die Reorganisation der pädagogischen Praxis als rationalem Diskurs. »Der Objektbereich der Erziehungswissenschaft ist durch ›kommunikative Erfahrung‹ definiert; der Forscher gehört der Kommunikationsgemeinschaft, deren Teil ›Erziehung‹ er erkennen will, selbst an. Jeder Forschungsakt ist deshalb notwendig auch ein sinnkonstituierender Akt, ein verändernder Eingriff in diese Kommunikationsgemeinschaft.«[17] Wenn nun Erziehung darin bestehe, in den Heranwachsenden die Voraussetzungen zu schaffen, sich an vernünftigen gesellschaftlichen Entscheidungen zu beteiligen, wenn also der immanente Zweck der Erziehung Mündigkeit sei, dann sei Erziehungs*wissenschaft* eine kritische Theorie, darauf gerichtet, »undurchsichtig wirkende Motive des pädagogischen Handelns (Ursachen) in rationale Intentionen zu überführen«[18]. Dies war eine – heute vielleicht allzu kognitionslastig erscheinende – Übersetzung der Habermasschen Konzeption des herrschaftsfreien Diskurses in die pädagogische Programmatik, Erziehung gedacht nach dem Modell wissenschaftlicher Rationalität.

Emanzipation als pädagogischer Grundbegriff bezeichnete für die Pädagogik keinen direkt beobachtbaren Sachverhalt, sondern einen Prozess, in dem sich personale Kompetenzen herausbilden sollten, die das Individuum befähigen sollten, sich von nicht legitimierbaren Zwängen zu befreien. Emanzipatorische Pädagogik bezog sich auf die Förderung derartiger Kompetenzen, nämlich Ich-Stärke, reflektierte Interaktion, demokratisches Gesellschaftsbild. Als Anzeichen von Ich-Stärke galten vor allem »Ambivalenztoleranz, Rollendistanz, Kreativität«: »Angesichts restriktiver gesellschaftlicher Verhältnisse äußert sich Ambivalenztoleranz als Kritik von Dogmatismus und Repression, Rollendistanz als Erweiterung des Rollenrepertoirs und Kreativität als Nonkonformität, d. h.

auch in der Beteiligung am Abbau sozialer Herrschaft.«[19] Das sich emanzipierende Individuum sollte lernen, widersprüchliche soziale Erwartungen untereinander und im Verhältnis zu den eigenen Bedürfnissen auszubalancieren und sich so gegenüber sozialen Zwängen autonom verhalten zu können.

Die moderne Idee des emanzipierten Subjekts hat sich unter dem Druck der Verhältnisse oft genug zu dem Bild des am Arbeitsmarkt erfolgreichen Typus, des marktrational planenden, seine Autonomie gegenüber seinen Bindungen überbetonenden, eigennützig sich durchsetzenden und technokratisch orientierten Individuums gewandelt. Damit wurde offensichtlich, dass aus der pädagogischen Negation von Unfreiheit allein noch nicht Mündigkeit resultiert. Das entfesselte Individuum ist per se noch nicht vernünftig. Auf Grund solcher Erfahrungen wurde neben dem Begriff der Ich-Identität der der Solidarität zu einem zentralen pädagogischen Schlagwort. *Ich-Identität* stand für die Fähigkeit zur Kohärenz und Kontinuität des Handelns auch unter widersprüchlichen Anforderungen, *Solidarität* für das Vertrauen darauf, dass die Person »in jedem Akt, in dem es ihr gelingt, Identität auszuprägen, auch ein Stückchen Raum für bislang nicht realisierbare Identitätsansprüche der anderen [schafft]«[20]. Ich-Identität und Solidarität galten als Schlüsselbegriffe emanzipatorischer Pädagogik, um sowohl die widerstreitenden Tendenzen der Modernisierung als auch die beiden Ebenen der individuellen und der strukturellen Emanzipation miteinander zu verbinden. Nur ein mit sich identisches Selbst schien die der strukturellen Differenzierung geschuldete Individualisierung über die bloße Rollenfunktion hinaus zur Befreiung fortentwickeln zu können, nur ein solidarisches Individuum versprach die egozentrische Enge der Individualisierung zu überschreiten und zu gemeinsamem Befreiungshandeln fähig zu sein.

Emanzipation war für die damalige Pädagogik durchaus mehr als bloß ein politischer Slogan. Neben den philosophisch-wissenschaftstheoretischen und sozialwissenschaftlichen Begründungen wirkte auf dieses Verständnis von emanzipatorischer Pädagogik auch die wieder belebte Tradition der reformpädagogischen Ansätze des beginnenden 20. Jahrhunderts ein, die auf Selbsterziehung der Kinder und Jugendlichen jenseits von Familie und Schule gesetzt hatten. Spätestens Mitte der 70er Jahre dominierten dann aber in der Emanzipationsdebatte einander unversöhnlich gegenüber stehende politische Argumentationsmuster, die oft nur noch polemisch und ohne Möglichkeit der argumentativen Vermittlung aufeinander prallten. Sie reichten von der konservativ-organizistischen Verurteilung von Emanzipationsforderungen bis zur orthodox-marxistischen Reduktion der individuellen Emanzipation auf den politökonomischen Systemwechsel[21]. In diesen beiden Extremvarianten war für einen pädagogisch relevanten Emanzipationsbegriff kein Platz mehr. Aber auch die zwischen den Extremen befindlichen liberalen bis sozialistischen Emanzipationsvorstellungen verloren in den 80er Jahren in dem Maße an Überzeugung, in dem die Folgeprobleme der Verwissenschaftlichung von Bildungsprozessen deutlicher wurden, die Anstrengungen der Bildungsreform vielfach zur Produktion gut ausgebildeter Arbeitsloser führten und ein politischer roll back weitergehenden Hoffnungen auf Emanzipation durch Bildung für alle den Boden entzog.

3. Ich-Identität zwischen Moderne und Postmoderne

Die geschichtliche Entwicklung der modernen Gesellschaft war von Anfang an durch pragmatische Paradoxien gekennzeichnet. Allerdings konnte es lange Zeit so scheinen, als ließen sich die heterogenen Tendenzen gleichsam auf höherer Ebene versöhnen, indem man sie als partikulare Sichtweisen oder als Stufen einer entwicklungslogischen Ordnung ansah. In diesem Sinn verstand die rationalistische Geschichtsphilosophie der Aufklärung den Gang der Menschheit als Fortschritt, der zwar gelegentlich aufgehalten werde, prinzipiell aber unaufhaltsam sei. Dieses Vertrauen in einen umfassenden geschichtlichen Sinn war aber immer wieder von modernistischen Kritikern der Moderne (von Rousseau bis zur Kritischen Theorie) in Zweifel gezogen worden. In den vergangenen drei Jahrzehnten erhielt nun solche Skepsis ein neues Gesicht. Phänomene, die im Kontext der Aufklärungsideen noch als Entfremdungserfahrungen galten, wurden jetzt zu neuen Chancen umgewertet. Dies, nämlich die Bejahung des Pluralismus von Sprachen, Verfahrensweisen, Stilen nicht bloß in verschiedenen Werken oder Individuen nebeneinander, sondern in *einem* Werk, in *einem* Individuum, war die Grundtendenz der seit Ende der 70er Jahre verkündeten Postmoderne.

Nicht nur in traditionalen Gesellschaften, auch noch in der Moderne ließ sich Sozialisation als Übernahme eines kulturell vorgegebenen Identitätsgehäuses beschreiben. Demnach entwerfen die Individuen im Laufe ihrer Sozialisation ihr Selbst in der Auseinandersetzung und wechselseitigen Spiegelung mit signifikanten Anderen als Repräsentanten auch einer sozialen Identität. So bildet sich zuletzt mit dem Abschluss der Adoleszenz und dem Eintritt ins Erwachsenenalter Identität als»Kern« des Subjekts, mittels dessen sich die Individuen möglichst ohne abweichenden Rest an Motivationen und Orientierungen in die vorgegebenen Rollen und Normen einfädeln. Die Identität hält die Balance zwischen Konformität, die aus der Übernahme sozialer Rollen resultiert, und

Nonkonformität, in der sich die Unverwechselbarkeit der Person ausdrückt. In der Gegenwart deutet nun vieles darauf hin, dass diese Identitätsgehäuse für die Lebensbewältigung heute oft nicht mehr taugen. Ist für das Individuum in der Moderne eine starke Ich-Identität normativ kennzeichnend, so stehen für entsprechende postmoderne identitätskritische Ansätze seit den 80er Jahren Bezeichnungen wie ›Nicht-Identität‹[22], ›Patchwork-Identität‹[23], ›Bastelbiographie‹[24], ›multiple Identitäten‹[25].

Wolfgang Welsch[26] hat darauf hingewiesen, dass die Selbsterfahrung des Ich als eines in sich pluralen weit in die Geschichte der Moderne zurückweist. Die Patchwork-Metapher selbst geht dem Inhalt nach auf Montaigne zurück, und dass das Ich nichts Einheitliches ist, wurde auch schon von Novalis, Rimbaud, Nietzsche oder Whitman ausgesprochen. Was aber zunächst besonders empfindsamen Subjekten vorbehalten war, entpuppt sich in der Postmoderne als verallgemeinerte Struktur der ›Transkulturalität‹. Welsch bezeichnet damit die Durchdringung kultureller Ordnungen sowohl auf der gesellschaftlichen Makroebene als auch auf der individuellen Mikroebene. Die Großkulturen differenzieren sich in sich immer weiter und dadurch entstehen neue transkulturelle Vernetzungen zwischen Angehörigen jeweils gleicher Lebenslagen. Und entsprechend beziehen die Individuen ihre Ich-Identität nicht auf eine in sich homogene Kultur, sondern auf individuell zusammengefügte Teilstücke sich durchdringender Kulturen.

Identität, oder das, was an ihre Stelle tritt, wird heute oft als eine Art narratives Gewebe verstanden, als lebenslange Identitätsarbeit, oder in radikalerer Version als ständig sich veränderndes Muster, als eine Art immer neu überspieltes Videoband. Denn »die soziokulturellen ›Schnittmuster‹ für Lebenssinn oder Kohärenz«, so Heiner Keupp, »haben sich dramatisch geändert. Die individuellen Narrationen, in denen heute Kohärenz gestiftet wird, schöpfen immer weniger aus den klassischen ›Metaerzählungen‹ von Aufklärung und Emanzipation. Sie müssen in der ›reflexiven Moderne‹ individualisiert geschaffen werden.«[27] Keupp beugt zugleich dem Missverständnis vor, Individualisierung mit Individuation gleichzusetzen. »Wir werden mit vielfältigen Angeboten neuer kulturell vorgefertigter Erzählmuster überschüttet, die unter dem Versprechen von Individualität und Authentizität neue Standardisierungen anmessen. Hier spielt vor allem die vielstimmige und multimediale ›Kulturindustrie‹ eine wachsende Rolle.«[28] Die multiplen Identitäten sind ein Anpassungsprodukt der multiplem sozialen Realitäten. Die Individuen müssen sich zunehmend auf häufig wechselnde Situationen einstellen, in denen ganz unterschiedliche Persönlichkeitsanteile gefordert sind. Eine zu fest gefügte Identität wäre da eher hinderlich. Dennoch ist, bei aller Verflüssigung des Ich, ein Mindestmaß an Kohärenz für die psychische Gesundheit der Individuen unabdingbar. »Das Kohärenzprinzip«, so betont Keupp, »[darf] für die Identitätsbildung nicht zur Disposition gestellt werden«[29].

Der Diskurs der pluralen Identitäten besteht aus unterschiedlichen Argumentationssträngen, in denen sich deskriptive und präskriptive Anteile oft unentwirrbar vermischen. Idealtypisch lassen sich vier Linien unterscheiden: 1) eine Selbstkritik der Moderne, 2) eine traditionalistische Kritik der Moderne, 3) eine pessimistische Postmoderne und 4) eine optimistische Postmoderne.

1) Die Selbstkritik der Moderne thematisiert die *Rigidität der modernen Identitätskonstruktion*. Diese Kritik am Konzept der Ich-Identität bezieht sich auf die dunkle Kehrseite des klassisch-modernen Bildes der souveränen Persönlichkeit, auf die Aufdeckung, dass zu deren Voraussetzungen auch Zwang, Unterwerfung, Entfremdung gegenüber innerer, äußerer und sozialer Natur gehören. »Furchtbares hat die Menschheit sich antun müssen, bis das Selbst, der identische, zweckgerichtete, männliche Charakter des Menschen geschaffen war, und etwas davon wird noch in jeder Kindheit wiederholt,« so Horkheimers und Adornos[30] Reminiszenz an Nietzsches *Genealogie der Moral*. Daran konnte zum Beispiel die feministische Kritik an männlichen Identitäts- und Autonomiebildern anknüpfen. Auch kulturenvergleichende und sozialgeschichtliche Untersuchungen verdeutlichen die geschichtliche Besonderheit des besitzindividualistischen Individuums. Daraus ließ sich die Forderung nach erweiterter Emanzipation für alle ableiten.

2) Eine andere Strategie zielt auf die Rücknahme partikularer Emanzipationsbestrebungen zugunsten kommunitärer Bindungen. Die traditionalistische Kritik der Moderne, seit den 80er Jahren in Gestalt des Kommunitarismus, diagnostiziert den *Verlust einer sinnstiftenden Identität* auf Grund der gemeischaftsauflösenden Wirkungen der Modernisierung. Die Individuen können sich demnach zunehmend weniger mit einer Gemeinschaft identifizieren, die ihnen lebensverbindliche Werte vermitteln könnte. Damit können sie ihre Lebensentwürfe auch nicht mehr in Form einer erzählbaren Geschichte synthetisieren. Wie die Selbstkritik der Moderne erinnert auch die kommunitaristische Kritik an die dunkle Kehrseite der Moderne, an die Wunden, die den Menschen und der Natur durch die fortwährende Verflüssigung der Produktionsformen zugefügt wurde. Gegen den Kommunitarismus lässt sich aber einwenden, dass gelingende Identität

nicht notwendig an ein enges Spektrum eingespielter Rollenerwartungen gebunden sein muss. Auch verfügt die moderne Gesellschaft durchaus über gemeinsame und verbindliche Werte, nämlich die des Individualismus selbst.

3) Im Rahmen eines pessimistischen Postmodernismus wird das *Veralten der modernen Identitätskonstruktion* diagnostiziert. Die klassisch-moderne Identitätsvorstellung scheint dem globalisierten Kapitalismus immer weniger gewachsen zu sein. Grundlage dieser Diagnose sind soziologische und sozialpsychologische Analysen der in den beiden vergangenen Jahrzehnten beschleunigten Individualisierung. Festgestellt wird, dass immer mehr Menschen sich heute ihre Biographie selbst aus den ihnen ad hoc zur Verfügung stehenden sozialen Möglichkeiten und kulturellen Mustern zusammenbasteln müssen, ohne sich an allgemein verbindlichen Werten und Regeln und übergreifenden Sinnkonzepten orientieren zu können, zugleich aber gefangen sind im Netz institutioneller und bürokratischer Zwänge und Kontrollen des Bildungssystems, des Arbeitsmarktes und des Sozialstaates. »Ein nachgiebiges Ich, eine Collage aus Fragmenten, die sich ständig wandelt, sich immer neuen Erfahrungen öffnet – das sind die psychologischen Bedingungen, die der kurzfristigen, ungesicherten Arbeitserfahrung, flexiblen Institutionen, ständigen Risiken entsprechen.« In diesem Sinn erklärt Richard Sennett[31] postmoderne Erfahrungen des Selbst mit Rekurs auf Anforderungen des neuesten ›flexiblen Kapitalismus‹. Daraus lassen sich pessimistische Prognosen einer nachhaltigen Zerstörung der strukturellen Bedingungen für selbstbestimmte Lebensformen ableiten.

4) Die optimistische Variante des Postmodernismus sieht die *plurale Identität als Befreiung aus dem Identitätszwang*. Während dieser Gedanke für Adorno ein utopisches Kontrastbild zur faktischen Rollenfixiertheit des Warencharakters war, ist er für Vertreter der Postmoderne teils Feststellung einer schon stattfindenden gesellschaftlichen Veränderung, teils Empfehlung einer realitätsangemessenen und chancenbewussten Haltung. »Wenn etwas die Postmoderne von Prämoderne und Moderne unterscheidet, dann ihre von Grund auf andere Vision: die Utopie von Vielheit als Glücksgestalt.« Mit solchen Worten empfiehlt Wolfgang Welsch[32] den Zeitgenossen angesichts der Krise des Subjekts nicht nur Gelassenheit, sondern auch neue Zuversicht. In einer Welt, die durch eine Pluralität der Lebensformen gekennzeichnet ist, besteht demnach das Gebot der Stunde in der Verflüssigung des Subjekts, im wendigen Einsatz immer neuer, flüchtiger Identitäten. Aus philosophischer Perspektive liegt hier allerdings die Frage nahe, über wie viel

Identität man verfügen muss, um sich kritisch mit Identität auseinander setzen und von ihr distanzieren zu können.

Es scheint nicht unplausibel, den Unterschied zwischen der pessimistischen und der optimistischen Variante wiederum *sozialstrukturell* und sozialisationstheoretisch zu interpretieren. Keupp[33], der die von ihm grundsätzlich als Zugewinn an Kreativität verstandene Patchwork-Identität empirisch an einer Längsschnittstudie mit jungen Erwachsenen untersucht hat, beharrt auf die Unverzichtbarkeit einer basalen personalen Kohärenz, die aus stabilen sozialen Beziehungen resultiert. Die Selbstorganisation erfordert gerade unter Bedingungen erhöhter Lebensrisiken psychische Qualitäten der Selbstreflexion und Ich-Stärke, aber auch der materiellen Ressourcen sowie des (von Bourdieu so genannten) kulturellen und sozialen Kapitals, also der Bildung und der Fähigkeit zur sozialen Vernetzung. Je mehr an solchen äußeren und inneren Ressourcen vorhanden ist, desto größer ist der Zugewinn an Chancen durch plurale Identitäten. Andererseits: Je schärfer die gesellschaftliche Marginalisierung ist, desto destruktiver sind die Auswirkungen der pluralen Situationsanforderungen und Identitäten. In beiden Fällen aber spiegeln auch noch die postmodernen Erwartungen an ein plurales Ich die Vorstellung, durch Anpassung an die Verhältnisse diese letztlich kontrollieren zu können, auch wenn die Ansprüche auf ein selbstbestimmtes Leben und dessen Realisierungschancen angesichts eines immer unübersichtlicher werdenden gesellschaftlichen Zusammenhangs immer mehr auseinander driften.

4. Zur emanzipatorischen Pädagogik heute

Im postmodernen Diskurs werden soziologische, psychologische und philosophische Beschreibungen und Argumente oft vermengt. Trennt man diese verschiedenen Perspektiven von einander, dann lässt sich resümieren:

- Die *soziologische* Hypothese der fortschreitenden Individualisierung lässt sich offenbar mit einer Vielzahl von empirischen Beobachtungen und Trends plausibel stützen. Vor allem sind die Veränderungen der Arbeitswelt und die Auflösung der klassischen Berufsstrukturen signifikant. So steht in Deutschland seit ungefähr 20 Jahren im Personalausweis keine Berufsbezeichnung mehr. Das heißt, Berufsangaben sind kein geeignetes Identitätsmerkmal mehr, offenbar deshalb, weil die Berufsbezeichnungen und -zugehörigkeiten sich weiter ausdifferenzieren und wandeln.
- Von der Fragmentierung der Rollen ist aber nicht ohne weiteres auf eine

psychische Fragmentierung des Ichs zu schließen, vielmehr bildet sich Ich-Identität gerade durch Rollenpluralität, die Rollendistanz erlaubt. Wenn die personale Identität zwei Pole hat, einen individuellen (George Herbert Meads ›I‹) und einen sozialen (›Me‹), dann ist die sozialpsychologische Identitätsdebatte allzu Me-lastig. Oft unterschätzen postmoderne Ansätze auch diejenigen identitätsstiftenden Persönlichkeitsmerkmale, die in der frühen Sozialisation hergestellt und, unbewusst wirkend, als zwanghafte Schemata ebenfalls Kohärenz stiften.

- Der *philosophisch-normative* Diskurs zielt wiederum nicht primär auf das ursächlich determinierte Individuum, sondern auf das Subjekt als selbstbestimmtes und verantwortliches Agens des Lebens. Der Mensch ist notwendig Individuum, aber nicht notwendig Subjekt. Subjekt sein schließt die Fähigkeit ein, sich gesellschaftlichen Vorgaben und Erwartungen bewusst entgegen zu setzen.

Die Pädagogik verknüpft – dies hat Scherr[34] näher ausgeführt – die Dimensionen von Individuum und Subjekt, insofern sie Erziehungsziele verfolgt, die das Subjektsein im Verlauf des Bildungsprozesses erst ermöglichen sollen. Postmoderne und systemtheoretische Ansätze haben den Subjektbegriff verabschiedet, während sie ihn implizit gleichwohl in Anspruch nehmen müssen. Denn die gesellschaftliche Reproduktion ist auf den Einschluss lebender Subjekte als Träger ihrer Leistungen angewiesen. Zugleich müssen die Individuen zunächst einmal in spezifischer Weise sozialisiert worden sein, um sich in Systemoperationen einfädeln lassen zu können. Sie müssen in primär-familialer wie sekundär-institutionalisierter Sozialisation lernen, ihren Triebhaushalt zu organisieren, sich abstrakten Zeitschemata zu unterwerfen, sich auf bestimmte Fertigkeiten zu spezialisieren und diese unter unterschiedlichen Bedingungen abrufbar zu halten. Die dauerhafte Personifizierung solcher Fertigkeiten geht aber in der bloßen Zurichtung auf Systemfunktionen nicht auf. Individuelle Bildungsprozesse enthalten ein Potenzial von Selbstbewusstsein und Selbstbestimmung, das nicht in einem abstrakten Gegensatz zu den funktionalen Erfordernissen der gesellschaftlichen Reproduktion stehen, sich aber diesen auch nicht vollständig einpassen. Insofern ist der Begriff des Subjekts, in dem individuelle und gesellschaftliche Momente ineinander verschränkt sind, für die Pädagogik nach wie vor unverzichtbar.

Deshalb waren auch die Ideen einer sich emanzipatorisch verstehenden Pädagogik seit jeher an objektive gesellschaftliche Veränderungen der Enttraditionalisierung und Individualisierung gebunden. Emanzipation war und ist zunächst nicht die (wie auch immer zu bewertende) Idee von Philosophen oder

Pädagogen, sondern die Reaktion auf eine gesellschaftliche Notwendigkeit. Emanzipation als politisch oder pädagogisch normativer Begriff ist demnach zu unterscheiden von Emanzipation als sozialwissenschaftlich-deskriptivem Begriff. Ersterer bezeichnet ein subjektiv intendiertes Ziel, letzterer einen objektiv-strukturellen Wandel. Beide hängen zusammen, ohne in eins zusammen zu fallen. Emanzipation ist 1) der *strukturelle Prozess der Modernisierung*, dem das Heranwachsen, die Sozialisation und die Bildungsverläufe unterliegen, 2) die dem sozialisatorischen Druck sich anpassende personale *Identitätsbildung* und erst 3) eine *Leitidee der Pädagogik*, die die Heranwachsenden auf diesem riskanten Weg fördernd und korrigierend begleiten will – der emphatische Begriff der Emanzipation als Bildung zu Selbstbewusstsein, das von Identität zu unterscheiden ist. Selbstbewusstsein beinhaltet auch die Fähigkeit, sich von Identitätszwängen zu distanzieren und sich selbstreflexiv zur eigenen Identität zu verhalten.

Die Idee der Emanzipation in der Version jenes in den 70er Jahren verbreiteten, grobklotzigen Versprechens auf eine auf geradewegs erreichbare befreite und vernünftige Gesellschaft ist in der Gegenwart nicht zu halten und war auch nie plausibel. Die Politisierung der Pädagogik in der Form wiederzubeleben, wie sie in den Emanzipationsdebatten jener Jahre verbreitet war, ist weder wünschbar noch möglich. Andererseits aber wird die Pädagogik heute gleichsam wider Willen durch staatliche und ökonomische Erwartungen und Eingrenzungen politisiert. Der Vorwurf gegenüber der emanzipatorische Pädagogik, sie habe keine positiven Entwürfe des richtigen Lebens geliefert, geht insofern ins Leere, als die Pädagogik selbst nur die subjektiven Kompetenzen fördern kann, die die Individuen dazu in die Lage versetzen, über sich zu entscheiden. Die konkreten Teilziele und Inhalte der Erziehung und Bildung müssen in jeder Epoche neu ausgehandelt werden. In diesem Sinne hat Wolfgang Klafki[35] ein umfassendes, betont aufklärerisches Konzept der Allgemeinbildung vorgelegt. Allgemeinbildung hat, ihm zufolge, die drei Aspekte der *Bildung für alle* (inhaltliche und organisatorische Demokratisierung des Bildungswesens), der *Bildung im Medium des Allgemeinen* (Aneignung gemeinsam angehender epochaler Schlüsselprobleme[36]) und der *Bildung in allen Grunddimensionen menschlicher Fähigkeiten* (kognitive, emotionale, ästhetische, soziale, praktisch-technische, moralische, politische Dimension). Aber derartige gleichsam explizite Schlüsselqualifikationen setzen auf einer tieferen Ebene eine eher implizite Schlüsselqualifikation schon voraus, die man mit Oskar Negt als ›Identitätskompetenz‹ bezeichnen kann. Was diese ermöglicht, ist »lernender und wissender Umgang mit bedrohter und gebrochener Identität«[37] angesichts dessen, dass Identität heute immer weniger durch die Institutionen Arbeit und Eigentum bestimmt wird und dass Flexibilität für viele zur Lebensfrage wird.

Emanzipation als ›Metaerzählung‹ im Sinne Lyotards hat in der Tat ausgedient. Andererseits haben es die als ihr eigenes biographisches ›Planungsbüro‹[38] fungierenden und doch nur mit geringer Planungshoheit ausgestatteten individualisierten Individuen heute mit anderen Metaerzählungen als jenen religiösen oder philosophischen zu tun, die Lyotard verabschiedete. Die neuen Legitimatoren sind nicht weniger fragwürdig und haben, bedingt durch die Dominanz der kulturellen Medien, eine hohe sozialisatorische Kraft. Sie erzählen von der Alternativlosigkeit und den Segnungen der Arbeitsgesellschaft und ihrer Marktwirtschaft und propagieren die entsprechenden Tugenden von Durchsetzungsfähigkeit, Flexibilität und Verfügbarkeit. So gibt es die Erzählung von der »allseits fitten und allseits konsumierenden Person«[39], die die jeweiligen Handlungsentscheidungen letztgültig durch den Verweis auf den Wert der hedonistischen Selbstverwirklichung legitimiert. Sie hat in besonderer Weise das Teilerbe der alteuropäischen Emanzipationserzählung angetreten, insofern sie die individualistisch-liberalistische Option weitestgehender Lebenschancen fortschreibt. Dabei begrenzt die Kultivierung der individuellen Befindlichkeit und Einzigartigkeit zugleich die Gestaltungsmöglichkeiten der sozialen Bezogenheit.

Emanzipatorische Pädagogik heute begleitet die Jugendlichen nicht zuletzt bei ihrer ›Identitätsarbeit‹, die vielfachen Gefährdungen ausgesetzt ist. Die Zweidrittelgesellschaft desintegriert diejenigen zuerst, die sich nicht bis in ihre psychischen Dispositionen hinein den widersprüchlichen Anforderungen des ›flexiblen Kapitalismus‹ fügen. Das pädagogische Handeln fördert dabei diejenigen Fähigkeiten, die das Gelingen von Identität ohne Anbindung an ideologische Konstrukte ermöglichen, und damit nicht tragfähige Ersatzbildungen wie Gewalttätigkeit gegenüber anderen Ausgegrenzten oder selbstzerstörerischen Drogenkonsum überflüssig machen. Denn Selbstbestimmung, Mitbestimmung, Solidarität sind nicht nur Rechte und Werte, sondern, in pädagogischer Perspektive, auch Fähigkeiten, die erworben werden müssen. Es geht also um einen Emanzipationsbegriff, der, ohne Vorgriff auf eine gesamtgesellschaftliche Transformation, von den Bedürfnissen und Möglichkeiten der Betroffenen ausgeht. Das Ziel eines möglichst weitgehend selbstbestimmten Lebens ist gerade in denjenigen Bereichen, in denen ihm gravierende Hindernisse entgegenstehen, wie in der sozialpädagogischen Behindertenarbeit, in der Jugendarbeit oder in der Sozialpsychiatrie, erst seit kaum drei Jahrzehnten zum Standard geworden, der sich gegenüber enger werdenden finanziellen Vorgaben oft nur schwer genug behaupten kann.

Während die Emanzipationsvorstellungen der 60er und 70er Jahre intensiv auf die Befreiung von Zwängen gerichtet waren, die die Wünsche nach Selbstentfaltung beeinträchtigten, unterstützt eine emanzipatorische Pädagogik heute Heranwachsende eher darin, sich in einer als widersprüchlich und konturlos empfundenen Wirklichkeit zurechtzufinden und ihren Anspruch auf »gelingende Ich-Identität«[40] zu unterstützen. Emanzipation als Entwicklung zur Selbstbestimmung wird mehr denn je objektiv den Individuen abverlangt und zugleich durch weniger sichtbare Disziplinierungsformen unterbunden. Die Vorverlagerung ökonomischer Konkurrenz bis ins Vorschulalter, die Suggestionen der Kulturindustrie, die andauernde Drohung von sozialem Abstieg und Arbeitslosigkeit, all dies sind auch Faktoren, die die Selbstbestimmung der Heranwachsenden belasten, ja korrumpieren. Denn die Konstruktion von Identität ist auch unter postmodernen Bedingungen nicht beliebig und allzeit revidierbar, sondern entspricht den individuellen Erwartungen an ein sinnvolles Leben. Die strukturell aufklärerische pädagogische Antwort heute auf Kants Frage nach der Vereinbarkeit von pädagogischem Zwang und Freiheit ist die Förderung von Subjektbildung im Sinne von sozialer Anerkennung und Selbstachtung, Selbstbewusstsein und Selbstbestimmung. Das schließt die Befreiung von den unbefragten Zwängen kultureller Identitäten mit ein. Emanzipatorische Pädagogik heute dient der Förderung von Subjektivität, die den Paradoxien der Moderne standhält.

Nachweise und Anmerkungen

1 Jean-François Lyotard: *Das postmoderne Wissen. Ein Bericht. Edition Passagen 7*. Graz, Wien 1986.
2 Karl Eberhard Schorr: *Reflexionsprobleme im Erziehungssystem*. Frankfurt am Main 1988, S. 19.
3 Niklas Luhmann: *Das Erziehungssystem der Gesellschaft*. Hrsg. v. D. Lenzen. Frankfurt am Main 2002, S. 169.
4 Luhmann, a.a.O., S. 197.
5 Albert Scherr: *Subjektorientierte Jugendarbeit. Eine Einführung in die Grundlagen emanzipatorischer Jugendpädagogik*. Weinheim, München 1997, S. 45 ff.
6 Ruth Kaiser, Arnim Kaiser: *Studienbuch Pädagogik*. Frankfurt am Main 1998, S. 64 ff.
7 Klaus Mollenhauer: Theorien zum Erziehungsprozeß. München 1972, S. 50 f.
8 Micha Brumlik: *Advokatorische Ethik. Zur Legitimation pädagogischer Eingriffe*. Bielefeld 1992.
9 Der theoretische Hintergrund dieser Aufgliederung ist das von Hans van der Loo und Willem van Reijen (Hans van der Loo, Willem van Reijen: *Modernisierung. Projekt und Paradox*. München 1992) im Anschluss an Talcott Parsons entwickelte Konzept des Modernisierungsbegriffs. Die Autoren entwerfen die soziale Wirklichkeit als Feld von Handlungen, die sich unter vier Hauptaspekten analysieren lassen: Handlungen erfolgen erstens innerhalb einer sozialen *Struktur* von Rollen und institutionalisierten Erwartungs- und Verhaltensmustern; sind zweitens eingebettet in eine *Kultur*, deren Werte, Normen und Ideen einen Orientierungsrahmen bilden und damit den Handlungen Sinn verleihen; werden drittens ausgeführt von *Personen*, die als psychische Wesen individuelles Wissen und Können verkörpern; und sind viertens abhängig von Bedingungen der inneren wie äußeren *Natur*. Jede mögliche Handlung lässt sich in diesen vier Dimensionen beschreiben. Das Schema erlaubt es weiterhin, zu fragen, was jeweils innerhalb dieser Dimensionen ›Modernisierung‹ bedeutet und welche widerstreitenden Tendenzen zu entsprechenden pragmatischen Paradoxien führen. Arnim und Ruth Kaiser haben dieses Modell ihrer Explikation der pädagogischen Begrifflichkeit zugrunde gelegt. Eine weitere Spezifizierung bezüglich pädagogischer Fragestellungen findet sich bei Werner Helsper, der auch einige sinnvolle begriffliche Modifikationen vornimmt. Insgesamt beschränke ich mich hier auf die Dimension der ›Person‹ (Werner Helsper: »Identität in der ›Nicht-Identität‹? Immer anders? Immer neu?« In: W. Breyvogel (Hg.): *Autonomie und Widerstand. Zur Theorie und Geschichte des Jugendprotestes*. Essen 1983).
10 Ulrich Beck: *Risikogesellschaft. Auf dem Weg in eine andere Moderne*. Frankfurt am Main 1986.
11 Immanuel Kant: *Über Pädagogik*. In: Ders.: *Sämtliche Werke*. Hrsg. v. G. Hartenstein. Leipzig 1868, Bd. 8, S. 469.
12 Kant: *Über Pädagogik*. A.a.O., S. 461.
13 Immanuel Kant: *Was ist Aufklärung?* In: Ders.: *Sämtliche Werke*. A.a.O., Bd. 4, S. 161.
14 Kant: *Über Pädagogik*. A.a.O., S. 459-463.
15 Jürgen Habermas: »Erkenntnis und Interesse«. In: Ders.: *Technik und Wissenschaft als Ideologie*. Frankfurt am Main 1968.
16 Klaus Mollenhauer: *Erziehung und Emanzipation. Polemische Skizzen*. München 1968, S. 11.

17 Mollenhauer, a.a.O., S. 15.
18 Mollenhauer, a.a.O., S. 18.
19 Wolfgang Lempert: »Bildungsforschung und Emanzipation« In: *Neue Sammlung. Vierteljahres-Zeitschrift für Erziehung und Gesellschaft, Heft 4 1969.* Stuttgart, S. 362.
20 Lothar Krappmann: »Identität«. In: Dieter Lenzen: *Pädagogische Grundbegriffe.* Reinbek 1993, Bd. 1, S. 719.
21 Günter Hartfiel: »Einführung«. In: Ders. (Hg.): *Emanzipation – Ideologischer Fetisch oder reale Chance?* Opladen 1975, Bd. 6, S. 40 ff.
22 Werner Helsper: »Identität in der ›Nicht-Identität‹? Immer anders? Immer neu?« A.a.O.
23 Heiner Keupp: »Auf dem Weg zur Patchwork-Identität?« In: *Verhaltenstherapie und psychosoziale Praxis 20, Heft 4.* Tübingen 1988; Ders.: *Identitätskonstruktionen. Das Patchwork der Identitäten in der Spätmoderne.* Reinbek 2002.
24 Ronald Hitzler: *Sinnwelten. Ein Beitrag zum Verstehen von Kultur.* Opladen1988; Ders., Anne Honer: »Bastelexistenz. Über subjektive Konsequenzen der Individualisierung«. In: U. Beck u. E. Beck-Gernsheim (Hg.): *Riskante Freiheiten. Individualisierung in modernen Gesellschaften.* Frankfurt am Main 1994.
25 Keupp: »Auf dem Weg zur Patchwork-Identität?« A.a.O.
26 Wolfgang Welsch: »Transkulturalität. Zur veränderten Verfassung heutiger Kulturen«. In: I. Schneider, C.W. Thomsen (Hg.): *Hybridkultur. Medien. Netze. Künste.* Köln 1997, S. 73.
27 Keupp: *Identitätskonstruktionen,* a.a.O., S. 59.
28 Ebd.
29 Ebd.
30 Max Horkheimer, Theodor W.Adorno: *Dialektik der Aufklärung.* In: Max Horkheimer: *Gesammelte Schriften.* Frankfurt am Main 1987, Bd. 5, S. 56.
31 Richard Sennett: *Der flexible Mensch. Die Kultur des neuen Kapitalismus.* Berlin 1998, S. 182.
32 Wolfgang Welsch: *Ästhetisches Denken.* Stuttgart 1990, S. 94.
33 Keupp: *Identitätskonstruktionen,* a.a.O.
34 Albert Scherr: Das Projekt Postmoderne und die pädagogische Aktualität kritischer Theorie. In: W. Marotzki u. H. Sünker (Hg.): *Kritische Erziehungswissenschaft – Moderne – Postmoderne.* Weinheim 1992.
35 Wolfgang Klafki: »Abschied von der Aufklärung? Grundzüge eines bildungstheoretischen Gegenentwurfs« In: H.-H. Krüger (Hg.): *Abschied von der Aufklärung? Perspektiven der Erziehungswissenschaft.* Opladen 1990.
36 Epochale Schlüsselprobleme sind heute unstreitig solche wie die der ökonomischen und politischen Globalisierung, der ökologischen Naturbelastung und des interkulturellen Zusammenlebens.
37 Oskar Negt: »Lernen in einer Welt gesellschaftlicher Umbrüche«. In: H. Dieckmann, u. B. Schachtsiek (Hg.): *Lernkonzepte im Wandel. Die Zukunft der Bildung.* Stuttgart 1998, S. 34.
38 Beck: *Risikogesellschaft,* a.a.O., S. 217.
39 Keupp: *Identitätskonstruktionen,* a.a.O., S. 290.
40 Keupp: *Identitätskonstruktionen,* a.a.O., S. 297 ff.

Tobias Bevc

Ernst Cassirer und die Kritische Theorie
Ein doppelter Blick auf die Sprache des Nationalsozialismus

1. Ernst Cassirer und die Kritische Theorie: Einige Ausgangsüberlegungen

Ernst Cassirers Kulturphilosophie und die Kritische Theorie werden bislang in der Forschung nicht als zwei Theorien behandelt, die es lohnen würde miteinander zu vergleichen. Vielmehr ist festzustellen, dass häufig, wenn Cassirers *Mythus des Staates* besprochen wird, zwar auf die *Dialektik der Aufklärung* von Horkheimer und Adorno verwiesen wird, jedoch nur um im gleichen Atemzug zu betonen, dass beide Bücher außer dem Gegenstand und der Entstehungssituation, nichts gemein hätten. In umgekehrter Richtung ist niemals von Cassirer die Rede.[1]

Cassirer, rund 25 Jahre älter als die Autoren der Kritischen Theorie, wurde 1929 an der Universität Hamburg als erster Jude Rektor einer deutschen Universität, ging auf der Flucht vor nationalsozialistischer Unterdrückung und Verfolgung 1933 zunächst nach England ins Exil, 1935 nach Schweden und 1941 in die USA.[2] Max Horkheimer flüchtete 1933 erst in die Schweiz und 1934 in die USA. Hier lehrte er bis 1941 an der Columbia University, wo er auch für das *Institut für Sozialforschung* eine Exilheimat fand. 1941 zog er nach Pacific Palisades bei Los Angeles. Adorno ging 1934 als Advanced Student nach Oxford. 1938 emigrierte auch er nach New York und 1941 nach Pacific Palisades, um dort mit Horkheimer die *Dialektik der Aufklärung* zu schreiben.[3]

Gerade die zeitgenössischen Ursachen beider Theorien, die Erfahrung der strukturellen Unordnung der Epoche, der die Autoren beider Theorien angehören, ist die Ausgangsbasis für die Vermutung der Vergleichbarkeit und Komplementarität beider Versuche, die Entstehungsursachen und -bedingungen des Nationalsozialismus näher zu beleuchten. Cassirer bekennt sich erst in den dreißiger Jahren mit seiner Wende vom ›Schulbegriff der Philosophie‹ zum ›Weltbegriff der Philosophie‹ explizit zu einer politischen Philosophie, die über die aktuellen Ereignisse in der Welt reflektiert.[4] Das Denken der Autoren der Kritischen Theorie war seit je politisch und reflektierte immer schon über Politik und Gesellschaft, wie bereits in Horkheimers *Notizen aus der Pubertät* zu erkennen ist[5] oder an Adornos Reaktionen auf die Ereignisse der Revolutionsjahre 1918/19 und der Niederschlagung der Spartakusbewegung, auf die er in seiner Vorlesung aus dem Jahr 1964/65 wieder rekurriert.[6]

Im Folgenden soll nun gezeigt werden, wie Cassirers *symbolische Formen* mit ihren Funktionen als *Ordnungs- und Wahrnehmungsstrukturen* der gegebenen Welt implizit auch in der Kritischen Theorie vorhanden sind und dass Cassirers *Pathologie des Symbolbewusstseins* ihre Entsprechung im *Verblendungszusammenhang* der Kritischen Theorie findet. Cassirers Theorie erweitert die Reflektionen der Kritischen Theorie durch eine exakte Herausarbeitung der einzelnen symbolischen Formen und die Betonung der Notwendigkeit ihrer Pluralität. Anderseits ergänzt und erweitert die Kritische Theorie Cassirers Überlegungen zur *Pathologie des Symbolbewusstseins* durch ihre sozialpsychologischen Studien wie die über *Autorität und Familie* und Fromms Untersuchung *Arbeiter und Angestellte*[7]. Cassirer selbst forderte genau solche Untersuchungen und darüber hinaus, ähnlich wie Horkheimer in seiner Antrittsvorlesung *Die gegenwärtige Lage der Sozialphilosophie und die Aufgaben eines Instituts für Sozialforschung* 1931, eine weiter gehende Interdisziplinarität von Philosophie und Psychologie und deren Verknüpfung mit gesellschaftlichen Vorgängen und Entwicklungen. Die Philosophie solle sich stärker mit ihrem ›Weltbegriff‹ auseinander setzen, denn schließlich stelle sich überall eine lebendige Wechselwirkung zwischen der Welt des Gedankens und der Welt der Tat, zwischen dem Aufbau der Ideen und dem Aufbau der staatlichen sozialen Wirklichkeit dar.[8]

Die Kritische Theorie untergliedert implizit die Weltwahrnehmung ebenfalls in *Ordnungs- und Wahrnehmungsstrukturen*. So wird im direkten Vergleich beider Theorien deutlich, dass auch sie den unterschiedlichen ›symbolischen Formen‹ unterschiedliche realitätskonstituierenden Aspekte zuweist, die erst alle zusammengenommen eine unverbaute und vollständige Erfassung der Welt ermöglichen. Vor allem sind hier neben der Kunst die Technik, die Wirschaft, die Sprache und ›Aufklärung und Mythos‹ sowie Geschichte zu nennen. Bei der Analyse dieser einzelnen *Ordnungs- und Wahrnehmungsstrukturen* wird deutlich, dass Habermas' Verdikt, die Kritische Theorie überlasse sich einer hemmungslosen Vernunftkritik und verbaue sich damit selbst den Weg, aus den Aporien dieser Vernunftkritik wieder herauszukommen, in seiner Apodiktik haltlos ist, vor allem, wenn man diese Strukturen als genuine Möglichkeiten der menschlichen Fähigkeit des Weltgestaltens anerkennt.[9] Denn prinzipiell erkennt die Kritische Theorie die Möglichkeit unverstellter Welterkennung und -gestaltung an, nur eben nicht unter den gegebenen Herrschaftsverhältnissen.

Die hier vermutete Vergleichbarkeit und Komplementarität wird exemplarisch an der symbolischen Form Sprache sowie an der *Pathologie des Symbolbewusstseins* bzw. dem *Verblendungszusammenhang* gezeigt. Dabei wird deutlich, dass beide Theorien große Gemeinsamkeiten aufweisen und die gleichen Fallstricke benennen, die eine Emanzipation der Menschen von der Herrschaft von Menschen über Menschen verhindern. Gemeinsam weisen sie einen Weg, der die Möglichkeit der Utopie und die Antizipation eines besseren gesellschaftlichen Zustandes zulässt.

2. Der Stellenwert der Sprache als ›symbolische Form‹

Für Cassirer sind alle symbolischen Formen gleichwertig, d. h. keine hat Vorrang vor einer anderen. Der ideale Zustand der Existenz der verschiedenen symbolischen Formen ist der der Pluralität. Das bedeutet, dass die verschiedenen symbolischen Formen – Cassirer nennt u. a. Mythos, Sprache, Kunst, Religion, Wissenschaft, Geschichte und Technik – gleichberechtigt miteinander existieren. In Cassirers Darstellung der politisch-gesellschaftlichen Entwicklung zum Nationalsozialismus erlangen die modernen politischen Mythen jedoch die Hegemonie über die anderen symbolischen Formen und tragen damit zum Aufstieg und zur Machtübernahme der Nationalsozialisten bei. Es muss allerdings betont werden, dass die politischen Mythen keine Erfindung der Nationalsozialisten sind, sondern dass jene sie schlicht in bisher beispielloser Form instrumentalisiert haben. Die Sprache hat in dieser Vereinnahmung eine tragende Rolle gespielt, denn Cassirer hebt hervor, dass gerade der Mythos und die Sprache eng miteinander verflochten sind. Beide seien »verschiedene Sprossen ein- und desselben Triebes der symbolischen Formung«.[10] Dieser Sachverhalt ist in der Unterjochung der Sprache unter die neuen politischen Mythen von besonderer Bedeutung, da die Sprache das bedeutendste Mittel ist, die neuen politischen Mythen zu verbreiten, weil sich, bis auf die Kunst, alle anderen symbolischen Formen ihrer bedienen müssen. Insofern hat die Sprache trotz der postulierten Gleichwertigkeit der symbolischen Formen einen gewissen Vorrang in der Weltgestaltung.

Bei der Kritischen Theorie verhält es sich ähnlich. Die Sprache ist in der Auffassung der Kritischen Theorie eine sehr ambivalente Ordnungs- und Wahrnehmungsstruktur, da sie die Extreme aufs Engste vereint. Erstens: Sprache hat immanent mit Wahrheit zu tun; zweitens: Sprache kann instrumentalisiert werden und in dieser Instrumentalisierung als Waffe eingesetzt werden, als Wahrheit verhüllte Unwahrheit verbreiten. In dieser zweiten Eigenschaft leistet sie in der Kulturindustrie sehr gute Dienste und im Nationalsozialismus erreicht sie in dieser Funktion nahezu Perfektion.

3. Sprache als Ordnungs- und Wahrnehmungsstruktur bei Cassirer und der Kritischen Theorie

Für Cassirer ist das Besondere an der Sprache, dass sie uns die Welt der sinnlichen Eindrücke erst zu »einer geistigen Welt, zu einer Welt von Vorstellungen und Bedeutungen umschafft.« Alle Begriffe der theoretischen Erkenntnis bilden demnach nur eine Oberschicht, die in der tieferen Schicht der Sprachbegriffe fundiert ist. Bevor also die »intellektuelle Arbeit des Begreifens und Verstehens« beginnen kann, muss »die Arbeit des *Benennens* vorangegangen sein«.[11] Alles theoretische Erkennen nimmt somit in einer durch die sprachliche Benennung vorgeformten Welt seinen Ausgang. Cassirer ist der Ansicht, dass Sprache eine Voraussetzung der Repräsentation empirischer Objekte und die Voraussetzung von dem ist, was wir empirische Welt nennen.[12] Er begründet diese These mit Argumenten aus drei verschiedenen Quellen: der Linguistik, der Sprachpsychologie und der Psychopathologie.[13] Das, was wir Objektivität nennen, ist von einem kritischen Standpunkt aus gesehen nicht *gegeben*, sondern *aufgegeben*, »it is not an immediate and unquestionable datum, it is to be regarded as task.«[14]

Der Ursprung der Sprache liegt nicht in der Onomatopöie und auch nicht in bewusster Reflexion. Cassirer beruft sich auf Humboldt und dessen Begriff der inneren Sprachform, der nur nach dem reinen ›Was‹ der Dinge, nach der ›Aufweisung ihrer Eigenart‹, nicht nach ihrer Entstehung fragt.[15] Somit erklärt sich die Verschiedenheit der einzelnen Sprachen aus der Verschiedenheit der unterschiedlichen Weltansichten. Wie artikuliert sich Wirklichkeit in Sprache und was lässt sie ihre Objektivierungsleistung erbringen? Wenn es eine Provinz des Seelischen gibt, die mit dem Aufbau der Sprache verknüpft ist, dann ist

»ein wesentlicher und notwendiger Zusammenhang zwischen der Grundfunktion der Sprache und der Funktion des *gegenständlichen Vorstellens* anzunehmen […]. ›Gegenständliches‹ Vorstellen […] ist nicht der *Anfang*, von dem der Prozess der Sprachbildung ausgeht, sondern das *Ziel*, zu dem dieser Prozess hinführt; ist nicht sein *terminus a quo*, sondern sein *terminus ad quem*. Die Sprache tritt nicht in eine Welt der fertigen gegenständlichen Anschauung ein, um hier zu den gegebenen und klar gegeneinander abgegrenzten Einzeldingen nur noch ihre ›Namen‹ als rein äußerliche und willkürliche Zeichen hinzuzufügen – sondern sie ist selbst ein Mittel der Gegenstandsbildung, ja sie ist im gewissen Sinne *das* Mittel, das wichtigste und vorzüglichste Instrument für die Gewinnung und den Aufbau der ›Gegenstandswelt‹.«[16]

Die Grenze zwischen Ich und Wirklichkeit ist nicht in jeder symbolischen Form schon immer im Voraus gegeben. So bedingen sich der Aufbau der objektiven Anschauungswelt und der des Ichbewusstseins bzw. der inneren Anschauung wechselseitig.[17]

Cassirer betont aber auch hier, dass die Sprache von der Grunderfahrung des persönlichen Wirkens ausgeht, jedoch führt sie die Welt nicht immer wieder »in diesen *einen* Mittelpunkt« zurück, sondern gibt ihr eine neue Form, in der sie der bloßen »Subjektivität des Empfindens und Fühlens gegenübertritt.«[18] Trotz der Verflochtenheit der Sprache in die Welt des Sinnlichen und des Imaginativen zeigt sie die Tendenz und die Kraft zum ›Logisch-Allgemeinen‹, kraft derer sie sich »fortschreitend zu einer immer reineren und selbständigen Geistigkeit ihrer Form befreit.«[19] Der eigentümliche Gehalt der Sprache lässt sich nicht in dem Gegensatz zwischen den Extremen des Sinnlichen und des Intellektuellen fassen, weil die Sprache sich als eine zugleich sinnliche und intellektuelle Ausdrucksform erweist, und zwar in all ihren Leistungen und in allen Phasen ihres Fortschritts: »Die Worte sind Zeichen der Ideen – wobei die letzteren entweder als objektive und notwendige Erkenntnisinhalte oder als subjektive ›Vorstellungen‹ gefasst werden.«[20] Die Sprache überschreitet den subjektiven Bereich und eröffnet den Blick auf die Welt dadurch, dass Wörter Bezug auf Dinge haben.[21] Cassirer ist der Auffassung, dass die menschliche Sprache »nicht nur eine universelle logische Aufgabe, sondern auch eine gesellschaftliche Aufgabe erfüll[t], die von den besonderen sozialen Verhältnissen der Sprachgemeinschaft abhängig ist.«[22] Diese Aufgabe kann auch eine negative sein, wie am Beispiel des Nationalsozialismus und dessen Indienstnahme der Sprache noch zu sehen sein wird.

Die Sprache ist damit als ein produktiver Prozess anzusehen, dem eine konstruktive Rolle zukommt. Das französische Sprichwort »l'appétit vient en mangeant« bleibt auch dann als Erfahrungssatz wahr,

»wenn man ihn parodiert, und sagt, ›l'idée vient en parlant‹. […] Die Dynamik des Denkens und die Dynamik des Sprechens gehen mit einander Hand in Hand; zwischen beiden Prozessen findet ein ständiger Kräfteaustausch statt. Der gesamte Austausch des seelisch-geistigen Geschehens ist auf diesen Austausch angewiesen und wird von ihm her stets aufs neue in Bewegung gesetzt.«[23]

Als produktiver Prozess ist die Sprache dann auch kein *Ergon*, sondern *Energeia*. Für das Verständnis dessen, was Sprache ist, kommt dieser Feststellung höchste Bedeutung zu: »Um diese Energie zu ermessen, müssen wir den sprachlichen

Prozess selbst und nicht bloß sein Ergebnis, sein Produkt und Endresultat untersuchen.«[24]

Diese Prozessualität von Sprache bestimmt gleichzeitig die Art des Weltverständnisses: »Der Mensch denkt und begreift die Welt nicht nur durch das Medium der Sprache; sondern schon die Art, wie er sie anschaulich sieht und wie er in dieser Anschauung lebt, ist durch eben dieses Medium bedingt.«[25] Kraft der Sprache erschaffen wir also nicht nur unsere objektive Welt und erlangen nicht nur die Gewalt über sie, Cassirer spricht von der »geistige[n] Eroberung der gegenständlichen Anschauung« als Leistung der Sprache.[26] Vielmehr erlangt der Mensch erst dank der Sprache die Macht über sich selbst:

»Das Verfahren der Sokratischen ›Induktion‹ und das Verfahren der Sokratischen ›Maieutik‹ ist nichts anderes als die Methode, kraft deren das Bewusstsein gleichsam ›zum Sprechen gebracht‹ und eben hierin der in ihm selbst liegenden Macht, der eigenen und unverbrüchlichen Spontaneität, versichert werden soll. So erringt der Mensch mit der Sprache nicht nur eine neue Macht über die Dinge, über die objektive Wirklichkeit, sondern auch eine neue Macht über sich selbst.«[27]

Und zu guter Letzt ist es die Sprache selbst, der es zu verdanken ist, dass der Mensch nicht nur ein *animal symbolicum* ist, sondern eben auch ein *zôon logon echon* und ein *zôon politikón*:

»Neben der Welt der ›äußeren‹ Gegenstände und neben der Welt des eigenen Ich aber ist es die soziale Welt, die durch die Sprache aufgeschlossen wird.«[28]

Früher noch als die Dingwelt, die Welt des ›Es‹, tritt die Welt des ›Du‹ in den Blickwinkel des ›Ich‹. Somit erschafft die Sprache eine Welt des ›Mit-Lebens‹ und ›Mit-einander-Lebens‹. Die Sprache ist die ›Morgenröte‹ jedes Gemeinschaftsbewusstseins überhaupt. In seinen frühesten und einfachsten Gestaltungen war das Gemeinschaftsbewusstsein geradezu an die Mitwirkung der Sprache gebunden, denn jene Art des »Mit-Lebens und Mit-einander-Lebens […] wird durch die Sprache eigentlich erst geschaffen und ermöglicht.«[29] Die Sprache ist also ein starkes Band mit einigender Funktion, jedoch ist hier einschränkend hinzuzufügen, dass dieses einigende Band erst dann zum Vorschein kommt, wenn es in der gleichmäßigen Mitwirkung aller entsteht,

»und zum stärksten Band zwischen denen [wird], die es gemeinsam erschaffen und die es sich mit einander und für einander erarbeiten.«[30]

Derjenige, der außerhalb der Sprachgemeinschaft steht, fällt somit auch aus der sozialen Gemeinschaft heraus. So erscheint der Fremdsprachige als der Fremde schlechthin, als der *Barbar*, denn er kann nicht mitwirken am Aufbau der gemeinsam geteilten Welt und ihrer symbolischen Formung.[31]

Die Sprache als Ordnungs- und Wahrnehmungsstruktur der Kritischen Theorie erfüllt ähnliche Aufgaben wie Cassirers symbolische Form Sprache. Dass die Sprache die menschliche Gemeinschaft konstituiert, ist auch bei der Kritischen Theorie ein wichtiger Punkt. In der Kritischen Theorie unterliegen jedoch alle Ordnungs- und Wahrnehmungsstrukturen schon immer der Dialektik von Mythos und Aufklärung. Während Cassirers Ausführungen davon ausgehen, dass die positiven Funktionen der symbolischen Formen in der Realität möglich sind – außer natürlich unter Bedingungen, die unten noch ausgeführt werden –, nimmt die Kritische Theorie an, dass die befreienden Möglichkeiten der einzelnen Ordnungs- und Wahrnehmungsstrukturen immer schon verstellt sind. Gleichzeitig muss man jedoch diese Möglichkeiten als letzten Quell der Hoffnung auf die Emanzipation in einer Welt ansehen, die in Barbarei versinkt.[32] Die negative Seite der Dialektik wird bei Cassirer dann in den noch auszuführenden Reflexionen zur *Pathologie des Symbolbewusstseins* deutlich werden.

Horkheimer und Adorno führen in der *Dialektik der Aufklärung* aus, dass in der Urgeschichte der Sprache sich ihre Funktion wandelt, um dabei jedoch ihre ursprüngliche um so totalitärer auszuüben. Dieser Wandel der Sprache ist in der *Dialektik der Aufklärung* anhand von Homers Beschreibungen von Odysseus' Abenteuern und seines Gebrauchs der Sprache abzulesen. Die Tendenz, die in diesen Abenteuern stellvertretend für die bürgerliche Ratio und Sprache zu lesen ist, weist schon auf die Mechanismen hin, die im Nationalsozialismus zum Tragen kommen. Um seine Abenteuer zu bestehen, muss sich Odysseus oft der Listen bedienen, und diese beruhen auf einem Standortwechsel in der Funktion der Sprache:

»Mit der Auflösung des Vertrages durch dessen wörtliche Verfolgung ändert sich der geschichtliche Standort der Sprache: sie beginnt in Bezeichnung überzugehen. Das mythische Schicksal, Fatum, war eins mit dem gesprochenen Wort. Der Vorstellungskreis, dem die von den mythischen Figuren unabänderlich vollstreckten Schicksalssprüche angehören, kennt noch nicht den Unterschied von Wort und Gegenstand. Das Wort soll unmittelbare Macht haben über die Sache, Ausdruck und Intention fließen ineinander. List jedoch besteht darin, den Unterschied auszunutzen. Man klammert sich ans Wort, um die Sache zu ändern. So entspringt das Bewusstsein der Intention: in seiner Not wird

Odysseus des Dualismus inne, indem er erfährt, dass das identische Wort Verschiedenes zu bedeuten vermag.«[33]

Dadurch, dass Odysseus in seiner Begegnung mit Polyphem sich zu seinem Namen bekennt und zugleich von ihm lossagt, »rettet er sein Leben, indem er sich verschwinden macht«.[34] Hierin ist jene Irrationalität der bürgerlichen Vernunft zu erkennen, sich noch an jede Unvernunft anzugleichen.

»[Odysseus] nennt sich Niemand, weil Polyphem kein Selbst ist, und die Verwirrung von Namen und Sache verwehrt es dem betrogenen Barbaren, der Schlinge sich zu entziehen: sein Ruf als der nach Vergeltung bleibt magisch gebunden an den Namen dessen, an dem er sich rächen will, und dieser Name verurteilt den Ruf zur Ohnmacht. Denn indem Odysseus dem Namen die Intention beilegt, hat er ihn dem magischen Bereich entzogen. Seine Selbstbehauptung aber ist wie in der ganzen Epopöe, wie in aller Zivilisation, Selbstverleugnung.«[35]

Die Flucht aus dem magischen Bann, dass Name und Sache eins sind, hat Odysseus stellvertretend für die ganze Zivilisation mit Selbstverleugnung bezahlt, und enthält schon das Modell aller zukünftigen Gesellschaft. Um der todesbringenden Macht zu entfliehen, muss das Individuum seinem Selbst entsagen. Diese Selbstentsagung des Odysseus sei nur die erste ahnungsvolle Allegorie auf das, was in den folgenden 2500 Jahren die Menschheit an Selbstverleugnung noch vor sich habe.

Es ist die Wirkung der Sprache in ihrer unheilschwangeren Verknüpfung mit der Massenkommunikation und ihrer Perfektionierung im Nationalsozialismus, die die Autoren der Kritischen Theorie reflektieren. In einem Brief an Löwenthal vom 21. Juli 1940 führt Horkheimer Folgendes über eine Hitlerrede aus, die er zuvor im Radio gehört hat:

»Auf der Fahrt hierher habe ich Hitlers Rede gehört. Sein Wort reicht über die Ebenen und Meere der Welt, es dringt in die fernsten Gebirgstäler. Aber ich habe es nie so stark gefühlt, dass es eben kein Wort ist, sondern eine Naturkraft. Das Wort hat mit Wahrheit zu tun, dies aber ist ein Kriegsmittel, es gehört zur glänzenden Rüstung von Marsbewohnern.«[36]

Zwei Momente werden hier deutlich: erstens: Sprache, hat mit Wahrheit zu tun; zweitens: Sprache kann instrumentalisiert werden und in dieser Instrumentalisierung, als Waffe eingesetzt werden. Die hier vorgenommene Verknüpfung von Sprache und Wahrheit ist auch der Argumentation der *Dialektik der Aufklärung* inhärent, wenn in ihr der Bedeutungsverlust der Sprache in der Moderne beklagt wird.

»Je vollkommener nämlich die Sprache in der Mitteilung aufgeht, je mehr die Worte aus substantiellen Bedeutungsträgern zu qualitätslosen Zeichen werden, je reiner und durchsichtiger sie das Gemeinte vermitteln, desto undurchdringlicher werden sie zugleich. Die Entmythologisierung der Sprache schlägt, als Element des gesamten Aufklärungsprozesses, in Magie zurück. Unterschieden voneinander und unablösbar waren Wort und Gehalt einander gesellt. [...] Die entschlossene Trennung, die den Wortlauf als zufällig und die Zuordnung zum Gegenstand als willkürlich erklärt, räumt mit der abergläubischen Vermischung von Wort und Sache auf. Was an einer festgelegten Buchstabenfolge über die Korrelation zum Ereignis hinausgeht, wird als unklar und als Wortmetaphysik verbannt. Damit aber wird das Wort, das nur noch bezeichnen und nichts mehr bedeuten darf, so auf die Sache fixiert, daß es zur Formel erstarrt.«[37]

Das durchgängige Motiv der *Dialektik der Aufklärung* wird hier auf Sprache angewandt deutlich: Die Flucht aus dem Mythos führt in den Mythos und die Magie zurück. In dem Moment, wo das Wort nur noch Bezeichnung und von jeglicher Erfahrung abgekoppelt ist, wird es zur leeren Formel, zur totalitären Parole. In den Wendungen, die im faschistischen Radio allgegenwärtig sind, ist »das letzte Band zwischen sedimentierter Erfahrung und Sprache durchschnitten.«[38]

In der Moderne verkümmert das Wort zum verhaltenssteuernden Signal. Sprache ist nichts weiter als ein weiteres Produktionsmittel im Produktionsapparat der Monopolgesellschaft. Sprache wird hier als »Medium der Äußerung einer gattungsgeschichtlich angelegten Kritik instrumenteller Vernunft« unterworfen. Die Sprache ist in der bürgerlichen Gesellschaft auf einen nominalistischen Positivismus reduziert, ausschließlich auf Kommunikation. Dadurch soll die Funktion der symbolischen Wiederholung von Naturvorgängen in der magischen Sphäre der Sprache auch in der Moderne erfüllt werden: die Permanenz des gesellschaftlichen Zwangs. Adorno und Horkheimer kritisieren hier letztendlich die diskursive Logik der bürgerlichen Gesellschaft selbst, die Ergebnis sozialer Herrschaft ist.[39] Horkheimer und Adorno halten jedoch an ihrem hehren Anspruch an Sprache fest. Wie die »entzauberte Welt des Judentums [...] die Zauberei durch deren Negation in der Idee Gottes« versöhnte, so wollen sie qua der Hegelschen ›bestimmten Negation‹ die Sprache als mehr »als ein bloßes Zeichensystem« retten.[40]

In einem Brief an Harold Laski taxiert Horkheimer die zukünftigen Möglichkeiten der Sprache und des Denkens gegen Null. Der autoritäre Staat wird von Horkheimer hier als das größte Problem der Gegenwart und Zukunft beschrieben, demgegenüber Sprache machtlos und inadäquat ist.[41] Auch Adorno teilt diese Sichtweise. Sprache leidet unter den Bedingungen der Gegenwart. Sie kann nichts mehr so sagen, wie sie es erfährt. Entweder »sie ist verdinglicht« oder sie sei »banal und fälscht den Gedanken auf halbem Weg.« Adorno beklagt, dass »die Gewalt der Fakten« so übermächtig sei, dass selbst wahre Theorie dieser Gewalt gegenüber »sich wie Spott darauf ausnimmt«, und diese Gewalt der Sprache als dem Organ der Theorie als »Mal eingebrannt« sei.[42] Diese Überlegungen von Horkheimer und Adorno korrespondieren mit ihrer, die Sprache betreffenden, Ausgangsüberlegung der *Dialektik der Aufklärung*[43]: In dem Moment, wo der Öffentlichkeit der Gedanke unentrinnbar zur Ware wird und die Sprache zur Anpreisung der Waren, muss der Versuch, »solcher Depravation auf die Spur zu kommen«, den »geltenden sprachlichen und gedanklichen Anforderungen Gefolgschaft versagen«, bevor die welthistorische Konsequenzen dieser Depravation den unabhängigen Gedanken vollends vereiteln.[44]

Horkheimer ist prinzipiell von der Möglichkeit der positiven Funktion der Sprache überzeugt. Die Sprache tendiert unabhängig von der »psychologischen Absicht des Sprechenden« auf die Universalität, die im Allgemeinen nur der Vernunft zugesprochen wird. Die Interpretation dieser Universalität »führt notwendig auf die Idee der richtigen Gesellschaft«. Daher muss sich Sprache, die im »Dienst des Bestehenden« steht, stets im Widerspruch zu sich selbst befinden. Somit existiert der Widerspruch immer zwischen »dem Dienst an der herrschenden Praxis und der notwendigen Intention auf die richtige Allgemeinheit.[45]

Horkheimer verweist auf einen doppelten Widerspruch in der Sprache, sofern sie bestehendem Unrecht dient. Zum einen beraubt ihr die gesellschaftliche Unterdrückung jede andere Funktion die, als ein »Mittel der Planwirtschaft zu sein«. Dadurch verliert ihr Ausdrucks- und Bedeutungsreichtum an Wichtigkeit, da unter der Planwirtschaft alle Sätze nur noch dasselbe sagen. Zum anderen heißt die Rede an jemanden zu richten

»im Grunde, ihn als mögliches Mitglied des zukünftigen Vereins freier Menschen anerkennen. Rede setzt eine gemeinsame Beziehung zur Wahrheit, daher die innerste Bejahung der fremden Existenz, die angeredet wird, ja eigentlich aller Existenzen ihren Möglichkeiten nach. Soweit die Rede die Möglichkeiten verneint, befindet sie sich notwendig im Widerstreit mit sich selbst. Die Rede der Aufseher im Konzentrationslager ist an sich ein furchtbarer Widersinn, ganz gleichgültig, was sie zum Inhalt hat; es sei denn, daß sie die Funktion des Sprechers selbst verurteile. Alle Rede der Gegenwart trägt etwas davon an sich.«[46]

Die Sprache verliert danach die Möglichkeit ihre Aufgaben wahrzunehmen. Anstatt Mittel zur Wahrheitserkennung zu sein, anstatt als antizipatorisches Element des Daseins und als Distanzierungsmöglichkeit vom unmittelbar

Gegebenen zu fungieren, verkommt sie im autoritären Staat zur bloßen Kommunikation und Verlängerung des Bestehenden. Im Produktionsapparat der modernen Gesellschaft wird die Sprache zu einem reinen Instrument, das, wenn es nicht direkt auf eine auf den Apparat bezogene Operation verwendet wird, sogleich des leeren Geschwätzes verdächtigt wird (KiV 43). Wie Cassirer im Zusammenhang mit der Sprachpathologie betont auch Horkheimer, dass die Sprache einen neuen mythologischen Charakter bekommen hat, denn sie wird wieder, wie im Zeitalter der Magie,

»als eine gefährliche Macht betrachtet, die die Gesellschaft zerstören könnte und wofür der Sprecher verantwortlich gemacht werden muß.«[47]

Die von Horkheimer der Sprache zugesprochenen utopischen Elemente, die prinzipiell auf die Idee der richtigen Gesellschaft führen, sind hier verloren. Jedoch heißt es: »Soweit die Rede die [utopischen] Möglichkeiten verneint, befindet sie sich notwendig im Widerstreit mit sich selbst.«[48] Daraus folgt, dass die letzte Verteidigungslinie gegen die Instrumentalisierung der Vernunft in der Sprache selbst verborgen ist. Denn der bloße Versuch zu jemanden zu sprechen, beinhaltet schon die Vorstellung bzw. das Bild einer Gesellschaft, in der das Individuum mehr ist als ein Mittel.[49]

Sprache ist als Teil der Urgeschichte der Zivilisation als Organ der Naturaneignung und -beherrschung anzusehen. Die Geschichte der abendländischen Zivilisation wird in der *Dialektik der Aufklärung* ausdrücklich »im Zusammenhang mit der Genesis der menschlichen Sprache« beschrieben. Die Loslösung des Menschen von der Natur, seine Emanzipation, vollzieht sich vor allem kraft der begrifflichen Sprache.[50] Erst das Aufkommen einer allgemeinen Begrifflichkeit bietet die Möglichkeit, vom »Konkreten und Einzelnen zu abstrahieren« und sich darüber zu verständigen. Insofern ist der Prozess der Herrschaft der Menschen über die Natur eng mit dem der Versprachlichung verbunden.[51] Die Welt wird durch den Begriff auf einzelne Aspekte reduziert und somit dem menschlichen Nutzen zugänglich gemacht.[52] Begriffliches Denken ist unabdingbares Instrument zur Emanzipation des Menschen von einer übermächtigen Natur. Es schafft Erkenntnis und macht damit die Idee von Freiheit erst möglich.[53]

»Weil das Seiende nicht unmittelbar sondern nur durch den Begriff hindurch ist, wäre beim Begriff anzuheben, nicht bei der bloßen Gegebenheit. […] Der Begriff an sich hypostasiert, vor allem Inhalt, seine eigene Form gegenüber den Inhalten. Damit aber schon das Identitätsprinzip: daß ein Sachverhalt an sich, als Festes, Beständiges, sei, was lediglich denkpraktisch postuliert wird. Identifizierendes Denken vergegenständlicht durch die logische Identität des Begriffs. Dialektik läuft, ihrer subjektiven Seite nach, darauf hinaus, so zu denken, daß nicht länger die Form des Denkens seine Gegenstände zu unveränderlichen, sich selber gleichbleibenden macht; daß sie das seien, widerlegt Erfahrung.«54

Die Menschen bedürfen der Begriffe, um die sie umgebenden Dinge zu erfassen und zu identifizieren. Sie sind der Form nach allgemein, inhaltlich aber beziehen sie sich auf das Besondere. Daher verweisen Begriffe »notwendig auf Nichtbegriffliches, das von ihnen erfasst und identifiziert werden soll. Erkenntnis wäre ohne die formale Allgemeinheit des begrifflichen Instrumentariums gar nicht möglich.«55 Der Begriff, unter den subsumiert werden soll, in dem verschiedenes identisch werden soll, existiert nicht für die Kritische Theorie. Dialektik, wie sie hier verstanden wird, bedeutet nichts weiter »als daß die Gegenstände in ihrem Begriff nicht aufgehen, daß diese in Widerspruch geraten mit der hergebrachten Form der adaequatio«. Der Widerspruch nämlich ist

»Index der Unwahrheit von Identität, des Aufgehens des Begriffenen im Begriff. Der Schein von Identität wohnt jedoch dem Denken selber seiner puren Form nach inne. Denken heißt identifizieren. Befriedigt schiebt begriffliche Ordnung sich vor das, was Denken begreifen will. Sein Schein und seine Wahrheit verschränken sich. [...] Der Widerspruch ist das Nichtidentische unter dem Aspekt der Identität; der Primat des Widerspruchsprinzips in der Dialektik mißt das Heterogene am Einheitsdenken. Indem es auf seine Grenze aufprallt, übersteigt es sich. Dialektik ist das konsequente Bewußtsein von Nichtidentität. Sie bezieht nicht vorweg einen Standpunkt.«56

Und genau dies, also Dialektik als konsequentes Bewusstsein von Nichtidentität, macht das Denken und die Sprachphilosophie der Kritischen Theorie aus. Während bürgerliches Denken mit dem Schein des Begriffs sich zufrieden gibt und, daraus folgend, sein ganzes Denkgebäude auf einer Vermengung von Schein und Wahrheit aufbaut, sind sich Adorno und Horkheimer bewusst, dass solche Begriffe immer schon falsch sind. Denn »Sprache verhält sich zum Allgemeinen ambivalent. Sie subsumiert unter Begriffe, die für alle dieselben sind.« Horkheimer verweist darauf, dass das durch Sprache prädizierte Allgemeine dem Ding, das es bezeichnen soll, nicht angemessen ist.57 Dadurch wird der Anspruch der Kritischen Theorie deutlich, die Dinge bei ihrem Namen zu nennen und sie nicht unter ein Allgemeines zu subsumieren. Die Kritische Theorie wirft dem positivistischen Sprachbegriff vor, dass in ihm der traditionelle philosophische Wahrheitsanspruch preisgegeben wird.58

Sprache tendiert zu Universalität und in der Interpretation dieser zur Idee der richtigen Gesellschaft. Sprache, die im Dienst des Bestehenden steht, befindet sich daher im Widerspruch zu sich selbst, was sich immer schon in ihrer Struktur ausdrückt. Die Rede geht davon aus, dass beim Angeredeten die gleiche Beziehung zur Wahrheit existiert. Daraus folgt die Bejahung des Adressaten. Verneint die Rede dies, befindet sie sich im Widerstreit mit sich selbst, wie bereits am Beispiel des KZ-Wächters gezeigt wurde. Horkheimer ist der Auffassung, dass alle Rede der Gegenwart etwas davon in sich trägt.[59] Die Aporie dieser Feststellung kann man kurz zusammenfassen: Die Sprache ist seit je Instrument der Macht, trägt jedoch gleichzeitig auch schon immer die Intention eines wahren Lebens in sich.

Der Antagonismus besteht also darin, dass Sprache zwar mit jeder ihrer Äußerung für Wahrheit einsteht, dieses Versprechen jedoch mit jeder Äußerung gleichzeitig gebrochen wird und eine Einlösung dieses Versprechens in der bestehenden Welt bloß vorgetäuscht ist. Leiden und Erfüllung sind im Begriff ungeschieden, und die Festigkeit des Begriffs spiegelt exakt die Gesellschaft wider, »die dem Leben dient, indem sie es auch unterdrückt, die den Menschen entfaltet, indem sie ihn verstümmelt«.[60]

Solange Sprache nur das Allgemeine widerspiegelt, ohne es zugleich als Negatives zu bezeichnen, bleibt sie im Bannkreis der Mimesis. In diesem Zusammenhang kritisiert Horkheimer an Hegel, dass dieser hier die Dialektik stillstellt, er begnügt sich mit dem ›Ist‹-Zustand und gelangt so zu einer ›Beruhigung‹, ›Versöhnung‹ und ›Verschmelzung‹ mit der schlechten Ordnung. Diese sind die entscheidenden Momente; ihr Motiv wäre Trost, ihre Wahrheit aber »Verklärung der Macht der Welt zum Innersten alles Lebendigen«, »Anbetung der Macht«.[61] Sprache wird zum Denken, sobald sie die Einsicht in die Dialektik zwischen ihr und der Wahrheit begriffen hat und sie zu vermitteln beginnt. Der Sprache wird das Allgemeine, das Gegenstand des Begriffs ist, zum Negativen.[62] Im Allgemeinheitsanspruch der Begriffe negiert kritische Sprache das, was Macht über die Menschen hat. Gleichzeitig denunziert sie dabei ihre eigenen Voraussetzungen. Daher muss sie mit ihren eigenen Mitteln über sich selbst hinausgehen, wobei sie in ihrer Kritik »das Verbindende der Sprache, Kommunikation, als eine Gleichheit der Verstümmelten« formuliert. Je mehr Sprache also in der Lage ist, »das Stumme, Getrennte, Nicht-Kommunizierbare, Nicht-Identische bei seinem wahren Namen zu nennen, desto eher verbindet es die Menschen.« Das über sich Hinausgehen des Allgemeinbegriffs muss als Grundfähigkeit der Sprache des Alltags angesehen werden. Denn Sprache als »Repräsentanz von Lebensformen« bzw. als Ausdrucks- und Gestaltungsweise von Lebensformen muss ihren Bedeutungen »auch eine prinzipielle Offenheit gegenüber dem Nicht-Identischen« zuschreiben.[63]

Hier lässt sich schon das Motiv erkennen, das Adorno gemeint hat, als er in der *Negativen Dialektik* davon sprach, die Philosophie sei die Anstrengung, »im Begriff über den Begriff hinauszugelangen«[64], dass also das unter dem Begriff Subsumierte auch nicht-identisch sein kann und dem Begriff dadurch eine andere, offenere, gestaltbarere Bedeutung gibt. Dies ist eine Anstrengung, die kritische Sprache immer schon hat auf sich nehmen müssen, um so dem Bestehenden nicht zu dienen und dem Anspruch auf Wahrheit ein Stück näher zu kommen. Aus der Antagonismusthese Horkheimers, die Struktur der Sprache stehe für Wahrheit und damit einhergehend für ein richtiges Leben ein, aber betrüge zugleich um deren Einlösung, folgt die Immanenz der aufklärerischen Reflexion:

»Nicht außerhalb der Sprache liegt der Fixpunkt, von dem aus deren Verkrustungen durchbrochen werden können, die Reflexion ist vielmehr darauf angewiesen, ihre sprachlichen und begrifflichen Mittel zu radikalisieren und auf sich selbst anzuwenden. Allein im Bewußtsein dieser Immanenz ist diese dennoch aufzubrechen.«[65]

So schreibt Horkheimer, dass eine alleinige Formulierung und Wiederholung der Worte Mensch, Menschlichkeit, Brüderlichkeit und Identität noch ohnmächtiger sei »als die Dauer des Kunstwerks«, da in ihr die »Diskrepanz von Intention und Erfüllung [...] erst offenbar« wird. Der Begriff ist auf den dialektischen Fortgang angewiesen, ohne den er abstrakte und harmlose Utopie bleibt.[66] Der bürgerliche Begriff, der versuchte, den Begriff des Menschen positiv zu fassen, führt lediglich in die Selbstbehauptung zurück und dazu, Herrschaft über das Außermenschliche umso sicherer aufrecht zu erhalten. Wenn die Sprache das Allgemeine nennt, sagt sie, was Macht über alle hat. Wenn die Menschen nun so, wie der Begriff es vorschreibt, sich durch die Gesellschaft erhalten, üben sie Herrschaft aus,

»auch wenn die Räte so tadellos funktionieren, dass der Staat wirklich abstirbt und nur die umgebende Natur die Blindheit der Menschen erfährt. Die Macht, die sie ausüben, indem sie ihrem allgemeinen Begriff ganz gleich werden, wirkt auch dann auf ihre Herzen zurück. Jene Allgemeinheit, die der Glaube an Geschichte als seine Wahrheit enthielt, war nicht das Kollektiv, sondern die Befreiung des Lebendigen von seinem Zwang. Im Begriff war die Gemeinsamkeit des Leidens formuliert. Er visiert die Freiheit, indem er konkret die Unfreiheit denkt; dies ist die versöhnende Kraft der Bestimmung durch Negation.«[67]

Jedoch ist der Fortgang, die Präzisierung der Bestimmung, kein Rezept, auf das Sprache sich verlassen kann. Vielmehr ist festzustellen, dass der Satz umso weniger die Abschaffung des Leidens ankündigt, je präziser die Bestimmung ist. Die prinzipielle Offenheit gegenüber dem Nicht-Identischen, die Freiheit in der Unfreiheit denken, auszusprechen, was Macht über die Menschen hat, das sind die Elemente, die es der Sprache ermöglichen, prinzipiell auf Wahrheit ausgerichtet zu sein, Zukunft und eine andere Gesellschaft zu antizipieren. Widerspruch ist – wie oben schon ausgeführt – der »Index der Unwahrheit von Identität, des Aufgebens des Begriffenen im Begriff.«[68] Das heißt Sprache im autoritären Staat, in der alles vorgedacht und unter einem vorgegebenen Begriff subsumiert ist, verhindert Denken, verhindert Wahrheit von vornherein. Nur wo Widerspruch erlaubt/möglich ist, wo Nichtidentisches gedacht werden kann, ist der Anspruch der Sprache auf Wahrheit nicht grundsätzlich Utopie, sondern reale Möglichkeit.

III. Die Pathologie des Symbolbewusstseins und Sprache

Entsprechendes führt Cassirer in seinen Überlegungen zur Sprachpathologie aus. In dem Kapitel *Zur Pathologie des Symbolbewußtseins* im dritten Band der *Philosophie der symbolischen Formen* behandelt Cassirer unterschiedliche Formen der Wahrnehmungsstörung, die Aphasie, Apraxie und Agnosie.[69] Hier interessiert nur die ideatorische Apraxie. In ihr grenzen »›Theorie‹ und ›Praxis‹ nahe aneinander: hier zeigt es sich, daß die Form des Tuns unlöslich mit der des Denkens und der des Vorstellens verschmolzen ist.«[70] Allerdings gibt Cassirer zu bedenken, dass es sich bei den vorgestellten Pathologien doch nirgends darum handelt,

»daß irgendein generelles ›Vermögen‹ – das Vermögen der Sprache oder des zweckgemäßen Handelns […] – gestört ist. Allgemeine Fähigkeiten dieser Art […] gibt es so wenig, wie es eine allgemeine Fähigkeit des Essens oder Gehens gibt. An Stelle einer solchen substantiellen Auffassung muß vielmehr überall die funktionelle treten: Was wir hier vor uns haben, ist nicht der Verlust eines *Vermögens*, sondern die Wandlung und Umbildung eines höchst komplexen psychisch-geistigen *Prozesses*.«[71]

Die *Philosophie der symbolischen Formen* versucht, die Lehren der Pathologie in ein allgemeines kulturphilosophisches Problem zu verwandeln. Die Untersuchung der Krankheitsbilder ergab, dass das Verhalten der Kranken ›das primitivere und lebensnähere‹ ist:

»Und dieser Ausdruck der Lebensnähe trifft in der Tat zu, wenn man unter dem Begriff des Lebens die Gesamtheit der *organisch-vitalen* Funktionen zusammenfaßt und diese den spezifisch *geistigen* Funktionen gegenüberstellt.«[72]

Zwischen diesen beiden stehen die ›geistigen Gebilde‹, die Cassirer unter dem Einheitsbegriff der symbolischen Formen subsumiert, also auch die Sprache. Das Leben auf der Erde ist auf bestimmte Ziele gerichtet ist. Das Wissen um diese Ziele aber schließt »stets einen Bruch mit der Unmittelbarkeit des Lebens« ein. Dieses Wissen, alle Erkenntnis von Welt und das geistige Wirken auf sie »erfordert, daß das Ich die Welt von sich abrückt.« Die Welt als Vorstellung zu gewinnen, ist somit Ziel und Ertrag der symbolischen Formen.

Im pathologischen Verhalten steht das Tun »unter einem Impuls von rückwärts, der es in die Zukunft forttreibt und vorstößt; es ist nicht von eben dieser Zukunft her und durch die Antizipation derselben, durch ihre ideelle ›Vorwegnahme‹ bestimmt.«[73] In der Kulturentwicklung macht sich dieser ideelle Fortgang ins ›mittelbare‹ in der Form des sprachlichen Denkens und im Werkzeuggebrauch bemerkbar. In beiden erobert der Mensch sich »die neue Grundrichtung des ›mittelbaren‹ Verhaltens, die ihm spezifisch-eigentümlich ist.«[74]

Diesen Schritt in die Freiheit vom Zwang des Bedürfnisses und des Triebes bringen neue Arten der Aneignung der Welt mit sich, sie kann nun ›begriffen‹ werden. Cassirer schließt hieraus, dass das pathologische Verhalten »gewissermaßen die Kraft des geistigen Impulses eingebüßt [hat], der den Geist immer wieder über den Kreis des unmittelbar Wahrgenommenen und des unmittelbar Begehrten hinausdrängt.«[75] Dieser Rückschritt ermöglicht es die Gesamtbewegung des Geistes von einer neuen Seite zu sehen. Der Prozess der Symbolisierung der Welt wird gerade dort für uns anschaulich,

»wo er nicht mehr frei und ungehindert sich vollzieht, sondern wo er gegen Hemmungen anzukämpfen und gegen diese sich durchzusetzen hat. In diesem Sinne geben uns Sprachpathologie und die Pathologie des Handelns einen Maßstab an die Hand, mit dem wir die Breite des Abstandes messen können, der zwischen der organischen Welt und der Welt der menschlichen Kultur, zwischen dem Gebiet des *Lebens* und dem des ›*objektiven Geistes*‹ besteht.«[76]

Cassirer betont auch, dass seine Feststellungen zur Pathologie des Symbolbewusstseins in »ein allgemeineres *kulturphilosophisches* Problem umzuwenden« sind, sie also zu einer ›Sozialpathologie‹ werden.[77] Dies soll nun anhand der Sprache gezeigt werden.

Auf nur wenigen Seiten stellt Cassirer in seinem Buch *Der Mythus des Staates* die Instrumentalisierung der Sprache durch die Nationalsozialisten dar und inwiefern dies bei der Gewinnung ihrer totalen Macht hilfreich war.[78]

Das Instrument zur Einführung der politischen Mythen war in Cassirers Auffassung die Sprache, genauer: ein Wechsel in der Funktion der Sprache.[79] In der Entwicklung der Sprache hatte das Wort zwei unterschiedliche Funktionen zu erfüllen: die semantische und die magische. Die magische Funktion des Wortes ist vorwiegend in primitiven Gesellschaften zu finden. »Es benennt nicht Dinge oder Beziehungen zwischen Dingen; es versucht, Wirkungen hervorzubringen und den Lauf der Natur zu ändern. Dies kann nicht ohne eine ausgearbeitete magische Kunst geschehen.«[80] Diese magische Kunst kann nur von einer entsprechend zentralen Figur ausgeübt werden, die diese Magie beherrscht. Cassirer konstatiert nun, dass all dies in der modernen Welt wiederkehrt, dass eine Umwertung aller ethischen Werte stattfindet und eine Umformung der Sprache. Auch gewinnt nun wieder das magische Wort über das semantische die Oberhand: »Unsere gewöhnlichen Worte sind mit Bedeutung geladen; aber diese neugeformten Worte sind mit Gefühlen und heftigen Leidenschaften geladen.«[81] In diesem Zusammenhang verweist Cassirer auf das Buch *Nazi-Deutsch*, ein Wörterbuch über die Wandlung der deutschen Sprache unter den Nationalsozialisten. Cassirer wählt, um seine These zu verdeutlichen, daraus das Wortpaar ›Siegfriede – Siegerfriede‹ aus, denn »was sie charakterisiert, ist nicht so sehr ihr Inhalt und ihre objektive Bedeutung, als die emotionale Atmosphäre, die sie umgibt.«[82] Das zeigt sich daran, dass es den Herausgebern nicht gelungen ist, die Wörter in ihrer neuen Bedeutung ins Englische zu übersetzen. Siegfriede bedeutet einen Frieden durch einen deutschen Sieg, während Siegerfriede das genaue Gegenteil bedeutet: »es wird gebraucht, um den Frieden zu bezeichnen, den die alliierten Eroberer diktieren würden.«[83]

Die Einführung solcher und ähnlicher Termini hatte das Ziel, politische Leidenschaften zu wecken. Zu dem geschickten Umgang mit solchen ›magischen‹ Wörtern kam noch die Einführung neuer Riten hinzu, so Cassirer. Bei den Nationalsozialisten bekam jede politische Aktion ein eigenes Ritual, das die Menschen auch in ihrem privaten Alltag immer umklammerte, da »im totalitären Staat keine private Sphäre unabhängig vom politischen Leben besteht.«[84] Das alltägliche Leben wurde von solchen Riten wie z. B. dem Hitlergruß überschwemmt. Somit konnte niemand mehr auf die Straße gehen, ohne zugleich »ein politisches Ritual zu vollziehen.«[85]

Eine solche Instrumentalisierung der Sprache hat zur Folge, dass das kritische Urteilsvermögen, die Fähigkeit zur Unterscheidung und das Gefühl für persönliche Verantwortung zunehmend verschwinden. Keiner ist mehr in der Lage, Sprache unpolitisch zu nutzen. Alle Begriffe sind durch die magische Funktion der Sprache kontaminiert; die Sprachpathologie ist perfekt.

Das Kollektiv tritt an die Stelle des Individuums, das moralische Subjekt ist nicht mehr der Einzelne, sondern die Gruppe. Vergleichbar ist dieser Zustand mit dem in primitiven Gesellschaften, in denen für ein Verbrechen immer alle verantwortlich sind – gemäß dem mythischen Prinzip des *pars pro toto*.[86] Während andere autoritäre Regime sich bisher damit begnügt haben, darauf zu achten, dass die Handlungen ihrer Untertanen den vorgeschriebenen Gesetzen entsprachen, gibt sich der Nationalsozialismus mit seinem System der politischen Mythen und Riten damit nicht zufrieden: Jeder Einzelne soll im Nationalsozialismus auch in seinem Sinne denken und vor allem fühlen. Die Folge der Pathologie des Symbolbewusstseins ist, dass die Menschen unter ihr nicht mehr in der Lage sind sich kraft des eigenen Verstandes eine eigene Welt zu erbauen und das Bestehende kritisch zu hinterfragen.

4. Sprache als Voraussetzung der freien Gesellschaft

Bei beiden Theorien besteht über die Funktion der Sprache unter freien, uneingeschränkten Bedingungen ihrer Entfaltung und unter denen, wie sie beispielsweise im Nationalsozialismus herrschten, weitgehende Übereinstimmungen. Cassirers Beobachtungen zur Formung der Gegenstandswelt durch die Sprache, dem Umarbeiten der sinnlichen Welt zu einer geistigen durch die Sprache finden in der Kritischen Theorie ihre Entsprechungen darin, dass die Sprache von Horkheimer und Adorno als Organ der Naturaneignung und -beherrschung angesehen wird. Sehen sie doch den praktischen Umgang mit der Natur und den in ihr vorfindlichen Dingen erst dann als gegeben und möglich, wenn er auf der Grundlage einer begrifflichen Sprache geschieht. Die Naturaneignung entsteht also erst über die Sprache, woraus folgt, dass erst kraft der Sprache die Emanzipation von der Natur geschehen kann und dementsprechend die Idee der Freiheit erst dank der Sprache in die Vorstellungswelt der Menschen Eingang findet. Nach Cassirer geht Sprache zwar von der Grunderfahrung des persönlichen Wirkens der Menschen aus, jedoch überschreitet sie den subjektiven Bereich und stellt somit eine objektive Welt her. Gleichzeitig gelangt der Mensch durch sie zur Macht über sich selbst und somit zur Macht über die objektive Wirklichkeit. Auch für die Kritische Theorie hat Sprache mit Wahrheit zu tun, wobei hier die Ambivalenz beachtet werden muss, dass Sprache zugleich auch Kriegsmittel sein kann. Horkheimer sieht den Wahrheitsanspruch der

Sprache in ihr selbst verankert, da die Rede davon ausgeht, dass beim Angeredeten die gleiche Beziehung zur Wahrheit existiert, wobei natürlich zu betonen ist, dass dies nur solange gültig ist, wie sich die Sprecher intersubjektiv als freie Subjekte anerkennen. Ist dies der Fall, so besteht im Gebrauch der Sprache eine Vorwegnahme des zukünftigen Vereins freier Menschen. Ähnlich sieht das Cassirer, der die Sprache als Morgenröte jeder Gemeinschaft bezeichnet und weiterhin der Überzeugung ist, dass in einer gleichberechtigten Sprachgemeinschaft, in der keine Exklusion besteht, die Idee der ›Humanitas‹ verwirklicht wäre.

Cassirer hebt aber auch hervor, dass die moderne Sprache der bürgerlichen Welt und vor allem der bürgerlichen Wissenschaft soweit zur wissenschaftlichen Sprache fortgeschritten ist, dass die Menschen in ihr von der Erfahrung, die Sprache bisher ermöglichte, abgekoppelt sind. Hier ist die Sprache keine gelebte Sprache mehr und daher die Welt keine gelebte Welt mehr, die Sprache besteht nur noch aus abstrakten Symbolen, die sich von den Gegenständen abkehren.[87] Das Gleiche – und wie immer ideologiekritischer – stellt die Kritische Theorie fest. Im bürgerlichen Zeitalter sind die Worte von substantiellen Bedeutungsträgern zu qualitätslosen Zeichen geworden. »Das betrifft gleichermaßen Sprache und Gegenstand. Anstatt den Gegenstand zur Erfahrung zu bringen, exponiert ihn das gereinigte Wort als Fall eines abstrakten Moments, und alles andere, durch den Zwang zu unbarmherziger Deutlichkeit vom Ausdruck abgeschnitten, den es nicht mehr gibt, verkümmert damit auch in der Realität.[88]

Man kann also sowohl bei Ernst Cassirer als auch der Kritischen Theorie einen hehren Anspruch an die Sprache feststellen: Sie verschafft den Menschen einen Zugang zur Wahrheit, sofern sie die Möglichkeit haben, unter freien gesellschaftlichen Bedingungen sich ihrer zu bedienen. Gleichzeitig folgt daraus, dass mit der (bürgerlichen) Wissenschaft der Sprache der Bezug zur Erfahrung und den Gegenständen verloren geht und somit die Sprache sich dem Leben der Menschen und deren Bedürfnis nach Wahrheit verschließt. Sprache wird zum Zeichensystem, zum System intellektueller Symbole, die sich der unmittelbaren Erfahrung der Menschen entziehen.

Im Gegensatz zu Cassirer sieht die Kritische Theorie diese Ambivalenz der Sprache von Beginn an. Sie ist also nicht erst mit der modernen Wissenschaft und ihrem System intellektueller Symbole zu Tage getreten. Urtyp dieser Entwicklung ist Odysseus' Selbstbezeichnung als ›Niemand‹, womit er den bürgerlichen Formalismus vorwegnahm. Der Unterschied zwischen Kritischer Theorie und Ernst Cassirer ist, dass Cassirer umgekehrt die positive Funktion der Sprache als gegeben betrachtet mit der gegebenen Möglichkeit, einmal eine ›Humanitas‹ zu erreichen und dies erst durch die politischen Mythen, die *Pathologie des Symbolbewusstseins*, letztlich durch den Nationalsozialismus zerstört sieht. In der Kritischen Theorie sind alle positiven Funktionen der Sprache erst in einer freien Gesellschaft verwirklichbar, sie hält aber an ihnen als der Sprache immanent fest, auch unter gesellschaftlichen Bedingungen, in denen sie nicht zum Vorschein kommen können. Sprache in der bestehenden Gesellschaft ist immer nur Verlängerung der Unwahrheit, ein Werkzeug im Produktionsapparat. Allerdings sieht die Kritische Theorie die Sprache auch als letzte Bastion gegen den völligen Verlust aller utopischen Momente im Bewusstsein der Menschen, steht sie doch mit jeder Äußerung immanent für Wahrheit ein.

Beide stimmen aber darin überein, dass im Nationalsozialismus die Sprache instrumentalisiert wird, um den Menschen die Möglichkeit unverstellter Kommunikation unmöglich zu machen. Wörter werden in ihrer Bedeutung neu definiert, die grammatikalische Struktur der Sprache dem politischen System angepasst. Gleichzeitig werden die Führer und ihre Reden ubiquitär. Die Folgen davon sind, dass die ursprünglich (Cassirer) bzw. potentiell (Kritische Theorie) der Sprache zukommenden Eigenschaften verloren gehen bzw. nicht verwirklicht werden können, den Menschen die Möglichkeit der Wirklichkeitskonstitution und damit die Möglichkeit, sich gegen das System aufzulehnen, genommen wird.

5. *Dominanztheorie und Inhärenztheorie der Kulturgenese*

Die Kritische Theorie und Ernst Cassirer verfolgen zwei divergente Theorieansätze, um die Kulturgenese in den Nationalsozialismus zu erklären. Während Ernst Cassirer eine Dominanztheorie der kulturellen Regression konstruiert und somit dem übermächtig Werden einer symbolischen Form die Schuld am Nationalsozialismus gibt, entwirft die Kritische Theorie eine Inhärenztheorie der kulturellen Regression und postuliert die These, dass der Aufklärungsprozess, so wie er in der Menschheitsgeschichte sich entwickelt hat, schon immer die Tendenz zur Unterdrückung einer Mehrheit durch eine Minderheit hatte und dass unter den richtigen gesellschaftlichen und ökonomischen Bedingungen diese der Aufklärung inhärente Tendenz seit je in autoritäre Systeme hat umschlagen können. Insofern handelt es sich um zwei verschiedene historische Aufklärungsbegriffe: Cassirer schreibt der Aufklärung über Jahrtausende hinweg eine kontinuierliche Verbesserung der Lebensbedingungen der Menschen zu, zumindest bezüglich ihrer politischen, religiösen und gesellschaftlichen Freiheit. Diese geht bis zu dem Punkt, an dem die Verwirklichung der Aufklärung fast erreicht ist, an dem sich eine Tendenz gegen die Werte der Aufklärung etabliert, die ganz Europa erfasst, und alle bisherigen Grundlagen gesellschaftstheoretischen Denkens zunichte macht und wieder überkommene Gesellschaftsvorstellungen an den Platz der aufgeklärten stellt. Cassirer nennt diese Vorstellungen politische Mythen im Gegensatz zu den Mythen in der Antike bzw. in archaischen Zeiten. Die politischen Mythen und die mit ihnen einhergehenden autoritären Gesellschaftsvorstellungen machen sehr schnell die Errungenschaften zunichte, die der Prozess der Aufklärung über mehr als zwei Jahrtausende sich erarbeitet hat: Die interne und externe Pluralität der symbolischen Formen, die eine aufgeklärte, demokratische und gerechte Welt zumindest denkbar werden ließen, auch wenn sie noch nicht ganz verwirklicht war, wurde nun mit einem Schlag zerstört.

Die Kritische Theorie geht davon aus, dass die Aufklärung als eine Reihe zusammenhängender und praktischer Operationen anzusehen ist, die als Entmythologisierung, Säkularisation und Entzauberung einiger mythischer, magischer und religiöser Praktiken der Repräsentation der Welt zu verstehen ist. Zugleich aber ist dieser Prozess der Entzauberung der Welt ihre – zweite – Verzauberung. Dieser zweiten Verzauberung hätte die Aufklärung nur entgehen können, hätte sie sich auf eine kritische Reflexion ihrer selbst eingelassen und dadurch folgerichtig erkannt, dass die Aufklärung, wie sie erfolgte, eine Postulierung neuer Mythen im Namen der herrschenden Klasse und des technischen Fortschritts ist. Jene auf halbem Weg stehen gebliebene Aufklärung führt einzig dazu, dass die Herrschaft von Menschen über Menschen ins Unendliche prolongiert wird.

Der historische Aufklärungsbegriff der Kritischen Theorie führt also nicht aus der Unfreiheit heraus, während bei Cassirer der Weg in die Freiheit nur deswegen umgekehrt wird, weil eine symbolische Form sich über die anderen erheben und sie dominieren kann. Zu beachten ist immer, dass die Grundvoraussetzung, um von Vergleichbarkeit und Komplementarität beider Theorien in Bezug auf den Nationalsozialismus zu sprechen, schon bei allen Ordnungs- und Wahrnehmungsstrukturen gegeben ist: das ist der Verblendungszusammenhang bzw. die Pathologie des Symbolbewusstseins. Beide Theorien sind der Auffassung, dass es zu diesem totalen Rückfall in die Barbarei nur hat kommen können, weil den Menschen die ihnen gemäße Form der Wirklichkeitswahrnehmung und -konstituierung genommen wurde. Dies soll aber keinesfalls gleichzeitig eine Entschuldigung dafür sein, dass die Menschen dem Nationalsozialismus eifrig an die Macht halfen. Diesbezüglich äußerten sich die der Autoren der *Studien über den Autoritären Charakter* eindeutig, wenn auch in Bezug auf die USA, so doch sicherlich auch für Nazi-Deutschland gültig:

»Die Autoren dieser Studie sind der Überzeugung, dass es Sache des Volkes ist, zu entscheiden, ob dieses Land zum Faschismus übergeht oder nicht.«[89]

Ernst Cassirer und die Kritische Theorie machen bezüglich des Verblendungszusammenhangs respektive der Pathologie des Symbolbewusstseins sehr ähnliche Feststellungen. Natürlich kommen diese erst im Nationalsozialismus zu ihrer Vollendung. Allerdings betonen auch beide Theorien, dass schon in der Weimarer Republik bzw. im Kapitalismus die Menschen nicht mehr fähig sind die Realität unverstellt wahrzunehmen. Ist doch der öffentliche Diskurs durch das kapitalistische Verwertungsinteresse und durch die Massengesellschaft sowie den dort gängigen Kommunikationsformen und -möglichkeiten nicht mehr dadurch gekennzeichnet, einen pluralen Weltzugang für jedes Individuum zuzulassen. Vielmehr herrscht eine amorphe Richtungs- und Inhaltslosigkeit, die von den jeweiligen Herrschaftsinteressen ausgenutzt und gesteuert werden kann.

Während die Kritische Theorie den eigenen bürgerlichen Standpunkt und den dadurch privilegierten Blick auf die Dinge berücksichtigt, wird in Cassirers Ausführungen nicht zwischen den privilegierten und den unterdrückten Klassen unterschieden. Auch macht Cassirer nicht deutlich, dass in aller bisherigen Vorgeschichte die positiven Eigenschaften, die er den symbolischen Formen zuspricht, ausschließlich den herrschenden Klassen, nie allen Menschen zugute kamen. Dies ist vor allem darin zu sehen, dass die Menschen der unterdrückten Klassen noch nie in der Geschichte die Freiheit besaßen, um in den Genuss der Pluralität der symbolischen Formen und somit der Freiheit zur Weltgestaltung zu kommen. Cassirer erweckt den Eindruck, als hätte es schon einmal einen gesellschaftlichen Zustand gegeben, unter dem es allen möglich gewesen wäre, der Pluralität der symbolischen Formen gewahr zu sein und ihrer Vorteile sich zu bedienen.

Die Kritische Theorie hingegen stellt fest, dass die Freiheiten, die das Bürgertum über lange Zeit hatte, nicht übertragbar sind auf die beherrschten Schichten der Gesellschaft und die Freiheit für diese Schichten erst noch verwirklicht werden muss, und zwar in einer Gesellschaftsform jenseits der bisherigen. Getreu dem alttestamentarischen Bilderverbot wird diese Gesellschaft jedoch nicht näher bezeichnet.

Cassirer und die Kritischen Theorie haben der Sprache unter freiheitlichen Bedingungen ähnliche emanzipatorische Potenziale zugeschrieben und sie waren der Überzeugung, dass die Ordnungs- und Wahrnehmungsstrukturen im Aufbau und für das unverstellte Verstehen der Welt in ihrer Mannigfaltigkeit große Bedeutung besitzen. Ist der Zugang zu diesen Strukturen behindert

– wie beispielsweise im Kapitalismus und der Kulturindustrie – oder gar ganz verstellt – wie im Nationalsozialismus –, so hat das gravierende Konsequenzen für das Bewusstsein und das Weltverständnis der auf diese Weise depravierten Menschen. Cassirers Ausführungen zur Pathologie des Symbolbewusstseins folgend kann man sagen, dass die Menschen, die ihr unterliegen, nicht mehr Herr ihrer Sinne sind und von der herrschenden Klasse zu Dingen angehalten werden können, die ein freier Mensch unter freien Bedingungen des Weltaneignens niemals tun würde. Die Kritische Theorie geht mit diesen Beobachtungen Cassirers unter der Bezeichnung ›Verblendungszusammenhang‹ konform, allerdings mit dem Unterschied, dass dieser Verblendungszusammenhang nicht mit dem Aufkommen moderner politischer Mythen zusammenhängt, sondern mit der gänzlichen Vereinnahmung des öffentlichen und privaten Raumes durch die Ideologie der Kulturindustrie. Der Unterschied ist ein qualitativer: Betont Cassirer als Quelle der ›Pathologie des Symbolbewusstseins‹ die modernen politischen Mythen, d. h. eine ausgrenzende, nationalistische, antisemitische und antimodernistische Ideologie, so hebt die Kritische Theorie ein Totalwerden des bürgerlichen Profitinteresses hervor, das in letzter Konsequenz die Konsumenten unterwerfen muss, um ein maximales »return on investment« zu erlangen. Damit einher geht die mit der Wirtschaftsweise korrelierende Struktur des sado-masochistischen Charakters, der sich umso wohler fühlt, je autoritärer das Regime ist, unter dem er sich befindet. Das heißt also, dass sich die Menschen unter dem Nationalsozialismus nicht nur in einer *Pathologie des Symbolbewusstseins* befinden, sie also nur wahrnehmen können, was ihnen vorgegeben wird, sondern dass sie in dieser Konstellation des Beherrschtwerdens sich aufgrund ihrer Charakterstruktur auch noch geborgen und frei fühlen.[90]

Dies macht jegliche Art des Widerstands gegen das nationalsozialistische Regime umso schwieriger, da niemand gegen einen Zustand opponieren wird, den er prinzipiell für gut befindet.

Kritische Theorie und Cassirer weisen besonders darauf hin, dass neben der Sprache einzig die symbolische Form Kunst noch die Möglichkeit hat unter allen gesellschaftlichen Bedingungen Wahrheit auszudrücken.

In der Sprache sind die Menschen tatsächlich in der Lage eigene Erfahrungen zu machen, Wahrheit auszusprechen, eine eigene Welt sich aufzubauen und eine menschliche Gemeinschaft, eine objektive Welt, zu begründen. Cassirer ist der Ansicht, dass die Verwissenschaftlichung der Sprache sie dieser Möglichkeit beraubt. Die Kritische Theorie dagegen befindet, dass diese Möglichkeiten überhaupt erst in einer zukünftigen freien Gesellschaft jenseits einer Indienstnahme durch eine präponderante Ideologie ganz zum Tragen kommen werden.

Die Kunst ermöglicht den Menschen die tiefsten Einblicke in die Wirklichkeit und ist in der Lage, Wahrheit auszudrücken. Natürlich ist diese Eigenschaft der Kunst unter einer autoritären Herrschaft stark eingeschränkt oder gar unmöglich. Beide Theorien schreiben der Kunst befreiende und realitätskonstituierende Aspekte zu, wobei jedoch betont werden muss, dass Kunst nicht darin besteht zu zeigen, wie es anders sein könnte, sondern durch ihre Gestalt dem Weltlauf zu widerstehen. Gerade dies ist eine Eigenschaft der Kunst, die sie im Unterschied zur Sprache dazu befähigt, nicht erst in einer freien Gesellschaft ihre positive Wirkung zu entfalten, sondern auch schon vorher. Adorno hat dies beispielsweise in Bezug auf Arnold Schönberg in der kapitalistischen Gesellschaft geltend macht und Cassirer der humoristischen Kunst in der Renaissance zugeschrieben. Beide zeigen keine Alternativen auf, aber durch ihre Gestalt macht bei ihnen die Kunst das Bestehende lächerlich, zeigen seine Überkommenheit und machen somit deutlich, dass es jenseits des Bestehenden, einen Zustand gibt, in dem es sich – vielleicht – besser leben lässt. Aber auch die Sprache verweist zumindest auf die Möglichkeit einer besseren Gesellschaft, auch unter dem Nationalsozialismus ist sie es doch, die durch ihren Gebrauch immer schon die Möglichkeit einer *Humanitas*, immer schon die Anerkennung des Angesprochenen als Subjekt beinhaltet.

Nachweise und Anmerkungen

1 Ernst Cassirer: *Der Mythus des Staates. Philosophische Grundlagen politischen Verhaltens.* Frankfurt am Main 1985; Max Horkheimer, Theodor W. Adorno: *Dialektik der Aufklärung. Philosophische Fragmente.* In: Max Horkheimer: *Gesammelte Schriften.* Frankfurt am Main 1987, Bd. 5, S. 11-290. Die einzige Ausnahme ist Heinz Paetzolds Aufsatz »Ernst Cassirers ›The Myth of the State‹ und die ›Dialektik der Aufklärung‹ von Max Horkheimer und Theodor W. Adorno« (Heinz Paetzold: *Die Realität der symbolischen Formen.* Darmstadt 1994, S. 111-145). Bei den Betrachtungen über den zeitgeschichtlichen Erfahrungshorizont ist zu bedenken, dass Cassirer die Kritische Theorie meines Wissens nach nicht zu Kenntnis genommen hat. Umgekehrt ist durchaus eine ›Kenntnisnahme‹ zu bemerken. Birgit Recki macht fälschlicherweise darauf aufmerksam, dass Horkheimer Cassirer einmal als ›völlig vertrottelt‹ bezeichnet habe. Das war aber Adorno in einem Brief an Horkheimer. Vgl. Birgit Recki: »Kultur ohne Moral? Warum Ernst Cassirer trotz der Einsicht in den Primat der praktischen Vernunft keine Ethik schreiben konnte«. In:

D. Frede (Hg.), R. Schmücker (Hg.): *Ernst Cassirers Werk und Wirkung. Kultur und Philosophie*. Darmstadt 1997, (S. 58-78), S. 58; Theodor W. Adorno: Brief an Horkheimer vom 13.05.1935. In: Max Horkheimer: *Gesammelte Schriften*. A.a.O., Bd. 15, S. 350.

2 Cassirer war der erste jüdische Rektor an einer deutschen Universität – nicht Max Horkheimer, wie Arno Waschkuhn schreibt: »Im Jahr der Einweihung [1951] des neuen Institutsgebäudes [...] wurde Horkheimer zum Rektor der Frankfurter Universität gewählt – als erster Jude in der deutschen Universitätsgeschichte.« (Arno Waschkuhn: *Kritische Theorie. Politikbegriffe und Grundprinzipien der Frankfurter Schule*. München 2000, S. 38. Zu Cassirer vgl. Paetzold: *Ernst Cassirer. Ein Einführung*. Darmstadt 1994, S. 142. In Oxford lehrte Cassirer am 1933/34 am *All Souls College*, in Schweden wurde er 1939 Staatsbürger und war von 1935-1941 Professor für Philosophie in Göteborg. 1941-1944 war Cassirer Gastprofessor an der *Columbia University* in New York.

3 Vgl. Paetzold: *Ernst Cassirer. Von Marburg nach New York. Eine philosophische Biographie*. Darmstadt 1995; Rolf Wiggershaus: *Die Frankfurter Schule. Geschichte, Theoretische Entwicklung, Politische Bedeutung*. München 1997, sowie Martin Jay: *The Dialectical Imagination. A History of the Frankfurt School and the Institute of Social Research, 1923-1950*. Boston 1973.

4 Cassirer: »The Concept of Philosophy as a Philosophical Problem«. In: D. P. Verene (Hg): *Symbol, Myth, and Culture. Essays and Lectures of Ernst Cassirer 1933-1945*. London 1979, (S. 49-63), S. 58. Cassirer dachte auch schon während des Ersten Weltkrieges politisch und drückte dies auch in seinen Schriften aus. Allerdings kann dies hier nicht Gegenstand der Betrachtung sein. Einen Überblick über die Diskussion darüber bietet: Alexander Thumfart: »Die Rückkehr des Fatalismus. Ernst Cassirers politische Kulturtheorie zum Ende der Weimarer Republik« (in: A.Thumfart, A. Waschkuhn [Hg.]: *Politisch-kulturelle Zugänge zur Weimarer Staatsdiskussion*. Baden-Baden 2002, [S. 99-134], S. 99-101). Vgl. auch meine 2004 erscheinende Dissertation *Kulturgenese als Dialektik von Mythos und Vernunft: Ernst Cassirer und die Kritische Theorie*.

5 Horkheimer: »Aus der Pubertät. Novellen und Tagebuchblätter 1914-1918«. In: *Gesammelte Schriften*. Hrsg. von A. Schmidt, G. Schmid Noerr. Frankfurt am Main 1988, Bd. 1.

6 Lorenz Jäger geht sogar soweit, diese Niederschlagung als politisches Ur-Trauma Adornos zu bezeichnen. Vgl. Adorno: »Zur Lehre von der Geschichte und der Freiheit. 1964/65«. In: Theodor W. Adorno Archiv (Hg): *Adorno. Nachgelassene Schriften*. Frankfurt am Main 2001, S. 250. Vgl. ebenfalls Jäger: *Adorno. Eine politische Biographie*. München 2003, S. 18-26

7 Horkheimer (Hg): *Studien über Autorität und Familie*. Paris 1936 (2. Aufl. Lüneburg 1987); Erich Fromm: *Arbeiter und Angestellte am Vorabend des Dritten Reiches*. München 1983; Adorno u.a.: *Studien zum autoritären Charakter*. Frankfurt am Main 1999.

8 Cassirer: *Psychologie und Philosophie*. In: E. W. Orth, J. M. Krois (Hg.): Cassirer: *Symbol, Technik, Sprache. Aufsätze aus den Jahren 1927-1933*, Hamburg 1995, S. 161-164; Horkheimer: »Die gegenwärtige Lage der Sozialphilosophie und die Aufgaben eines Instituts für Sozialforschung [1931]«. In: Horkheimer: *Gesammelte Schriften*. A.a.O., Bd. 3, S. 20-35; Cassirer »Die Idee der republikanischen Verfassung. Rede zur Verfassungsfeier des Hamburgischen Senats am 11. August 1928«. In: Pressestelle

der Universität Hamburg (Hg.): *Zum Gedenken an Ernst Cassirer. Ansprachen auf der Akademischen Gedenkfeier am 11. Mai 1999.* Hamburg 1999, (S. 34-51), S. 34.

9 Jürgen Habermas: »Die Verschlingung von Mythos und Aufklärung. Bemerkungen zur Dialektik der Aufklärung – nach einer erneuten Lektüre«. In: K. H. Bohrer (Hg.): *Mythos und Moderne. Begriff und Bild einer Rekonstruktion.* Frankfurt am Main 1983, (S. 405-431), S. 27f. Paetzold reflektiert in seinem Aufsatz darüber, wie man zu einem »Modus symbolischer Tätigkeit« kommt, die »ohne Herrschaftsimplikation« ist, und die eine Auflösung der von Habermas konstatierten Aporie jenseits seiner Kommunikationstheorie vorstellt. Paetzold verweist auf ästhetische Erfahrung, die herrschaftsfrei gelingen kann (Paetzold: *Ernst Cassirers ›The Myth of the State‹*. S. 143-146).

10 Cassirer: »Sprache und Mythos. Ein Beitrag zum Problem der Götternamen«. In: *Wesen und Wirkung des Symbolbegriffs.* Darmstadt 1994, (S. 71-158), S. 149.

11 Cassirer: »Sprache und Mythos«. A.a.O. (S. 71-158), S. 99.

12 Cassirer: »Language and Art I«. In: Verene (Hg): *Symbol, Myth, and Culture.* A.a.O., (S. 145-165), S. 148. Vgl. auch: »Die Sprachen sind, im Ganzen wie im Einzelnen, nicht eigentlich Mittel, die schon erkannte Wahrheit darzustellen, sondern weit mehr, die vorher unerkannte zu entdecken.« (Cassirer: »Die Kantischen Elemente in Wilhelm Humboldts Sprachphilosophie«. In: E. W. Orth [Hg.]: *Ernst Cassirer. Geist und Leben. Schriften zu den Lebensordnungen von Natur und Kunst. Geschichte und Sprache.* Leipzig 1993, [S. 236-273], S.260).

13 Cassirer: »Language and Art I«. A.a.O., (S. 145-165), S. 149.

14 Cassirer: »Language and Art II«. In: Verene (Hg): *Symbol, Myth, and Culture* (S. 166-195), S. 167. Vgl. Habermas: »Die befreiende Kraft der symbolischen Formgebung. Ernst Cassirers humanistisches Erbe und die Bibliothek Warburg«. In: W. Kemp (Hg.) u.a.: *Vorträge aus dem Warburg Haus.* Berlin 1997, Bd. 1, (S. 1-30), S. 15f. Habermas führt hier aus, dass die Produktivität der Sprache eine weltentwerfende ist, und das sprechende Subjekt selbst Glied im Prozess »der Selbsterhaltung und Erneuerung von symbolisch strukturierten Denk- und Lebensformen« ist.

15 Cassirer: »Die Sprache und der Aufbau der Gegenstandswelt«. In: Orth (Hg.), Krois (Hg.): *Ernst Cassirer. Symbol, Technik, Sprache. Aufsätze aus den Jahren 1927-1933.* Hamburg²1995, (S. 121-160), S. 123.

16 Cassirer: »Die Sprache und der Aufbau der Gegenstandswelt«. A.a.O., S.125f.

17 Cassirer: *Philosophie der symbolischen Formen.* Darmstadt 1994, Bd.1, S. 213.

18 Cassirer, a.a.O., Bd. 1, S. 261.

19 Cassirer, a.a.O., Bd. 1, S. 279.

20 Cassirer, a.a.O., Bd. 1, S. 90.

21 Vgl. Graeser: *Cassirer.* S. 56.

22 Cassirer: *Versuch über den Menschen. Einführung in eine Philosophie der Kultur.* Hamburg 1996, S. 198.

23 Cassirer: »Die Sprache und der Aufbau der Gegenstandswelt«. A.a.O., S.150f.

24 Cassirer: *Versuch über den Menschen.* A.a.O., S. 203.

25 Cassirer: *Philosophie der symbolischen Formen.* A.a.O., Bd. 3, S. 240.

26 J. M. Krois, O. Schwemmer (Hg.): *Ernst Cassirer. Zur Metaphysik der symbolischen Formen. Nachgelassene Manuskripte und Texte.* Hamburg 1996, Bd.1, S. 75f.

27 Cassirer: »Die Sprache und der Aufbau der Gegenstandswelt«. A.a.O., S. 138.

28 Cassirer, a.a.O., S. 140.

29　Cassirer, a.a.O., S. 146.
30　Cassirer, a.a.O., S. 150.
31　Cassirer, a.a.O., S. 142f.
32　Horkheimer, Adorno: *Dialektik der Aufklärung*. A.a.O., S. 16.
33　Horkheimer, Adorno, a.a.O., S. 83f. »Die List wiederum ist nichts anders als die subjektive Entfaltung der objektiven Unwahrheit der Opfer« (Horkheimer, Adorno, a.a.O., S. 74f.).
34　Horkheimer, Adorno, a.a.O., S. 84.
35　Horkheimer, Adorno, a.a.O., S. 91.
36　Horkheimer: Brief an Leo Löwenthal, 21.Juli 1940. S. 731f.
37　Horkheimer, Adorno, a.a.O., S. 192f.
38　Horkheimer, Adorno, a.a.O., S. 193f.
39　Gunzelin Schmid Noerr: *Das Eingedenken der Natur im Subjekt*. Darmstadt 1990, S.121. Dies macht in diesem Zusammenhang auf die Schwierigkeit dieser radikalen Vernunft- und Sprachkritik aufmerksam: Sie müsse nämliche »eben jene diskursive Begrifflichkeit in Anspruch nehmen«, die sie selbst schon als ›fundamentalen Zwang‹ entziffert hat. Diese formale Aporie ist der Preis, den die Diagnose des objektiven Verblendungszusammenhangs fordert.
40　Horkheimer, Adorno: *Dialektik der Aufklärung*. A.a.O., S. 46f.
41　Max Horkheimer: Brief an Harold Laski vom 10. März 1941. In: Horkheimer: *Gesammelte Schriften*. A.a.O., Bd. 17, (S. 17-20), S. 18. »I visualize authoritarianism as a universal system of repressive domination, aiming fundamentally to preserve obsolescent forms of society by ruthlessly keeping down all their inherent antagonisms. But one has only to set down that it is ›important‹ to ponder this and one sees how grotesque such a statement has become by now. Language, and in a certain sense even thinking, are powerless and inadequate in face of what appears to be in store for mankind.«
42　Adorno: Brief an Max Horkheimer vom 4. September 1941. In: Horkheimer: *Gesammelte Schriften*. A.a.O., Bd. 17, (S. 161-167), S. 165. Adornos Ausspruch, dass Sprache nichts mehr sagen kann, erfährt durch Horkheimer in dem Aufsatz *Autoritärer Staat* Bestätigung: »Nicht bloß die Kategorien, in denen die Zukunft darzustellen, auch die, in denen die Gegenwart zu treffen ist, sind ideologisch geworden. So unmittelbar ist die Verwirklichung schon heute spruchreif, daß man nicht mehr sprechen kann.« (Horkheimer: »Autoritärer Staat [1940/42]«. In: Horkheimer: *Gesammelte Schriften*. A.a.O., Bd. 5, (S. 293-319), S. 318).
43　James Schmidt: »Language, Mythology, and Enlightenment: Historical Notes on Horkheimer and Adorno's Dialectic of Enlightenment«. In: *Social Research*. 1965/1998, (S. 807-838), S. 820.
44　Horkheimer, Adorno: *Dialektik der Aufklärung*. A.a.O., S. 17.
45　Horkheimer: Brief an Theodor W. Adorno vom 14. September 1941. In: Horkheimer: *Gesammelte Schriften*. A.a.O., Bd. 17, (S. 168-176), S. 171f. Vgl. Wiggershaus: *Die Frankfurter Schule*. S. 562-565.
46　Horkheimer: Brief an Theodor W. Adorno vom 14. September 1941. A.a.O., S. 172. Adorno antwortet in seinem Brief vom 23. September, dass er völlig mit ihm übereinstimme (Horkheimer: Brief an Theodor W. Adorno vom 14. September 1941. A.a.O., S. 175, editorische Anmerkung 5). Ins Auge fällt weiterhin, dass auch Adorno

Kenntnis von Paechters *Nazi-Deutsch* hat, das – wie unten ausführlich beschrieben – Cassirer bei seinen Analysen der Sprache unter dem Nationalsozialismus sehr hilfreich gewesen ist. Auch Herbert Marcuse zitiert übereinstimmend Paechter. Paechter u.a.: *Nazi-Deutsch. A Glossary of Contemporary German Usage. With Appendices on Government, Military and Economic Institutions.* New York 1944. Darin vor allem der Einleitungsaufsatz »The Spirit and Structure of Totalitarian Language«. (Vgl. Marcuse: »Die neue deutsche Mentalität. Memorandum zu einer Untersuchung über die psychologischen Grundlagen des Nationalsozialismus und die Möglichkeit ihrer Zerstörung [1942]«. In: P.-E. Jansen (Hg.): *Feindanaylsen. Über die Deutschen.* Lüneburg 1998, (S. 21-72), S. 33f.

47 Horkheimer: *Zur Kritik der instrumentellen Vernunft* [1947 als *Eclipse of Reason* in den USA zuerst veröffentlicht]. In: Horkheimer: *Gesammelte Schriften.* A.a.O., Bd. 6, (S. 19-186), S. 43. Horkheimer macht hier auf eine wichtige Dialektik aufmerksam: Die Sprache, die im Nationalsozialismus wieder auf die magische Ebene zurückgeholt wird, ermöglicht als magische einerseits die Instrumentalisierung der Menschen in ungekanntem Maße, andererseits ist sie allerdings in diesem Zustand der Instrumentalisierung auch eine gefährliche Waffe in den Händen der Gegner. Sich dieser Gefahr bewusst seiend, wurde demzufolge im Dritten Reich auch kollektiv darüber gewacht, dass nichts Falsches gesagt wurde.

48 Horkheimer: Brief an Theodor W. Adorno vom 14. September 1941. A.a.O, S. 172.
49 Schmidt: »Language, Mythology, and Enlightenment«. A.a.O. S. 824.
50 Vgl. Christoph Demmerling: *Sprache und Verdinglichung. Wittgenstein, Adorno und das Projekt einer kritischen Theorie.* Frankfurt am Main 1994, S. 127.
51 Horkheimer, Adorno: *Dialektik der Aufklärung.* A.a.O., S. 63. Vgl. Demmerling: *Sprache und Verdinglichung.* A.a.O., S. 127.
52 Vgl. Demmerling: *Sprache und Verdinglichung.* A.a.O., S. 128f. Wellmer hat zu Recht darauf aufmerksam gemacht, dass Adorno und Horkheimer die »erkenntnistheoretische Trias von Subjekt, Objekt und Begriff als ein Unterdrückungs- und Überwältigungsverhältnis [deuten], wobei die unterdrückende Instanz – das Subjekt – zugleich zum überwältigten Opfer wird.« (Wellmer: *Zur Dialektik von Moderne und Postmoderne.* S. 72). Demmerling sieht darin einen Aspekt des begrifflichen Denkens, den er als Missbrauch bezeichnet und der unsere Sprache ständig bedroht. Allerdings verweist Demmerling auch darauf, dass es falsch ist, diesen Missbrauch als das Wesen der Sprache zu erblicken, denn das würde die positiven Elemente übergehen, die im »Medium des Begrifflichen angesiedelt« sind. (Demmerling: *Sprache und Verdinglichung.* A.a.O., S. 128).
53 Vgl. Reinhard Kager: *Herrschaft und Versöhnung. Einführung in das Denken Theodor W. Adornos.* Frankfurt am Main 1988, S. 36f.
54 Adorno: *Negative Dialektik.* In: *Gesammelte Schriften in zwanzig Bänden.* Hrsg. von R. Tiedemann. Frankfurt am Main 1997, Bd. 6, (S. 7-412), S. 156f.
55 Kager: *Herrschaft und Versöhnung.* A.a.O., S. 37.
56 Adorno: *Negative Dialektik.* A.a.O., S. 17.
57 Horkheimer: »Vertrauen auf Geschichte« [1946]. In: *Gesammelte Schriften.* A.a.O., Bd. 12, (S. 120-127), S. 123f.
58 Vgl. Schmid Noerr: *Eingedenken der Natur im Subjekt.* S. 123.
59 Horkheimer: Brief an Theodor W. Adorno vom 14. September 1941. A.a.O., S. 171f.

60 Horkheimer: »Vertrauen auf Geschichte«. A.a.O., S. 124.
61 Schmid Noerr, a.a.O. S.133; Horkheimer »Vertrauen auf Geschichte«. A.a.O., S. 125.
62 Horkheimer »Vertrauen auf Geschichte«. A.a.O., S. 126.
63 Schmid Noerr: *Eingedenken der Natur im Subjekt*. S. 138.
64 Adorno: *Negative Dialektik*. A.a.O., S. 27.
65 Schmid Noerr: *Eingedenken der Natur im Subjekt*. S. 139.
66 Horkheimer: »Vertrauen auf Geschichte«. A.a.O., S. 126.
67 Horkheimer, a.a.O., S. 127.
68 Adorno: *Negative Dialektik*. A.a.O., S. 17.
69 Cassirer: *Philosophie der symbolischen Formen*. A.a.O., Bd. 3, S. 238-325. Die Störungen der Aphasie sind Störungen des Sprechvermögens oder des Sprechverständnisses; Störungen der Sinneswahrnehmung, ob optisch oder taktil, nennt man Agnosie. Beide sind häufig mit Störungen des Handelns verknüpft. Die Apraxie ist die durch Agnosie oder Aphasie bedingte Unfähigkeit, bestimmte sinnvolle und zweckmäßige Handlungen auszuführen (ebd., S. 305f.). Die Apraxie ist wiederum in die ideatorische und die motorische unterschieden. Im ersten Fall wird »[d]ie richtige Ausführung einer Handlung [...] entweder dadurch vereitelt [...], daß der Wille im *Entwurf* der Handlung, in der ›Idee‹, die er sich von ihr im voraus macht, fehl geht«, und im zweiten Fall »dadurch, daß dieser Entwurf zwar sachgemäß vollzogen, daß aber bei dem Versuch der Ausführung das eine oder andere Glied dem ›Befehl‹ des Willens nicht gehorcht.« (Cassirer: *Philosophie der symbolischen Formen*. A.a.O., Bd. 3, S. 307).
70 Cassirer: *Philosophie der symbolischen Formen*. A.a.O., Bd. 3, S. 309. Cassirer lässt dieser Feststellung auf den nächsten Seiten einige Beispiele folgen, die hier natürlich nicht in aller Ausführlichkeit dargestellt werden können. Festzuhalten bleibt, dass bei vielen Patienten Bewegungen vollzogen werden können, solange das nötige Substrat für sie vorhanden ist, wie z. B. das Anklopfen an einer Tür. Soll der Patient allerdings nur die Bewegung des Klopfens machen, ohne die Tür zu berühren, so scheitert er (ebd., S. 312). Ein völlig anders geartetes Beispiel sei hier noch angeführt: »Einzelne Patienten Heads [einer der Ärzte, die Cassirer anführt] klagen, daß ihnen beim Billard-Spiel die ›indirekten‹ Stöße [etwa über die Bande oder über eine dritte Kugel] mißlingen.« (ebd. 320). Was in beiden Fällen vorliegt, ist, dass eine mittelbare Leistung der Patienten nötig wäre, dass etwas nicht unmittelbar Vorhandenes gedacht werden muss, um die Leistung zu vollbringen. Cassirer stellt fest, dass »jede derartige mittelbare Leistung eine symbolische Leistung« ist: »Sie muß sich von der Gegenwart des wirklichen Objekts losreißen um sich in freier Vergegenwärtigung ein bloß gedachtes, ein ideelles Ziel vor Augen zu stellen.« (Cassirer: *Philosophie der symbolischen Formen*. A.a.O., Bd. 3, S. 320).
71 Cassirer: *Philosophie der symbolischen Formen*. A.a.O., Bd. 3, S. 321.
72 Cassirer, a.a.O., Bd. 3, S. 322.
73 Cassirer, a.a.O., Bd. 3, S. 323.
74 Cassirer, a.a.O., Bd. 3, S. 324.
75 Ebd.
76 Cassirer, a.a.O., Bd. 3, S. 325.
77 Cassirer, a.a.O., Bd. 3, S. 322.
78 Vgl. Cassirer: *Der Mythus des Staates*. A.a.O., S. 367-373. Paechter, u.a.: *Nazi-Deutsch*.

A.a.O., sowie Cornelia Schmitz-Berning: *Vokabular des Nationalsozialismus*. Berlin 2000.
79 Cassirer: *Der Mythus des Staates*. A.a.O., S. 368.
80 Ebd.
81 Cassirer, a.a.O., S. 369.
82 Cassirer, a.a.O., S. 370f. Im Vorwort der Herausgeber von *Nazi-Deutsch* heißt es zur Funktion des durch die Nationalsozialisten vergewaltigten Deutsch: »The ambiguity of this para-logical language serves not only to deceive the enemy but also as an instrument of social control. It compels subject and conquered to use the symbols of the masters and conqueros. It transforms the categories of Nazi thought into the folklore of the community which uses these symbols. It provides a stock of accepted ways of talking to people who have to express ideas, and ultimately suggests its own ways of thought, along with a host of emotional evaluations, moral-social appreciations and politico-philosophical implications. [...] The language that is spoken in totalitarian countries conveys the climate of the totalitarian mind. It is more than a vehicle of communication. It is a vehicle of command which helps shape the pattern of a social structure into its ritual.« Paechter: *Nazi-Deutsch*. A.a.O., S. 5.
83 Cassirer: *Der Mythus des Staates*. A.a.O., S. 370f.; Cassirer: »The Technique of our Modern Political Myth [1945]«. In: Verene (Hg): *Symbol, Myth, and Culture*. A.a.O., S. 242-267, 254ff. Vgl. Paechter: *Nazi-Deutsch*. A.a.O., S. 55. Dort sind diese beiden Wörter aufgeführt, jedoch nicht ihre unterschiedliche Bedeutung. Diese wird erst im Appendix IV beschrieben, der vielleicht in Cassirers Ausgabe nicht enthalten war. Paechter: *Nazi-Deutsch*. A.a.O., S. 114. Siegfriede und Siegerfriede sind dort nicht unter ›S‹ aufgeführt, sondern unter ›Friede‹ zu finden.
84 Cassirer: *Der Mythus des Staates*. A.a.O., S. 371.
85 Cassirer, a.a.O., S. 371ff. Die Riten haben natürlich nichts mit der symbolischen Form Sprache zu tun. Da sie aber bei Cassirer im direktem Zusammenhang mit der Sprachpathologie genannt werden, erscheinen sie auch hier. Der Schwerpunkt des Arguments liegt aber auf der Sprache. Es gilt zu bedenken, dass die meisten Riten im NS-Reich von Sprachformeln begleitet wurden bzw. vice versa. Vgl. Schmitz-Berning: *Vokabular des Nationalsozialismus*. A.a.O., S. 572f.
86 Cassirer: *Der Mythus des Staates*. A.a.O., S. 371ff.
87 Vgl. Cassirer: »Language and Art II«. A.a.O. S. 185.
88 Vgl. Horkheimer, Adorno: *Dialektik der Aufklärung*. A.a.O., S. 192f.
89 Adorno: *Studien zum autoritären Charakter*. A.a.O., S.14.
90 Cassirer: *Der Mythus des Staates*. A.a.O., S. 375ff. Zu den hier angesprochenen Themen wie Wirtschaft, autoritärer Charakter etc. möchte ich noch einmal auf meine 2004 erscheinende Dissertation *Kulturgenese als Dialektik von Mythos und Vernunft: Ernst Cassirer und die Kritischen Theorie* verweisen.

Peter-Erwin Jansen

Weitermachen!
Der Briefwechsel Marcuse – Dutschke

Ich möchte meinem Aufsatz über den Briefwechsel zwischen Herbert Marcuse und Rudi Dutschke ein Zitat aus Siegfried Kracauers Abhandlung »Gedanken über die Freundschaft« voranstellen, die 1918 erstmals veröffentlicht wurden. Als Beschreibung der annähernd zwanzigjährigen Korrespondenz und der freundschaftlichen Beziehung zwischen Marcuse und Dutschke, die anscheinend der örtlichen Trennung einen Teil ihrer inneren Verbundenheit verdankte, ist dieses Zitat mehr als geeignet.

»Wenn auch die Freundschaft, wie jede menschliche Verbindung, letzten Endes aus dem unmittelbaren mündlichen Verkehr ihre Kraft zieht, so spielen doch nicht minder die Zeiten der Trennung in ihr eine bedeutsame und keineswegs negative Rolle. Das Wesen des Entfernten tritt reiner als in der drangvollen Gegenwart vor das innere Auge. Mag seine Nähe beglücken, die Erinnerung erst gestattet sein Bild, so wie es dauernd in der Seele lebt; sie dämpft den Eindruck des Vordergrundmäßigen im Bewußtsein ab, um das Typische herauszukehren. Bei Menschen gleicher Wesensart, deren Zuammensein sich aber nur unter Reibungen vollzieht, erhöht räumliche Ferne daher das Freundschaftsgefühl.«[1]

Was beide aus Deutschland vertiebenene Intellektuelle verband – Herbert Marcuse würde 1933 von den Nazis ins Exil gezwungen und Rudi Dutschke von reaktionären Kräften während und nach der Studentenbewegung aus der Bundesrepublik verjagt –, war weitaus mehr als eine politische Verwandtschaft oder eine reine Geistesverwandtschaft. Es waren enge Bindungen zwischen zwei politisch aktiven Menschen, die sich für die Realisierung menschlicher Freiheiten ihr Leben lang einsetzten. Gegen einen auf Ausbeutung beruhenden und gesellschaftliche Ungerechtigkeit produzierenden Kapitalismus forderten sie die Umsetzung gesellschaftlicher Utopien im Sinne einer nicht-repressiven und bereits möglich gewordenen solidarischen Lebensform.

Herbert Marcuses Verbindungen mit Berlin liegen nicht nur darin begründet, dass er dort am 19. Juli 1898 geboren wurde, dort seine Kindheit in der Bülow Straße 105/106 in Schöneberg verbrachte, dort zur Schule ging – zuerst auf das Mommsen Gymnasium, dann auf das Königliche Kaiserin-August-Gymnasium in Berlin Charlottenburg, wo er 1916 die Reifeprüfung bestand –, dort sein Germanistik-Studium begann, das er dann abwechselnd, alle vier Semester in Freiburg und Berlin bis zur Erlangung des Doktortitels mit der Arbeit *Der deutsche Künstlerroman*[2] fortführte, Ende 1918 die Rätebewegung miterlebte, in Reinickendorf Mitglied des Soldatenrats war, in Berlin am 25. März 1925 seine erste Frau Sophie Wertheim heiratete und auch sein Sohn Peter Michael Marcuse am 13. November 1928 in Berlin geboren wurde – die junge Familie Marcuse wohnte in der Augsburger Straße 63 in Charlottenburg – und Marcuse dort, in Berlin, bis zu seinem endgültigen Umzug nach Freiburg im Jahre 1928 einer Arbeit als Buchhändler und Verlagskaufmann nachging. Marcuse zog es auch nach der von den Nazis erzwungenen Emigration einige Male nach Berlin zurück. Besonders in den Zeiten, in denen die Revolte der Schüler und Studenten, der Protest gegen den brutalen Krieg der Amerikaner in Vietnam, die noch junge demokratische, aber schon verstaubte und sich in einer restaurativen Phase befindende Bundesrepublik in anti-autoritäre Unruhe versetzte.

Bereits 1947, als Marcuse noch in den Diensten des State Departements stand, führte ihn die Arbeit an der kleinen Untersuchung *Antisemtism in the American Zone*[3], die für die OMGUS-Studie gedacht war, in die zerbombte ehemalige Hauptstadt. Dann nochmals 1962. In diesem Jahr hielt er bei den Feierlichkeiten für den achtzigsten Gründungstag der Destrict-Gross-Loge Konitental-Europa XIX, einer Organisation, die mit B'nai B'rith verbunden war, den Vortrag *Humanismus und Humanität.*[4] Im Jahr 1965 stellte man ihm eine Gastprofessur in Berlin in Aussicht. Beinahe wäre Marcuse sogar als ordentlicher Professor an die Freie Universität berufen worden. Doch dazu später etwas mehr.

Der wohl aufsehenerregenste Aufenthalt Marcuses in Berlin, an der FU, war seine Teilnahme an einer vom Berliner SDS zwischen dem 10. und 13. Juli 1967 durchgeführten Veranstaltungsreihe, wo die Möglichkeiten und Chancen des außerparlamentarischen Protests diskutiert werden sollten. Die Ermordung Benno Ohnesorgs, die der Bewegung neuen Zulauf gebracht und sie radikalsiert hatte, lag gerade fünf Wochen zurück. Im überfüllten Audimax lauschten die Teilnehmerinnen und Teilnehmer dem schlohweißen Philosophie-Professor aus San Diego in Kalifornien, der in den USA bereits seit Jahren in der Bürgerrechts- und der Anti-Vietnamkriegsbewegung aktiv war. Sein Band *Repressive Toleranz*[5] verarbeitete diese Erfahrungen mit dem weißen Amerika, mit der radikal abweisenden Haltung der ›American Supremacy‹ gegenüber den Forderungen der Bürgerrechtsbewegung. Der Text von 1965, in dem Marcuse im Focus neuzeitlicher regressiver Entwicklungen die Substanz des Toleranz-Begriffs rekonstruiert, verstörte noch Jahre später die Öffentlichkeit, auch die bundesrepublikanische.

Marcuse war wirklich mehr als überrascht von dieser enormen Beteiligung, von dieser bewegten Veranstaltung. An seinen »weisen« Freund Leo Löwenthal schrieb der »greise Herbert«[6] von den Ereignissen in Berlin:

»Lieber Leo, es gibt so viel zu erzählen – zu viel, um es Dir zu scheiben! Eine sehr aufregende Woche in Berlin, wo ich wie ein Messias empfangen wurde, sprach zu 5000 Stundenten. Dann ein komplett verrückter, teilweise psychedelischer Kongreß über die *Dialektik der Befreiung* in London.«

Auch die Differenzen zwischen Marcuse einerseits und Horkheimer und Adorno andererseits, die aus der unterschiedlichen politischen Einschätzung der Studentenbewegung entstanden waren, spricht Marcuse kurz an.

»Max und Teddie wegen ihrer politischen (oder vielmehr unpolitischen) Haltung von den aufgeregten Studenten ausgepfiffen – Flugblätter gegen Teddie! Versuche jetzt mich mit Ihnen in der Schweiz zwecks politischer Auseinandersetzung zu treffen – aber Max scheint nicht sehr bereit.«

Marcuse schließt mit einer annähernd brandaktuellen Bemerkung:

»Im alten Europa ist doch noch viel lebendig!« (Brief vom 10. August 1967, Marcuse an Löwenthal).

Im Antwortbrief von Löwenthal, den Marcuse in Zermatt in der Schweiz erreichte, nimmt dieser Bezug auf den mittlerweile weit bekannten Slogan, Marcuse sei in einem Atemzug mit Marx und Mao zu nennen.

»Lieber Herbert, die Bezeichnung ›Messias‹ in Deinem lieben Brief vom 10. August fügt Dir nun ein weiteres ›M‹ hinzu. In einer deutschen Zeitung sah ich einen Artikel, der über die neue ›M‹-Tradition berichtete, nämlich: Marx, Mao und Marcuse! Das macht mich zutiefst ehrfürchtig! Nebenbei bemerkt, an hand der Presseberichte stelle ich fest, daß Du die gleichen Gefühle gegenüber unseren jungen Freunden in Deutschland hast wie ich, die aber wegen all der Bäume weltumspannender Ideologien den Wald eines qualitativen Lebens nicht sehen.« (Brief vom 16. August 1967, Löwenthal an Marcuse).

Die beiden Berliner Vorträge Marcuses *Das Ende der Utopie* und *Das Problem der Gewalt in der Opposition*[7] wurden lebhaft diskutiert und weitreichend publiziert.

Dafür sorgten u.a. die SDS-Aktivisten Rudi Dutschke und Horst Kurnitzky. Sie baten Marcuse um die Veröffentlichung der Beiträge und um das Recht sie ins Italienische, Spanische und Norwegische übersetzen zu lassen. Die erste deutsche Publikation, von Kurnitzky und Hansmartin Kuhn herausgegeben, erschien im Sepember 1967 im Verlag v. Maikowski. Der Band versammelte die unredigierten Vorträge und Diskussionen. Die Einnahmen aus dem Verkauf, so schlagen Dutschke und Kurnitzky vor,

»werden für die weiteren politischen Aktionen des SDS benutzt, sie unterstehen der Kontrolle des politischen Beirats.«

Auch der Widerstand der Aktivisten musste die Hürde des schnöden Mammons überspringen:

»Die ›kapitalistiche‹ Verwertung Ihrer Gedanken wird für uns nun zur politisch-materiellen Produktivkraft in der Anti-Manipulationskampagne, in der wir versuchen eine ur-demokratische Gegenpresse und eine eigene Öffentlichkeit zu entfalten ... Mal eine andere *Dialektik der Aufklärung*.« (Brief vom 26.12.1967, Dutschke an Marcuse)

Marcuse stimmte den Absichten der SDS-Genossen zu und verzichtete auf alle Honorare aus dem Verkauf.

In der Podiumsdiskussion am dritten Abend – sie fand unter dem Titel *Moral und Politik in der Überflußgesellschaft*[8] statt –, nahmen neben Marcuse auch Rudi Dutschke, Wolfgang Lefévre und der Politkwissenschaftler Richard Löwenthal teil.

Neben Richard Löwenthal auf dem Podium zu sitzen, war Marcuse sicher mehr als unangenehm. Der damals an der FU lehrende, als ›konservativer SPDler‹ bezeichnete Löwenthal sah in Marcuses Positionen und Denken das Gefährlich-Aufrüherische, gar die Möglichkeit eines *Apells zur totalen Zerstörung der bestehenden Institutionen* dem nur der Anarchismus a la Bankunin folgen könne. Marcuse wusste noch zu gut, dass Richard Löwenthal maßgeblichen Anteil daran hatte, dass eine 1964 über Adorno und Jacob Taubes in Aussicht gestellte Berufung an die Universität von Berlin nicht zu Stande gekommen war. An Adorno schrieb Marcuse nach seiner Teilnahme am Soziologentag in Heidelberg 1964:

»Der Kerl [gemeint ist Ben Nelson, der in der New York Times Book Review über den Soziologentag[9] berichtete, P.E.J.](zusammen mit dem Monster Richard Löwenthal) wirft weiter mit Unrat um sich: ich hätte behauptet, unter dem tosenden Beifall der anwesenden ›Dialektiker‹, daß Max Weber direkt für die Gaskammern verantwortlich sei! «

Im Zusammenhang mit seiner möglichen Berufung schreibt Marcuse weiter:

»Du erwähnst meine Aussichten in Berlin. Für diese sorgt schon der Herr Richard Löwenthal; er hat sich meiner Berufung wütend widersetzt.«

Er ergänzt in Klammern

»(recht hat er von seinem Standpunkt.)« (Brief Marcuse an T.W. Adorno, o.D., 1964)

Bezogen auf diese Veranstaltung zitiert Marcuse eine briefliche Bemerkung von Jacob Taubes, der sich noch ganz genau daran erinnerte, dass Marcuse großen Spaß daran hatte, *wie Dutschke dem Löwenthal aus seinen Frühwerken ganze Paragraphen vorlas*. (Brief vom 12. Januar 1968, Marcuse an Dutschke.)[10]

Aus der persönlichen Begegnung Marcuses in diesen Sommertagen des Jahres 1967 mit einem der wichtigsten Protagonisten der Studentenbewegung entstand eine Freundschaft, die bis zum Tode Marcuses am 29. Juli 1979 in Starnberg anhalten sollte. Mit dem am 7. März 1940 ebenfalls in Berlin Schöneberg geborenen Rudi Dutschke tauschte Marcuse seit diesen Tagen zahlreiche Briefe aus. Die Freundschaft zwischen beiden wurde nach den Attentat auf Dutschke am 11. April 1968 noch enger und sollte bis nach San Diego bekannt werden. Dort führten rechte Kräfte aus der American Legion und der Christian Anti-Communism Crusade zwischen 1968 und 1972 eine Hetzkampagne gegen Marcuse, die selbst den Ku Klux Klan ermunterte, Marcuse eine schriftliche Morddrohung in den Briefkasten zu werfen. »*Marcuse, you are a very dirty communist dog. We give for you 72 hours to leave United States. 72 hours more Marcuse, and we kill you.*«[11] Das FBI bot Marcuse daraufhin Personenschutz an. Marcuse lehnte ab und verbrachte einige Wochen in Leo Löwenthals Wochenendhaus im Carmel Valley. Dort diskutierten die beiden alten Freunde aus New Yorker Institutszeiten Marcuses Aufsatzsammlung *Versuch über die Befreiung*[12], die 1969 erschien.

Nachdem die britische Regierung im Dezember 1970 Dutschke den weiteren Aufenthalt in England untersagte, dachte Marcuse tatsächlich daran, Dutschke in San Diego eine Arbeitsmöglichkeit zu verschaffen. Anlaß genug für die amerikanischen Medien, ein revolutionäres Zentrum an der Universität von Kalifornien in der rechts-konservativen Marinestadt San Diego zu vermuten. Marcuse, Angela Davis und nun auch noch ›red Rudi‹, von Beruf Revolutionär und Kommunist, in San Diego: Das konnte nur der kommunistische Untergang des unter der Governeurs-Herrschaft von Ronald Reagan geführten gesamten Kaliforniens sein.

Schon Anfang November 1970 hatte Dutschke Marcuse die schlechte Nachricht, England verlassen zu müssen, angedeutet:

»Die Schweine hier in England bereiten uns weiterhin Schwierigkeiten, mit größter Wahrscheinlichkeit werden wir in wenigen Wochen England verlassen müssen. Der Rebell, und mag er noch zu angeschossen sein, war, ist und bleibt für das herrschende System ein grundlegender Feind.«

Aber auch einen ersten Lichtblick, eine mögliche dauerhafte Bleibe in seiner späteren Exilheimat, kann Dutschke Marcuse übermitteln:

»Wohin wir dann gehen? Weiß der Teufel, vielleicht Dänemark.«. (Brief vom 4. November 1970, Dutschke an Marcuse)«

Dutschke und Marcuse schrieben sich besonders häufig über das Sektierertum in der Nach-68er-Phase, warnten vor einer Mythenbildung und diskutierten den Verlauf des Krieges in Vietnam. So berichtete Dutschke Mitte Februar Marcuse von einer Vietnamdemonstration in Bonn, auf der die Veranstalter Dutschke als Vertreter des Westberliner Vietnam-Komitees erst gar nicht sprechen lassen wollten, ihm dann aber verkürzte Redezeit bewilligten. Über den Versuch, Dutschkes Redebeitrag auch noch zu zensieren, schreibt er an Marcuse:

»Ich lachte sie aus und sagte ihnen, ich komme aus dem Land des sogenannten Revisionismus, aus der DDR, dort bedeutet Zensur auch gesellschaftliche und politische Macht. Darüber verfügt ihr nicht und werdet sie wohl auch nie erhalten. Geht doch in die DDR«.

Es war Dutschkes erster öffentlicher ›Auftritt‹ auf deutschem Boden nach dem Attentat. Zur Kritik an dem Sektierertum heißt es dort weiter:

»Die manipulativen Züge der Partei- und Organisationsbildung, die sich in den letzten Jahren in ›Bewegung‹ gesetzt haben erscheinen nur oft als die einzige Möglichkeit, erweisen sich aber nach einer genauen Überprüfung als aufgepfropfte Hähne ohne emanzipativ gerichtete Hennen. Die hemmende Funktion der Sektiererei steht nicht zur Debatte…«. (Brief vom 15. Februar 1973, Dutschke an Marcuse)

Marcuse, der in seinen Schriften zu Beginn der siebziger Jahre genau diese Verfallsmomente der Bewegung analysierte, geht in seinem Antwortschreiben darauf ein:

»Wir müssen darauf bestehen, daß die Sektierer endlich einsehen, daß sie sich in einer Phantasiewelt bewegen, daß sie aus der Marxschen Theorie eine ritualisierte Ideologie gemacht haben. Worauf wir ihnen gegenüber zu bestehen haben, ist die Anerkennung der fundamentalen Tatsache, daß die Arbeiterklasse des monopolistischen Staatskapitalismus nicht mehr das Marxsche Proletariat ist«. (Brief von Marcuse an Dutschke vom 24. Februar 1973).

Die Freundschaft zwischen den beiden Emanzipationstheoretikern wird in der letzten Hälfte der siebziger Jahre weiter vertieft. Privates rückt in den Vordergrund, Existenznöte werden angesprochen. Dutschke beschreibt Marcuse beispielsweise die Entwicklung seiner beiden Kinder, Hosea und Polly. Die vierjährige Polly bemächtige sich in großen Schritten der deutschen Sprache, der fast sechsjährige Hosea beginne nun neben dem Dänischen auch Amerikanisch zu sprechen, bedingt durch einen Aufenthalt mit seiner Mutter Gretchen Dutschke-Klotz in den USA. Der Vater verfolgt genau die sprachlichen Fortschritte und Veränderungen der beiden, wohl in dem Bewusstsein, dass er nach seinen schweren Verletzungen selbst die Sprache neu erlernen musste. In dem erst vor wenigen Monaten von Gretchen Dutschke heausgegebenen Tagebuch[13] sind seine neu erlernten Sprach-Schritte eindrucksvoll dokumentiert. Zu seinem Vater-Sein schreibt Dutschke an Marcuse:

»Ihr seht, wenn ein Vater gerade nicht viel zu melden hat, so beginnt er von ›seinen‹ Kindern zu schwärmen.« (Brief Dutschke an Marcuse vom 1. Janaur 1973.)

Für Herbert Marcuse, aber mehr noch für Inge Marcuse, stellt das Jahr 1973 eine schwere Zeit dar. Bei Inge Neumann-Marcuse wird zu Beginn des Jahres Magenkrebs festgestellt, worüber Marcuse Rudi Dutschke informiert. Vom Tode Inge Marcuses, am 31. Juli 1973, erfährt Dutschke erst mehrere Monate später.

»Lieber Herbert, Du, gerade vor wenigen Stunden habe ich vom Harry L. über den schon vor Monaten geschehenen Tod Deiner Inge gehört.... Lieber Herbert, ich umarme Dich voller Solidarität und wünsche Dir, daß Du Deine größte Fähigkeit, immer wieder weiterzuarbeiten an unseren gemeinsamen Zielen und Interessen, durch diesen Schock des Todes der Inge nicht verlierst.« (Brief von Dutschke an Marcuse vom 1. Dezember 1973.)

Im weiteren Verlauf der Korrespondenz kommt Dutschke auf den Fortgang seiner theoretischen Arbeit zu *Georg Lukacs, Lenin und die Komintern zwischen 1919 und 1929* zu sprechen. Eng angelehnt an Marcuses Analyse zur Bedeutung und Veränderung der Arbeiterklasse als gesellschaftsveränderndes Subjekt in den fortgeschrittenen Industriegesellschaften ist es Dutschkes Absicht »*die qualitative Differenz von traditioneller Arbeiterklasse und neuer Arbeiterklasse historisch erkennbar*« herauszuarbeiten. (ebd.)

Persönliche Begegnungen zwischen Marcuse und Dutschke blieben in diesen Jahren aus. Sowohl eine Einladung Dutschkes an die Universität nach Åarhus im Jahr 1972 als auch die Bitte, am Kongress zu Rudolf Bahro, der im November 1978 in Berlin stattfand, teilzunehmen, führten die Feunde nicht zusammen. Die von Dutschke in Aussicht gestellte Gast-Professur in Åarhus ab Februar 1972 konnte Marcuse wegen einer schon geplanten Europareise in den Monaten Juni bis September nicht annehmen.

Aus gesundheitlichen Gründen war dem bereits 80-jährigen Marcuse die Teilnahme an der Solidartätsveranstaltung *Freiheit für Rudolf Bahro*, die vom 16.-19. November 1978 in Berlin mit vehementem Engagement Dutschkes durchgeführt wurde, nicht möglich. Rudolf Bahro war auf Grund der Veröffentlichung seines Buches *Die Alternative. Zur Kritik des real existieren den Sozialismus*, das 1977 im Westen erschienen war, am 23. August 1977 in der DDR verhaftet und dann anschließend zu acht Jahren Haft in Bautzen verurteilt worden. Die Einschätzungen von Marcuse und Dutschke über Bahros Buch fielen unterschiedlich aus und waren meist Gegenstand der Briefe des Jahres 1978. Im Brief vom 27. August 1978, in dem Dutschke Marcuse bittet am Kongress teilzunehmen, weist Dutschke auf die Gemeinsamkeiten und Differenzen zwischen ihm und Bahro hin, die sich am deutlichsten in Bahros *Vorlesungen* fänden. Marcuse auffordernd, sich ebenfalls mit der *Alternative* auseinander zu setzen, heißt es weiter:

»Jedenfalls kann ich mir schwerlich vorstellen, daß Du den R. Bahro so liest und behandelst wie so manche ›Kapital‹-Bischöfe... Hoffentlich findest Du Zeit über R. Bahro zu schreiben und zum Kongreß zu kommen.«

Marcuse arbeitete bereits an einer ausführlichen kritischen Würdigung über Bahros Buch und hatte seinen Schweizer Freund und Salencina-Gründer Theo Pinkus darüber informiert. Pinkus wiederum erwähnte während einer persönlichen Begegnung mit Dutschke Marcuses Kernthesen, worauf sich Dutschke sogleich daran setzte seinem alten amerikanischen Freund in einem Brief die eigene Einschätzung dazu mittzuteilen.

»Ich schätze Bahros Arbeit natürlich hoch ein, kann aber nicht den typisch linken Euphorismus mitmachen. Er geht vielleicht in der Rußland-Sache weniger tief, ist aber durch die echte neue Breite des Herangehens an weltgeschichtliche Probleme auch meiner Meinung nach ausgezeichnet. Allerdings beginnt die scharfe Kritik dann sofort: da ich seinen Original Text von 1976 kenne, der zirkulierte in bestimmten Kreisen Ost-Berlins ohne Namensnennung, ist die maoistische Seite des Herangehens an das Problem der Spaltung von körperlicher und geistiger Arbeit unzweideutig für mich erkennbar. Im Buch sind einige nicht bedeutende Akzente weggelassen worden, dennoch ist die kulturrevolutionäre Variante des Maoismus, Leninismus usw. nicht zu übersehen. Bahro war vor 1968 strikter ›Stalinist‹, die Wendung über die Okkupation von 1968 hat die radikale Kurvenwendung mit sich gebracht, aber der Weg von Stalin und bricht-Linie zu Mao muß Blockaden implizieren. Die Illusionen über den Weg der ›Kulturrevolution‹ sind nicht neu, Du kennst den der Pariser ›neuen Philosophen‹ mit dem alten Mist, die Kämpfe der Emanzipation gehen dabei unter und der Kulturpessimismus beginnt seine Neugeburt.« (Brief vom 5. Oktober 1978, Dutschke an Marcuse)[14]

Marcuse antwortete Dutschke eine Woche später:

»Was das Buch [Bahros, P.E.J] betrifft, bin ich positiver als Du. Zugegeben, da gibt es starke Reste von Leninismus, Maoismus, etc. Sie sind mehr als ›aufgehoben‹ in der Gesamtkonzeption. Wie ich Dir, glaube ich schon schrieb, ist mein langer Artikel an denjenigen Problemen und Antworten Bahros orientiert, die auch für die Übergangsperiode in den westlichen kapitalistischen (Ländern) gültig sind – und das ist sehr viel!«

Marcuse legte diesem Brief bereits eine stichwortartige Zusammenfassung seines späteren Artikels über Bahro, den Protosozialismus und den Spätkapitalismus[15] bei. Im gleichen Brief erscheint nun erstmals die Frage an Dutschke, die sich auf eine mögliche neue Parteigründung bezieht.

»Wie geht es Dir: Hast Du Deine Idee einer neuen Partei (vorläufig) fallen gelassen?« (Brief vom 15. Oktober 1978, Marcuse an Dutschke)[16]

Dutschke hatte diese Idee nicht fallen gelassen und verfolgte sie weiter, wie auch später Rudolf Bahro. Nachdem Bahro auf Druck einer Welle weltweiter Solidaritätsbekundungen am 17. Oktober 1979 aus der Haft entlassen und in die Bundesrepublik abgeschoben worden war, beteiligten sich beide an der Gründung der Partei ›Die Grünen‹ im November 1979, um die Herausforderungen der ökologischen Frage in ein Konzept sozialistischer Emanzipationstheorie aufzunehmen. Bahro gehörte von 1982 bis 1984 dem Bundesvorstand der ›Grünen‹ an, verließ aber 1985 die Partei, weil er die erwartete geistige Konsequenz und Radikalität vermisste. Nach seinem Tod am 5. Dezember 1997 wurde er auf dem

Dorotheenstädtischen Friedhof in Berlin beigesetzt. Endlich am 18. Juli 2003 fand dort Herbert Marcuses Asche die letzte Ruhestätte.

Auch wenn der Diskussion um die Neugründung einer Partei auf dem Solidaritäts-Kongress keine eigene Arbeitsgruppe gewidmet war, so begleitete diese Absicht unterschwellig die gesamte Veranstaltung. Es erstaunt nicht, dass sich auch die Medien dieses unausgesprochenen Themas annahmen. In *Die Welt* hieß es:

»Wo früher Ideologiedispute der Linken im Chaos endeten, setzte Dutschke die Diskussion durch. Sein Erfolg auf dem Bahrokongreß könnte seinen Parteigründungsplänen neuen Auftrieb geben.«

Die *Süddeutsche Zeitung* beschrieb den erneut in die politische Diskussion eingreifenden Dutschke:

»Aus welchem harten Holz der frühere Studentenführer ist, zeigte sich, wenn er das gelegentlich zum Chaos neigende Plenum an die Flügel nahm.«

Das hier angesprochene ›Chaos‹ der Veranstaltung wird in einer *Ersten Bilanz des Bahro Kongresses*[17] beschrieben als erneute Zunahme von »*Kommunikationsschwierigkeiten zwischen der ›traditionellen Linken‹, der alten ›Neuen Linken‹ und der neuen ›Neuen Linken‹.*« Weiter bemerken die Autoren des Berichts, es sei eine Atmosphäre des Misstrauens und der Spannung zwischen den Organisatoren und einem erheblichen Teil der Teilnehmer entstanden. Ernüchternd heißt es am Ende:

»Der Degregations-Prozeß innerhalb der Linken, auf den Elmar Altvater in seinem Beitrag hinwies, war auch auf diesem Kongreß nicht zu übersehen, zu seiner Überwindung hat der Kongreß nur wenig beigetragen.«

Dutschke, der nicht zu den Verfassern zählte, schickte Marcuse den Bericht zu und ergänzte:

»Über den Ablauf des Kongresses in Berlin ließe sich viel sagen, war für mich die erste volle Erfahrungssammlung über eine zerschlagene Neue Linke. Sich da irgendwie erfolgreich durchzusetzen, politisches Chaos zu verunmöglichen ist doch kein Zeichen für einen realen Boden sozialemanzipatorischer Gesellschaftstendenz. Laß Dich nicht täuschen durch den beiliegenden Bericht, er zeigt nur teilweise die vorhandenen Widersprüche dieser Tage.«

Schon in der Vorbereitungsphase des Bahro-Kongresses waren alle diese Probleme aufgetaucht, die Dutschke gegenüber Marcuse immer wieder andeutete. Der Streit über die Gruppierungen, die auf dem Kongress vertreten sein sollten, die vorwiegend traditionalistischen Themen, die die AGs dominierten und die ständigen Entsolidarisierungsversuche der Moskau- und DDR nahestehenden Organisationen verlangten vom Organisator Dutschke eine ungeheure Energieleistung. Marcuse äußert sich dazu gegenüber Dutschke:

»Was Du über die Machenschaften in der Vorbereitung des Bahro Kongresses schreibst, ist mehr als zum Kotzen. Der Selbstzerstörungs-Trieb der Linken übersteigt die Einbildungskraft. Oder sollte man nicht selbst mit SPD und FDP zusammensitzen, wo es um die Haftentlassung von Bahro geht?« (Brief vom 16. November 1978, Marcuse an Dutschke)

Außerdem beschwerte sich Dutschke über den Verlag Olle&Wolter – hier erschien in der Dezemberausgabe der *Kritik. Zeitschrift für sozialistische Diskussion* eine Sondernummer zum Kongress mit Marcuses Bahro-Beitrag[18] –, dass er es versäumt hatte, ihm Marcuses schon fertig gestellten Beitrag während des Kongresses zur Verfügung zu stellen.

Auch in den Briefen im letzten gemeinsamen Lebensjahr 1979, das auch gleichzeitig ihr gemeinsames Todesjahr werden sollte, kommt Dutschke auf die Bahro-Diskussion und die Zerfallsmomente innerhalb der Linken zurück. Gerne hätte Dutschke noch persönlich mit Marcuse über die »*neuen Vorgänge in Persien, China, Vietnam, Kambodscha*« diskutiert. Im Februar 1979 erwähnt er gegenüber Marcuse einen alten Freund aus der heißen Phase der Revolte, den in der Bundesrepublik im Exil lebenden Iraner Bahmann Nirumand. Nirumand, der am 2. Juni 1967, noch vor der Ermordung Benno Ohnesorgs am Abend, in einer Rede an der FU das Folterrgime des Schahs von Persien anprangerte, kehrte 1979 in den Iran zurück. Kurz vor seiner Abfahrt trafen sich die beiden nochmals.

»Bahmann Nirumand, Freund seit den 60iger Jahren, ist kurz nach dem Eintritt des Schiitenführers (Ajatollah Khomeini, P.E.J) in die Weltpolitik nach Persien zurückgekehrt, auch ca. 15 Jahre Exil hinter sich... Die Lage ist für diese emanzipatorische Richtung extrem schwer, der Umschlag von Revolution in Konterrevolution mit neuer herrschender Klasse vollzieht sich gerade im Orient und in Asien schnell, haben wir offensichtlich damals nicht scharf genug verstanden. Natürlich waren und sind die revolutionären Richtungen, wie zwielichtig halt immer, durch Solidarität (und Kritik) zu unterstützen, aber die Wendung von Revolution in Konterrevolution neuen Typs darf nach diesen Vorgängen in Asien etc. nicht mehr aus dem Blick gelassen werden. Oder bist Du da anderer Meinung? ... Hätte da noch mehr Fragen über Carter, Öl in Mexiko ... u.v.a., über die potentielle Zuruckziehung des amerikanischen Imperialismus aus bestimmten Zonen, die sich daraus ergebenden Konsequenzen für die Kräfteverhältnisse ..., – solch eine Diskussion wird uns ja immer aufgezwungen.« (Brief vom 14. Februar 1979, Dutschke an Marcuse)

Aus dem letzten Brief von Dutschke möchte ich noch eine Stelle zitieren, die mir für eine aktuelle Diskussion über die Bewegungen in der sogenannten Dritten Welt und für die aktuelle Globalisierungskritik ebenfalls wichtig erscheint:

»Die asiatischen Kriege an den Grenzen, aber weit darüber hinausgehend in Wirklichkeit, müssen uns zu denken geben. Du siehst, wenn es in den Metropolen keine sozial-revolutionär erfolgreichen Brüche gibt, dann schlägt die politisch erfolgreiche Revolution in den unterentwickelt gehaltenen Ländern halt in ›die alte Scheiße‹ (Marx) um. Beide Revolutionsprozesse bedingen offensichtlich einander, wie groß die Form und Zielbestimmungen auch immer sein mögen.« (Brief vom 23. März 1979, Dutschke an Marcuse).

Damit bricht der briefliche, aber nicht der freundschaftliche Kontakt zwischen den beiden Emigranten ab. Es ist Gretchen Dutschke zu verdanken, dass wir durch Dutschkes veröffentlichtes Tagebuch *Jeder hat sein Leben ganz zu leben. Tagebuch 1963-1979* erfahren, wie stark dieser Anteil hatte an den letzten schweren Tagen Herbert Marcuses im Starnberger Kreiskrankenhaus.

In fast allen Tagebucheintragungen ab dem 10. Juli 1979 erwähnt Dutschke seine Sorge um den gesundheitlichen Zustand Marcuses. Am 25. Juli 1979 besucht Dutschke den bereits schwererkrankten Marcuse im Krankenhaus. In seinem Tagebuch hält er fest:

»War bei Herbert im Krankenhaus. In einer solch schlechten Lage habe ich ihn noch nie gesehen, er will sprechen, aber es gelingt ihm nicht.«

Schließlich, am 29. Juli 1979, erfährt Dutschke durch einen Anruf von Peter Marcuse gegen 21 Uhr vom Tod Herbert Marcuses.

»Nun der vierte Genosse in diesem Jahr, die uns erkennbar beeinflussende Generation wird immer kleiner. Verlust, Schmerz – schwere Durchgangszeiten. Was dieser deutsche Faschismus und russische Bolschewismus nicht alles angerichtet haben um Generationen geschichtslos werden zu lassen. Dennoch, unsere Strömung ohne ihn – wer kann sich das denken. Ging uns bei Ernst Bloch ähnlich [Bloch starb am 4. August 1977, PEJ]. Es gehört zu den Pflichten von uns, ihre Geschichte, ihr theoretisch-politisches Denken neu zu vermitteln.«

Es ist zu hoffen, dass diese Pflicht nicht immer nur auf konsturierte Anlässe oder die beliebten runden Jahreszahlen warten muss. Eine korrekte historische Rekonstruktion von Marcuses Emanzipationstheorie ist dazu genauso von Nöten wie ein kritisches Weiterdenken seiner theoretischen Überlegungen. Das bezieht mit ein, sich einem offenen Ausgang der Kritik an diesen philosophischen und gesellschaftspolitischen Analysen nicht zu verschließen. An der Zeit nagt eben der Weltgeist, wie der Biber am Baum. Der Biber fällt den Baum, um ihn dann nützlich und sinnvoll in einem neuen Bau zu ordnen. Das Denkgebäude, das Marcuses kritische Gesellschaftsanalysen unter Berückichtigung aktueller Probleme – zum Beispiel globalisierungskritischer Einwände und ein engagiertes Aufbegehren gegen die weitgehenden menschlichen Entsolidarisierungszwänge – entstehen lassen könnte, wird von der Realität selbst entworfen oder aber verworfen, unter einer Musealisierung würde es zusammenbrechen.

Nachweise und Anmerkungen

1 Siegfried Kracauer: »Über die Freundschaft«. In: *Logos. Heft 2, 1917/18*. Bd. 5.2. Hier zitiert nach: *Gabe. Herrn Rabbiner Dr. Nobel zum 50. Geburtstag dargebracht von Martin Buber, Siegfried Kracauer, Leo Löwenthal u.a.* Frankfurt am Main 1921. In dem exzellenten Artikel »Die Entdeckung der jüdischen Wurzeln« befasst sich Rachel Heuberger mit dem Frankfurter Kreis um den Rabbiner Dr. Nobel. In: P.-E. Jansen (Hg.): *Das Utopische soll Funken schlagen. Zum hundertsten Geburtstag von Leo Löwenthal*. Frankfurt am Main 2000. Dazu auch: P.-E. Jansen und C. Schmidt (Hg.): *In steter Freundschaft. Briefwechsel Leo Löwenthal – Siegfried Kracauer, 1921-1966*. Lüneburg 2003.
2 Herbert Marcuse: *Der Deutsche Künstlerroman*. In: *Schriften*. Frankfurt am Main 1981. Bd. 1, S. 7-344.
3 Die Untersuchung *Antisemitism in the American Zone* befindet sich im Marcuse-Archiv der Stadt- und Universitätsbibliothek Frankfurt am Main. Es ist nicht eindeutig zu ersehen, in welchem Umfang Marcuse an dieser Arbeit beteiligt war. Marcuses Deutschlandanalysen, erstellt von 1942-1945 im Office of Strategic Services, erschienen erstmals unter dem Titel *Feindanalysen. Über die Deutschen*. Hrsg. und mit einem Vorwort von Peter-Erwin Jansen. Einleitung Detlev Claussen, Lüneburg 1998. Während dieses Deutschlandaufenthaltes besuchte Marcuse Martin Heidegger in Freiburg und führte mit ihm ein Gespräch über dessen Engagement für die Nationalsozialisten im Jahr 1933. Vgl. dazu und zum schwierigen Verhältnis Marcuse-Heidegger meinen Beitrag »Marcuses Habilitationsverfahren – eine Odyssee« in: P.-E. Jansen (Hg.): *Befreiung denken – ein politischer Imperativ. Materialienband zu Herbert Marcuse*. Offenbach 1990. Im Marcuse -Archiv und im Leo Löwenthal Archiv befinden sich alle hier zitierten Briefe.
4 Erstmals veröffentlicht in: P.-E. Jansen: *Herbert Marcuse. Nachgelassene Schriften. Philosophie und Psychoanalyse*. Lüneburg 2002, Bd. 3, S. 121-131.
5 Robert Paul Wolff, Barrington More, Herbert Marcuse: *Kritik der reinen Toleranz*. Frankfurt am Main 1966, S. 91-128.
6 Diese Formulierung bezieht sich auf ein Widmungsexemplar, das Marcuse Löwenthal schenkte. Der zwei Jahre ältere Marcuse schrieb darin: »Von Herbert dem Greisen an Leo den Weisen«.
7 Beide Texte wurden wieder abgedruckt in: *Das Ende der Utopie. Herbert Marcuse. Vorträge und Diskussionen in Berlin 1967*. Frankfurt am Main 1980.
8 Ebd.
9 Auf dem Soziologentag 1964 in Heidelberg hielt Marcuse den Vortrag »Industrialisierung und Kapitalismus im Werk Max Webers«. Erstveröffentlichung in: *Max Weber und die Soziologie heute*. Tübingen 1964. Wiederabgedruckt in: Marcuse: *Schriften*. Bd. 8. Frankfurt am Main 1984, S. 79-100.
10 Richard Löwenthal (1908-1991) war 1926 Mitglied im Kommunistischen Studentenverband, später gehörte er zur ›KPD-Opposition‹. Er musste 1935 nach England emigrieren. Löwenthal wurde 1961 Professor für Politologie an der FU Berlin. Seine Hauptwerke: *Der geborstene Monolith. Von Stalins Weltpartei zum kommunistischen*

Pluralismus (1967) und *Vom kalten Krieg zur Ostpolitik* (1974) .

11 Diese Morddrohung und weitere über 100 Schmäfbriefe aus jenen Jahren – viele mit antisemitischen und antikommunistischen Beschimpfungen – befinden sich im Marcuse-Archiv in Frankfurt am Main.

12 Herbert Marcuse: *Versuch über die Befreiung*. In dieser kleinen Aufsatzsammlung diskutiert Marcuse den für ihn zentralen Begriff der ›Neuen Sensibilität‹, den Sieg der Lebenstriebe über die in der kapitalistischen Gesellschaft dominierende Aggressivität. Die ›neue Sensibilität‹ »entsteht gegen Gewalt und Ausbeutung, in einem Kampf für wesentlich neue Weisen und Formen des Lebens; sie impliziert die Negation des gesamten Establishments, seiner Moral, seiner Kultur; die Behauptung des Rechts, eine Gesellschaft zu errichten in der Abschaffung von Armut und Elend Wirklichkeit wird und das Sinnliche, das Spielerische, die Muße Existenzformen und damit zur Form der Gesellschaft selbst werden.« (Herbert Marcuse: *Versuch über die Befreiung*. Frankfurt am Main 1969, S. 45-46).

13 G. Dutschke-Klotz (Hg.): *Jeder hat sein Leben ganz zu leben. Tagebuch 1963-1979*. Köln 2003.

14 Dieses Zitat stammt aus einem fast zwei Seiten langen, eng beschriebenen Brief.

15 Erschien in: *Kritik. Zeitschrift für sozialistische Diskussion, Nr. 19, 6 Jg. 1978*, S. 5-28. Wie viele andere Arbeiten fand auch dieser wichtige Artikel Marcuses keine Berücksichtigung in seinen *Schriften*, Bd. 1-9, die im Suhrkamp Verlag erschienen, aber dort inzwischen fast alle vergriffen sind. Eine Neuauflage ist in diesem Jahr im Zu Klampen Verlag erschienen.

16 Nicht nur in diesem Zusammenhang war eine vom österreichischen Fernsehen (ORF) am 13. Juni 1978 organisierte Talkshow in der Reihe Club 2 äußerst aufschlussreich und lebhaft. Moderiert wurde die open-end Diskussion mit Rudi Dutschke, Daniel Cohn-Bendit, dem Politologen Kurt Sontheimer und dem Bild-Kommentator Matthias Walden von Günther Nennig. Er war jahrelang Chefredakteur bei der Zeitschrift *Neues Forum* – Erscheinungsort Wien –, in der Marcuse zwischen 1970 und 1979 eine große Anzahl Artikel veröffentlichte. Es ging in dieser lebhaften Talkrunde um die Legitimität von Gewalt und Terror sowie um die Chancen der neu gegründeten Grünen Partei, der sich Dutschke und Cohn-Bendit anschlossen.

17 Der Kongressbericht, verfasst von Rudi Steinke, Walter Süß und dem zum trotzkistischen Flügel zählenden Verleger Ulf Wolter trug den Titel *Sein Lied geht um die Welt*. A.a.O., Berlin 1978, S. 28-56. Darin findet sich ebenfalls ein kleiner Pressespiegel über die Veranstaltung. Scharf kritisiert wird die DDR- und DKP/SEW Berichterstattung. Das Niveau dieser Artikel sei »nur mit der ausgesprochen rechtsradikalen Presse zu vergleichen«, kommentieren die Verfasser.

18 Vgl. Fußnote 14.

Marcus Hawel

Ein Begriff muss bei dem Worte sein
Theorie und Praxis in den Sozialwissenschaften

> »*Mephistopheles:* [...] Im ganzen: haltet Euch an Worte!
> Dann geht Ihr durch die sichre Pforte Zum Tempel der Gewißheit ein.
> *Schüler.* Doch ein Begriff muß bei dem Worte sein.
> *Mephistopheles:* Schon gut! Nur muß man sich nicht allzu ängstlich quälen;
> Denn eben wo Begriffe fehlen,
> Da stellt ein Wort zur rechten Zeit sich ein.
> Mit Worten läßt sich trefflich streiten,
> Mit Worten ein System bereiten,
> An Worte läßt sich trefflich glauben,
> Von einem Wort läßt sich kein Jota rauben.«
> *Johann Wolfgang von Goethe*

Geschichte als ein emanzipatorisches Fortschreiten des gesellschaftlichen Ganzen, angestoßen durch menschliche Praxis, kann nicht stattfinden, solange die Begriffe, mit denen wir die Welt interpretieren, sich entsubstantialisieren und Leerstellen hinterlassen, die lediglich durch Phrasen, nicht aber durch neue Begriffe ersetzt werden. Es ist, als löse sich der Geist von der Gegenwart, als hinge er an der Vergangenheit, an die man sich in der Zukunft nicht mehr erinnern wird können. Das Vermögen der Erinnerung verkümmert mit dem Verlust der Begriffe und Natur im Sinne von Geschichtslosigkeit schlägt zurück.

Natur – das war für Hegel das vom Geist Unberührte, Nicht-Begriffliche; es galt ihm als abstraktes, unmittelbares, nicht in sich reflektiertes Erscheinen überhaupt. Als solches stellte es die Unfreiheit des Geistes dar: Das *Böse* als *Stand des Tieres*.[1] Komme Natur mit dem Geist in Berührung, werde sie durch den Begriff aufgehoben. Der Begriff der Natur sei die Freiheit *von* der Natur, weil nur der Begriff vom Naturzwang befreie. Wer die Natur begriffen habe, wisse sich vor ihr adäquat zu schützen. Dem Recht, auf tierischem Stand sich selbst zu erhalten, stellte Hegel das Recht der *Bildung* der individuellen Fähigkeiten gegenüber. Erst die Ausbildung von Verstand und Vernunft mache aus dem Einzelnen einen Menschen; seine Erziehung ende mit dem Stand der *Sittlichkeit*, durch den der natürliche Stand als borniert und defizitärer, als unfreier erscheine.

Der Zustand, in dem der Mensch dem Menschen ein Wolf sein müsse, sei also ein Zustand der Unfreiheit, der absoluten Freiheit des Naturrechts.

»Das Recht der Natur ist [...] das Dasein der Stärke und das Geltendmachen der Gewalt, und ein Naturzustand ein Zustand der Gewalttätigkeit und des Unrechts, von welchem nichts Wahreres gesagt werden kann, als *daß aus ihm herauszugehen* ist. Die Gesellschaft ist dagegen vielmehr der Zustand, in welchem allein das Recht seine Wirklichkeit hat; was zu beschränken und aufzuopfern ist, ist eben die Willkür und Gewalttätigkeit des Naturzustandes.«[2]

Sinnliche Gewissheit wird von Hegel in seiner *Phänomenologie* als erste Stufe des Geistes angesehen, welche für sich ein erstes Heraustreten aus der Natur darstellt. In der sinnlichen Gewissheit ist die Sache aber lediglich ein Seiendes: »Die Sache ist; und sie ist, nur weil sie ist; sie ist, dies ist dem sinnlichen Wissen das Wesentliche, und dieses reine Sein oder diese einfache Unmittelbarkeit macht ihre Wahrheit aus.«[3] – Die weitere Bewegung des Geistes ist die *Arbeit des Begriffs*. Der Positivismus bleibt auf der Stufe der sinnlichen Gewissheit stehen und kann darum notwendig im Hegelschen Sinne keine Begriffe ausbilden. Die Sprache wird als ein System von Worten genommen. Das bloße Wort hat eine Affinität zur bloßen Meinung, während der Begriff Resultat des Denkens und dadurch Ausdruck von Wissen ist. Auf der Ebene der bloßen Meinung lässt sich in der Tat trefflich streiten (aber auch nur das!), weil auf dieser Ebene der Maßstab von wahr und falsch der Zufälligkeit ausgesetzt ist.

Was ist aber der Unterschied zwischen einem einfachen und einem kritischen Begriff? – Ein Begriff, der eine Sache auf der sprachlichen Ebene adäquat beschreibt, verdoppelt lediglich das Bestehende. Eine solche Verdoppelung ist affirmativ, weil im Begriff der Utopiegehalt einer Sache keinen Niederschlag findet. Das Bestehende nicht zu kritisieren, sondern es lediglich zu beschreiben, heißt es zu rechtfertigen. Der unkritische Begriff beschreibt das Dasein des Dings, während der kritische das Seinsollen des Dings mit erfasst.[4] Im kritischen Begriff ist das Mögliche, aber noch nicht Wirkliche ex negativo enthalten. Adorno schreibt hierzu:

»Aber nur im Geiste der Kritik wäre Wissenschaft mehr als die bloße Verdoppelung der Realität durch den Gedanken, und die Realität erklären, heißt allemal auch, den Bann der Verdoppelung brechen. Solche Kritik bedeutet nicht Subjektivismus, sondern die Konfrontation des Gegenstandes mit seinem eigenen Begriff. Das Gegebene gibt sich nur dem Blick, der es unter dem Aspekt eines wahren Interesses sieht, unter dem einer freien Gesellschaft, eines gerechten Staates, der Entfaltung des Menschen. Wer die menschlichen Dinge nicht an dem mißt, was sie selber bedeuten wollen, der sieht sie nicht bloß oberflächlich sondern *falsch*.«[5]

Es kann also nicht um Werturteilsfreiheit in der Wissenschaft gehen, sondern um die klare Formulierung eines politischen Erkenntnisinteresses, das mit Emphase eingeklagt werden muss, will man nicht in den Verdacht der Affirmation des Bestehenden geraten.

Was Wahrheit sei, wurde stets kontrovers diskutiert. Für Marx (wie für Hegel) besteht Wahrheit gerade in der Übereinstimmung des Gegenstands mit seinem kritischen Begriff. Dieser Wahrheitsbegriff ermöglicht die emphatische Aussage, dass es nicht nur falsche, d.h. unwahre Sichtweisen geben kann, sondern auch falsche, d.h. unwahre Gegenstände. – Diese unwahren Gegenstände sind noch nicht zu ihrem kritischen Begriff gekommen und deshalb unwirklich und unvernünftig. Es gilt solche Gegenstände zu ihrer Wirklichkeit zu verhelfen, damit sie sich als richtig, d.h. vernünftig erweisen können. Da der Gegenstand genauso wie der Begriff einem permanenten Prozess unterliegt, besteht bestimmte Wahrheit lediglich zu einer bestimmten Zeit, niemals immerwährend. Hegel nannte das den ›Zeitkern der Wahrheit‹.

Zur Prozesshaftigkeit der Wahrheit lässt sich bei Marx Folgendes lesen:

»Der große Grundgedanke, daß die Welt nicht als ein Komplex von fertigen *Dingen* zu fassen ist, sondern als ein Komplex von *Prozessen,* worin die scheinbar stabilen Dinge nicht minder wie ihre Gedankenbilder in unserm Kopf, die Begriffe, eine ununterbrochene Veränderung des Werdens und Vergehens durchmachen, […] ist, namentlich seit Hegel, so sehr in das gewöhnliche Bewußtsein übergegangen, daß er in dieser Allgemeinheit wohl kaum noch Widerspruch findet. […] Geht man aber bei der Untersuchung stets von diesem Gesichtspunkt aus, so hört die Forderung endgültiger Lösungen und ewiger Wahrheiten ein für allemal auf; man ist sich der notwendigen Beschränktheit aller gewonnenen Erkenntnis stets bewußt, ihrer Bedingtheit durch die Umstände, unter denen sie gewonnen wurde; […] man weiß, […] daß das jetzt für wahr Erkannte seine verborgene, später hervortretende falsche Seite ebensogut hat wie das jetzt als falsch Erkannte seine wahre Seite, kraft deren es früher für wahr gelten konnte; daß das behauptete Notwendige sich aus lauter Zufälligkeiten zusammensetzt und das angeblich Zufällige die Form ist, hinter der die Notwendigkeit sich birgt – und so weiter.«[6]

Zusätzlich ist für Marx das Kriterium der Wahrheit eine *praktische* und keine rein theoretische Frage: »In der Praxis muß der Mensch die Wahrheit, i.e.

Wirklichkeit und Macht, Diesseitigkeit seines Denkens beweisen. Der Streit über die Wirklichkeit oder Nichtwirklichkeit des Denkens – das von der Praxis isoliert ist – ist eine rein scholastische Frage.«[7] Es geht also nicht darum, ob eine Utopie wahr oder falsch sei, sondern inwiefern sie unwirklich und damit falsch bleibe, weil ihr in der Praxis von den Menschen nicht zum Durchbruch verholfen wird.

Der rote Faden innerhalb der Marxschen Philosophie lässt sich als das unentwegte denkerische Bemühen bestimmen, die seit Platon und Aristoteles begründete Trennung von Theorie und Praxis (die sich bis zu Hegel tradiert hat) aufzuheben. Es geht Marx um die Verwirklichung der Philosophie vermittels der revolutionären Praxis der subalternen Klasse, welche in der Philosophie ihre *geistigen Waffen* findet.[8]

In dem Gemeinspruch: »Das gilt für die Theorie, taugt aber für die Praxis kaum«, wird das Primat der Umsetzung emanzipatorischer Ideale als utopistisch verschrien. In ihm kommt eine bereits lange währende perpetuierte Trennung von Theorie und Praxis zum Ausdruck, in der geistige Arbeit nicht mehr als Praxis begriffen wird, weil sie nicht körperlich ist. Der Theorie wird der Status der Arbeit aberkannt und zugleich wird sie als unnütz denunziert. Richtig ist, dass eine inhaltliche Differenz zwischen Theorie und Praxis aufgrund vorangeschrittener Arbeitsteilung besteht, die aber vor allem auch in ihrer personalen Getrenntheit wieder aufgehoben werden sollte. Die Getrenntheit aufrechtzuerhalten bedeutet Verarmung des Denkens und Handelns zugleich, »die Trennung beider Bereiche läßt beide als beschädigte zurück.«[9]

Dem Schaden entzieht sich so mancher wissenschaftsmethodischer Ansatz: Max Weber z.B. hat Idealtypen entwickelt, die in der Realität nicht vorkommen. Die Warnung vor Hypostasierung der Begriffe hat sich die dialektische Theorie zueigen gemacht. Metaphysik und Spekulation kommen von der traditionellen Philosophie her, die mit Hegel endete; sie sind aber nicht unwissenschaftlich, wie es die Positivisten behaupten und deshalb ganz auf Theorie verzichten und unfähig sind, über das Faktische hinauszugehen.

Der Schaden, der durch die Trennung von Theorie und Praxis entstanden ist, wird beseitigt, indem die Theorie sich in der Praxis als wahr erweisen muss. Das darf jedoch nicht derart missverstanden werden, als müsse die Theorie dem Schema eines eindeutigen Handlungskataloges entsprechen. Die Theorie muss auch, mit Oskar Negt gesprochen, »ihre Distanz zur Praxis bewahren, um ihren Wahrheitsgehalt zu retten«.[10] Theorie dient lediglich der Orientierung. – Es ist kein Nonsens, sondern ein dialektisches Spannungsverhältnis, wenn Theorie ihren eigenen Wahrheitsgehalt durch Distanz zur Praxis rettet und sich zugleich in der Praxis als wahr erweisen muss.

An der Schnittstelle zwischen Theorie und Praxis hatte der Intellektuelle seine gesellschaftliche Nische eingenommen. Adorno schreibt in den *Minima Moralia* über die Distanz des Intellektuellen, sie sei »keine Sicherheitszone sondern ein Spannungsfeld«.[11] Einerseits drücke sich jene Spannung im Nachlassen des Wahrheitsgehaltes der Begriffe in der Praxis aus, andererseits aber auch »in der Zartheit und Zerbrechlichkeit, womit gedacht«[12] werde.

Adorno rechtfertigt keineswegs die Passivität des Intellektuellen: »Für den, der nicht mitmacht, besteht die Gefahr, daß er sich für besser hält als die andern und seine Kritik der Gesellschaft mißbraucht als Ideologie für sein privates Interesse.«[13] Der Distanzierte bleibe so verstrickt wie der Betriebsame, und der Distanzierte habe dem Betriebsamen »nichts voraus als die Einsicht in seine Verstricktheit und das Glück der winzigen Freiheit, die im Erkennen als solchem« liege.[14]

Was aber ist diese Verstricktheit genau? – Adorno schreibt: »Die eigene Distanz vom Betrieb ist ein Luxus, den einzig der Betrieb abwirft.«[15] Die Intellektuellen seien zugleich Nutznießer einer falschen, d.h. schlechten Gesellschaft und diejenigen, »von deren gesellschaftlich unnutzer Arbeit es weiterhin abhängt, ob eine von Nützlichkeit emanzipierte Gesellschaft gelingt.«[16] Theorie ist der Distanz vom allgemeinen Betrieb (der Verwertung und Ausbeutung) bedürftig. Es bedarf der Klausur und Abschottung vor dem Betrieb und zugleich seiner Erfahrung. Denn der Durchdringung des falschen Scheins der gesellschaftlichen Verhältnisse sind vorausgesetzt zunächst die unmittelbare Erfahrung des falschen Scheins, welcher aus der Distanz nicht wahrgenommen werden kann, und schließlich die intellektuelle Verarbeitung des falschen Scheins, welcher aus der Nähe nicht reflektiert werden kann.

Das allgemeine Vorurteil gegenüber der Theorie, die für die Praxis nichts tauge, kulminiert in der Allegorie des Elfenbeinturms. Oft erscheint es allerdings auch so, als werde dieser Elfenbeinturm von denjenigen gemacht, die sich außerhalb von diesem aufhalten. Der Vorwurf, die Sprache des Intellektuellen sei kryptisch, produziert genauso jene elfenbeinernen Mauern wie die Überheblichkeit des Intellektuellen, auf Aufklärung (Vermittlung) zu verzichten. Antiintellektualismus genauso wie Intellektualismus sind Wundmale gesellschaftlicher Verstümmelung. Manchmal gibt sich Theorie zu Recht kryptisch, um sich gegen ihre Verwurstung in der gesellschaftlichen Praxis des Alltagsbewusstseins zu schützen. Es ist ein Schutz vor dem Verlust des Wahrheitsgehaltes, aber er widerspricht zugleich fundamental dem Anspruch der Aufklärung.

In einem Beitrag des Berliner Sozialwissenschaftlers Meinolf Dierkes, der vor einiger Zeit in der *Frankfurter Rundschau* erschienen ist, heißt es: »Sozialwissenschaftliche Forschung steht immer im Dienst der gesellschaftlichen Praxis«. Es sei eine Fülle von Ergebnissen der sozialwissenschaftlichen Forschung in die gesellschaftliche Praxis eingegangen. »Und zwar immer dann, wenn erstens ihr Nutzen erkannt wurde, aber zweitens oft mit großer Zeitverzögerung und drittens häufig auf nicht geplanten und sehr verschlungenen Pfaden.« Begriffe wie *Bruttosozialprodukt, Inflation, Intelligenzquotient, soziale Schicht, Risikogesellschaft* oder *Globalisierung* seien in das Alltagsbewusstsein und in die Alltagssprache eingegangen.

»Und wenn solche Begriffe und Konzepte erst einmal eine gewisse Verbreitung und Popularität erlangt haben, verblaßt zumeist sehr schnell die Erinnerung daran, wo sie eigentlich entstanden sind. Zugespitzt formuliert könnte man sagen: Wenn ein Transfer von sozialwissenschaftlichen Forschungsergebnissen in die gesellschaftliche Praxis erfolgreich war, wird vergessen, daß er stattgefunden hat.«[17]

Ebenso aber sind in der Regel die Begriffe, die aus der Sozialwissenschaft Einzug in die Sphären von Wirtschaft und Politik erhalten, so affirmativ ausgerichtet, dass sie nicht erst für einen affirmativen Gebrauch zurechtgestutzt werden müssen. – Das ist das ganze Elend der Soziologie.

Nach Marx ist die traditionelle Wissenschaft als »selbständige Produktionspotenz von der Arbeit [ge]trennt und in den Dienst des Kapitals [ge]presst.«[18] Wissenschaft könne aber nach seinen Vorstellungen auch als eine revolutionäre Kraft wirksam werden, wenn sie sich als Gegenmacht zum Kapital verstünde.[19] Der Zweck einer solchen kritischen Wissenschaft liege in der wirklichen Menschwerdung der Menschen, der notwendig eine Aufhebung der kapitalistischen Verhältnisse vorausgesetzt ist. Aber weil es den Menschen nur schwer in den Sinn kommt, über das Bestehende hinauszudenken, kommt der kritischen Wissenschaft vor allem die Aufgabe zu, die Menschen immer wieder daran zu erinnern, dass die gesellschaftlichen Verhältnisse veränderbar sind und die Geschichte von Menschen gemacht wird.

Nachweise und Anmerkungen

1 Vgl. G.W.F. Hegel: »Vorlesungen über die Philosophie der Religion II«. In: Werke. Frankfurt am Main 1969, Bd. 17, S. 253.
2 G.W.F. Hegel: *Enzyklopädie der philosophischen Wissenschaften, Bd. III.* In: Werke. Frankfurt am Main 1970, Bd. 10, S. 311f.
3 G.W.F. Hegel: *Phänomenologie des Geistes.* Frankfurt am Main 1986, S. 83.
4 Der kritische Begriff besitzt drei Dimensionen: Genesis – Geltung – Telos, die in eins, d.h. zugleich gedacht werden müssen. Die Verabsolutierung einer dieser drei Dimensionen zu Ungunsten der anderen beiden führt entweder zum Historismus (Genesis), Positivismus (Geltung) oder zur blanken Prophetie (Telos).
5 Frankfurter Institut für Sozialforschung: *Soziologische Exkurse.* Hamburg 1991, S. 18.
6 Friedrich Engels: *Ludwig Feuerbach und der Ausgang der klassischen deutschen Philosophie.* In: Karl Marx, Friedrich Engels: *Werke.* Berlin 1972, Bd. 21, S. 293f.
7 Karl Marx: »Thesen über Feuerbach«. In: Marx, Engels: *Werke.* A.a.O., Bd. 3, S. 5.
8 Vgl. Karl Marx: *Zur Kritik der Hegelschen Rechtsphilosophie.* Einleitung. In: Marx, Engels: *Werke.* A.a.O., Bd. 1, S. 391.
9 Max Horkheimer, Theodor W. Adorno: *Dialektik der Aufklärung.* Frankfurt am Main 1988, S. 2.
10 Oskar Negt: *Achtundsechzig. Politische Intellektuelle und die Macht.* Göttingen 1995, S. 18. Zu Negt vgl. vom Verfasser und Tatjana Freytag (Hg.): *Arbeit und Utopie. Oskar Negt zum 70. Geburtstag.* Weilerswist 2004.
11 Theodor W. Adorno: *Minima Moralia. Reflexionen aus dem beschädigten Leben.* Frankfurt am Main 1994, Aph. 82.
12 Ebd.
13 Adorno: *Minima Moralia.* A.a.O., Aph. 6.
14 Ebd.
15 Ebd.
16 Adorno: *Minima Moralia.* A.a.O., Aph. 86.
17 Meinolf Dierkes: »Zukunftsforschung gilt bis heute als akademisch wenig reputierlich«. In: *Frankfurter Rundschau 23. 12. 1996.* S. 14.
18 Karl Marx: *Das Kapital.* In: Marx, Engels: *Werke.* A.a.O., Bd. 23, S. 382.
19 Vgl. Marx, Engels: *Werke.* A.a.O., Bd. 19, S. 336.

Kenichi Mishima

Nietzsche als transkultureller Akrobat im Lichte unserer Erfahrung der kulturellen Hybridität*

1.

Viele Redner, die nicht viel anzubieten haben, beginnen mit einem Zitat, wie das oft auf der Kirchenkanzel der Fall ist. An diese Sitte schließe ich mich an und schicke sogar zwei Zitate voraus – aber seien Sie beruhigt, sie stammen nicht aus der Bibel, von der Nietzsche einmal sagte, man täte gut, Handschuhe anzuziehen, wenn man das Neue Testament lese[1]:

»Betrachten wir den geschichtlichen Horizont Nietzsches. Seine Begriffe der Dekadenz, des Nihilismus, der Umwertung aller Werte, des Willens zur Macht, die tief im Wesen der abendländischen Zivilisation begründet liegen und für ihre Analyse schlechthin entscheidend sind – welches war die Grundlage ihrer Schöpfung? Römer und Griechen, Renaissance und europäische Gegenwart. [...] Darüber ist er, streng genommen, nie hinausgegangen [...]. Aber in welcher Beziehung steht denn sein Begriff des Dionysischen zum Innenleben der hochzivilisierten Chinesen aus der Zeit des Konfuzius oder eines modernen Amerikaners. Was bedeutet der Typus des Übermenschen für die Welt des Islam? [...] was hat ein Japaner mit dem Parsifal und dem Zarathustra, was ein Inder mit Sophokles zu schaffen?«[2]

Diese Sätze suggerieren, Europa, hier noch *Abendland* genannt, wäre eine geschlossene geistige Einheit. Sie stammen aus der Einleitung vom *Untergang des Abendlandes* von Oswald Spengler 1918. In diesem Buch wird zwar das bis dahin gängige europäische Selbstbewusstsein radikal in Frage gestellt; als unbezweifelbar vorausgesetzt ist jedoch die Stufenleiter der historischen Epochenbezeichnung. Die schulmäßige Konstruktion, die letztendlich aus dem frühen nachaufklärerischen 19. Jahrhundert stammt, bleibt so unbefragt und intakt wie der Einheitscharakter einer Kultur. So ist bei Spengler zu lesen: »Darüber ist er (nämlich Nietzsche, K. M.), streng genommen, nie hinausgegangen«. Der hier implizierte Indifferentismus gegenüber anderen Weltgegenden ist mit der rhetorischen Frage unmissverständlich angedeutet: »[...] was hat ein Japaner mit [...] dem Zarathustra zu schaffen?«

Nietzsche als transkultureller Akrobat

Etwa dreißig Jahre später schrieb ein aus der Immigration zurückgekehrter hochintellektueller Philosophieprofessor folgende Sätze über die Teilnahme der außereuropäischen Intellektuellen am kulturellen Leben in Europa:

»Leicht genug kann es geschehen, dass im Fernen Osten Marx an die vakante Stelle von Driesch und Rickert gesetzt wird. Manchmal ist zu befürchten, es werde die Einbeziehung der nichtokzidentalen Völker in die Auseinandersetzung der Industriegesellschaft, an sich längst an der Zeit, weniger der befreiten zugute kommen als der rationalen Steigerung von Produktion und Verkehr und der bescheidenen Hebung des Lebensstandards. Anstatt von den vorkapitalistischen Völkern sich Wunder zu erwarten, sollten die reifen vor deren Nüchternheit, ihrem faulen Sinn fürs Bewährte und für die Erfolge des Abendlandes auf der Hut sein.«[3]

Der Aphorismus steht in der *Minima Moralia* von Theodor W. Adorno und hat den Titel *Die Wilden sind nicht bessere Menschen*. Europa war nach zwei Weltkriegen zwar nicht mehr eine geschlossene geistige Welt. Bei aller Scharfsinnigkeit, mit der der Soziologe Adorno den widersprüchlichen Prozess der Einbeziehung der »nichtokzidentalen Völker in die Auseinandersetzung der Industriegesellschaft« und der weiteren Steigerung von kapitalistischer Effizienz analysiert, ist der Intellektuelle Adorno, selber kritischer Spengler-Leser, aber immerhin ein Spengler-Leser, angesichts der zunehmenden interkulturellen Kontakte ein wenig ratlos und verlegen. Eindeutig ist hier auch die Reminiszenz an die Hegelsche Konstruktion der Weltgeschichte.

Man würde sich jedoch irren, wenn man meinen würde, das Deutungsmuster aus dem 19. Jahrhundert, von dem Spengler durch und durch geprägt ist und gegen das Adorno nur halbwegs sich wehren konnte, gehöre zu einer längst versunkenen Welt. Zur Illustrierung der These zitiere ich aus dem berühmt-berüchtigten Buch von Samuel Huntington. Eine der wichtigsten Säulen in der Atlantic Community sei

»the shared European cultural heritage emanating from Greece and Rome through the Renaissance to the shared values, beliefs and civilization of our own century.«[4]

Nach diesen Zitateneskapaden, mit denen ich nur den allgemeinen Hintergrund des heutigen Vortrags umreißen wollte, möchte ich *erstens* zeigen, dass Nietzsche am Vorabend der Moderne auf der einen Seite stark für die kulturelle Geschlossenheit plädiert, er auf der anderen Seite aber auch versucht hat, aus dem Bannkreis namens Europa auszubrechen, wenn auch manchmal mit falschen Konsequenzen, d.h. er durch eine Ethnologie des Eigenen das gemacht hat, was von seiner Theorie her unmöglich gewesen wäre. Gleichzeitig möchte ich *zweitens* auch zeigen, dass Nietzsche entgegen seinem offensichtlichen Kuturessentialismus eben diese essentialistische Kulturtheorie gerade unterlaufen und zur Auflösung gebracht hat. Denn man darf sich keineswegs von den starken Thesen und den in Umlauf befindlichen Stichworten Nietzsches wie dem *Willen zur Macht* oder dem *Nihilismus* blenden lassen. Vielmehr muss man sensibel genug sein und hinter diesen Fassaden von starken Worten ein Gespür für einzelne unterschwellige feine dialektische Vorgänge in der modernen Kultur bemerken, die Nietzsche in den facettenreichen Aphorismen wie hingehaucht beschrieben hat. Mit anderen Worten, es geht mir um Nietzsches versteckte Theorie des kulturellen Wandels im Lichte unserer Erfahrung.

2.

Zunächst geht es mir darum, Nietzsches Nachdenken über die Kulturgrenzen aufzuzeigen – ein Thema, das ich als *Perspektivismus-Komplex* bezeichnen möchte. Nietzsche hat immer wieder, aber vor allem in seiner Zweiten *Unzeitgemäßen Betrachtung* hervorgehoben, dass nur aus einem geschlossenen kulturellen Lebenskreis große Taten und Werke folgen. In einem geschlossenen Horizont, heißt es, vermag nichts »daran zu erinnern, dass es noch jenseits desselben Menschen, Leidenschaften, Lehren, Zwecke gibt ... jedes Lebendige kann nur innerhalb eines Horizontes gesund, stark und fruchtbar werden«[5]. Gern spricht er von der »umschließenden Dunstwolke«, innerhalb der allein »ein heller blitzender Lichtschein«[6] entstehen kann. Das hängt mit seinem Mythos-Verständnis zusammen: »Erst ein mit Mythen umstellter Horizont schliesst eine ganze Culturbewegung zur Einheit ab.«[7]

Nietzsche verfolgt hier das Konzept eines am Mythos orientierten *Kulturessentialismus*. Dagegen hat er bekanntlich von einer liberalen und kosmopolitischen Offenheit nichts gehalten. Manchmal ist es so, als würde er, obwohl erklärter Freigeist, die enge Perspektive eines ›Alpen-Bewohners‹[8] vorziehen. Er redete von einer *prinzipiellen Perspektivenbefangenheit*, der jeder ausgeliefert ist. So setzt er an einer Stelle dafür die Metapher eines Kulturgefängnisses ein:

»Nach diesen Horizonten, in welche, wie in Gefängnismauern, jeden von uns unsere Sinne einschließen, *messen* wir nun die Welt, wir nennen dieses nah und jenes fern, dieses groß und jenes klein, dieses hart und jenes weich: – es sind alles, alles Irrtümer an sich!«[9]

Einzelne Wahrheiten und Wertschätzungen in einer Kultur haben danach für seine Sicht nur in der betreffenden Kultur ihre Geltung. Sie sind zwar als kulturbedingt durchschaubar, aber kein Mitglied kann sich ihnen entziehen. Im *Zarathustra* wird der ethnozentrische Charakter jeder Wertetafel so beschrieben: »Vieles, das diesem Volke gut hieß, hieß einem anderen Hohn und Schmach […]. Nie verstand ein Nachbar den andern […]. Eine Tafel der Güter hängt über jedem Volke.«[10]

Einzelne Systeme von Werten und Normen, Vorstellungen und Erkenntnissen sind für ihn machtgesteuerte perspektivenbedingte Auslegungen, die miteinander inkommensurabel sind. Nur die Genesis kann hier die Geltung rechtfertigen.[11] Nur die Kultur, die durch gemeinsame Erinnerung an die schicksalsschwangere Grausamkeit der Mythen zusammengehalten ist, wie er sie in der antiken Festgemeinschaft, d.h. in der Aufführung der Tragödie sah, kann danach ein ›lebenssteigerndes‹ Potenzial besitzen. »Die Kultur eines Volkes« ist für Nietzsche – um die berühmte Definition noch einmal zu zitieren – »Einheit des künstlerischen Stils in allen Lebensäußerungen eines Volkes.«[12]

Hier haben wir es sowohl mit einem radikalen *Kuluressentialismus* zu tun als auch mit einem ebenfalls radikalen *Kulturrelativismus*. Anders gewendet: Kulturessentialismus und Kulturrelativismus sind zwei Seiten einer Münze, die nur den genealogischen Wert zulässt.

Nietzsches Theorie der essentialismuskompatiblen kulturrelativen Perspektive, so wie ich sie jetzt erwähnt habe, legt die Frage nahe: Hat Spengler nicht doch Recht gehabt? Was hat ein Japaner mit Zarathustra zu schaffen, wenn sich jede Kultur, ja, jedes Volk bloß innerhalb des eigenen Interpretationsrasters bewegen kann? Hat Nietzsche mit seiner essentialistischen Relativismustheorie nicht für die chauvinistische Abkapselung des Eigenen plädiert? Hat er Huntington nicht aus dem Herzen gesprochen, der ja doch meinte, die Vielfalt der Welt müsse beibehalten werden. Deshalb sei es nicht erlaubt, dass Europäer europäische Werte zu exportieren versuchen. Das sei ›unmoralisch‹. Die Europäer sollten unter sich bleiben. Europa müsse *Europa pur* sein. Draußen Vielheit, zu Hause Einheit.[13] Und weiter gefragt: Hat Adorno mit seiner vorsichtigen Distanzierung von der Teilnahme der nichtokzidentalen Völker an der intellektuellen Auseinandersetzung in Europa doch nicht die richtige Option getroffen? Haben die hermeneutische Reflexion, aber auch Wittgenstein, uns nicht belehrt, dass auch beim gutwilligen Versuch, die andere Kultur zu verstehen, die Begrifflichkeit, die dabei eingesetzt wird, doch unausweichlich eigenkultureller Herkunft ist, sodass man letzten Endes nur noch um sich selbst kreist und von der hermeneutischen Ausgangslage ereilt wird?

3.

Doch bevor wir diesem Thema weiter nachgehen, blicken wir nochmals zurück auf Nietzsche, der zwar Urheber der These vom kulturellen Gefängnis war, der aber auch selber ständig eine Grenzüberschreitung und einen unverhofften Perspektivenwechsel praktiziert hat. Von Nietzsches Gefängnisthese war sicherlich Spengler animiert und aus ihr schöpfte zum Teil auch Richard Rorty – allerdings unter dem umgekehrten politischen Vorzeichen, um sie dann letztendlich ohne sein Wissen aufzulösen, worauf ich später eingehe. Nietzsche hat auch viele Leser dadurch animiert, dass er im performativen Widerspruch zu seiner Theorie vom abgeschlossenen Charakter der Kultur *de facto* genau das ständig vorgeführt hat, was er theoretisch für unmöglich hielt, nämlich sich in die Position außerhalb der Mauer zu stellen. Ohnehin bedeutete die kulturelle Grenze für ihn nur eine *fiktive Barriere*, buchstäblich eine *Konstruktion*. So ruft ein junger Student in *Schopenhauer als Erzieher* aus:

»Warum an dieser Scholle, diesem Gewerbe hängen, warum hinhorchen nach dem, was der Nachbar sagt? Es ist so kleinstädtisch, sich zu Ansichten verpflichten, welche ein paar hundert Meilen weiter schon nicht mehr verpflichten. Orient und Okzident sind Kreidestriche, die uns jemand vor unsre Augen hinmalt, um unsre Furchtsamkeit zu narren.«[14]

Ich werde kurz einzelne Stationen der durchaus komplizierten Geschichte des Perspektivenwechsels bei Nietzsche nachzeichnen, um zumindest anzudeuten, wie er das Eigene transzendierte, wie er also ein *transkulturelles Wagnis* inszenierte. Seine Theorie wird sich auch als komplexer, gleichzeitig auch widersprüchlicher erweisen, als ich sie oben provisorisch dargestellt habe.

Zunächst war es der jugendliche Unmut über die bildungsbürgerliche Philisterei und Selbstgefälligkeit im Deutschland nach der Reichsgründung, der den Basler Professor der klassischen Philologie dazu brachte, die französische Kultur über den grünen Klee zu loben. Denn er hasste die damals herrschende Tendenz in Deutschland, den Sieg über Frankreich als Sieg der deutschen Kultur anzusehen. Dann war es der nüchterne Blick auf die Borniertheit der bürgerlichen Kultur im Europa des späten 19. Jahrhunderts überhaupt, also nicht nur in Deutschland, der den *subversiven Kulturkritiker* Nietzsche zum großen Verehrer der frühen modernen Kultur machte. Die Vorbilder sind hier Goethe und Mozart einerseits, die französische Adelskultur des 17. Jahrhunderts und die von Jacob Burckhardt dargestellte italienische Renaissance andererseits. Die radikalisierte Abkehr vom Eigenen, die der *modernitätskritische* Philosoph

Nietzsche vollzog, führte ihn dann zur generellen Distanzierung von der modernen Welt überhaupt. Sie trieb ihn zu einem Bekenntnis zum ästhetisch verstandenen Dionysos. Der *vernunftkritische* Nietzsche wollte aus der Perspektive der uralten tragischen Erfahrung der Griechen die gesamte Neuzeit kritisieren. In dem Maße, in dem die Komplizenschaft von Vernunft und Macht verstärkt denunziert wurde, führte ihn, den *Genealogen*, diese Logik der Distanzierung vom Eigenen weiter zu dem Versuch, sich mit der Zarathustra-Figur in Richtung der orientalischen Wüste hin zu enteuropäisieren, wobei Europa im *Zarathustra* als ›moralisch brüllender‹ Teil der Welt gebrandmarkt wird.[15]

Nietzsche war also ein Meister des Perspektivenwechsels, ein ständiger Mauerspringer, der sogar oft über den eigenen Schatten springen wollte – also ein *transkultureller Akrobat*. Auch in seinem eigenen Lebensstil praktizierte er ein intellektuelles Nomadentum. Die kulturelle Grenze, sogar die von Ost und West, waren für einen abtrünnig gewordenen Philologen – wie bereits zitiert – ›bloße Kreidestriche‹.[16] Den Konstruktionscharakter des Eigenen hat er dermaßen schonungslos durchschaut und seziert, dass er, subversiv genug, die etablierte kulturgeographische und -historische Landkarte durcheinandergebracht hat, die nach ihm aus der Perspektive des eigenen Erfolgs *konstruiert* wurde. Das Konstruktionsprinzip ist immer Erfolg: »Alle Geschichte ist bis jetzt vom Standpuncte des Erfolges und zwar mit der Annahme einer Vernunft im Erfolge geschrieben.«[17]

4.

Wie sollen wir den permanenten performativen Widerspruch verstehen, der offensichtlich zwischen der intellektuellen Leistung, nämlich dieser immer weiteren und radikaleren Abkehr vom Eigenen im Namen des immer ferneren Anderen einerseits und der vorhin erwähnten Theorie der kulturellen Imkommensurabilität andererseits besteht?

Es ist für solch einen Querdenker wie Nietzsche offenbar so, dass seine Theorie über die, sagen wir: *hermeneutische Geschlossenheit des Lebenskreises* wohl kaum ein devotes und stolzes Ja zu dem eigenen Traditionszusammenhang bedeutet. Eher wollte Nietzsche mit der These von der Perspektivenbefangenheit und kulturellen Inkommensurabilität – subversiv und aufmüpfig genug – die eigene kulturelle Schranke *aufbrechen* und sich auf ein transkulturelles Abenteuer einlassen. Dieses Abenteuer ist keine hermeneutische Erweiterung, kein Streben nach ›höheren Gesichtspunkten‹, wie es noch bei Dilthey hieß, sondern eher ein Sich-Abtrennen von einer falschen Kontinuität. Ich erinnere an viele Ausdrücke in Nietzsches Œuvre, mit denen der Abreisende den Abschied dramatisiert, ja sogar melodramatisiert: »[...] ausgezogen bin ich aus dem Hause der Gelehrten: und die Tür habe ich noch hinter mir zugeworfen«, heißt es im *Zarathustra*.[18] Und: »Wir haben die Brücke hinter uns, – mehr noch wir haben das Land hinter uns abgebrochen!« lautet es an einer Stelle in der *Fröhlichen Wissenschaft*.[19]

Wie kann Nietzsche aber über solche metaphorische und poetische Redeweise hinaus sich selbst und uns gegenüber garantieren, dass man, obwohl man stets und unumgänglich von seiner jeweiligen hermeneutischen Ausgangslage verfolgt und ereilt wird, den kaum auflösbaren Nexus der eigenen Deutungsmuster und dem bloß vermeintlichen Ausbruch aus diesen auflösen kann? Sodass man tatsächlich in die Lage kommt, aus der Perspektive des Anderen das Eigene zu analysieren und gegebenenfalls abzuurteilen?

1. Nietzsche hat drei Strategien erprobt und ist in allen Durchbruchversuchen doch nicht durchgekommen. Die *erste* Strategie war sein hartnäckiges Beharren auf dem *Kontextualismus*, allerdings allzu häufig wider besseres Wissen. Nietzsche erhebt nämlich mit seiner Reflexion über die Partikularität von einzelnen hermeneutischen Lebenszusammenhängen selber Anspruch auf die Verallgemeinerbarkeit und die absolute Gültigkeit seiner Aussage über die Relativität. Die Theorie, die Nietzsche teilweise aus seiner Erfahrung als Philologe ableitet, nämlich, dass jede Erkenntnis letzten Endes keinen Text an sich erfassen könne, sondern Auslegung sei, oder noch radikaler, Fiktion und Verstellung – diese Theorie kann auch machtbedingt sein, wie er selber zugibt. Diese Erkenntnis soll dann aber trotz ihrer eventuellen genealogischen, d.h. herkunftsmäßigen Bedingtheit selbst als absolut richtig und überall gelten, ja zu einem als ›Ur-Faktum der Geschichte‹ werden.[20] Zwar wächst nach seiner Lehre der partikulare Wille zur Wahrheit auch im Dienste des universal agierenden Willens zur Macht. Aber diese Theorie über das Wachsen des Willens zur Wahrheit im Dienste des Willens zur Macht soll absolut und überall gelten, also wahr sein. Handelt es sich doch um eine Reflexion auf der Metaebene, die sich über einzelne lebensweltlich befangene Reflexionen zumindest einen formalen Überblick zutraut und auf solche Weise der Disparität des Partikularen Rechnung trägt. Wenn es in der bereits zitierten Passage von Zarathustra heißt: »Vieles, das diesem Volke gut hieß, hieß einem andren Hohn und Schmach.... Nie verstand ein Nachbar den anderen«, so gewiss deswegen, weil zu den Entstehungsbedingungen dieses Satzes die Einnahme einer äußeren Position gehört, die bei Nietzsche ›Freigeisterei‹ heißt. So hat er denn auch am eigenen Leib uns vorgeführt, dass man, auch wenn man innerhalb der ›Mauer‹ lebt, über diese

Situation eine These aufstellen kann, die auch außerhalb der Mauer gelten soll. Damit zeigt er, dass er die modernitätsspezifische Situation durchlebt, ohne sich diese bewusst zu machen – die Situation nämlich, dass alle tradierten, gewachsenen oder eingespielten Normen, Wertvorstellungen, Handlungsmaximen, sprich: Grundregeln im Alltagsleben, inzwischen mehr oder weniger *unter reflexivem Vorbehalt* stehen, dass man deswegen über einzelne kulturelle Praktiken im Besonderen, aber auch über die Kontextbezogenheit einzelner Normen und Wertschätzungen im Generellen eine Aussage machen kann, die nicht unbedingt bloß für die betreffende Kultur gilt. Der Satz, dass auch der Universalismus seiner partikularen Herkunft überführt werden kann, das heißt, dass der Universalismus von bestimmten Bedingungen, die nicht unbedingt universal sind, abhängig ist, soll universal gelten.[21]

Von hier aus hätte Nietzsche, statt Geschlossenheit der Kultur und Ausbruch aus ihr zu behaupten – das heißt Innen und Außen in ein absolut polares Verhältnis zu setzen und aus Verlegenheit bei suggestiven Formulierungen zu bleiben –, eine produktivere Konsequenz ziehen und eine andere Argumentation entwickeln können. Er hätte sich mit der Frage beschäftigen können, *wie und warum* trotz zugegebenermaßen nachhaltiger Auswirkung der hermeneutischen Ausgangslage die tatsächlich vorhandene Differenz zwischen einem devoten Ja und einem – zugegebenermaßen relativen – Nein zum Eigenen entstehen kann, *wie und warum* man innerhalb einer kulturellen Sozialisation steckend, doch eine Stellungnahme erreichen kann, die zumindest hypothetisch aus der distanzierten Position stammen und universal gelten soll. Die Verstrickung in die genannte Aporie konnte er aber nicht überwinden.

2. Nietzsches *zweite* Strategie war ein radikaler Konstruktivismus. Das jeweilige System von Werten und Normen, Vorstellungen und Wahrnehmungen bleibt laut Nietzsche nicht nur kontextualistisch geschlossen, sondern es ist eben auch *erfunden* worden. Nietzsche spricht vor allem in den späteren Schriften beinahe ununterbrochen von *Erfindung* von Werten, nämlich Erfindung des schlechten Gewissens, der Sünde, des Subjekts, der Seele, ja, des allmächtigen Gottes, aber auch einer Kultur, eines Staates, einer historischen Darstellung. Alle solche ersten und letzten Dinge, aber auch wichtige soziale Instanzen, sind nach ihm Hineininterpretationen, Fiktionen, eben Erfindungen. Auch redet er davon, dass der »schlimmste, langwierigste und gefährlichste aller Irrtümer bisher ein Dogmatiker-Irrtum gewesen ist, nämlich Plato's Erfindung vom reinen Geiste und vom Guten an sich.«[22] Die breitenwirksame hegelianische Konstruktion der Weltgeschichte ist danach auch nichts anderes als bloße Erfindung für die Selbstbestätigung qua Selbstbetrug des modernen Europa.

Aber je nachdem, wie dieser Ansatz zu Ende geführt wird, scheiden sich sogar innerhalb von Nietzsches Schriften die Geister.

Der Impuls, den Nietzsche gegeben hat, wurde bekanntlich sowohl von Heidegger als auch von Foucault aufgenommen. Für die seinsgeschichtliche Konstruktion von Heidegger zeichnet sich jede Epoche durch ein Grundvokabular aus, das quasi hinter unserem Rücken bestimmt, was innerhalb eines bestimmten Zeithorizontes geschehen darf oder nicht, was überhaupt als Ereignis und Vorgang, als wichtig wahrgenommen und erkannt wird – in seiner Sprache: wie »das Seiende als das Seiende im Licht des Seins erscheint.« Der *machtkritische* Foucault hat auch von der Ausgrenzung geredet, die innerhalb einer bestimmten etablierten Diskursformation geschieht. Und mit den Ergebnissen des *linguistic turns* der philosophischen Diskussion hat Richard Rorty mit seiner an der analytischen Philosophie geschulten Schärfe diesen Ansatz neopragmatisch weiterentwickelt und zu einem radikal konstruktivistischen Denken der Wahrheit modifiziert. Sich immer wieder auf Nietzsche beziehend betont Rorty, dass das menschliche Selbst (und somit der Großteil der gesellschaftlichen Realität) »durch die Verwendung eines Vokabulars geschaffen und nicht adäquat oder inadäquat in einem Vokabular ausgedrückt« sei.[23] Rorty äußert sich bezüglich der philosophischen Tradition mit ironischer Distanzierung:

»Interessante Philosophie ist nur selten eine Prüfung der Gründe für und wider eine These. Gewöhnlich ist sie explizit oder implizit Wettkampf zwischen einem erstarrten Vokabular, das hemmend und ärgerlich geworden ist, und einem neuen Vokabular, das erst halb Form angenommen hat und die vage Versprechung großer Dinge bietet.«[24]

Auch einzelne Kulturen, darunter die liberale Gesellschaft des Westens, sind laut Rorty Ergebnisse einer durchaus kontingenten Entwicklung, die mit starken Worten wie Rationalität oder Dialektik nichts zu tun haben. Der Westen habe sich zufällig andere Vokabulare als die nicht-westlichen Kulturen zugelegt. Es komme nur darauf an, dass wir einzelne Selbstbeschreibungen der kontingenten liberalen Gesellschaft verbessern und diese – vor allem mithilfe von Nietzsche, Heidegger, Freud und Proust – möglichst poetisch verpacken. Vielleicht verhilft dazu auch ein Vokabular aus anderen Kulturen. Aber im Wesentlichen steht die liberale Gesellschaft mit den nicht-liberalen Gesellschaften nur im Verhältnis der Inkommensurabilität.

So etwa argumentiert Rorty im Kielwasser von Nietzsche: Nietzsche als Wegbereiter der demokratisch-liberalen Gesellschaft und Bahnbrecher für intensive sprachliche Gestaltung des weiteren Indivualisierungsprozesses im Westen.²⁵ Es ist das übrigens ein Nietzsche-Bild, von dem die ganze Schar der Nietzsche-Exegeten und -Adepten deutscher Zunge, ob sie nun Bäumler, Klages, Jaspers oder Heidegger heißen, nicht einmal hätten träumen können.

Spätestens hier merken wir aber, dass die essentialistisch-konstruktivistische Kulturtheorie jetzt sozusagen auf der Kippe steht und, von ihrer immanenten Dialektik gedrängt, zur eigenen Auflösung führen muss. Denn die liberale Gesellschaft zeichnet sich ja nicht unbedingt durch eine substantielle Integration und durch ein starkes Zusammenhalten mit einem festen Scharnier aus. In ihr und ihrer Selbstbeschreibung ist vielmehr ohnehin ein »Durcheinanderfluten der Menschen«²⁶, wie Nietzsche selber formulierte, das heißt eine kulturelle Hybridität vorprogrammiert. *Unendliche Verschränkungen von unendlichen Verästelungen sind Normalität geworden.* Die radikalkonstruktivistische Kulturtheorie, die den Impulsen Nietzsches viel verdankt, gerät damit in eine Sackgasse.

In der anderen Richtung schlägt der Konstruktivismus Nietzscheanischer Prägung überraschenderweise in einen Essentialismus um, an den sich auch Spengler fugenlos anschließen konnte. Die paradoxerweise vorhandene Essentialismus-Gefahr hat auch Habermas in seiner Rorty-Kritik nachgewiesen.²⁷ Wenn die Wahrheit eine Art von Irrtum im Sinne der Erfindung ist – ohne welche eine bestimmte Art von Lebewesen nicht leben könnte, wie es bei Nietzsche oft heißt –, wenn aber die Wahrheit mit diesem Irrtumscharakter eine wie immer auch partikulare Gesellschaft bzw. Kultur so zusammenhält, dass sich ihr keiner entziehen kann, dann bekommt dieses Verständnis nicht nur stark essentialistische Züge; es verursacht ebenso einen zynischen Umgang mit der Wahrheit. Nur diejenigen, die eine »priviligierte Befähigung zur Lebensbejahung« (Honneth) besitzen und am Höhenkamm der großen Menschen teilhaben, können sich zutrauen, sich über die Mediokrität der an den behaglichen Irrtümern hängenbleibenden Massen sich hinwegzusetzen. Dieser konstruktivistisch angelegte Essentialismus bei gleichzeitiger Möglichkeit eines zynischen Umgangs mit der Wahrheit steht trotz ähnlicher Denkstruktur politisch konträr zum radikaldemokratischen Nietzsche-Bild von Rorty und ist sich sogar der heimlichen Zustimmung seiner Kontrahenten, der amerikanischen Neokonservativen, sicher.

3. Das führt uns zur *dritten* Strategie von Nietzsche, die ich als Selbstauflösung im Namen des Anderen der Vernunft an der Schwelle zwischen Modernität und Antimodernität umreißen möchte. Was heißt das? Wenn Nietzsche von Anfang an betont hat, dass nur eine mythosgestützte Intensität des Lebens ein unermessliches Potenzial zur Erlösung im Anderen der Vernunft

entfalten kann, ging es ihm nicht nur um Auflösung des kalkulatorischen Subjekts in mythischen Opferhandlungen, sondern um die ekstatische *Entgrenzung*, selbstzerstückelt in künstlerisch-erotischen Exzessen und Perversionen, in dem modernistisch nachgeholten archaischen Rausch von Gewalt und Grausamkeit. Und diese Intuition, mit der Nietzsche zum Teil den Surrealismus, die Experimente von Artaud und den soziologischen Kreis um Georges Bataille – dem *collège de sociologie* – vorweggenommen hat[28], hat er irrtümlicherweise mit der Erfahrung der *Macht* interpretiert und sie hypostasiert um den teuren Preis, dass sich in seinen späteren Schriften Ethnozentrismuskritik und Machtapotheose gegenseitig radikalisieren und verschlingen. Dabei möchten heute diejenigen, die sich mit dem Ethnologen Nietzsche anfreunden können, mit der politischen Interpretation seiner Machtphilosophie nichts zu tun haben.

Diese Gratwanderung zwischen Modernität und Antimodernität hat nicht einmal ein Querkopf wie Nietzsche durchhalten können. Schließlich ist auch in den Vorreden von *Zarathustra* ein Seiltänzer, ein Akrobat und Doppelgänger des Helden, gestürzt, und zwar von einem zwischen zwei Türmen gespannten Seil. Das gleiche Los hat Nietzsche zwischen dem Turm der transkulturellen Ethnozentrismuskritik und dem anderen Turm – ja man möchte fast sagen: dem phallozentristischen Turm der Machtapotheose – erwischt.

5.

Nun habe ich im Titel dieses Vortrags in Anlehnung an Thomas Manns Nietzsche-Essay eine weitere Formulierung gewagt, nämlich – »im Lichte unserer Erfahrung der kulturellen Hybridität«.

Das Wort ›Hybridität‹ könnte aber für manchen verwunderlich klingen, denn Nietzsche hasste ja doch die kulturelle Hybridität. Am Ende der *Geburt der Tragödie* redet er auch programmatisch von der »Ausscheidung gewaltsam eingepflanzter fremder Elemente«, die er »von dem reinen und kräftigen Kerne des deutschen Wesens« erwartet.[29] Dazu gehört auch seine Kritik am »Verlust der mythischen Heimat«[30], aber auch am historistischen, nämlich an der »angeborenen Grauhaarigkeit«[31], an den überall vorherrschenden »Antiquaren und Totengräbern«[32], an dem »chaotischen Durcheinander aller Stile«[33] und der »Jahrmarkts-Buntheit«[34]. Historisches Bewusstsein bedeutet für Nietzsche die bloße unverbindliche Koexistenz von diversen Kulturen, eben die beginnende Hybridität. Ist es doch nicht so, dass im Lichte unserer Erfahrung Nietzsches starke These obsolet geworden ist, wo doch für unsere Zeit der zunehmenden Globalisierung die kulturelle Hybridität zur Normalität geriert? Kaum einer findet es ja anstößig, wenn ein japanischer Dirigent mit seinem chinesischen Freund in einem indischen Restaurant in Paris sitzt und ein deutsches Bier trinkt.

Aber bei Nietzsche sind, wie ich bereits gesagt habe, hinter einer starken und vermeintlich eindeutigen These stets noch komplexere Gedankengänge verborgen, die man sorgfältig ausgraben muss. Z.B. wusste Nietzsche schon aufgrund seiner philologischen Ausbildung und seiner Griechenkenntnisse, dass es keine Kultur gegeben hat, die vom Anfang an mit sich selbst identisch gewesen wäre und keine fremden Elemente gekannt hätte. Wichtiger war für Nietzsche eher der Prozess von Verarbeitung und Läuterung von diversen Elementen, dessen repräsentative Darstellung wir am Ende der zweiten *Unzeitgemäßen Betrachtung* am Beispiel der Griechen nachlesen können. Unter den Griechen herrschte laut Nietzsche wie unter den anderen Völkern auch die »Überschwemmung durch das Fremde und Vergangene.«[35] Sie waren die »überhäuften Erben und Epigonen des ganzen Orients«.[36] Nur haben sie sich laut Nietzsche darüber hinausgewagt und angefangen, »das Chaos in sich« zu »organisieren«.[37] Der französische Ethnologe Michel Leiris, ein Freund von George Bataille und einer der Nietzscheaner in Frankreich, hat in den 1950er Jahren immer wieder mit Recht argumentiert, dass jede Kultur, wie immer sie sich auch als rein und authentisch ausgeben mag, Ergebnis einer Mischung von unzählbar vielen diversen Faktoren ist, dass uns nur die hegemonial gewordene Mischung die optische Täuschung vermittelt, als ob es z.B. so etwas wie eine französische bzw. eine europäische Kultur gegeben habe, als hätte sie sich, aus einer Wurzel emporsteigend, bis zu ihrer heutigen Form entwickelt. In dieser Hinsicht sieht Leiris keinen Unterschied zwischen der primitivsten Kultur und der hochentwickelten modernen Kultur – beide sind hybrider Natur. Ein verborgener Strang von Nietzsches Denken ist also die Anerkennung der kulturellen Hybridität, wie frappierend diese These auch klingen mag.

Drei Konsequenzen aus Nietzsches versteckter Theorie der kulturellen Hybridität möchte ich im Lichte unserer Erfahrung hervorheben.

1. Wichtiger und interessanter als die Beschreibung der altgriechischen Hybridität ist, dass Nietzsche manchmal die moderne Hybridität von der kulturbegründenden Hybridität alter großer Kulturen unterschieden hat. Die Figuren, die er hier zur Charakterisierung des Potenzials der modernen Hybridität einsetzt, sind *Konformität und Maskerade*, *Uniformität und Moden*, und zwar beides nicht nur im negativen Sinne – Nietzsche verwendet vielmehr die Begriffspaare komplementär. Die reichsdeutsche Konformität ermöglicht historische Maskeraden in den Baustilen und am preußischen Hof. Man denke an die damalige Gepflogenheit des historischen Maskenballs. Die Uniformität der europäischen

Metropole verursacht ständigen Wechsel von Mode nicht nur in der Kleidung, sondern auch in der Kulturszene. Einerseits macht Nietzsche aufmerksam auf den

»Prozess einer Anähnlichung der Europäer, ihre wachsende Loslösung von den Bedingungen, [...] ihre zunehmende Unabhängigkeit von jedem bestimmten Milieu, [...] die langsame Heraufkunft einer wesentlich übernationalen und nomadischen Art Mensch.«[38]

Auch redet Nietzsche in dem Zusammenhang von einem »Maximum von Anpassungskunst und -kraft«[39], die so ein Typus entwickelt. Eben dieser Einheitsmensch braucht andererseits ständig Kostüme und Moden. »Der europäische Mischmensch [...] braucht schlechterdings Kostüme. [...] Man sehe sich das neunzehnte Jahrhundert auf diese schnellen Vorlieben und Wechsel der Stil-Maskeraden an.«[40] Hier liegt aber eine entscheidende Umkehrmöglichkeit vor. Dies alles bekommt nämlich bei Nietzsche nicht nur und nicht immer im Sinne der bürgerlichen Kulturkritik eine negative Note. Denn zur ›Anähnlichung‹ durch Entwurzelung gehört – auf den ersten Blick paradox genug, beim erneuten Nachdenken konsequent genug – Vermehrung an Differenzen, Erweiterung des Spektrums der Lebensstile und -formen. Die individuellen Optionsmöglichkeiten nehmen damit zu. In einem Aphorismus in *Menschliches, Allzumenschliches* mit dem Titel *Zeitalter der Vergleichung* schreibt er:

»Je weniger die Menschen durch das Herkommen gebunden sind, um so grösser wird die innere Bewegung der Motive, um so grösser wiederum, dem entsprechend, die äussere Unruhe, das Durcheinanderfluten der Menschen, die Polyphonie der Bestrebungen. Für wen gibt es noch einen strengeren Zwang, an einen Ort sich und seine Nachkommen anzubinden? [...] Wie alle Stilarten der Künste neben einander nachgebildet werden, so auch alle Stufen und Arten der Moralität, der Sitten, der Culturen. – Ein solches Zeitalter bekommt seine Bedeutug dadurch, dass in ihm die verschiedenen Weltbetrachtungen, Sitten, Culturen verglichen und nebeneinander durchlebt werden können; [....] Es ist das Zeitalter der Vergleichung! Das ist sein Stolz, aber billigerweise auch sein Leiden. Fürchten wir uns vor diesem Leiden nicht!«[41]

Nicht nur alle Schattierungen können damit ausgekostet, sondern auch alle Extreme und Gegensätze können damit erprobt werden. Konformität und Maskerade können auch zunehmendes Gewicht an Aussehen, an *Ästhetik im Alltag* bedeuten. Darauf hat Thomas Mann bereits unter Berufung auf die Gemeinsamkeit zwischen Nietzsche und Oscar Wilde hingewiesen, indem er den Satz von Wilde zitierte:

»We cannot get behind the appearance of things to reality. And the terrible reason may be that there is no reality in things apart from their appearances [...]. To me beauty is the wonder of wonders. It is only shallow people who do not judge by appearances.«[42]

Nietzsche war sensibel genug für diese unterschwellig stattfindende Dialektik zwischen Annäherung und Differenz zum Schein. Das historische Bewusstsein ist in diesem Sinne, wie er ausdrücklich in der *Fröhlichen Wissenschaft* hervorhebt, »ein Ansatz zu etwas ganz Neuem und Fremdem in der Geschichte«.[43] Ihm war auch bewusst, dass ›Auswählen‹ aus dem breiten Spektrum von Angeboten an ästhetischen und ethischen Lebensformen ein Absterben und ein Untergang derjenigen mit sich bringen wird, die die Auswahlrunde nicht überstehen, die Konkurrenz unter den Optionsmöglichkeiten wird an Härte zunehmen. An einer anderen Stelle redet er auch von dem »ungeheuren Weitblick menschlich-ökumenischer, die ganze bewohnte Erde umspannender Ziele«, der sich uns in Hinsicht auf die Zukunft erschließt. Zu diesem Linkeus-Auge fügt er hinzu:

»Zugleich fühlen wir uns der Kräfte bewusst, diese neue Aufgabe ohne Anmassung selber in die Hand nehmen zu dürfen, ohne übernatürlicher Beistände zu bedürfen [...]: die Menschheit kann von nun an durchaus mit sich anfangen, was sie will.«[44]

›Polyphonie der Bestrebungen‹ im Konkurrenzkampf der Lebensformen und -stile mit dem Weitblick ökumenischer Ziele erlebt der Mensch erst mit dem historischen Nebeneinander. Das bedeutet eine radikale Individualisierung der Kultur, die mit der Hybridität einsetzt. Jeder kann jedes mit jedem verknüpfen. Die Konsequenz wäre die allgemeine Anschließbarkeit. Mit Nietzsche geredet: »In zivilisierten Verhältnissen fühlt sich jeder jedem anderen in einer Sache wenigstens überlegen«.[45]

Tatsächlich hat sich inzwischen – auch im Vergleich mit der Zeit der klassischen Moderne, z.B. im Vergleich mit dem Kulturverständnis von Thomas Mann – die Kultur egalisiert, demokratisiert und in Szenen aufgelöst. Die Kultur wird einerseits von weiten Teilen der Bevölkerung schichtenunspezifisch geteilt, sie ist andererseits in sich selbst unüberschaubar differenziert. Das hat in Deutschland die unsägliche Leitkulturdiskussion ungewollt gezeigt. Es gibt keine Mainstream-Kultur mehr und den ›Adel des Geistes‹ gibt es auch nicht mehr: *Die Unendliche Verschränkungen von unendlichen Verästelungen sind vielmehr zur Normalität geworden.* Die Götter sind längst abgereist. Angesichts der versteckten Anerkennung der kulturellen Hybridität erweist sich die anfangs zitierte Rückzugsstrategie von Spengler nicht nur als obsolet, sondern als kontrafaktisch evident. Eher hat Rorty recht, zumindest von dem Punkt an, wo sein Konstruktivismus ad absurdum geführt wird und nicht mehr aufrechterhalten werden kann.

2. Die weiteren Figuren, die Nietzsche zur Illustration der Hybridität hier einsetzt, sind *Restauration* und *Beschleunigung*. Er konnte in der historischen Stil-Maskerade durchaus Züge identifizieren, die zur politischen und kulturellen Restauration passen:

»Die rückläufigen Bewegungen in der Geschichte, die sogenannten Restaurations-Zeiten, welche einem geistigen und gesellschaftlichen Zustand, der vor dem zuletzt bestehenden lag, wieder Leben zu geben suchen und denen eine kurze Toten-Erweckung auch wirklich zu gelingen scheint, haben den Reiz gemütvoller Erinnerung, sehnsüchtigen Verlangens nach fast Verlorenem, hastigen Umarmens von minutenlangem Glücke.«[46]

Wenn auf solche Weise Zitate aus einer kürzlich vergangenen und nun anheimelnd erscheinenden Periode bemüht werden, so deswegen, weil diese Restaurationszeit letztendlich ›fast traumhafte‹ ›flüchtige‹ Übergangszeit ist: »An steil absinkenden Bergeshängen wachsen die zartesten und seltensten Pflanzen.«[47] Der flüchtige Rückgriff auf die Motive aus der Vergangenheit findet eben inmitten der beschleunigten Moderne statt. Dieser eigentlich auf die *Wagner-Kritik* gemünzte Zusammenhang vom Transitorischen und Restaurativen lässt sich durchaus auf den Beginn der postmodernen Architektur in den 1970er Jahren übertragen – als der postindustrielle Kapitalismus laut- und geräuschlos, aber ruckartig auf das Gaspedal trat. Auch in vielen Werbespots und Reklamen in den Zeitungen und Zeitschriften, auf großen Flughäfen und in Kaufhäusern lassen sich vielfältige Kombinationen von Beschleunigungsmotiven und anheimelnden Restaurationsmotiven feststellen. Dass der Konservatismus nicht nur Heimatlieder und Anlehnung an romantischem Kitsch braucht, sondern auch kristalline, glasklare Modernisierung und ICE-Geschwindigkeit nötig hat, dass der Konservatismus sogar die Kahlschlag-Modernisierung befürwortet, dabei die farbenreiche Kompensation mit historischen Motiven schnell einsetzen kann – dafür gibt es in unserem Alltag der hybriden Kulturen Evidenzen genug.

3. In dem erwähnten Essay weist Thomas Mann nicht nur auf den Missbrauch Nietzsches durch den Nationalsozialismus hin, sondern die Rede ist auch von der möglichen Kongruenz der Herrschaft der Wenigen über die Herdentiere mit der demokratischen Organisation der Gesellschaft, von der möglichen Kompatibilität des elitären Übermensch-Gedankens mit der Realität in der westlichen Demokratie. Thomas Mann redet von den ›zukünftigen Herren der Erde‹, von dem ›höheren Typus‹, von dem ›prangenden Tyrannentyp‹, zu dessen

Erzeugung die Demokratie gerade recht ist und der sie dann auch als Instrument benutzen und »seine neue Moral in machiavellistischer Anknüpfung an das bestehende Sittengesetz unter dessen Worten einführen muß.«[48] Thomas Mann redet hier im Lichte seiner Erfahrung mit den nationalsozialistischen Schergen. Die Sätze lassen sich aber als prinzipielle Möglichkeit der Gegenwart auf einen noch weiteren Kontext anwenden. Bekanntlich wusste Nietzsche längst von dem möglichen Zusammengehen der Machtelite mit der Massendemokratie:

»Die selben neuen Bedingungen, unter denen im Durchschnitt eine Ausgleichung und Vermittelmäßigung des Menschen sich herausbilden wird – ein nützliches arbeitsames, vielfach brauchbares und anstelliges Herdentier Mensch –, sind im höchsten Grade dazu angethan, Ausnahme-Menschen der gefährlichsten und anziehendsten Qualität den Ursprung zu geben.«[49]

Nietzsche als Souffleur des Universalismus der Starken, der mit den großen Worten von Freiheit und Demokratie hinter der offenen Hegemoniepolitik die versteckte Eliteherrschaft legitimiert – das wäre auch eine der möglichen Konsequenzen von seiner Theorie der modernen Kultur. Andererseits gehört die Entlarvung dieses Universalismus der Starken ebenfalls zu dem gern gespielten Repertoire von Nietzsche.[50]

Nietzsche hat wie kein anderer die kulturellen Grundbedingungen der Moderne thematisiert, ihren Facettenreichtum geschildert und die unterschwellige vielschichtige Dialektik der einzelnen Facetten nuancenreich angedeutet. Er hat all diese Feinheiten, die er mit seinen komplexen seismographischen Sensoren registriert hat, hinter seinen starken, kaum verifizierbaren Thesen – wie der von dem Willen zur Macht, der Umwertung aller Werte oder der ewigen Wiederkehr des Gleichen und dem Übermenschen – halb sichtbar, halb unsichtbar versteckt, als handle es sich um zufällig entdeckte Strandgüter von wenig Belang. Dabei sind seine Aphorismen noch eine kaum ausgebeutete Goldgrube, während bei seinen zusammenhängenden Darstellungen – wie der *Geburt der Tragödie*, vor allem aber bei der *Genealogie der Moral* – inzwischen tiefenhermeneutischer Raubbau Tagesordnung geworden ist. Einer der versteckten unterschwelligen dialektischen Vorgänge, die er andeutet, ist der, dass die kulturelle Hybridität, die oft als »Jahrmarkts-Buntheit« und »Tumult aller Stile«[51] gebrandmarkt wird, doch eine Chance für ein zuvor nie geahntes Erfahrungsspektrum darstellt; zugleich wird aber diese Chance in der Ambiguität von Restauration und Beschleunigung – die eine andere wichtige Dialektik der Modernität ist – oft nicht wahrgenommen, sodass sogar diese Chance durch einen zynischen

Umgang mit der Wahrheit, durch die doppelte Buchführung der Wahrheit, das heißt durch einen Universalismus der Starken vertan werden kann.

Angesichts dieser Gefahr wird uns zurzeit der Gegensatz von zwei extremen Lesarten von Nietzsche weiter beschäftigen, wie der Gegensatz zwischen einem Strang, den Rorty und Nehamas, teilweise auch Conolly, ohne doppelte Buchführung vertreten.

Ich hoffe, dass ich durch meine Ausführung gezeigt habe, dass entgegen Spenglers ironischer Frage auch ein Japaner mit Nietzsche ›zu schaffen haben‹ kann.

Nachweise und Anmerkungen

* Vortrag auf der Tagung des Kolleg Friedrich Nietzsche der Stiftung Weimarer Klassik und Kunstsammlungen »Friedrich Nietzsche und die Semiotik der (Massen-) Kultur«, Weimar, 5.-6. Juni 2003.
1. Vgl. Friedrich Nietzsche: *Der Antichrist.* In: *Kritische Studienausgabe.* München 1999, Bd. 6, S. 223 (Aphorismus 46).
2. Oswald Spengler: *Der Untergang des Abendlandes.* München 1986, S. 32-33.
3. Theodor W. Adorno: *Minima Moralia. Reflexionen aus dem beschädigten Leben.* In: *Gesammelte Schriften in zwanzig Bänden.* Hrsg. von R. Tiedemann. Frankfurt am Main 1997, Bd. 4, S. 59.
4. Samuel P. Huntington: *The Clash of Civilizations and the Remaking of World Order.* New York 1996, S. 307. Hier zitiert Huntington die Erklärung des damaligen britischen Verteidigungsministers Malcolm Rifkind mit voller Zustimmung.
5. Nietzsche: *Unzeitgemäße Betrachtungen II.* »Vom Nutzen und Nachteil der Historie für das Leben«. In: *Kritische Studienausgabe.* A.a.O., Bd.1, S. 251.
6. Nietzsche: *Unzeitgemäße Betrachtungen II.* A.a.O., S. 252.
7. Nietzsche: *Die Geburt der Tragödie aus dem Geist der Musik.* In: *Kritische Studienausgabe.* A.a.O., Bd. 1, S. 145.
8. Nietzsche: *Unzeitgemäße Betrachtungen II.* A.a.O., S. 248.
9. Nietzsche: *Morgenröte.* In: *Kritische Studienausgabe.* A.a.O., Bd. 3, S. 110 (Aphorismus 117).
10. Nietzsche: »Also sprach Zarathustra«. In: *Kritische Studienausgabe.* A.a.O., Bd. 4, S. 74 (»Von tausend und einem Ziele«).
11. … »statt der Folgen die Herkunft«. Vgl. Nietzsche: *Jenseits von Gut und Böse.* In: *Kritische Studienausgabe.* A.a.O., Bd. 5, S. 50 (Aphorismus 32).
12. Nietzsche: *Unzeitgemäße Betrachtungen.* »David Strauß, der Bekenner und der Schriftsteller«. In: *Kritische Studienausgabe.* A.a.O., Bd. 1, S. 163.
13. Vgl. Huntington: *The Clash of Civilizations.* A.a.O., durchgehend im Kapitel 12.

Nietzsche als transkultureller Akrobat

14 Nietzsche: *Unzeitgemäße Betrachtungen III.* »Schopenhauer als Erzieher«. In: *Kritische Studienausgabe.* A.a.O., Bd. 1, S. 339 (Kapitel 1).
15 Nietzsche: *Also sprach Zarathustra.* A.a.O., S. 384-385 (Kapitel »Unter den Töchtern der Wüste«). Über Nietzsches Ethnologie des Eigenen und seine jeweilige Distanzierung von der jeweiligen kulturellen Umgebung vgl. Eberhard Scheiffele: »Nietzsche über Deutschland und die Deutschen«. In: K. Mishima (Hg.) u.a.: *Nietzsche-Lexikon.* Tokyo 1995, S. 396-405.
16 Dafür, wie stark diese Polarität von Ost und West die Mentalität prägt, gibt es genug Beispiele. Hier nur zur Veranschaulichung aus einem illustren Roman. Im *Zauberberg* von Thomas Mann spricht der aufklärungsgläubige Settembrini zum Romanhelden als Mahnung bezüglich dessen heimlicher Liebe zu einer Russin folgendermaßen: »Reden Sie nicht, wie es in der Luft liegt, junger Mensch, sondern wie es Ihrer europäischen Lebensform angemessen ist! Hier liegt vor allem viel Asien in der Luft, – nicht umsonst wimmelt es von Typen aus der moskowitischen Mongolei!...Richten Sie sich innerlich nicht nach ihnen, lassen Sie sich von ihren Begriffen nicht infizieren, setzen Sie vielmehr Ihr Wesen, Ihr *höheres* Wesen gegen das ihre, und halten Sie heilig, was Ihnen, dem Sohn des Westens, des göttlichen Westens, – dem Sohn der Zivilisation, nach Natur und Herkunft heilig ist, zum Beispiel Zeit! Diese Freigebigkeit, diese barbarische Großartigkeit im Zeitverbrauch ist asiatischer Stil, – das mag ein Grund sein, weshalb es den Kindern des Ostens an diesem Orte behagt.« (Thomas Mann: *Der Zauberberg.* In: *Gesammelte Werke.* Frankfurt am Main 1965, S. 339) Natürlich spielt hier viel Ironie mit, wie es bei Th. Mann nicht anders zu erwarten ist. Trotzdem ist es wichtig, zur Kenntnis zu nehmen, dass diese Sätze aus dem Munde des überzeugten Aufklärers und Kosmopoliten Settembrini stammen.
17 Nietzsche: »Nachgelassene Fragmente 1875-1879«. In: *Kritische Studienausgabe.* A.a.O., Bd. 8, S. 56-57.
18 Nietzsche: *Also sprach Zarathustra.* A.a.O., S. 160 (»Von den Gelehrten«).
19 Nietzsche: *Die Fröhliche Wissenschaft.* In: *Kritische Studienausgabe.* A.a.O., S. 480 (Aphorismus 124).
20 Nietzsche: *Jenseits von Gut und Böse.* A.a.O., S. 208 (Aphorismus 259).
21 Das hat vor kurzem Judith Butler in ihrer Kritik am Universalismus versucht: »There are cultural conditions for its articulation [of the universal] that are not always the same, and that the term gains its meaning for us precisely through these decidedly less than universal conditions.« (Judith Butler: »Universality in Culture.« In: *For Love of Country. Debating the Limits of Patriotism.* ed. By Joshua Cohen, Boston 1996, S. 45).
22 Nietzsche: *Jenseits von Gut und Böse.* A.a.O., S. 12.
23 Richard Rorty: *Kontingenz, Ironie und Solidarität.* Frankfurt 1992, S. 27.
24 Rorty: *Kontingenz, Ironie und Solidarität.* A.a.O., S. 30.
25 Vor allem im Kapitel »Kontingenzen des Gemeinwesens« In: Rorty: *Kontingenz, Ironie und Solidarität.* A.a.O.
26 Nietzsche: *Menschliches, Allzumenschliches I.* In: *Kritische Studienausgabe.* A.a.O., Bd. 2, S. 44 (Aphorismus 23).
27 Habermas hat in seiner Auseinandersetzung mit der Paradigmentheorie von Richard Rorty zeigen können, dass sich ein radikaler Kulturkonstruktivismus schnell zur allgemeinen Skepsis entwickelt und darüber hinaus leicht zu einem selbstgewählten Rückzug zur essentialistisch verstandenen eigenen liberalen Kultur führen kann. Genauso

wie die frühere, aufs selbstkonstruierte Subjekt zentrierte Erkenntnistheorie wegen allgemeiner Skepsis an der Realität der Außenwelt in den Solipsismus entartete und die Zuflucht in dem Kunstgenuss suchte (Schopenhauer), kann das konstruktivistisch verstandene Großsubjekt namens Kultur auch zu einer Art von Solipsismus führen, wo nur die literarische Vervollkommnung vom Eigenen eine Bedeutung hat. So sieht Rorty in Heidegger und Nietzsche nur noch radikale Individualisten, denen es gelungen sei, das eigene Leben in eine ästhetische Sprache zu verpacken. Vgl. Jürgen Habermas: »Wahrheit und Rechtfertigung. Zu Richard Rortys pragmatischer Wende«. In: *Wahrheit und Rechtfertigung*. Frankfurt 1999, S. 230-270, vor allem S. 243ff.
27 Vgl. Jacques Le Rider: *Nietzsche in Frankreich*. München 1997, vor allem S. 85-113.
28 Nietzsche: *Die Geburt der Tragödie*. A.a.O., S. 149.
30 Nietzsche, a.a.O., S. 146.
31 Nietzsche: *Unzeitgemäße Betrachtungen II*. A.a.O., S. 303.
32 Nietzsche, a.a.O., S. 307.
33 Nietzsche, a.a.O., S. 163.
34 Ebd.
35 Nietzsche, a.a.O., S. 333.
36 Ebd.
37 Ebd.
38 Nietzsche: *Jenseits von Gut und Böse*. A.a.O., Bd. 5, S. 182 (Aphorismus 242).
39 Ebd.
40 Nietzsche, a.a.O., Bd. 5, S. 157.
41 Nietzsche: *Menschliches, Allzumenschliches I«* A.a.O., S. 44-45.
42 Thomas Mann: »Nietzsches Philosophie im Lichte unserer Erfahrung.« In: *Gesammelte Werke. Reden und Aufsätze*. Frankfurt am Main 1965, Bd. 9, S. 691.
43 Nietzsche: *Die Fröhliche Wissenschaft*. A.a.O., S. 564.
44 Nietzsche: *Menschliches, Allzumenschliches I*. A.a.O., S. 457 (Aphosismus 179)
45 Nietzsche, a.a.O., S. 322 (Aphorismus 509).
46 Nietzsche, a.a.O., S. 178 (»1. Vermischte Nachrichten und Sprüche«, Aphorismus 178)
47 Ebd.
48 Vgl. Mann: »Nietzsches Philosophie im Lichte unserer Erfahrung«. A.a.O.
49 Nietzsche: *Jenseits von Gut und Böse*. A.a.O., Bd. 5, S. 183 (Aphorismus 242).
50 Ein Zitat dazu mag genügen. »In diesem Augenblick [...] nennt es der deutsche Kaiser seine ›christliche Pflicht‹, die Sklaven in Afrika zu befreien.« (Nietzsche: »Ecce homo. Der Fall Wagner«. In: *Kritische Studienausgabe*. A.a.O., Bd. 6, S. 361).
51 Nietzsche: *Unzeitgemäße Betracchtungen 1*. In: *Kritische Studienausgabe*. A.a.O. Bd.1, S. 163.

WALTER BENJAMIN, DIE MODE UND DIE BILDER

Sven Kramer

Stillstellung oder Verflüssigung*
Schrift-Bild-Konstellationen bei Walter Benjamin und Peter Weiss

1.

In den Schriften von Walter Benjamin und Peter Weiss nimmt die Auseinandersetzung mit dem Verhältnis von Bild und Sprache eine zentrale Stellung ein. Trifft dies fraglos auf andere Autoren ebenfalls zu, so zentrierten Benjamin und Weiss ihre Arbeit an der Sprach-Bild-Konstellation darüber hinaus auf ähnliche Motive. Und diese geistesverwandte Aneignung des Themas soll im Folgenden die Äquivalenzebene für einen Vergleich bilden, in dem dann die abweichenden Momente herausgearbeitet werden.

Offensichtliche Unterschiede zwischen beiden liegen zum Beispiel darin, dass Benjamin seine Texte zwischen dem Ersten und dem Zweiten Weltkrieg verfasste, Weiss erst danach. Ferner, dass Benjamin sich vor allem als Kritiker definierte, Weiss dagegen Kunst machte. Deutliche Parallelen in beiden Herangehensweisen bestätigen aber, dass solche äußerlichen Unterschiede die gemeinsame Stoßrichtung ihrer Arbeit nicht betreffen. Allgemein gesprochen liegt sie in der für beide charakteristischen Kombination von systematischen und historischen Faktoren, die die Autoren jedoch unterschiedlich ausbuchstabieren.

In Bezug auf die systematische Parallelität interessiert hier die Integration einiger Elemente, die traditionell zum Definitionsbereich des Bildes gehören, in die Schriften der Autoren. Dabei geht es nicht um Abbildungen, sondern um Bildhaftes im Text, um Sprach-Bilder und Schrift-Bilder, und damit um die Frage, welche genuine Rolle das Bild-im-Text bei beiden spielt. Die Antwort involviert die historische Dimension. Findet sich das Bildhafte bei Benjamin und Weiss, allgemein gesagt, im Zentrum ihrer Auseinandersetzung mit Geschichte überhaupt, so spitzen sie sie auf die Selbstreflexion gesellschaftsverändernder Bewegungen zu. Und dieser Aspekt, also die Präsenz des fundamentaloppositionellen Impulses in den Schrift-Bild-Konstellationen bei beiden Autoren, soll im

Mittelpunkt der folgenden Reflexionen stehen. Dabei werde ich zwei Modelle des Umgangs mit der Bild-Schrift-Relation identifizieren, die entscheidende Weichenstellungen implizieren, welche auch die Geschichtsreflexion fundamentaloppositioneller Bewegungen betreffen.

2.

Dass dem Begriff des Bildes in Benjamins Denken ein zentraler Stellenwert zukommt, braucht kaum mehr betont zu werden. Allerdings lag der Akzent seiner Beschäftigung mit dem Bild nicht auf visuellen Artefakten, insbesondere nicht auf der Malerei. Lediglich über Fotografie und Film hat er ausführlicher gearbeitet. Seine Auseinandersetzung mit Bildern bezog sich nachhaltiger auf sprachlich geprägte Bilder. Zur Bezeichnung solcher sprachbildlichen Phänomene prägte er Ausdrücke wie Städtebild, Denkbild und dialektisches Bild.

Damit ist schon angezeigt, dass Benjamins Bilderdenken jene Definition unterläuft, die Lessing im *Laokoon* zur Abgrenzung der Malerei von der Dichtung vorbrachte. Während die Dichtung ihren Gegenstand in »eine sichtbare fortschreitende Handlung« fasse, »deren verschiedene Teile sich nach und nach, in der Folge der Zeit, eräugnen«, ergreife die Malerei »eine sichtbare stehende Handlung, deren verschiedene Teile sich neben einander im Raume entwickeln«[1]. Die Malerei könne »nur einen einzigen Augenblick der Handlung nutzen, und muß daher den prägnantesten wählen«[2]. Wolle die Dichtung Körper darstellen, müsse sie sie in Handlungen auflösen. Lessing verdeutlicht diesen Kunstgriff an Homers Beschreibung von Achills Schild in der *Ilias*: »Homer malet […] das Schild […] als ein werdendes Schild. […] Wir sehen nicht das Schild, sondern den göttlichen Meister, wie er das Schild verfertiget. Er tritt mit Hammer und Zange vor den Amboß, und nachdem er die Platten aus dem gröbsten geschmiedet, schwellen die Bilder, die er zu dessen Auszierung bestimmet, vor unsern Augen, eines nach dem andern, unter seinen feinern Schlägen aus dem Erzte hervor.«[3]

In seinen Städtebildern porträtiert Benjamin solche lessingschen ›Körper‹. Dabei scheint er Lessings Rat zu folgen und diese in Handlung aufzulösen. In dem Städtebild *San Gimignano* von 1929 führt er einen Ich-Erzähler ein, der sich der Stadt nähert und über die Veränderung ihrer Erscheinung spricht.[4] Zu der Abfolge von Erscheinungen tritt die Selbstreflexion auf den Prozess der Wahrnehmung und der Versprachlichung. Benjamin integriert die Beschreibung der Stadt in die Handlung der Wortfindung. Sein Text beginnt mit den Zeilen: »Worte zu dem zu finden, was man vor Augen hat – wie schwer kann das sein. Wenn sie dann aber kommen, stoßen sie mit kleinen Hämmern gegen das Wirkliche, bis sie das Bild aus ihm wie aus einer kupfernen Platte getrieben haben. ›Abends versammeln sich die Frauen am Brunnen vorm Stadttor, um in großen Krügen Wasser zu holen‹ – erst als ich diese Worte gefunden hatte, trat aus dem allzublendenden Erlebten mit harten Beulen und mit tiefen Schatten das Bild.«[5]

Die Reiteration des Kupferplatten-Bildes legt nahe, dass Benjamin seinen Lessing gelesen hatte. Eine Lektüre des Zitats zeigt zugleich, dass seine Theorie des Bildes an zentralen Stellen von derjenigen Lessings abweicht. Darüber hinaus bietet die Passage einen guten Ausgangspunkt, um wesentliche Bestandteile des benjaminschen Verständnisses vom Bild zu vergegenwärtigen. Fünf Punkte können genannt werden.

Erstens muss das Bild bei Benjamin von allen Widerspiegelungs- und Abbildtheorien und den auf sie gegründeten Realismuskonzepten freigehalten werden. Worte *zu* etwas finden ist nicht gleichbedeutend mit dem Verfahren der Repräsentation, das Worte *für* etwas findet. Benjamins Bild okkupiert nicht das Wirkliche, es setzt sich nicht an dessen Stelle. Vielmehr bearbeitet es dieses, hält dabei aber die Differenz zu ihm gegenwärtig.

Zweitens hilft ein Vergleich der Akteure bei Lessing und Benjamin weiter. Der Maler wählt bei Lessing den prägnantesten Augenblick; der Dichter entscheidet, wie er die Beschreibung des Körpers in Handlung am Besten bewerkstelligen kann. Die Schmiedearbeit der Worte geschieht bei Lessing auf kontrollierte, kalkulierte Art. Worte sind Instrumente des gestaltenden Willens. Die Metapher des Hammers, die bei Lessing den Instrumentcharakter der Worte unterstreicht, wird bei Benjamin anders gewendet. Wenn er schreibt, dass die Worte ›kommen‹, dann heißt das zugleich, dass zwar die Intention, der Wunsch, der Wille da sind, Wirklichkeit und Wort aufeinander zu beziehen, doch bedeutet dies nicht, dass die Intention der Souverän dieses Prozesses ist. Vielmehr geschieht die Wortfindung zugleich *mit* dem Suchenden. Der Eigensinnigkeit der Sprache kommt hierbei eine Schlüsselfunktion zu. Nicht umsonst sieht Benjamin in seinem Essay über den Surrealismus – ebenfalls von 1929 – gerade in den nichtintendierten Artikulationen das produktive Potenzial des Surrealismus: »im Witz, in der Beschimpfung, im Mißverständnis«[6] und im Traum. Nach Benjamin müssen die angezapften sprachlichen Energien dann allerdings wieder in den rationalen Kontext rückgeführt werden, denn eine bewusstlose, intuitionistische Sprachfindung propagiert er keineswegs.

Drittens unterscheidet Benjamin zwischen der präbildlichen Wahrnehmung und dem Bild. Während jene die Sinne überfordert, implementiert das Bild das Wissen und die Unterscheidungsfähigkeit. Die Wortfindung ist zugleich Bildfindung. Das Bild ist, anders als bei Lessing, als ein sprachliches gekennzeichnet.

Viertens ist die unauflösliche Koexistenz von subjektiven und objektiven Momenten für Benjamins Begriff des Bildes von zentraler Bedeutung. Auf der einen Seite impliziert das Bild eine Lektüre, das heißt eine Konfrontation des Wahrnehmenden mit dem Wahrgenommenen. Dies geschieht im Modus einer produktiven Mimesis, die Benjamin an anderer Stelle skizziert hat. Demnach *re*produziert zwar jede Nachahmung eine Ähnlichkeit, indem in ihr das Bestreben wirksam ist, sich ähnlich zu machen. Jedoch ist das Individuum zugleich tätig und *pro*duziert also aktiv und kreativ Ähnlichkeiten.[7] Zu diesem subjektiven Moment tritt ein objektives, denn während das Subjekt eine Lektüre praktiziert, muss als Bedingung der Möglichkeit der Bildproduktion auf der Seite des Objekts etwas zur Lesbarkeit gelangen. Bild ist also weder das Vorgefundene, noch aber ein Produkt des Subjekts, sondern die Materialisation der produktiven Aneignung des Vorwurfs durch das Subjekt im Medium der Sprache. Wenn Worte, wie Hämmer, bearbeitend auf das intendierte und wahrgenommene Wirkliche, wie auf eine Kupferplatte, treffen und sich in diesem Ursprung das Bild zeigt, so sind in dieses Bild konstitutiv Anteile beider Ordnungen eingewandert. Es trägt die Signatur jenes Moments an sich, in dem die Begegnung stattfand. Es darf nicht der subjektiven Sphäre subsumiert werden, wie zum Beispiel bei Lessing der Intention des Künstlers, sondern existiert als eigene Entität. Etwas Neues ist entstanden, etwas Irreduzibles. Benjamin benutzt den Begriff der Monade, um diese Eigenständigkeit zu unterstreichen. Als Bilder in diesem Sinne können, über die Städtebilder hinaus, zahlreiche Texte Benjamins angesprochen werden. Einige tragen die Bezeichnung im Titel, etwa der Essay *Zum Bilde Prousts*.

Fünftens haftet an dieser distinkten Einheit des freigesetzten Bildes ein temporales Element: Bilder entstehen plötzlich, sie sind stillgestellt, wie eine Momentaufnahme fixiert. Hier unterscheiden sich Benjamins sprachliche Bilder ganz besonders von Lessings sprachlicher Auflösung der Bildlichkeit in Handlung. Während dieser die Sukzession zum Maß erhebt, beharrt Benjamin auch für die Sprache und die Schrift auf dem malerischen Element der Stillstellung und des Koexistenten. In diesem Sinne dient auch die Einführung eines Ichs im Städtebild *San Gimignano* eher zur Bezeichnung des Moments der Stillstellung als zu einer Auflösung der Stadtbeschreibung in eine Handlung.

Um den Vergleich mit Peter Weiss vorzubereiten, müssen nun, über diese Momente hinaus, noch weitere Elemente von Benjamins Bilderdenken genannt werden, die nicht aus der Lektüre des zitierten Städtebildes entwickelt werden können. In den dreißiger Jahren übertrug Benjamin die Theorie des Bildes auf die Geschichtsschreibung. Im Kontext des *Passagen-Werks* entstand die Theorie des dialektischen Bildes. Ohne hier ins Detail gehen zu können, sollen doch einige wichtige Momente festgehalten werden.[8]

Die Struktur der Bildproduktion – als die Materialisation der Begegnung einer tätigen Subjektivität mit etwas Vorgefundenem im Medium der Sprache – bleibt bestehen. Während Formen wie das Städtebild aber auf eine zeitgleiche Erscheinung reagieren, trifft der Historiker auf einen Artefakt aus der Vergangenheit. Damit wird die Frage nach dem Verhältnis dieser Vergangenheit zu jener Gegenwart, in der die Lektüre stattfindet, virulent. Die Antwort umfasst mehrere Teile.

Benjamins Einsicht, dass die Machthaber schon immer den herrschenden Blick auf die Geschichte in ihrem Sinne festgeschrieben hätten, führte ihn zu der Überzeugung, dass die Überlieferung zuallererst als ein Teil der Herrschaftsgeschichte bestimmt werden müsse: »Es ist niemals ein Dokument der Kultur, ohne zugleich ein solches der Barbarei zu sein. Und wie es selbst nicht frei ist von Barbarei, so ist es auch der Prozeß der Überlieferung nicht, in der es von dem einen an den andern gefallen ist«[9]. Benjamins Misstrauen gegenüber der Überlieferung konzentriert sich insbesondere auf die ihr immanente Konstruktion einer Kontinuität. Kontinuierliche Überlieferung bedeute, dass die Geschichtsdeutung der Sieger festgeschrieben werde. Eine materialistische Geschichtsschreibung, als deren Instrumentarium Benjamin das dialektische Bild entwickelt, zielt dagegen auf die Unterbrechung dieser Kontinuität: »Der historische Materialismus […] sprengt die Epoche aus der dinghaften ›Kontinuität der Geschichte‹ ab«[10].

Auf der begrifflichen Ebene verfolgt er dasselbe Ziel mit einer Kritik des Fortschritts: »Der Fortschrittsbegriff mußte von dem Augenblick an der kritischen Theorie der Geschichte zuwiderlaufen, da er nicht mehr als Maßstab an bestimmte historische Veränderungen herangebracht wurde, sondern die Spannung zwischen einem legendären Anfang und einem legendären Ende der Geschichte ermessen sollte. Mit andern Worten: sobald der Fortschritt zur Signatur des Geschichtsverlaufs *im ganzen* wird, tritt der Begriff von ihm im Zusammenhange einer unkritischen Hypostasierung statt in dem einer kritischen Fragestellung auf.«[11] Dieser Kritik verfällt neben der bürgerlichen Fortschrittsideologie des 19. Jahrhunderts und dem von Lessing postulierten Fortschritt des Menschengeschlechts[12] auch das Vertrauen auf den Fortschrittsautomatismus in der Sozialdemokratie. Im Zusammenhang mit Benjamins Theorie der Geschichtsschreibung richtet sie sich gegen den Historismus.

Dieser konstruiere Geschichte als eine fortschreitende Entwicklung, privilegiere die Kontinuität vor der Diskontinuität und hypostasiere dadurch die Sichtweise der jeweils Herrschenden, die die Gegenwart als letztes und bislang höchstes Stadium dieser Entwicklung begriffen. Gegen diese Deutung richtet Benjamin seinen Blick auf die sozialen Katastrophen im Geschichtsverlauf und auf die Opfer, die sie produziert haben. Gerade auf jene konzentriert er sich, die den jeweils Herrschenden opponierten und die deshalb in der Geschichtsschreibung der Sieger nicht vorkommen. Damit bürstet er – wie er sich ausdrückt – die Geschichte gegen den Strich der herrschenden Lesart. Solche Wiederaneignungen der Geschichte produzieren eine Deutungspluralität, die der historistischen Lesart widerspricht.

Diese postuliert, dass es nur eine Geschichtsschreibung geben könne, nämlich jene, die beschreibe, wie es wirklich gewesen sei: »Der Historismus stellt das ›ewige‹ Bild der Vergangenheit, der historische Materialist eine Erfahrung mit ihr, die einzig dasteht«[13]. Benjamin spricht von einer kopernikanischen Wendung, die mit diesem Blickwechsel verbunden sei: »man hielt für den fixen Punkt das ›Gewesene‹ und sah die Gegenwart bemüht, an dieses Feste die Erkenntnis tastend heranzuführen. Nun soll sich dieses Verhältnis umkehren und das Gewesene zum dialektischen Umschlag, zum Einfall des erwachten Bewußtseins werden«[14]. Der Blickwechsel impliziert auch ein verändertes Verhältnis zur Zeitlichkeit: »Auf den Begriff einer Gegenwart, die nicht Übergang ist sondern in der die Zeit einsteht und zum Stillstand gekommen ist, kann der historische Materialist nicht verzichten, denn dieser Begriff definiert eben *die* Gegenwart, in der er für seine Person Geschichte schreibt.«[15]

Und die Form für diese Aneignung der Überlieferung, in der alle genannten Faktoren zusammenkommen, ist das Bild, und zwar das dialektische Bild. »Bild ist dasjenige, worin das Gewesene mit dem Jetzt blitzhaft zu einer Konstellation zusammentritt. Mit andern Worten: Bild ist die Dialektik im Stillstand«[16]. Der in der materialistischen Geschichtsdarstellung konstruierte bzw. erscheinende Gegenstand sei das dialektische Bild, für das Benjamin auch den Begriff der Monade benutzt. »Der historische Materialist geht an einen geschichtlichen Gegenstand einzig und allein da heran, wo er ihm als Monade entgegentritt. In dieser Struktur erkennt er das Zeichen einer messianischen Stillstellung des Geschehens, anders gesagt, einer revolutionären Chance im Kampfe für die unterdrückte Vergangenheit.«[17] Mit dem umdeutenden Vergegenwärtigen einer Vergangenheit, für das Benjamin den Begriff des Eingedenkens prägt, verknüpft er also eine – wenngleich dünne – utopische Schicht. Entscheidend für das hier verfolgte Thema ist dabei der Konnex zwischen dieser utopischen Schicht und der Stillstellung.

Benjamin reorganisiert mit seiner Idee des Bildes das einst von Lessing gesetzte Paradigma. Der Ort, an dem man die dialektischen Bilder antreffe, sei die Sprache, schreibt er.[18] Nach Lessing ist die Sprache aber durch Sukzession charakterisiert; sie unterscheide sich gerade dadurch vom Bild und dessen Modus der Gleichzeitigkeit. Benjamin verlegt das bildhafte Moment *in* die Sprache. Und er zielt damit weniger auf die sprachlichen Bilder, die die Rhetorik identifiziert hat, etwa die Metaphern. Er meint vielmehr die produktive Aneignung einer Vorlage sowie das Resultat dieser Aneignung. Denn ohne den Akt der Rezeption gäbe es keine dialektischen Bilder. Die Kristallisation als Monade erfolgt erst, wenn die Rezeption stattfindet. Dann allerdings materialisiert sich diese Begegnung und tritt als Artefakt in die Welt. Auf der anderen Seite führt die Entstehung des Bildes eine Erfahrung des involvierten Subjekts mit sich, die, wie Benjamin schreibt, »einzig dasteht«[19]. So generiert in dem zitierten Städtebild die Bildfindung ein Wissen: »erst als ich diese Worte gefunden hatte, trat aus dem allzublendenden Erlebten mit harten Beulen und mit tiefen Schatten das Bild. Was hatte ich vorher von den weißflammenden Weiden gewußt, die am Nachmittage mit ihren Flämmchen vor dem Stadtwalle wachen?«[20]

Genau betrachtet gehört das dialektische Bild bei Benjamin nicht allein der Sprache an, sondern in einer charakteristischen Duplizität sowohl der Sprache als auch der Erfahrung, sowohl der objektiven wie auch der subjektiven Sphäre. Deshalb darf es auch nicht auf die Schrift verrechnet werden, sondern muss immer die Menschen, für die die Sprache und die Schrift Medien ihres Denkens und ihrer Erfahrung sind, in die Überlegungen mit einbeziehen. Der Zusammenhang zwischen der Stillstellung und dem messianisch-revolutionären Umschlag ist undenkbar ohne die tätige Aneignung der Überlieferung in jedem einzelnen Moment. Erst durch das Eingedenken werde, wie Benjamin schreibt, jede Sekunde zur kleinen Pforte, durch die der Messias treten könne.[21]

Die Emphase auf dem Augenblick sowie das Beharren auf der Einzigartigkeit, das heißt Monadenhaftigkeit, jedes dialektischen Bildes, waren in Benjamins Denken schon länger vorbereitet. Ein Progressions- und Sukzessionsmodell hatte er in seiner Dissertation anhand des frühromantischen Begriffs der Kritik durchgearbeitet. Dabei machte er das frühromantische Verständnis von der Kritik als einem Reflexionsmedium, in dem die Subjekt- und die Objektsphäre koinzidieren, für seinen eigenen Begriff der Kritik fruchtbar. Den Gedanken einer vervollständigenden Kritik, die sich in einem unendlich fortschreitenden, auf das Absolute zielenden Prozess befindet, in dem die Kritik mit dem Kritisierten konvergiert, übernahm er dagegen nicht. Mit Goethes Begriffen des Urbilds und des Ideals favorisiert er vielmehr ein Modell, in dem die Kritik in den Werken deren je eigenen Gehalt aufsucht und damit zugleich konstruiert. Während die frühromantische Kritik sich auf den unendlichen Prozess der Annäherung von Werk und Kritik einlässt und die unablässige Verflüssigung aller Setzungen postuliert, richtet sich Benjamins kritische Praxis auf die Entdeckung jener Gestalt, die an jedem einzelnen Werk entwickelt werden kann. Es ist eine je besondere Konstellation, in die die Lektüre mit dem Werk tritt und sie schlägt sich nieder als eine distinkte Einheit, nämlich als Monade bzw. dialektisches Bild.[22] Erst die Erkenntnis des je Besonderen, des je Individuellen, rettet dieses und eröffnet die Bedingung der Möglichkeit für den utopischen Impuls in Benjamins Denken. Dies trifft insbesondere auch für die eingedenkende Geschichtsschreibung zu: »Gegenstand der Geschichte ist dasjenige, an dem die Erkenntnis als dessen Rettung vollzogen wird.«[23] Die Voraussetzung für diese Rettung aber ist die Stillstellung: »Geschichte zerfällt in Bilder, nicht in Geschichten«[24].

3.

Während Benjamin die utopische Emphase also an die Stillstellung knüpft, ist es bei Weiss genau umgekehrt. Bevor sich Peter Weiss in den sechziger Jahren auf die Literatur konzentrierte, hatte er in den dreißiger und vierziger Jahren schon als Maler und in den fünfziger Jahren als Filmemacher gearbeitete. Die Auseinandersetzung mit dem Verhältnis von Bild und Sprache stellt ein durchgängiges Thema in seinem Werk dar. Als er 1965 den Lessingpreis der Stadt Hamburg entgegennahm, hielt er eine programmatische Rede mit dem Titel *Laokoon oder Über die Grenzen der Sprache*. Natürlich spielte er damit auf Lessings Schrift *Laokoon oder Über die Grenzen der Malerei und Poesie* (1766) an. Einerseits rekonstruiert Weiss in der Rede die eigenen Verfolgungserfahrungen, andererseits bestimmt er vor diesem Hintergrund das Verhältnis von Bild und Sprache in seiner Kunst.

Als so genannter Halbjude von den Nazis ins schwedische Exil getrieben, kam ihm dort die Sprache seiner Kindheit abhanden. Die frühen Erinnerungsbilder aber blieben lebendig und gingen als stoffliche Schicht in seine Malerei ein. Wo die Sprache versagte, reichten die Bilder noch hin. In diesem Sinne heißt es in der Rede: »Das Bild liegt tiefer als die Worte.«[25] Nach dieser positiven Akzentuierung betont Weiss in den folgenden Passagen einige dem Bild immanente Grenzen. Dazu knüpft er an Lessings Unterscheidung an[26]: »Wenn die Bestandteile eines Bildes auch aus den verschiedensten Erlebnissen hervorgeholt werden, so fügen sie sich am Ende doch zu einem einzigen

Augenblick zusammen. [...] Das Auge folgt den Einzelheiten auf der Fläche, und alle Einzelheiten ergeben in Gleichzeitigkeit das Bild. / Das Sprechen, Schreiben und Lesen bewegt sich in der Zeit. Satz stößt auf Gegensatz, Frage auf Antwort. Antwort auf neue Frage. Behauptetes wird widerrufen, Widerrufenes wird neuen Bewertungen unterzogen. Der Schreibende und Lesende befinden sich in Bewegung, sind ständig offen für Veränderungen.«[27] Weiss bewertet das Bild also ganz anders als Benjamin. Die Stillstellung, für Benjamin das utopisch aufgeladene Moment am Bild, begreift Weiss als Beschränkung. Deshalb bevorzugt er die Sprache vor dem Bild: »Worte enthalten immer Fragen. Worte bezweifeln die Bilder. Worte umkreisen die Bestandteile von Bildern und zerlegen sie. Bilder begnügen sich mit dem Schmerz. Worte wollen vom Ursprung des Schmerzes wissen.«[28]

Die Ästhetik des Widerstands, Weiss' dreibändiger Roman, der von 1975 bis 1981 erschien, kann als die ästhetische Konsequenz aus diesen Gedanken gelesen werden. Das Werk arbeitet jenen Schmerz durch, den das Scheitern der Linken sowie die physische Zerschlagung des Widerstandes gegen den Nationalsozialismus für den Ich-Erzähler mit sich bringen. Als einziger von drei Freunden einer kommunistischen Widerstandszelle in Berlin, zu der neben ihm noch Coppi und Heilmann gehören, überlebt er den Krieg. Nun rekonstruiert er jene Geschichte, in die er selbst eingebunden war. Immer an der Frage orientiert, warum die Einheit der Linken im Kampf gegen Hitler verfehlt wurde, vergegenwärtigt er die Debatten innerhalb der Opposition, indem er unzähligen Positionen eine Stimme gibt. Diese situiert er historisch, sodass die Pluralität der Stimmen nie beliebig, sondern immer innerhalb konkreter Auseinandersetzungen erscheint. Dabei kommt den politischen Debatten eine zentrale Funktion zu; ebenso wichtig ist jedoch die Auseinandersetzung der Protagonisten mit Kunstwerken.[29]

Weiss teilt viele Prämissen Benjamins, gelangt aber zu anderen, scheinbar entgegengesetzten Schlüssen. Einige Formulierungen lassen auf einen Einfluss Benjamins schließen.[30] So sagt Coppi: jene, »die uns das Bild der Welt überlieferten, standen immer auf seiten derer, die die Regeln der Welt bestimmten.«[31] Und Heilmann leitet daraus eine Lektüreanweisung für die Aneignung der Überlieferung durch die Oppositionellen ab: »Wollen wir uns der Kunst, der Literatur annehmen, so müssen wir sie gegen den Strich behandeln«[32]. Wie bei Benjamin ist also auch bei Weiss die Auseinandersetzung mit den Artefakten eingebunden in die Herrschaftsgeschichte der Überlieferung. Und wie Benjamin sieht auch Weiss die je eigenständige Aneignung eines Werks durch die oppositionellen Rezipienten als entscheidend an.

Der Musterfall für eine solche Aneignung ist in der *Ästhetik des Widerstands* der Pergamonfries und die verzweifelte Suche der Protagonisten nach einer Lektüre, die ihnen eine oppositionelle Deutungsperspektive eröffnete. An der Leerstelle einer im Fries nur bruchstückhaft überlieferten Gestalt, die sie für den rettenden Herakles halten, entfalten sie konkurrierende Deutungen, die die Forschung mittlerweile detailliert rekonstruiert hat.[33] Ganz im Sinne des Zitats aus der *Laokoon*-Rede findet im Medium diskursiv-rationaler Vergegenwärtigung eine tendenziell unabschließbare Auseinandersetzung über die verschiedenen Implikationen des Werks statt. Die als Bild fixierte, in diesem Fall sogar Stein gewordene Vorlage, löst sich in Sprache und Schrift in scheinbar endlose Deutungsbewegungen auf. Eben diese Bewegungen reklamiert der Erzähler in jenem Moment für sein Verständnis vom Schreiben, als er sich im dritten Band als Schriftsteller zu begreifen beginnt. Rückblickend referiert er seine damalige Haltung: »ich könne mir das Schreiben nur als etwas ungeheuer Weitläufiges, Formloses denken, ich wisse nur, daß ich in einen unablässigen Prozeß geraten sei«[34]. Ein mögliches Ziel solcher Umdeutungstätigkeit benennt dann Heilmann mit dem Begriff der Umkehrung. Er sagt, »daß Werke wie jene, die aus Pergamon stammen, immer wieder neu ausgelegt werden müßten, bis eine Umkehrung gewonnen wäre und die Erdgebornen aus Finsternis und Sklaverei erwachten«[35]. Wie bei Benjamin, der an Kafka herausgestellt hatte: »Umkehr ist die Richtung des Studiums«[36], bringt die Durcharbeitung des Vergangenen eine qualitativ neue Lesart hervor. Weiss partizipiert also an Benjamins Verständnis vom Eingedenken, das jene rettende, umdeutende »Auslegung«[37] des Gewesenen bezeichnet.

Doch findet er sie nicht in der Stillstellung, nicht im Bild, sondern in der Verflüssigung durch Sprache. Klaus Herding hat dieses Verfahren als ›Leidumkehrung‹ gedeutet und die These aufgestellt, dass Weiss es insbesondere in der ästhetischen Arbeit an den Bildern praktiziere.[38] Diese aber erreiche ihren Höhepunkt in »der Anstrengung, die Statik des Bildes zu durchbrechen«[39]. So interpretieren zum Beispiel die drei Freunde die Stillstellung im Sinne der Verewigung als eine Überlieferungsstrategie der Sieger. Monumentalbauten wie der Pergamonfries, den Coppi beschreibt als »diese Steinmasse […], die dem Kult fürstlicher und religiöser Zeremonienmeister diente, die den Sieg der Aristokraten über ein erdgebundnes Völkergemisch verherrlichte«[40], verewigen eine Herrschaftsgeste. Entsprechend konnotiert die Metapher des Steins in der *Ästhetik des Widerstands* die kalte und massive Repräsentationsgewalt der Herrschaft.[41] Widerstand dagegen setzt eine Verflüssigung in Gang, indem er den in Stein gehauenen Herrschaftsgesten durch oppositionelle Lektüren ihre intendierten Repräsentationsfunktionen nimmt. Dass die utopische Dimension in dem Roman bis in die letzte Zeile hinein mit der Idee der Bewegung verknüpft ist, wird auch an dem viel zitierten Schluss der *Ästhetik des Widerstands* deutlich. Dort kommt der Erzähler angesichts des Pergamonfrieses noch einmal auf die Unterdrückten zu sprechen: »sie müßten selber mächtig werden dieses einzigen Griffs, dieser weit ausholenden und schwingenden Bewegung, mit der sie den furchtbaren Druck, der auf ihnen lastete, endlich hinwegfegen könnten.«[42]

4.

Werden die skizzierten Unterschiede in der Fluchtlinie der sowohl von Benjamin als auch von Weiss angestrebten Revolutionierung der gesellschaftlichen Verhältnisse betrachtet, so scheint der Scheideweg der Ansätze in der Stellung zur Praxis der permanenten Kulturrevolution zu liegen. Die textuelle Stategie der uminterpretierenden Verflüssigung, die in der *Ästhetik des Widerstands* die Hauptfiguren praktizieren, ist der Idee der permanenten Kulturrevolution verpflichtet. Benjamins revolutionärer Messianismus wendet sich gegen alle Konzepte, die den Gedanken eines kontinuierlichen, teleologisch bestimmten Fortschritts implizieren, also auch gegen das Fortschrittsdenken von links, an dem das Konzept der permanenten Kulturrevolution teilhat.

Näher bestimmen lässt sich diese Divergenz im Rekurs auf das jeweilige Verhältnis zum Faktor Zeit. Im Gegensatz zwischen der Emphase auf der Stillstellung und der Bewegung drückt sich der unterschiedliche Status der Zeit in beiden Entwürfen aus. Einig sind sich Benjamin und Weiss zunächst darin, dass sie die auf Ewigkeit gestellten Bilder ablehnen. So bestimmt Benjamin das dialektische Bild als ein flüchtiges, aufblitzendes, und grenzt es vom »›ewige(n)‹ Bild der Vergangenheit«[43] sowie vom archaischen Bild ab.[44] Zum verewigten Bild entwerfen die Autoren die beiden Alternativen der Stillstellung in einem Jetzt und der permanenten Verflüssigung. Beide Verfahrensweisen vollziehen sich im Medium der Sprache. Und beide ereignen sich im Moment der Aneignung von etwas Vorgefundenem. Sowohl die Stillstellung als auch die Verflüssigung erfordern als conditio sine qua non die Begegnung eines Artefakts mit einem rezipierenden Subjekt. Und an dieser Stelle wird der Unterschied in Bezug auf die Zeit virulent. Während die utopische Emphase des dialektischen Bildes auf einem spezifischen Moment der Aneignung liegt, ist es im Modell der Verflüssigung gerade die ununterbrochene Aneignung, die als Bedingung der Möglichkeit von Veränderung gedacht wird. Der Punktualität des möglichen Umschlags antwortet die Permanenz der Umwälzungsarbeit.

Welches aber ist der Grund dafür, dass die Autoren dem Utopischen einen unterschiedlichen Ort in der Zeit zuweisen? Benjamin räumt der Eigenbewegung der Objektsphäre eine wichtigere Stellung ein als Weiss. Der Gedanke, dass in bestimmten Situationen etwas zur Lesbarkeit gelangt, bedeutet zugleich, dass die Rezipienten zwar ihre Aufmerksamkeit und Intentionalität auf die Artefakte richten müssen, dass in der Begegnung mit diesen aber eine Dynamik wirkt, die sie nicht vollständig steuern können. Während bei Benjamin das dialektische Bild ›erscheint‹, müssen sich die Protagonisten bei Weiss ihre Deutungen erarbeiten. Indem sie Zeit und Aufwand investieren, eröffnen sie sich Umdeutungsmöglichkeiten. Dass Weiss die Metapher des Hämmerns im Sinne von Lessing verwendet, passt in dieses Bild. Wo es bei Benjamin die Worte selbst waren, die das Bild hämmerten, bezeichnet das Hämmern in der *Ästhetik des Widerstands* die »intellektuelle Anstrengung«[45] und den Stilwillen des Künstlers. Dieser wahrt die Kontrolle über das Produkt.

Dem rettenden Aufblitzen einer Aneignung steht die unablässige Arbeit der Umdeutung gegenüber, wobei beide Autoren sowohl auf die Umwälzung der Geschichtsschreibung als auch, indem sie sich auf den siegreichen Faschismus beziehen, auf die politische Umwälzung zielen. Benjamins Aktzent auf der Augenblicklichkeit ist am Modell der Begegnung des Individuums mit einem Artefakt gebildet. Emblematisch steht dafür seine immer wieder ins Feld geführte Figur des historischen Materialisten. Für Weiss ist die kollektive Aneignung der Geschichte entscheidend. Sein prozessuales Konzept impliziert Debatte und Kommunikation als Verfahrensweisen. Rede und Gegenrede entfalten sich aber in der Zeit. Das Einfrieren eines solchen Prozesses in einem einzigen Moment würde die Standortbestimmung der Oppositionellen unproduktiv, das heißt hemmend, unterbrechen. Während die Stillstellung im Bild bei Benjamin eine revolutionäre Chance im Kampfe für die unterdrückte Vergangenheit eröffnet,[46] ist es bei Weiss das mühsam errungene, fragile, kollektive Kommunikationsgeflecht, in dem die Verflüssigung der im Prozess der Überlieferung erstarrten und versteinerten Artefakte, zu denen auch die Bilder gehören, erarbeitet wird. Weiss mobilisiert die Bewegung, die Deutungstätigkeit und die lebendige, widerständige Kommunikation gegen die Erstarrung in der Herrschaftsgeste.[47]

5.

Nun muss aber mitgedacht werden, dass die *Ästhetik des Widerstands* beschreibt, wie diese lebendige Kommunikation zerstört wird. Zur bislang vergegenwärtigten Konstellation von Bild, Sprache, Geschichtsaneignung und negativ-utopischem Moment tritt also bei Weiss noch ein weiterer Faktor hinzu: der Tod.[48]

Die *Ästhetik des Widerstands* kann mit Recht als ein Totenbuch bezeichnet werden. Nicht nur beschreibt sie eine Kette von Niederlagen, darüber hinaus endet sie mit der physischen Liquidierung zahlreicher Protagonisten. In der Darstellung von Heilmanns letzten Minuten vor seiner Exekution verdichtet Weiss den Gegensatz von prozesshafter Deutungsanstrengung und Tod. Im Kerker schreibt Heilmann einen Brief, in dem er auf die Verhaftung und die letzten Tage der Widerstandszelle zurückblickt, aber auch Gespräche wieder aufnimmt, die er mit dem Ich-Erzähler und anderen geführt hatte. Er schließt mit den Worten: »O Herakles. [...] Ich hätte alles anders schreiben wollen. Doch die Zeit zu kurz. Und das Papier zu Ende.«[49] Mit der Anrufung des Herakles bezieht er sich noch einmal auf jene Leerstelle, um die die Debatten der Freunde immer wieder gekreist waren, ohne allerdings die rettende Aneignung hervorgebracht zu haben. Noch in der Nähe des Todes hält er am Verfahren der Umdeutung fest und verwirft selbst seine letzten Worte wieder als nur vorläufige und unfertige. Brutal unterbricht die Vernichtung der Physis die intendierte Bewegung. Das letzte Wort ist das Ende. Es schließt die Deutungsbewegung ab und fixiert sie in einem unfertigen Stadium. In bestimmten Situationen ist die Zeit für Deutungen begrenzt oder sogar schon abgelaufen.

Dabei bleibt es bei Weiss allerdings nicht. Heilmann adressiert den Brief »an Unbekannt«[50]; er ist aber an den Ich-Erzähler gerichtet, den er aus Gründen der Konspiration nicht nennen darf. In der Hoffnung, der Brief möge ihn erreichen, schreibt er: »Versuche, aus dem dichten Gewebe einiges hervorzuholen, von dem sich ablesen läßt, was uns widerfahren ist. Auch wenn ich glaubte, Einsicht zu haben in vieles, ist alles jetzt so ineinander verschlungen, daß ich nur winziger Fäden habhaft werden kann. Du, an deinem Ort, besitzt größern Überblick, kannst vielleicht einmal, wenn dich meine Zeilen erreichen sollten, die Zusammenhänge deuten.«[51] Damit schlägt Heilmann die Brücke des oppositionellen Zusammenhangs über den Abgrund des mächtigsten aller Unterbrecher, des Todes, hinweg. Dieser Abgrund schlägt sich im Erinnerungsprojekt der *Ästhetik des Widerstands* nieder. Mit der physischen Liquidierung der Opposition verschwindet die lebendige Debatte. Der isolierte Künstler vergegenwärtigt sie als abgestorbene und erstarrte. Er reanimiert sie nicht in der lebendigen Kommunikation, sondern transponiert sie in das fixierende Medium der Schrift.

Weiss hat seinen Roman innerhalb der Kapitel ohne Absätze geschrieben, der uns als Block begegnet, als ein in Worte gehämmertes Monument. Er wählte auch ganz bewusst die Farbe grau für den Schutzumschlag der Erstausgabe aus.

Damit verweist das Werk auf seine eigene Verwandtschaft mit dem Pergamonaltar. So tritt die Vergegenwärtigung der vergangenen Umdeutungen zuletzt zurück ins Bild. Ein Bild allerdings, das wir im Sinne Benjamins als Monade lesen dürfen: als Kristallisation der Begegnung eines die Fundamentalopposition betreffenden Gewesenen mit der eingedenkenden Vergegenwärtigung eines Ichs im Augenblick der Gefahr. Die Gefahr aber liegt nicht nur in dem Faktum, dass der Feind, wie es bei Benjamin heißt, nicht aufgehört hat zu siegen, sondern auch darin, dass die Erinnerung an alle, die ihm sieglos widerstanden, getilgt werden könnte.

Obwohl Weiss die Stillstellung als unproduktive, tendenziell tödliche Versteinerung deutet, während Benjamin in ihr eine genuine Gestalt der Aneignung von Vorgefundenem erkennt, deren Neuartigkeit potenziell produktiv gewendet werden kann, rücken beide Momente in der schriftstellerischen Praxis der Autoren in gewissen Hinsichten doch zusammen. Nahe sind sich diese zunächst darin, dass sie neben dem Gegenstand, über den gehandelt wird, auch den Akt der Rezeption im Text situieren. Wie in der *Ästhetik des Widerstands* das Moment der Aneignung einer zurückliegenden Geschichte immer präsent gehalten wird – etwa in der indirekten, konjunktivischen Erzählerrede, die alle drei Bände charakterisiert –, so findet sich auch in zahlreichen Schriften Benjamins die genaue Verortung des Kritikers. Im Trauerspielbuch zum Beispiel bezieht Benjamin die Begriffe des Sach- und des Wahrheitsgehalts unter anderem auf den zeitlichen Abstand zwischen der Produktion der barocken Werke und ihrer modernen Lektüre. Im Surrealismus-Essay führt er einen Kritiker ein, der zeitgleich zur surrealistischen Bewegung, jedoch örtlich versetzt, also nicht von Paris, sondern von Deutschland aus, auf die Bewegung blickt. Jeder Akt einer Aneignung erscheint gleichsam datiert und örtlich spezifiziert. Dadurch wird er isoliert und als Schrift-Bild stillgestellt. Dies ist auch bei Weiss der Fall, der jeder Bildbeschreibung in der *Ästhetik des Widerstands* den Ort und die Zeit ihrer Lektüre durch die handelnden Figuren mitgibt und darüber hinaus in der Konstruktion des Romans deutlich macht, dass dieser insgesamt einen Blick aus den siebziger Jahren verkörpert.

Jede Aneignung wahrt ihre Singularität, indem sie eine Dialektik im Stillstand fixiert. Zugleich stehen diese Singularitäten bei beiden Autoren aber in einer Kette von Aneignungen. Und während Weiss dieses Element besonders hervorhebt, greift auch Benjamin auf es zurück. Für ihn ist dabei entscheidend, dass diese Aneignungen nicht im Sinne des Fortschritts funktionalisiert und damit ihrer Eigentümlichkeit beraubt werden. Zur Erläuterung greift er im Trauerspielbuch auf eine Technik aus der bildenden Kunst zurück: »Wie bei der

Stückelung in kapriziöse Teilchen die Majestät den Mosaiken bleibt, so bangt auch philosophische Betrachtung nicht um Schwung. Aus Einzelnem und Disparatem treten sie zusammen [...]. Der Wert von Denkbruchstücken ist um so entscheidender, je minder sie unmittelbar an der Grundkonzeption sich zu messen vermögen und von ihm hängt der Glanz der Darstellung im gleichen Maße ab, wie der des Mosaiks von der Qualität des Glasflusses.«[52]

Das formale Äquivalent zum Mosaik findet er im philosophischen Traktat, in dem sich die Kontemplation auf besondere Weise niedergeschlagen habe. »Ausdauernd hebt das Denken stets von neuem an [...]. Dies Atemholen ist die eigenste Daseinsform der Kontemplation.« Benjamin spricht von dem »Antrieb ihres stets erneuten Einsetzens« und einer »intermittierenden Rhythmik«[53], die daraus hervorgehe und den Darstellungsmodus des Traktats wesentlich charakterisiere. Damit postuliert er aber in der Darstellungsweise seiner Philosophie ein Moment der Sukzession. Eine Sukzession, die nicht Kontinuität wäre, sondern das unterbrechende, bildhafte Moment ins Medium der Schrift hineinnimmt.

Die zunächst so deutlich konturierte Alternative von Stillstellung und Verflüssigung in den Sprach- und Schrift-Bildern bei Benjamin und Weiss weicht dort einer Konvergenz, wo beide solch intermittierende Rhythmik der Neuaneignungen ins Werk setzen.

Nachweise und Anmerkungen

* Vortrag auf der Tagung des Instituts für Designwissenschaft am Fachbereich Gestaltung der Fachhochschule Mannheim: »bildklangwort 1. Internationales Symposion für Kommunikation und Design Mannheim« 15.-17. Mai 2003.
1 Gotthold Ephraim Lessing: *Laokoon oder Über die Grenzen der Malerei und Poesie.* In: Lessing. *Werke in drei Bänden.* Hrsg. von H. G. Göpfert. München, Wien 1982, Bd. 3, (S. 9-188), S. 103.
2 Lessing: *Laokoon.* A.a.O., S. 104.
3 Lessing, a.a.O., S. 121.
4 Zur Form des Städtebildes bei Benjamin sowie zu dem Städtebild San Gimignano vgl. Peter Szondi: »Benjamins Städtebilder«. In: *Schriften.* Frankfurt am Main 1978, Bd. 2, S. 295-309.
5 Walter Benjamin: *San Gimignano.* In: *Gesammelte Schriften Bd.* Hrsg. von R. Tiedemann u. H. Schweppenhäuser. Frankfurt am Main 1972, Bd. 4, (S. 364-366), S. 364.
6 Walter Benjamin: *Der Sürrealismus* In: *Gesammelte Schriften.* A.a.O., Bd. 2, (S. 295-310), S. 309.
7 Walter Benjamin: *Lehre vom Ähnlichen.* In: *Gesammelte Schriften.* A.a.O., Bd. 2, S. 204-210; sowie Walter Benjamin: *Über das mimetische Vermögen.* In: *Gesammelte Schrif-*

ten. A.a.O., Bd. 2, S. 210-213.
8 Die Forschung zu Benjamins dialektischem Bild kann am besten über den folgenden, einführenden Beitrag erschlossen werden: Ansgar Hillach: »Dialektisches Bild«. In: M. Opitz, E. Wizisla (Hg.): *Benjamins Begriffe*. Frankfurt am Main 2000. Bd. 1, S. 186-229.
9 Walter Benjamin: *Über den Begriff der Geschichte*. In: *Gesammelte Schriften*. A.a.O., Bd. 1, (S. 691-704), S. 696.
10 Walter Benjamin: *Das Passagen-Werk*. In: *Gesammelte Schriften*. A.a.O., Bd. 5, S. 592.
11 Benjamin: *Das Passagen-Werk*. A.a.O., S. 498 f.
12 Vgl. »Die Vorstellung eines Fortschritts des Menschengeschlechts in der Geschichte ist von der Vorstellung ihres eine homogene und leere Zeit durchlaufenden Fortgangs nicht abzulösen. Die Kritik an der Vorstellung dieses Fortgangs muß die Grundlage der Kritik an der Vorstellung des Fortschritts überhaupt bilden« (Benjamin: *Über den Begriff der Geschichte*. A.a.O., S. 701).
13 Benjamin: *Über den Begriff der Geschichte*. A.a.O., S. 702.
14 Benjamin: *Das Passagen-Werk*. A.a.O., S. 490 f.
15 Benjamin: *Über den Begriff der Geschichte*. A.a.O., S. 702.
16 Benjamin: *Das Passagen-Werk*. A.a.O., S. 576 f.
17 Benjamin: *Über den Begriff der Geschichte*. A.a.O., S. 702 f. – Benjamin verwendet den Begriff des dialektischen Bildes teilweise synonym mit dem der Monade. Formuliert er in diesem Text: »Wo das Denken in einer von Spannungen gesättigten Konstellation plötzlich einhält, da erteilt es derselben einen Chock, durch den es sich als Monade kristallisiert« (ebd.), so heißt es in einer Variante: »Wo das Denken in einer von Spannungen gesättigten Konstellation zum Stillstand kommt, da erscheint das dialektische Bild« (Benjamin: *Das Passagen-Werk*. A.a.O., S. 595). – Zum Begriff der Monade bei Benjamin vgl. Rainer Nägele: Das Beben des Barock in der Moderne: Walter Benjamins Monadologie, in: *Modern Language Notes, Nr. 106 (1991)*. S. 501-527.
18 Vgl. Benjamin: *Das Passagen-Werk*. A.a.O., S. 576 f.
19 Benjamin: *Über den Begriff der Geschichte*. A.a.O., S. 702.
20 Benjamin: *San Gimignano*. A.a.O., S. 364.
21 Vgl. Benjamin: *Über den Begriff der Geschichte*. A.a.O., S. 704.
22 Eine differenzierte poststrukturalistische Lesart von Benjamins Begriff des Bildes legt Bettine Menke vor. Indem sie überzeugend die strukturellen Momente des Bildes herausarbeitet – etwa jenen Doppelcharakter, wonach »jede Geschlossenheit des Bildes zu einer Bedeutung/Lesbarkeit […] untersagt – und lesend entwickelt« werde –, gerät der Gesichtspunkt des je Besonderen, des Monadenhaften der einzelnen Bilder bei ihr in den Hintergrund (Bettine Menke: »Bild – Textualität. Benjamins schriftliche Bilder«. In: M. Wetzel, H. Wolf [Hg.]: *Der Entzug der Bilder*. München 1994, [S. 47-65], S. 58).
23 Benjamin: *Das Passagen-Werk*. A.a.O., S. 595 f.
24 Benjamin, a.a.O., S. 596.
25 Peter Weiss: »Laokoon oder Über die Grenzen der Sprache«. In: *Rapporte*. Frankfurt am Main 1968, (S. 170-187), S. 182.
26 Zur Rekonstruktion der Laokoon-Debatte über die Linie Winckelmann, Lessing, Herder, Goethe, Hegel, Burckhardt, Weiss vgl. Burkhardt Lindner: »Der Schrei des Laokoon«. In: J. Kolkenbrock-Netz u. a. (Hg.): *Wege der Literaturwissenschaft*. Bonn 1985, S. 65-87.
27 Weiss: *Laokoon*. A.a.O., S. 179.
28 Weiss, a.a.O., S. 182.

29 Für einen Überblick vgl. Nana Badenberg: »Die ›Ästhetik‹ und ihre Kunstwerke«. In: A. Honold, U. Schreiber (Hg.): *Die Bilderwelt des Peter Weiss*. Hamburg, Berlin 1995, S. 114-129.
30 Weiss räumt diesen Einfluss zwar ein, hat sich aber nicht direkt auf Benjamin bezogen, vgl. R. Gerlach (Hg.): *Peter Weiss im Gespräch*. Frankfurt am Main 1986, S. 277.
31 Peter Weiss: *Die Ästhetik des Widerstands*. Frankfurt am Main 1975, Bd. 1, S. 73.
32 Weiss: *Die Ästhetik des Widerstands*. A.a.O., Bd.1, S. 41.
33 Vgl. zuletzt und am detailliertesten Berthold Brunner: *Der Herakles/Stahlmann-Komplex in Peter Weiss' Ästhetik des Widerstands*. St. Ingbert 1999.
34 Weiss: *Die Ästhetik des Widerstands*. A.a.O., Bd. 3, S. 29.
35 Weiss, a.a.O., Bd.1, S. 53.
36 Walter Benjamin: »Franz Kafka«. In: *Gesammelte Schriften*. A.a.O., Bd. 2, (S. 409-438), S. 437.
37 Ebd.
38 »Widerstand [...] realisiert sich erst in einer spezifischen Art ästhetischer Arbeit am Bild, in Leidumkehrung, Selbstbehauptung, Stärkung der Erinnerung. Erst dadurch erfüllt sich die Absicht des Autors, eine ›kämpfende Ästhetik‹ zu schreiben, mit Leben« (Klaus Herding: »Arbeit am Bild als Widerstandsleistung«. In: A. Stephan (Hg.): *Die Ästhetik des Widerstands*. Frankfurt am Main 1983, (S. 246-284), S. 256.
39 Herding: »Arbeit am Bild als Widerstandsleistung«. A.a.O., S. 254.
40 Weiss: *Die Ästhetik des Widerstands*. A.a.O., Bd. 1, S. 12.
41 Vgl. Berthold Brunner, Sven Kramer: »Steinmetaphorik und ästhetisches Widerstehen. Zur Ortsbestimmung fundamentaler Opposition in der ›Ästhetik des Widerstands‹ von Peter Weiss und ›kamalatta‹ von Christian Geissler«. In: S. Kramer (Hg.): *Das Politische im literarischen Diskurs*. Opladen 1996, S. 160-199.
42 Weiss: *Die Ästhetik des Widerstands*. A.a.O., Bd.3, S. 268.
43 Benjamin: *Über den Begriff der Geschichte*. A.a.O., S. 702.
44 Vgl. Benjamin: *Das Passagen-Werk*. A.a.O., S. 576 f.
45 Weiss: *Die Ästhetik des Widerstands*. A.a.O., Bd. 3, S. 29. Über Picassos Guernica heißt es: »Gehämmert zu einer Sprache von wenigen Zeichen, enthielt das Bild Zerschmetterung und Erneuerung, Verzweiflung und Hoffnung« (Weiss: *Die Ästhetik des Widerstands*. A.a.O., Bd. 3, S. 332).
46 Vgl. Benjamin: *Über den Begriff der Geschichte*. A.a.O., S. 703.
47 Dies verweist auf die Entstehungszeit der Ästhetik des Widerstands, die siebziger Jahre, als die Idee der linken Gegenkultur Konjunktur hatte.
48 Auch bei Benjamin spielt der Tod im Zusammenhang mit dem Bild eine wichtige Rolle. Etwa wo die Allegorie als facies hippocratica der Geschichte bestimmt und in ihr der Abgrund zwischen Physis und Bedeutung offenbar wird (vgl. Walter Benjamin: *Ursprung des deutschen Trauerspiels*. In: *Gesammelte Schriften*. A.a.O., Bd. 2, (S. 203-430), S. 343). Ferner in einem Verfahren der Kritik: »Kritik ist Mortifikation der Werke. [...] Mortifikation der Werke: nicht also – romantisch – Erweckung des Bewußtseins in den lebendigen, sondern Ansiedlung des Wissens, in ihnen, den abgestorbenen« (a. a. O., S. 357).
48 Weiss: *Die Ästhetik des Widerstands*. A.a.O., Bd. 3, S. 210.
49 Weiss, a.a.O., Bd. 3, S. 199.
50 Weiss, a.a.O., Bd. 3, S. 199 f.
51 Benjamin: »Ursprung des deutschen Trauerspiels«. A.a.O., S. 208.
52 Ebd.

Mauro Ponzi

Kunstproduktion und Simulation im post-auratischen Zeitalter

1. Umweg

»Methode ist Umweg« – schreibt Benjamin in der erkenntnistheoretischen Vorrede zum *Ursprung des deutschen Trauerspiels* – »Darstellung als Umweg – das ist denn der methodische Charakter des Traktats.«[1] Er betont den fragmentarischen Charakter des modernen Denkens und er vergleicht den kritischen Diskurs mit einem Mosaik. Er deutet dadurch auf ein gedankliches Verfahren hin, das auf der Montage unterschiedlicher Materialien gründet.[2]

Man kann diesen Begriff schon bei Hölderlin, und zwar in der Vorrede zur vorletzten Fassung von *Hyperion* (1795) finden:

»Wir durchlaufen alle eine exzentrische Bahn, und es ist kein anderer Weg möglich von der Kindheit zur Vollendung. Die seelige Einigkeit, das Seyn, im einzigen Sinne des Wortes, ist für uns verloren und wir mußten es verlieren, wenn wir es erstreben, erringen sollen. Wir reißen uns los von einem friedlichen *en kai pan* der Welt, um es herzustellen, durch uns selbst. Wir sind zerfallen mit der Natur, und was einst, wie man glauben kann, Eins war, widerstreitet sich jetzt, und Herrschaft und Knechtschaft wechselt auf beide Seiten.«[3]

Benjamin benutzt von den verschiedenen (und manchmal sogar entgegengesetzten) Systemen nur jene Elemente, die er zu seinem Projekt umfunktionieren kann, und darum dekonstruiert und zerstört er das erkenntnistheoretische System, aus dem diese Elemente stammen. Er lässt hinter sich nur gedankliche Trümmer »nicht um der Trümmer, sondern um des Weges willen, der sich durch sie hindurchzieht«. Das wurde von Hannah Arendt als Technik des ›Perlentauchers‹ bezeichnet. Und es geht nicht nur um die Figur des Sammlers, der marginale und veraltete Gegenstände mit allegorischer Bedeutung zusammenträgt.[4] Benjamins Arbeit besteht nicht nur aus der Sammlung von Zitaten, sondern vielmehr aus der Sammlung von Gedanken und Denkfiguren, die aus unterschiedlichen und einander entgegengesetzten Systemen stammen. Diese Technik hat die methodologische Doppelabsicht, einerseits die vorher bestehenden interpretatorischen Systeme radikal zu kritisieren (und sie dadurch zu entwerten), und andererseits deren gedankliche ›Perlen‹ herauszuheben, um sie in einem ganz anderen Kontext wieder montieren zu können. Die Analogie solch kritischen Vorgehens mit dem der Avantgarde ist offensichtlich, da beide auf der Montage heterogener Materialien gründen.

2. Baudelaire – Aura

Die Wirkung, die auf Benjamin zwei so verschiedenen Autoren wie Baudelaire und Kafka gehabt haben, bietet uns einen entscheidenden Interpretationsschlüssel, um die Züge seiner eigenen Entgrenzung besser verstehen zu können. Er verwendet diese Figuren von Intellektuellen als Denkfiguren und als Paradigmata, die eher eine Funktion seines eigenen Diskurses bilden, als eine Interpretation ihrer Werke wären.

In Kafkas Werk sieht Benjamin jene Spannung zwischen der ›Reinheit‹ und der ›Lebendigkeit‹ des Gottesbegriffs, die nach Scholem die Geschichte der jüdischen Religion kennzeichnet. Wenn diese Spannung auf die Literatur übertragen wird, wird sie zu einem unversöhnbaren Kontrast zwischen ›Wahrheit‹ und ›Tradierbarkeit‹, den Kafka in eine profane und zerstörerische Richtung überwindet, indem er die ›Reinheit‹ und die ›Wahrheit‹ aufgibt, nur um die Möglichkeit zu schreiben zu bewahren. Benjamin bevorzugt die Suche nach der wahren bzw. allegorischen Bedeutung auf Kosten der Kommunikabilität, der leichten Lesbarkeit seiner literarischen Mitteilung. Er will den Erwartungen eines breiten Publikums nicht folgen und er geht bewusst das Risiko ein, missverstanden zu werden. Diesen schwierigen Umweg hält er aber methodologisch für entscheidend, um den Sinn der modernen Epoche allegorisch deuten zu können.

In einem Brief an Horkheimer vergleicht Benjamin seinen Baudelaire-Aufsatz mit der »Reproduktionsarbeit«.[5] Sein Bild der verlorenen oder gefallenen Aura stammt nämlich von Baudelaire. In seinem Aufsatz *Über einige Motive bei Baudelaire* übersetzt er das ›Prosastück‹ *Perte d'auréole*:

»Sie wissen, mein Lieber, von der Angst, die mir Pferde und Wagen machen. Eben überquerte ich eilig den Boulevard, und wie ich in diesem bewegten Chaos, wo der Tod von allen Seiten auf einmal im Galopp auf uns zustürmt, eine verkehrte Bewegung machte, löst sich die Aureole von meinem Haupt und fällt in den Schlamm des Asphalts. Ich hatte den Mut nicht, sie aufzuheben. Ich habe mir gesagt, daß es minder empfindlich ist, seine Insignien zu verlieren als sich die Knochen brechen zu lassen.«[6]

Am Ende des selben Aufsatzes schreibt Benjamin:

»So ist das Erlebnis beschaffen, dem Baudelaire das Gewicht einer Erfahrung gegeben hat. Er hat den Preis bezeichnet, um welchen die Sensation der Moderne zu haben ist: die Zertrümmerung der Aura im Chockerlebnis. Das Einverständnis mit dieser Zertrümmerung ist ihn teuer zu stehen gekommen. Es ist aber das Gesetz seiner Poesie. Sie steht am Himmel des zweiten Kaiserreiches als ›ein Gestirn ohne Atmosphäre‹.«[7]

Der französische Schriftsteller war sich bewusst, dass die auratische und romantische Auffassung des Dichters in der modernen Epoche verloren gegangen war. Der Autor sollte eine neue Sprache verwenden, um das Publikum zu erreichen. In der Epoche, in der die bürgerliche Produktionsweise ihr Tempo beschleunigte und die Großstadt ihre Existenz auf die Geschwindigkeit des Verkehrs und auf die Konzentration der Menge gründete, antwortete Baudelaire auf diese Beschleunigung des Fortschritts mit seinem Zurückziehen in die poetische Produktion. Hillach bringt den Schein, von dem Benjamin spricht, auf eine existentielle Kategorie zurück – auf den Schein der Waren, den Schein des Dichters usw.[8] Es geht aber hier um eine Theatralisierung, um eine Selbstdarstellung, um die Gebärde des Dichters in der Öffentlichkeit, die dann zu einer Lebensweise auch in der privaten Sphäre wird. Benjamin führt den Schein auf die Notwendigkeit zurück, die Rolle des Helden in Form eines Flaneurs, eines Apachens, eines Dandys usw. spielen zu müssen. Die subjektive Schaulust wird ein öffentliches Schauspiel.[9]

3. Schein

Im Mittelpunkt des erkenntnis- und kunsttheoretischen Diskurses von Walter Benjamin steht die »Frage der Darstellung« – wie er in der erkenntnistheoretischen Vorrede zum *Ursprung des deutschen Trauerspiels* schreibt.[10] In seinem philosophischen Diskurs geht er davon aus, dass eine Lücke zwischen Wahrheit und Phänomen klafft und dass diese Lücke von einem ›Schleier‹, von dem ›Schein‹ des Kunstwerks – oder des Phänomens überhaupt – gefüllt wird. Er weist auf die Platonische Ideenlehre hin, um die Unerkennbarkeit der Wahrheit als solche philosophisch zu begründen: »Der Gegenstand der Erkenntnis deckt sich nicht mit der Wahrheit«.[11] Die Wahrheit übernimmt dadurch ›transzendentale‹ (›metaphysische‹) Züge. Hier unterscheidet Benjamin den ontologischen Gegenstand der Erkenntnis von seinem Erkenntnisprozess. Im Mittelpunkt seiner Analyse steht aber nicht der ontologische, sondern der kommunikative Aspekt des Erkenntnisprozesses. Ihr Zweck ist es, die ›Formen‹ der Darstellung des Schönen (und des Wahren) zu bestimmen.

Der Gegenstand des Erkenntnisprozesses »existiert nicht bereits als ein Sich-Darstellendes. Gerade dies aber gilt von der Wahrheit.«[12] Im Reich der Ideen ist die Wahrheit »der Wesengehalt der Schönheit. [...] Schön ist sie [die Wahrheit] nicht sowohl an sich als für den, der sie sucht.«[13] Das Reich der Ideen stellt sich in seiner Form dar; dies darstellende Moment – ein Moment der Selbstdarstellung, der sich-darstellenden Ideen – ist »das Refugium der Schönheit«; das heißt: Das Schöne ist die Form der Darstellung und der Gegenstand der Erkenntnis. Benjamin verlegt den Schwerpunkt seiner philosophischen Aufmerksamkeit von der Wahrheit – bzw. von deren ontologischem Aspekt – auf den Schein, auf die Form als Refugium der Schönheit, auf den ästhetischen und kommunikativen Aspekt des Verfahrens. Das Scheinen ist schön (›verführt‹), »solange es nichts will als scheinen«. Platon behauptet im *Symposium*, die Wahrheit sei der Gehalt des Schönen.[14] Als Benjamin in der Raserei seiner *expositio* zum Kern der Sache kommt – d. h. in dem Moment, in dem er den Unterschied zwischen Wahrheit und Darstellung, zwischen Wahrheit und Erkennbarkeit theoretisch bestimmen sollte –, weicht er ins ›metaphorische Epitheton‹ aus, verwendet er Bilder und eine metaphorische Sprache. Er stellt sich nicht die Frage der Erkennbarkeit der Wahrheit (der Idee, um die Platonische Terminologie zu verwenden); er richtet seine Aufmerksamkeit auf das Darstellungsverfahren und also auf eine ästhetische Erkenntnis, auf eine Erkenntnis der Formen. Dadurch verstärkt er den materialistischen, dinglichen, immanenten Aspekt seines Denkens, eben indem er jede theologische oder ›platonische‹ Komponente in die Metaphysik verschiebt. Aufgabe des Philosophen sei die Rücksicht auf die Darstellung. Und eben diese Suche nach einem erkenntnistheoretischen Raum für die Darstellung öffnet den Weg zu einer Verwertung der Kunst als erkenntnistheoretisches Vorgehen. Indem er ›die Kunst des Absetzens‹, ›die Geste des Fragments‹ und ›die Wiederholung der Motive‹ erwähnt, schildert er – wenn auch durch einen Umweg – die Züge seines Verfahrens.

Das Reich der Ideen (und der Wahrheit) ist von einer lückenlosen »Einheit und Einzigkeit« gekennzeichnet.[15] »Die großen Gliederungen, welche nicht allein die Systeme, sondern die philosophische Terminologie bestimmen«, weisen auf eine »diskontinuierliche Struktur« hin.[16] Die Diskontinuität der Phänomene wird von den Begriffen zu einer höheren Stufe gehoben.[17] Denn nicht als sie selbst, sondern einzig und allein in einer Zuordnung dinglicher Elemente im Begriff stellen die Ideen sich dar. Hier scheint es, als ob Benjamin die Platonische Denkstruktur in eine materialistische Konstruktion umkehren will: Die begriffliche Zuordnung der Phänomene ist die Darstellung der Ideen. Hier wird keineswegs die Sehnsucht nach einer Erkennbarkeit des Ideenreiches, sondern vielmehr die Perzeption der Wahrheit in der begrifflichen Zuordnung der Phänomene unterstrichen; die Liebe für die schöne Erscheinung wird von deren Darstellung der Wirklichkeit, die sie mit sich bringt, verursacht. Die Darstellung spielt in Benjamins Denken eine entscheidende Rolle, sowohl im ästhetischen als auch im kunsttheoretischen und im soziologischen Sinn.

Die Ideen sind die objektive virtuelle Anordnung der Phänomene, sind deren objektive Interpretation.[18] Die Art und Weise, in der die Ideen die Phänomene erreichen, ist deren Repräsentation. Die Ideen sind weder Begriffe noch Dinge. Die Ideen verhalten sich zu den Dingen vielmehr wie die Sternbilder zu den Sternen. In dieser radikalen Trennung zwischen Reich der Ideen und Welt der Phänomene zitiert Benjamin Platon, obwohl man in dieser Stelle auch eine deutliche Nachwirkung von Kant aufspüren kann. Aber bei Kant war die Garantie der Übereinstimmung zwischen der Welt der Phänomene und dem Reich der *noumenon* von der Idee Gottes postuliert. Bei Platon spielt dagegen die Reminiszenz – das Gedächtnis – eine entscheidende Rolle im erkenntnistheoretischen Verfahren.

»Die Ideen sind ewige Konstellationen und indem die Elemente als Punkte in derartigen Konstellationen erfaßt werden, sind die Phänomene aufgeteilt und gerettet zugleich. Und zwar liegen jene Elemente, deren Auslösung aus den Phänomenen Aufgabe des Begriffes ist, in den Extremen am genauesten zutage. Als Gestaltung des Zusammenhanges, in dem das Einmalig-Extreme mit seinesgleichen steht, ist die Idee umgeschrieben. Daher ist es falsch, die allgemeinsten Verweisungen der Sprache als Begriffe zu verstehen, anstatt sie als Ideen zu erkennen. Das Allgemeine als ein Durchschnittliches darlegen zu vollen, ist verkehrt. Das Allgemeine ist die Idee. Das Empirische dagegen wird um so tiefer durchdrungen je genauer es als ein Extremes eingesehen werden kann. Von Extremen geht der Begriff aus.«[19]

Von dieser Behauptung (»Die Ideen sind ewige Konstellationen«) her könnte man schließen, dass Benjamins Arbeitsmethode darin besteht, die kulturellen und künstlerischen Phänomene in eine allgemeine – wenn nicht ›ewige‹ wie das Reich der Ideen, so mindestens ›epochale‹ – Konstellation zurückzuführen und dadurch den verstreuten Erscheinungen eine Anordnung zu geben. Das Erstaunliche dieser erkenntnistheoretischen Vorrede besteht eben darin, dass Benjamin seine berühmte Methode des ›Perlentauchers‹ auf Platons Philosophie angewendet hat. Von dieser entnimmt er die unüberbrückbare Unterscheidung des Ideenreiches von der Welt der Phänomene, den Begriff des Schönen, des Scheins usw. Aber indem er diese Platonische Begriffsbestimmung in seiner Analyse der modernen Epoche umfunktioniert, dekonstruiert er die Platonische

Philosophie selbst. Was davon übrig bleibt, ist für ihn unverwendbar, ist etwas Schlackenhaftes.

Hier liegt die kulturelle Wurzel der gedanklichen Radikalität von Benjamin. In erster Linie ist bei ihm die Radikalität keine politische, sondern vielmehr eine theologische Frage: Man ist erst in der Lage eine dingliche Zuordnung der Phänomene zu vollziehen, wenn man sie als ein Extremes einsieht. Und man kann ihnen viel besser eine Ordnung (einen Sinn) geben, wenn man die Extrem-Fälle in Betracht zieht. Dann sucht Benjamin in seinem Verfahren – im Gegensatz zu Platon wie auch im Gegensatz zu Kant – keineswegs eine Vermittlung, eine Versöhnung, er bemüht sich nicht, festzustellen, ob eine und wie schwache Verbindung zwischen Ideen und Phänomenen überhaupt besteht, sondern er betont die Unterscheidung zwischen den beiden Welten. Wenn man davon ausgeht, dass nach Benjamin die Radikalisierung einer Seite (in welche Richtung auch immer) die Verständigung mit der anderen Seite erleichtert, geht man das Risiko ein, die erkenntnistheoretische Vorrede durch das Theologisch-politische Fragment interpretieren zu wollen.

»Die Wahrheit ist der Tod der Intention. Eben das kann ja die Fabel von einem verschleierten Bilde, zu Sais, besagen, mit dessen Enthüllung zusammenbricht, wer die Wahrheit zu erfragen gedachte. [...] Als Ideenhaftes ist das Sein der Wahrheit verschieden von der Seinsart der Erscheinung.«[20]

Für Benjamin tritt die »Wahrheit nie in eine Relation und insbesondere nie in eine intentionale. [...] Die Wahrheit ist ein aus Ideen gebildetes intentionsloses Sein.«[21] Die Wahrheit ist eine Gewalt, die das Wesen der Empirie prägt:

»Das aller Phänomenalität entrückte Sein, dem allein diese Gewalt eignet, ist das des Namens. Es bestimmt die Gegebenheit der Ideen. [...] Die Idee ist ein Sprachliches, und zwar im Wesen des Wortes jeweils dasjenige Moment, in welchem es Symbol ist.«[22]

Bis zu dieser Stelle, an der Benjamin das Bild von Sais erwähnt, verwendet er in seinem theoretischen Diskurs mehr oder weniger verborgen Elemente aus Platons Ideenlehre, nun betont er die unüberbrückbare Entfernung der Welt der Erscheinung vom Reich der Wahrheit.[23] Sobald er aber die Auffassung der Wahrheit (der Idee) als ein Sprachliches – das heißt als ein Logos mit göttlichen bzw. metaphysischen Zügen – einfügt, scheint er jene metaphysische Garantie der Übereinstimmung der zwei Welten, welche sowohl Platon als auch Kant postulierten, zurückzugewinnen. Benjamin kehrt aber diese metaphysische Perspektive plötzlich um: In dem gleichen Moment, in welchem das Wort Symbol ist, erweist sich die Idee als ein Sprachliches und stimmen Wort, Symbol, Idee und Wahrheit als Logos überein. Dies würde besagen, dass Benjamin – wenn auch über einen Umweg – jene scheinbar unüberbrückbare Verbindung zwischen Phänomen und Idee zurückgewinnt. Er behauptet aber weiter, dass die Worte im empirischen Vernehmen, in das sie sich versetzt haben – also in ihrem ›Fallen‹ von der Welt der Ideen in die Welt der Phänomene – »neben ihrer mehr oder weniger verborgenen symbolischen Seite« auch eine »profane Bedeutung« übernommen haben. Der Dualismus zwischen Wahrheit und Schleier gestaltet sich als eine Zwiespältigkeit zwischen symbolischer und profaner Bedeutung der Worte. Aber mit der symbolischen Bedeutung des Wortes taucht die (wenn auch umgekehrte) Darstellung der Wahrheit wieder auf. Die Wahrheit (die Idee) verbirgt sich in der symbolischen Bedeutung, deren Wahrheit in ihrer Darstellung, in ihrer Repräsentation, in ihrer Inszenierung besteht. Im Mittelpunkt des Benjaminschen Diskurses steht die empirische Kraft des Wortes, des Symbols, der Darstellung.

»Sache des Philosophen ist es, den symbolischen Charakter des Wortes, in welchem die Idee zur Selbstverständigung kommt, die das Gegenteil aller nach außen gerichteten Mitteilungen ist, durch Darstellung in seinen Primat wieder einzusetzen. Da die Philosophie offenbarend zu reden sich nicht anmaßen darf, kann diese Aufgabe der Philosophie durch ein aufs Urvernehmen allererst zurückgehendes Erinnern einzig geschehen. Die Platonische *Anamnesis* steht dieser Erinnerung vielleicht nicht fern.«[24]

Die Idee als das Wort löst sich in der philosophischen Kontemplation aus dem Innersten der Wirklichkeit, das von neuem seine benennenden Rechte beansprucht. Adam, in seinem paradiesischen Zustand, war der einzige, der »mit der mitteilenden Bedeutung der Worte noch nicht zu ringen hatte.[25]

Die Rückgewinnung des Metaphysischen geschieht in Bezug auf die Vergangenheit. Den symbolischen Charakter des Wortes wieder einzusetzen heißt, dessen Wahrheit ergreifen und begreifen zu können und sich der Welt der (ewigen) Ideen – welche auch ihre Terminologie ewig und unveränbar machen – zu öffnen. Die Erinnerung ist der Weg, um diese Bedeutung zurückzugewinnen. Und zwar nicht im Platonischen Sinne, da die Erinnerung im Benjaminschen Diskurs auf die Figur Adams, der in seinem paradiesischen Stand die Namen ohne ihre mitteilende Bedeutung benutzte, hinweist. So deutet die Erinnerung auf einen paradiesischen und deshalb vor-geschichtlichen und vor-kommunikativen Zustand. Der symbolische Charakter des

Wortes bewirkt die Erinnerung an einen adamitischen Zustand, in dem die Worte *nur* die ursprüngliche Bedeutung der Wahrheit hatten: Eine inhaltlose Sprache ohne Kommunikation – eigentlich die Ursprache als Gottessprache. So wird die metaphysische und metahistorische Dimension in einer mit der Sprache ohne Kommunikation eng verbundenen adamitischen Form zurückerworben. Damit rückt aber die Wahrheit in die Vor-Geschichte und in die Metaphysik und wird als reine Sprache – als Ausdruck – verstanden. Man kann diese adamitische Sprache weder neu verwenden noch erkennen, man ist nur in der Lage, ein Fragment ihrer Wahrheit in dem symbolischen Charakter der Worte aufzuspüren.

4. Inversion – Simulation

Wenn die künstlerische Kommunikation der Moderne ihre Sprache aus einem Bildraum entnimmt und sich vorwiegend durch Bilder ausdrückt, dann gründet sich die Suche nach dem Schönen auf dem Schein der Ikonen.

Im Januar 1929 hielt Aby Warburg in Rom in der Biblioteca Herziana einen Vortrag, um sein Mnemosyne-Projekt vorzustellen. »Der Atlas zur Mnemosyne« – schreibt Warburg in seinem Notizbuch – »will durch seine Bildmaterialien Grundlage zunächst nur ein Inventar sein der antikisierenden Vorprägungen, die auf die Darstellung des bewegten Lebens im Zeitalter der Renaissance mitstilbildend einwirkten.«[26] In diesem Projekt verwendet Warburg ein Reproduktions-Medium (nämlich die Photographie), um einen Code der »Bildersprache der Gebärde« aufzuzeichnen.[27] Er hatte vor, die Verwandlung der Ikonen zu zeigen, welche sein geplantes Bilderarchiv zu einer Symbolbibliothek der westlichen Kultur macht. Der Mnemosyne-Atlas überliefert das Gedächtnis von Ereignissen oder Mythen – oder, besser gesagt: von mythisierten Ereignissen und paradigmatisierten Affekten, welche sich in der ›Bildersprache der Gebärde‹ ausdrücken. Im Lauf der Zeit können diese Formeln der Beredsamkeit des Leibes modifiziert werden: »Erst der Kontakt mit der Zeit bewirkt die Polarisation. Diese kann zur radikalen Umkehr (Inversion) des echten antiken Sinnes führen« – schreibt Warburg in seinem Notizbuch.[28] In diesem Inversions-Verfahren taucht als Unterschied zwischen ursprünglicher und aktueller Wertung der Ikonen die Benjaminsche Unterscheidung zwischen ›symbolischer‹ und ›profaner‹ Bedeutung der Sprache wieder auf. Diese nicht mehr lineare Auffassung der Geschichte – und der Kulturgeschichte – zeigt eine starke Ähnlichkeit mit der Geschichtsauffassung von Benjamin, welche von Nietzsche beeinflusst wurde. Indem Warburg die materielle Verwandlung der Bilder (sodass man von *Trans-*

formatio energetica spricht) und ihre Umkehr der Nebenbedeutungen verfolgt, will er eine Topographie des Bildraums und sogar der Einbildungskraft hervorbringen, welche eine epistemologische Ähnlichkeit mit Benjamins Projekt, eine ›Vor-Geschichte‹ der Moderne durch die Analyse der ›Formen‹ des Paris des zweiten Kaiserreichs zu schreiben, zeigt. Benjamins *Passagen-Werk* erhebt den Anspruch, eine Geschichte der Bilder der gesellschaftlichen und künstlerischen Kommunikation der Moderne, aber auch der Traumbilder zu sein.[29]

Um den Sinn der historischen Epoche zu erfassen, muss man die Ursache der Vergangenheit und die gesellschaftlichen Implikationen des Traumes aufdecken. Erst in dem Augenblick, wo der ›Traumdeuter‹ sich die Frage stellt, wie sich diese Traumbilder gebildet haben, wird er zum ›Historiker‹. Das ›Gewesene‹ wird hier von Benjamin nicht als der traditionelle historische Prozess begriffen, den man in Termini des ›Historismus‹ interpretieren kann, sondern als jener vielfältige und komplexe Prozess, der in der »Epoche vor unseren Augen« diese Formen, diese Gegenstände hervorgebracht hat, die sowohl die tägliche Wirklichkeit als auch die Traumwelt bevölkern. Letzten Endes ist also der Traum einerseits an die Geschichte des einzelnen Subjekts, an seine individuelle Vergangenheit; andererseits an die Ursprünge der heutigen Geschichte, an die ›Urgeschichte der Moderne‹, gebunden.

Warburg sammelt die Bilder, um einen Code für Affekte und Leiden zu bestimmen. Der Bildraum wird bei Benjamin in einen kommunikativen Kontext eingebettet, sodass es die Entzifferung der zeitgenössischen Formen der Kunst und der Gesellschaft durch das Studium der jüngsten Vergangenheit ermöglicht. So wie Warburg im Pathos die Formel sieht, welche als »Medium zur Artikulation und Kanalisierung von starken Affekten«[30] wirkt, versteht Benjamin die Traumbilder als Bestand der gesellschaftlichen und künstlerischen Kommunikation. Nun spielt bei Benjamin diese Beziehung eine wechselseitige Rolle: Während die Kunst und die Werbung in ihrem Ausdruck Traumbilder in großer Menge verwenden, ist das Traumkollektiv von Formen und Bildern der Werbung und der modernen Kunst (Film, Fernsehen, usw.) bevölkert. Dadurch übernimmt die erkenntnistheoretische Unterscheidung zwischen ›Schein‹ und ›Wahrheit‹ neue kulturgeschichtliche und ästhetische Züge.

Die Erfahrung der Moderne kann durchaus als allegorische Produktion von Bildern, die durch ihre Zeitverdichtung einen epochalen Sprengstoff enthalten, synthetisiert werden. Zum Bildraum der Moderne gehört auch das Traumkollektiv, d. h. jene Bilder, die von der Massengesellschaft hervorgebracht wurden: Der Kitsch ist der eigentliche Produzent von Traumbildern, die meistens aus der Werbung stammen. Dieser Ablauf hat die Traumbilder vermasst; er hat

Kunstproduktion und Simulation im post-auratischen Zeitalter

aber auch den Verbreitungs- und Vertriebsprozess der Bilder beschleunigt und dadurch ihr Kommunikationsvermögen verstärkt.

Wie Benjamin in seinem Exposé schreibt:

»Aber immer zitiert gerade die Moderne die Urgeschichte. Hier geschieht das durch die Zweideutigkeit, die den gesellschaftlichen Verhältnissen und Zeugnissen dieser Epoche eignet. Zweideutigkeit ist die bildliche Erscheinung der Dialektik im Stillstand. Dieser Stillstand ist Utopie und das dialektische Bild also Traumbild. Ein solches Bild stellt die Ware schlechthin: als Fetisch.«[31]

Über die Analyse Benjamins hinaus benötigt man nach diesem Ablauf eine neue Begriffsbestimmung des Schönen in der Kunst und der expressiven und kommunikativen Werte eines Kunstwerks – auch in Bezug auf den totalen Verlust der Aura und auf die absolute technische Reproduzierbarkeit jedes Bildes.

Wenn Benjamin die Entstehung der Moderne im Paris des zweiten Kaiserreichs sieht und in dieser Periode die gleichzeitige Entstehung der Großstadt als privilegierter Ort der Erfahrung der Moderne, der Traumbilder usw. feststellt, hat sich die Bilderproduktion mit der Entstehung der Massenmedien (besonders des Fernsehens) deutlich vermehrt bis zur Füllung des individuellen Bildraums und bis zur Reduzierung (fast bis zur Vernichtung) der individuellen Einbildungskraft.

Die Verbreitung des Internets und die totale Vernetzung schien einen Spalt in der Einbildungskraft des Individuums eröffnet zu haben. Die Wirtschaft einerseits und der Narzissmus des Einzelnen andererseits haben aber das Netz erobert und es mit so vielen Dateien und Bildern überschwemmt, dass es unbrauchbar geworden ist. Man braucht – wie Umberto Eco jüngst geschrieben hat – eine ›Dezimation‹, bevor man die ›wichtigen‹ Nachrichten annehmen kann. Heute ist damit die von Benjamin geschilderte Lage umgeschlagen: Man braucht nicht mehr die Bilder auszusuchen; das Individuum wird von Bildern überfallen, vom kommunikativen Bildraum verschlungen, in dessen Labyrinth es sich nicht mehr orientieren und dessen Dynamik es nicht steuern kann.

Die Virtualität der Bilder hat ganz und gar jeden Vergleich zur Natur ersetzt, sodass selbst der Begriff ›Verfälschung‹ unzugänglich geworden ist. Der lange Verlauf der Bilderproduktion des Schönen als Fiktion hat jetzt seinen äußersten Punkt erreicht – als die Verwandlung der Helena in Lara Croft. Während aber die Helena-Figur eine lange künstlerische Tradition hinter sich hatte, die sie als Resultat einer archetypischen Konzentration von Schönheitsbildern enthüllt, besteht die Figur von Lara Croft nur aus Bestandteilen, die aus der Kommunikationswelt der Werbung und der Film- und Fernsehbilder stammen.

Hinzu kommt auch die Tatsache, dass die neuen Medien die Wahrnehmungsweise des Publikums geändert haben. Fiktion und Simulation werden heutzutage ganz anders (und mit anderen Inversionen des Sinnes) wahrgenommen und rezipiert als vor der Entstehung von Internet. Die Konstellation Sender-Empfänger hat sich in einem Maße geändert, dass die Kriterien der alten Kommunikationszeit nicht mehr gelten. Die Virtualität hat einen Bruch im Kommunikationskreislauf hervorgebracht, die über die Auraverlustproblematik weit hinausgegangen ist.

Die neue Virtualität der Bilder hat eine neue Art von Schein hervorgebracht. Die Simulation stellt sich als Substitut des Glücks dar. Die Verkleidung des modernen Dichters wird – wie bei Baudelaire – zu einer Parodie des Heros, des epischen Dichters und sie wird also zur Simulation des Vorbildes. Im vorigen Jahrhundert hielt man für selbstverständlich – und die heute dominierende neoliberale Ideologie bestätigt diese Behauptung –, dass der Mensch das eigene Glück nur durch die Produktion der Waren erreichen kann, das heißt, dass die massive Erwerbung der produzierten Waren (nämlich der Konsum) das Glück des Einzelnen, das Wohl der Gemeinschaft und demzufolge das kollektive Glück hervorbringt. Das Glück besteht also nach dem Neoliberalismus in der massiven Produktion und im Konsum der (immer neuen) Waren. »Das Produkt muß aussehen, als ob es keins sei, es muß die eigentümliche Weise seines Produziertseins verbergen.«[32] Ein solches Surrogat ist insofern »originaler als das Original«, indem es fehler- und störungsfreier als dieses ist. Der Übergang vom ›Scheinen‹ zur ›Simulation‹ wird vom Übergang von der industrialisierten zur technologischen (und medialen) Gesellschaft verursacht. Die Bilder haben eine so breite Autonomie von ihrem Referenten – und auch von ihrem angeblichen Bezug auf die ›Wahrheit‹ – erreicht, dass sie beanspruchen, eine ›verbesserte‹ bzw. fehler- und störungsfreie Fassung der Wirklichkeit zu sein. Das künstlerische Phänomen (und das Gewesene) kommt nicht mehr in einem realen (oder ›wahren‹), sondern in einem virtuellen Raum, der aber sowohl kommunikativ als auch erkenntnistheoretisch entscheidender ist, zustande. In diesem virtuellen bzw. simulierten Raum spielt sich auch der Produktionsprozess ab. Und in diesem Raum übernehmen sowohl Benjamins Betrachtungen über den Bildraum und die Einbildungskraft als auch Warburgs Überlegungen über die ›Inversion‹ der Pathos-Formen eine neue und aktualisierte Wertung.

In seiner Analyse *Paris als Hauptstadt des XIX. Jahrhunderts* betont Benjamin wiederholt, dass die moderne Epoche ein komplexes und interaktives Zeichensystem verwendet. Die Körpersprache ist eins dieser Signale, welche einen Bildraum bilden. Der vielfältige Charakter der modernen Zeichen, welche eine Intertextualität hervorbringen, in der aus der sprachlichen Tradition entnommene Bruchstücke mit den aus der zeitgenössischen Technik stammenden Signalen sich mischen, hat das übliche Verfahren der Philologie außer Kraft gesetzt: Es genügt nicht, festzustellen, woher (d.h. aus welchem gedanklichen und sprachlichen System) die Zeichen stammen, um deren Bedeutung entziffern zu können, weil sie in einem anderen semantischen Code umfunktioniert worden sind. Die Umfunktionierung, von der Brecht und Benjamin sprechen, zeigt eine starke epistemologische Ähnlichkeit mit der Inversion (Umkehr), die Warburg darstellt. Die Ikonen der Antike (aber auch der Renaissance) werden in einem Zeichensystem der Moderne umfunktioniert und übernehmen dadurch jeweils neue und andere Wertungen.

Es ist allerdings wahr, dass diese Inversion in der Kunst- und Kulturgeschichte immer üblich gewesen ist und sie in der Adaption von Bildern, welche aus dem semantischen Codes der Tradition stammen, bestand. In der jüngst renovierten Sixtinischen Kapelle im Vatikan zum Beispiel sind in der Figur des Christus als Richters leicht die hellenistischen Züge von Alexander dem Großen zu erkennen. Das zieht kulturpolitische, aber auch kunsttheoretische Konsequenzen nach sich. Auch dass die Entstehung der Deckenfresken der Sixtinischen Kapelle im Vatikan von einer Auseinandersetzung zwischen Michelangelo und Papst Giulio II. gekennzeichnet wurde, ist seit langem bekannt. Die viel spätere Darstellung des triumphierenden und strafenden Christus mit hellenistischen – und also heidnischen – Zügen (und zwar im Meditations- und Gebets-Ort des Heiligen Vaters) heißt, einen ›anderen‹ darstellenden Kanon verwenden zu wollen, welcher der kirchlichen und religiösen Stilisierung einer milden, leidenden, verzeihenden, gnädigen Figur des Christus diametral entgegengesetzt ist. Und eben die Körperlichkeit – die Sprache der Gebärde – des *Christus imperans* drückt eine Gewalt aus, welche nicht nur geistig, sondern auch politisch die profane Macht des Papstes und kunsttheoretisch die Einbildungskraft des Malers bestätigt. Wenn es stimmt, dass der hellenisch-alexandrinische darstellende Code als Ausdruck einer Wertung im Rahmen eines geistigen, fürsorglichen, göttlichen Systems im Hinblick auf die Überwindung jeglichen weltlichen Werts umfunktioniert wird, dann stimmt es auch, dass die Ausdruckskraft der Zeichen – in denen eine Bestätigung der physischen, leiblichen, und dadurch heidnischen und weltlichen Gewalt bleibt – in einen religiösen Code eingebettet und ebenso umfunktioniert wird. Mit anderen Worten, die religiöse Darstellung und ihre Ausdrucksweise eignet sich die hellenische Ikonographie an, indem sie sie innerhalb ihrer eigenen Kunstproduktion umfunktioniert.

In der modernen Epoche bzw. im Zeitalter der technischen Reproduzierbarkeit eines Kunstwerks – welche jetzt nicht nur eine Tätigkeit für große Konzerne sondern eine Gelegenheit für alle, die einen Computer haben, geworden ist –, geht aber die Umfunktionierung der Bilder und deren Inversion über den ästhetischen Bereich der Kunstproduktion weit hinaus und wird zu einer unendlichen Produktion von kommunikativen Codes, die oft nur kommerziellen Zwecken dienen. Die technische Reproduzierbarkeit betrifft nicht nur die Ikonen, sondern auch den Hintergrund, die Bewegung, die Entwicklung der Bilder, die Darstellung einer Körperlichkeit, welche in der Natur nicht unbedingt existieren muss. Die Simulation hat eine virtuelle Realität hervorgebracht, in der semantische Codes, die vollkommen unabhängig von der konkreten Wirklichkeit sind, wirken. Hier ist die Inversion der Bedeutung so weit gegangen, dass sie die Frage des ursprünglichen oder originalen Sinnes sinnlos macht: Der ursprüngliche (originale) Bezugspunkt ist verschwunden. Es wirkt eine Bildersprache ohne Referenz.

Dennoch wird die Bestimmung der Bilderformen nach kulturellen ästhetischen Prinzipien, welche vielleicht von Traumbildern herstammen, orientiert; und diese tendieren dazu, die Figuren durch allgemeinmenschliche Elemente zu definieren. Die Helden der *videogames* und der Trickfilme, aber auch die Personen der Werbung und die Hauptfiguren der Spielfilme, übernehmen Züge, welche eben von dieser traditionellen Ikonographie, die auf jenen hellenischen Ausdruckscode zurückführt, stammen. Die virtuelle Fernsehsprecherin oder Lara Croft als Ikonen des absoluten Schönen bestehen aus der Montage von Details, die als ›das Schöne an sich‹ hypostasiert werden: Die Augen, die Haare, der Busen usw. werden als detaillierte Abstraktion des Schönen verwendet; so ein Verfahren zeigt eine starke Ähnlichkeit zur antiken und klassischen Auffassung des Schönen, nämlich dem idealen Schönen. Und zwar stellt es sich als ein in der Natur nicht existierendes Schönes als eine Zusammenstellung von absolut schönen Einzelheiten, also als eine künstliche Konstruktion, als eine Fiktion dar. Man könnte in diesem Sinn behaupten, dass die Virtualität der Bilder jene Funktion übernimmt, welche die Ideen in Platons Philosophie hatten, auf die Benjamin in der Vorrede zum *Ursprung des deutschen Trauerspiels* hinweist. Nur – und darin besteht die tatsächliche und entscheidende Inversion – wurde das ideale Schöne von aus der Natur entstandenen Bildern aufgebaut; es bezieht sich auf einen ästhetischen Kanon, der auf der Harmonie des Ganzen mit den Teilen und auf eine Tradition der unnachahmlichen Vorbilder gegründet war. In der Virtualität des post-auratischen Zeitalters dagegen hebt die Simulation den Anspruch auf, die Wirklichkeit zu verbessern: Die Reproduzierbarkeit verwandelt sich in die Möglichkeit, immer wieder neu anfangen zu können und den Schmerz, den Tod, die Niederlage aus der Virtualität auszuschließen und sie als Strafe immer wieder neu zu beginnen – auf eine ewig sich wiederholende Sysiphus-Strafe – zu reduzieren.

Die Formen der Helena wurden von einer anderen Erscheinung ersetzt: Die schönste und vollkommenste Frau ist nämlich eine Simulation, eine Maschine, ein Roboter. Sie wird nie alt, sie jammert nicht, sie stirbt nicht: wie die (weibliche) menschenähnliche Klone des Films *Blade Runner*.

Nachweise und Anmerkungen

* Vortrag vom 10. April 2003 im Rahmen des internationalen Symposiums *Ausdruck – Ausstrahlung – Aura, Synästhesien der Beseelung im Medienzeitalter* anlässlich des 75. Geburtstags von Hermann Schweppenhäuser im Warburg-Haus, Hamburg.
1. Walter Benjamin: *Gesammelte Schriften*. Hrsg. von R. Tiedemann, H. Schweppenhaeuser, Frankfurt am Main 1977-1989, Bd. 1.1, S. 208.
2. »Der Wert von Denkbruchstücken ist um so entscheidender, je minder sie ummittelbar an der Grundkonzeption sich zu messen vermögen und von ihm hängt der Glanz der Darstellung im gleichen Maße ab, wie der des Mosaik von der Qualität des Glasflusses.« (Benjamin: *Gesammelte Schriften*. A.a.O., Bd. 1.1., S. 208).
3. Friedrich Hölderlin: *Sämtliche Werke*. Hrsg. von F. Beissner, Stuttgart 1957, Bd. 3, S. 236.
4. »Der Sammler zerstört den Zusammenhang, in dem sein Gegenstand einmal nur Teil eines größeren lebendigen Ganzen gewesen ist, und da für ihn nur das einmalig Echte in Betracht kommt, muß er den erwählten Gegenstand von allem reinigen, was an ihm typisch ist.« (Hannah Arendt: *Benjamin, Brecht. Zwei Essays*. München 1971, S. 56).
5. »Es würde also im letzteren Fall die Arbeit im Umfang von der Reproduktionsarbeit sich nicht allzusehr unterscheiden« (Walter Benjamin: *Briefe Bd. 2*. Frankfurt am Main 1978, S. 751).
6. Benjamin: *Gesammelte Schriften*. A.a.O., Bd. 1.2, S. 651.
7. Benjamin, a.a.O., Bd. 1.2, S. 653.
8. Vgl. Ansgar Hillach: »Erfahrungsverlust und ›chockförmige Wahrnehmung‹«. In: *alternative. Faszination Benjamin; Heft 132/133*. Juni/August 1980, S. 110-118.
9. »Dem Flaneur ist seine Stadt – und sei er in ihr geboren, wie Baudelaire – nicht mehr Heimat. Sie stellt für ihn einen Schauplatz dar.« (Benjamin: *Gesammelte Schriften*. A.a.O., Bd. 5.1, S. 437).
10. Benjamin: *Gesammelte Schriften*. A.a.O., Bd. 1.1, S. 207.
11. Benjamin, a.a.O., Bd. 1.1, S. 209.
12. »Methode, für die Erkenntnis ein Weg, den Gegenstand des Innhabens zu gewinnen, ist für die Wahrheit Darstellung ihrer selbst und daher als Form mit ihr gegeben.« (Benjamin, a.a.O., Bd. 1.1, S. 209).
13. »In der Wahrheit ist jenes darstellende Moment das Refugium der Schönheit überhaupt. So lange nämlich bleibt das Schöne scheinhaft, antastbar, als es sich frank und frei als solches einbekennt. Sein Scheinen, das verführt, solange es nichts will als scheinen.« (Benjamin, a.a.O., Bd. 1.1, S. 210).
14. »Nicht aber tritt er zutage in der Enthüllung, vielmehr erweist er sich in einem Vorgang, den man gleichnisweise bezeichnen dürfte als das Aufflammen der in den Kreis der Ideen eintretenden Hülle, als eine Verbrennung des Werkes, in welcher seine Form zum Höhepunkt ihrer Leuchtkraft kommt.« (Benjamin, a.a.O., Bd. 1.1, S. 211).
15. Vgl. Benjamin, a.a.O., Bd. 1.1, S. 213.
16. Ebd.
17. »Durch ihre Vermittlerrolle leihen die Begriffe den Phänomenen Anteil am Sein der Ideen. Und eben diese Vermittlerrolle macht sie tauglich zu der anderen, gleich ursprünglichen Aufgabe der Philosophie, zur Darstellung der Ideen. Indem die Rettung der Phänomene vermittels der Ideen sich vollzieht, vollzieht sich die Darstellung der Ideen

im Mittel der Empirie.« (Benjamin, a.a.O., Bd. 1.1, S. 214.)
18 Benjamin, a.a.O., Bd. 1.1, S. 214.
19 Benjamin, a.a.O., Bd. 1.1, S. 215.
20 Benjamin, a.a.O., Bd. 1.1, S. 216.
21 Ebd.
22 Ebd.
23 Weiter heißt es in diesem Zusammenhang: »Im empirischen Vernehmen, in welchem die Worte sich zersetzt haben, eignet nun neben ihrer mehr oder weniger verborgenen symbolischen Seite ihnen eine offenkundige profane Bedeutung.« (Benjamin, a.a.O., Bd. 1.1, S. 216).
24 Benjamin, a.a.O., Bd. 1.1, S. 216-217.
25 Benjamin, a.a.O., Bd. 1.1, S. 217.
26 Aby Warburg: »Einleitung zum Mnemosyne Atlas«. In: I. B. Fliedl, Ch. Geissman (Hg.): *Die Beredsamkeit des Leibes. Zur Körpersprache der Kunst.* Salzburg, Wien 1992, S. 171.
27 Vgl. Ulrich Port: »›Transformatio energetica‹. Aby Warburgs Bild-Tex-Atlas Mnemosyne«. In: S. Andriopoulos, B. J. Dotzler (Hg.): *1929. Beiträge zur Archäologie der Medien.* Frankfurt am Main 2002, S. 9-30.
28 Aby Warburg: »Notizbuch 1927«. In: E. H. Gombrich: *Aby Warburg. Eine intellektuelle Biographie.* Hamburg 1992, S. 338.
29 »Im dialektischen Bild ist das Gewesene einer bestimmten Epoche doch immer zugleich das ›Von-jeher-Gewesene‹. Als solches aber tritt es jeweils nur einer ganz bestimmten Epoche vor Augen: der nämlich, in der die Menschheit, die Augen sich reibend, gerade dieses Traumbild als solches erkennt. In diesem Augenblick ist es, daß der Historiker an ihm die Aufgabe der Traumdeutung übernimmt.« (Benjamin: *Gesammelte Schriften.* A.a.O., Bd. 5.1, S. 580).
30 Port: »Transformatio energetica«. A.a.O., S. 21.
31 Benjamin: *Gesammelte Schriften.* A.a.O., Bd. 1.1, S. S. 55.
32 Klaus-Artur Scheier: *Ästhetik der Simulation.* Hamburg 2000, S. 2. Ich bin Herrn Scheier sehr dankbar für seine Begriffsbestimmung der Simulation.

Georg Otte

Zitieren und Antizipieren
Die Frage der Lesbarkeit der Welt im *Passagen-Werk* Walter Benjamins*

Gudrun und Jan Skuin gewidmet

»Das brennendste Interesse der Mode liegt für den Philosophen in ihren außerordentlichen Antizipationen.«[1] Mit dieser kühnen Behauptung leitet Benjamin in gewohnt apodiktischer Manier eines der Fragmente des Konvoluts ›Mode‹ des *Passagen-Werks* ein. Die Apodiktik der Behauptung als solche fordert zu Zweifeln heraus: nämlich daran, dass ›Philosophen‹ Interesse an Mode hätten. Ein solches kann zumindest nicht für die traditionelle Philosophie geltend gemacht werden, und einiges spricht dafür, dass Benjamin sich vom Titel des im selben Konvolut mehrfach erwähnten Textes seines Zeitgenossen Georg Simmel hat leiten lassen, auf dessen *Philosophie der Mode*[2] er wiederholt zurückgreift. Nur ist bei Simmel an keiner Stelle von ›Antizipation‹ die Rede, und überhaupt wird man ihn schwerlich für einen Vertreter der Schulphilosophie halten können bzw. für ›den Philosophen‹ in seiner verallgemeinernden Bedeutung.[3] Die Provokation dieses ersten Satzes liegt aber vielleicht nicht einmal so sehr in dem angeblichen philosophischen Interesse an der Mode, sondern in dem Superlativ, der logischerweise ein mehrfaches Interesse impliziert, wobei das ›brennendste‹ ausgerechnet das an der ›Antizipation‹ sei, d.h. an der Möglichkeit, bestimmte Dinge vorauszusehen, oder, wie es am Ende des Fragments heißt, »im voraus nicht nur um neue Strömungen der Kunst, sondern um neue Gesetzbücher, Kriege und Revolutionen« zu wissen.

Zwischen Anfang und Ende desselben Fragments eingerückt findet sich eine Art Exkurs über die Kunst, die mit der Mode ihren antizipatorischen Charakter teile, ihr letzten Endes aber genau darin auch unterlegen sei. Die Kunst – und darin darf man zumindest für die damalige Zeit eine weitere Provokation sehen – dient Benjamin hier letztlich dazu, den Vorrang der Mode zu illustrieren[4]:

»Es ist ja bekannt, daß die Kunst vielfach, in Bildern etwa, der wahrnehmbaren Wirklichkeiten um Jahre vorausgreift. Man hat Straßen und Säle sehen können, die in allen farbigen Feuern strahlten lange ehe die Technik durch Lichtreklamen und andere Veranstaltungen sie unter ein solches Licht setzte. Auch geht die Empfindlichkeit des einzelnen Künstlers für das Kommende bestimmt weit über die der großen Dame hinaus. Und dennoch ist die Mode in weit konstanterem, weit präziserm Kontakt mit den kommenden Dingen kraft der unvergleichlichen Witterung, die das weibliche Kollektiv für das hat, was in der Zukunft bereitliegt.«[5]

Offenbar zeichnen sich nach Benjamin bestimmte kulturelle Phänomene nicht nur dadurch aus, dass sie der Zeit vorauseilen, sondern auch dadurch, dass sie in ihrem antizipatorischen Potenzial miteinander wetteifern. Dabei übertrifft die »Witterung« des »weiblichen Kollektivs« die ›seherischen‹ Kräfte des einzelnen Künstlers; die ›Nase‹ der Frau für Künftiges ist zuverlässiger als das Auge des Malers und scheint unter den fünf Sinnen für Antizipationen besonders geeignet zu sein.

Auch in der 14. These *Über den Begriff der Geschichte*, einem Text, der neben den Baudelaire-Arbeiten zu den Elaboraten des *Passagen-Werks* gehört, ist von der »Witterung« im Zusammenhang mit der Mode die Rede. Diesmal ist es auch nicht die Kunst, die als Vergleichsgröße für das zeitübergreifende Potenzial der Mode herangezogen wird, sondern nichts Geringeres als die Französische Revolution, die das alte Rom ›zitiert‹:

»Die französische Revolution verstand sich als ein wiedergekehrtes Rom. Sie zitierte das alte Rom genau so wie die Mode eine vergangene Tracht zitiert. Die Mode hat die Witterung für das Aktuelle, wo immer es sich im Dickicht des Einst bewegt. Sie ist der Tigersprung ins Vergangene. Nur findet er in einer Arena statt, in der die herrschende Klasse kommandiert. Derselbe Sprung unter dem freien Himmel der Geschichte ist der dialektische als den Marx die Revolution begriffen hat.«[6]

Das mehr oder weniger alltägliche Phänomen Mode – Benjamin hat nicht nur die Mode der »großen Dame« im Sinne – wird in einem Atemzug mit jenem Ereignis genannt, das allgemein als Wasserscheide der neuzeitlichen Geschichte des Abendlandes gilt. Diesmal geht es dann nicht um ihre antizipatorischen Kräfte, sondern um ihre außerordentliche Fähigkeit, Vergangenes zu zitieren. Dem selbstauferlegten marxistischen Ansatz[7] folgend dämpft Benjamin die kulturelle und historische Aufwertung der Mode lediglich dadurch, dass der »Tigersprung« in einer Arena stattfindet, »in der die herrschende Klasse kommandiert.«

Das Einbringen der Mode in geschichtsphilosophische Überlegungen ist jedoch mehr als eine Provokation an die Adresse der Philosophen oder des akademischen Establishments, das Benjamin bekanntlich die Aufnahme in den Universitätsbetrieb verweigerte. Es ist Teil einer generellen Aufwertung des

Alltäglichen und gemeinhin Verachteten⁸, wie er sich allein in dem nach wie vor pejorativen Gebrauch des Wortes niederschlägt und demzufolge bestimmte Neuerungen als ›bloße Mode‹ abgewertet werden. Nach Art der proustschen Erinnerungserlebnisse räumt Benjamin hier bewusst einem Alltagsphänomen, das als solches oft nur unterschwellig wahrgenommen wird, einen besondern Platz ein, um deutlich zu machen, dass auch – oder gerade – als unbedeutend eingestuften Phänomenen die Möglichkeit innewohnt, sei es Vergangenes zu ›zitieren‹, sei es Künftiges vorwegzunehmen.

Auch wenn Benjamin sich in den *Thesen* nicht dazu versteigt, die Bedeutung der Mode – wie im Falle der Kunst – über die der Französischen Revolution zu stellen, so kann doch davon ausgegangen werden, dass er ihr gerade wegen ihres unterschwelligen Charakters – er zählt die Mode neben der Architektur zum »Traumbewusstsein des Kollektivs«⁹ – den Vorrang einräumen würde, da das eher beiläufige ›Zitieren‹ einer alten Tracht dem flüchtigen Zusammentreffen der Gegenwart mit der Vergangenheit (»Das wahre Bild der Vergangenheit huscht vorbei.«¹⁰) eher gerecht wird als etwa die rhetorischen Bezugnahmen eines Robespierre auf das alte Rom.¹¹ Denn die Bezüge, die sich zwischen der Gegenwart und den ihr vorausgehenden bzw. nachfolgenden Epochen herstellen lassen, beruhen weniger auf den spektakulären »Tigersprüngen«, die von den großen Dompteuren in der Arena der Geschichte vorgeführt werden, als auf einem »heimlichen Index«, den, wie es in der zweiten geschichtsphilosophischen These heißt, die Vergangenheit mit sich führe und der auf ihre »geheime Verabredung« mit der Gegenwart verweise.¹² Im eingangs zitierten Fragment sind es »irgendwelche geheimen Flaggensignale«, die die Gegenwart an die Zukunft entsendet; sie zu ›lesen‹ würde es uns erlauben, einen Blick in die Zukunft zu werfen.

Das von Benjamin in Aussicht gestellte Ablesen von künftigen Gesetzbüchern, Kriegen und Revolutionen anhand der Mode mag überzogen anmuten, zumal der Begriff des ›Lesens‹ hier stark an gewisse hellseherische, gemeinhin als unseriös verworfene Praktiken erinnert. Aber abgesehen davon, dass Benjamin auch der Wahrsagerei mit Respekt begegnet, wird bei genauerem Hinsehen deutlich, dass es hier nicht um das Lesen aus der Hand oder aus den Eingeweiden geht¹³, sondern um das Lesen als einer besonderen Art der Wahrnehmung und als Teil einer umfassenden Geschichtsphilosophie, wie sie in den *Thesen* ihren letzten Ausdruck fand.

Wie ernst Benjamin es mit der Mode meint, zeigt auch sein Versuch, den Klassenunterschied zwischen Proletariat und Bourgeoisie jeweils durch das

Kriterium der Kontinuität bzw. Diskontinuität zu erklären: so zeichne sich die ›Bürgerklasse‹ – ihrer größeren Nähe zur Mode entsprechend – durch Sprunghaftigkeit aus. Dies zeige sich auch darin, dass die Ideen, die aus dieser Klasse hervorgehen, ›wandelbarer‹ seien als das angeblich solidere ideologische Fundament der Unterdrückten. Um nun zu einem angemessenen Verständnis des Bürgertums zu gelangen, wird ›für den materialistischen Dialektiker‹ die Diskontinuität zur ›regulativen Idee‹; der ›modische‹ Gegenstand verlangt eine ›modische‹ Methode:

»Bei diesem Geschäft [das Bürgertum zu verstehen] muß *exzentrisch* und *sprunghaft* verfahren werden. Es ist im vollsten Sinne des Wortes ein *modisches*.«»Rettungen« an den großen Figuren des Bürgertums vollziehen, heißt nicht zum wenigsten, sie in diesem hinfälligsten Teil ihres Wirkens begriffen zu haben, und eben aus ihm das *herauszureißen*, das zu *zitieren*, was unscheinbar unter ihnen begraben blieb, weil es den Mächtigen nur sehr wenig half. [...]«[14]

Dem Kenner der geschichtsphilosophischen Thesen entgeht nicht die Ambivalenz dieses Fragments: einerseits scheint Benjamin die negative Konnotation der Mode als Ausdruck bloßer Neuerungssucht noch dadurch zu verstärken, dass er ihrer gängigen Abwertung noch eine klassenkämpferische Note gibt, wenn er sich noch im selben Fragment zu der pathetischen Formel hinreißen lässt, dass sich die »Wellen der [bürgerlichen] Mode« an der »kompakten Masse der Unterdrückten« brechen, andererseits ist bekannt, wie er gerade in den *Thesen* den ›Chock‹, den Sprung und den Bruch mit dem ›Kontinuum‹ aufwertet, um zu einer Erneuerung des Geschichtsverständnisses zu gelangen.

Eine weitere Ambivalenz, die für Benjamins Vorgehensweise überhaupt kennzeichnend ist, besteht darin, dass auch in diesem letzten Fragment die Grenze zwischen Sein und Bewusstsein, zwischen ontologischer und epistemologischer Ebene verwischt ist, wobei sich hier streng genommen sogar drei Ebenen abzeichnen, deren unmerkliche Vermischung eine analytische Lektüre erschweren: Erstens ›ist‹ das Bürgertum modisch, zweitens hat es ein modisches, bzw. sprunghaftes Bewusstsein und drittens kann nur mithilfe einer strukturell korrespondierenden, d.h. diese Sprunghaftigkeit irgendwie nachvollziehenden Methode verstanden werden. Nun ist diese Methode wiederum keine Ad-hoc-Anpassung an einen besonderen Gegenstand und auch keine Errungenschaft des Spätwerks, denn bereits in der *epistemologischen Vorrede* zum Trauerspielbuch – Benjamin selbst betont immer wieder die Parallelen zwischen diesem und dem *Passagen-Werk* – finden sich Überlegungen im Umkreis des ›Sprungs‹, am deutlichsten an der Stelle, wo er den im Titel enthaltenen ›Ursprung‹ definiert: »Im Ursprung wird kein Werden des Entsprungenen, vielmehr dem Werden und Vergehen Entspringendes gemeint.«[15]

Sprunghaftigkeit und Exzentrizität sind demnach nicht nur ein Verhaltensmerkmal der Pariser Bourgeoisie des 19. Jahrhunderts, sondern stellen für Benjamin ein generelles erkenntnistheoretisches Postulat dar, das auch in besagter Vorrede zur Sprache kommt, wenn es dort heißt, dass sich die Ideen zu den Dingen »wie die Sternbilder zu den Sternen«[16] verhalten:

»Die Ideen sind ewige Konstellationen und indem die Elemente als Punkte in derartigen Konstellationen erfaßt werden, sind die Phänomene aufgeteilt und gerettet zugleich. Und zwar liegen jene Elemente, deren Auslösung aus den Phänomenen Aufgabe des Begriffes ist, in den Extremen am genauesten zutage. Als Gestaltung des Zusammenhanges, in dem das Einmalig-Extreme mit seinesgleichen steht, ist die Idee umschrieben.«[17]

Das Sternbild als solches ist ex-zentrisch; genau genommen ist sein Zentrum sogar leer, denn es wird allein durch seine Extreme – die Sterne – gebildet. Auch in der 17. geschichtsphilosophischen These wird Benjamin wieder auf die – etymologisch ernst zu nehmende – »Konstellation« zurückgreifen, wie sie sich aus der dort geforderten »Stillstellung« der Geschichte ergibt. Erst das Heraussprengen einer Epoche »aus dem homogenen Verlauf der Geschichte« macht es möglich, dass sie als exzentrisch, sprunghaft und schließlich konstellar wahrgenommen wird. Die Diskontinuität, die im angeführten Zitat aus dem Passagen-Werk nicht nur das Sein und das Bewusstsein der Bourgeoisie bestimmt, sondern auch den Verstehensprozess des Historikers leiten soll, wird hier zu einer allgemeinen erkenntnistheoretischen Forderung erhoben.

Nun zeichnet sich die Mode nicht nur im allgemeinen Verständnis durch ihren exzentrischen Charakter aus, sondern sie wird auch gerade dadurch zu einem ästhetischen Pendant zu Benjamins Geschichtsbegriff, dass die ihr eigene Sprunghaftigkeit sie zu einer dezentrierten Erscheinung macht. Die Extra-Vaganz, das Abweichen der neuen Mode von den eingefahrenen Bahnen der jeweils vorangegangenen, bedeutet für den von Benjamin idealisierten Historiker insoweit eine Arbeitserleichterung, als sie dem von ihm sonst zu leistenden »Herausreißen« (vgl. vorletztes Zitat) bzw. dem »Heraussprengen« (vgl. 17. These) der Elemente aus ihrem Kontext gewissermaßen vorgreift. Denn der »materialistische Dialektiker« braucht im Falle der Mode nicht mehr »das Kontinuum der Geschichte aufzusprengen«, wie in der 16. These gefordert wird, sondern kann gleich dazu übergehen, in ihr zu ›lesen‹.

Die der Mode eigene Diskontinuität führt dazu, dass sich ein ›Einmalig-Extremes‹ der jeweiligen Epoche an der Bekleidung der Menschen herauskristallisiert und damit zu ihrer Charakterisierung beiträgt. Diese Diskontinuität bedeutet aber auch, dass die Mode, nachdem sie für eine Saison auf der Höhe der Zeit war, bald in die Tiefen des kollektiven Gedächtnisses abstürzt, um vielleicht später einmal daraus hervorzitiert zu werden. Aber auch wenn dieses ›Einmalig-Extreme‹ jetzt nur noch als ›Trümmer‹ weiterbesteht – wichtig ist, *dass* es noch besteht und somit von einer bestimmten Gegenwart wieder aufgelesen und ›gelesen‹ werden kann.

Hinter dem ›materialistischen Historiker‹ marxistischer Prägung scheint sich ein spezifisch Benjaminscher Materialismus zu verbergen, der den ersteren insoweit an Radikalität übertrifft als er der Stofflichkeit des Erkenntnisobjekts und der ihr entsprechenden sinnlichen Wahrnehmung große Bedeutung beimisst. Dennoch überlässt Benjamin es an anderer Stelle einmal mehr dem ›historischen Materialismus‹, die ›tote‹ Materie zu beleben. Wieder ist es ein »brennendes Interesse« – Benjamin scheint seine eigenen Interessen immer anderen Berufsdenkern zu unterstellen –, von dem der Historiker heimgesucht wird:

»Das Interesse das der materialistische Historiker am Gewesnen nimmt, ist an einem Teil stets ein brennendes Interesse an dessen Verflossensein, an seinem Aufgehörthaben und gründlich Totsein. Dessen im Großen und fürs Ganze versichert zu sein, ist für jede Zitierung (Belebung) von Teilen dieses Phänomens die unerläßliche Voraussetzung. [...]«[18]

Während das revolutionäre Proletariat paradoxer Weise in einer Art von stillem Einvernehmen mit seiner Vergangenheit lebt – »Die Beispiele seiner Kämpfer, die Erkenntnisse seiner Führer veralten nicht«[19] – und sich damit durch eine gewisse Statik innerhalb des geschichtlichen Kontinuums auszeichnet, müssen die Trümmer, die von der ›modischen‹ Dynamik des Bürgertums zurückbleiben, wie von einem Archäologen freigelegt, neu belebt und damit zitierbar gemacht werden. Das Paradox ließe sich dahingehend verstehen, dass das Proletariat aus der Vergangenheit seiner Anführer schöpft, um die Gegenwart zu verändern, während das Bürgertum mithilfe der Mode die Gegenwart – scheinbar – wechselhaft gestaltet, um von einer von Unterdrückung geprägten Vergangenheit abzulenken und so die Gegenwart in einen anhaltenden Status quo zu verwandeln.

Nun ist eine solche Unterscheidung zwischen einer revolutionären und einer negativ konnotierten, »modischen« Dynamik, mit der wiederum revolutionäre Impulse durch eine Art Augenwischerei beschwichtigt werden sollen, nicht mit der Bedeutung zu vereinbaren, die Benjamin der Mode und damit der sinnlich wahrnehmbaren Welt überhaupt abgewinnt. Auch wenn hin und wieder – meist unter marxistischen Vorzeichen – der Dualismus von Sein und Schein, von latenter Wahrheit und manifester, sinnlich wahrnehmbarer Täuschung durchscheint und er in diesen Momenten der platonischen, christlichen, cartesianischen und schließlich auch marxistischen – in einem Wort: der abendländischen Verdächtigung der Sinne nahe kommt, so wird doch an den hier zitierten Fragmenten deutlich, dass diese Sinne nicht nur körperliche Organe, sondern Organon einer, wie es an anderer Stelle heißt, »höheren Konkretion«[20] sind, in der sich die Vergangenheit materialisiert.

Dabei könnte die Rede von der »höhere[n] Konkretion« – im selben Fragment ist außerdem von einem »höheren Aktualitätsgrad« und einer »höhere[n] Aktualität« die Rede – wieder an die althergebrachte Hierarchie erinnern, wonach die Wirklichkeit in höhere und niedere Sphären unterteilt und die körperliche Welt der letzteren zugeordnet wäre. Die »höhere Konkretion« spielt sich jedoch nicht etwa in einer höheren Sphäre innerhalb einer vertikal gedachten Schichtung ab, sondern ist Folge eines raumzeitlichen Prozesses, den Benjamin in diesem Fragment mit »Verdichtung« beschreibt. Nach Art des Treibguts, das von einem Fluss mitgetragen wird und das sich an bestimmten Hindernissen staut, kann eine jede Gegenwart dem Zeitstrom Hindernisse entgegenstellen, an denen sich die »Trümmer« der Vergangenheit ansammeln. Das mitgeführte Material verdichtet sich dabei zu einem räumlichen Gebilde bzw. zu einem Bild, in dem sich die ansonsten verstreut vorkommenden Elemente der Vergangenheit vereinigen und auf diese Weise jene »höhere Konkretion« im Raum erlangen – im Gegensatz zur diffusen, ›niederen‹ Konkretion in der Zeit.

Die terminologischen Anstrengungen Benjamins, wonach die Vergangenheit in »das Gewesene«, die Gegenwart in das »Aktuelle« oder die »Jetztzeit« und schließlich die Zukunft in »das Kommende« umbenannt werden, mögen ein weiterer Hinweis darauf sein, dass seine Dialektik auch nicht die zwischen einem ›niederen‹ Unterbau und einem ›höheren‹ Überbau ist,[21] sondern die einer gegenseitigen Durchdringung und Verdichtung verschiedener Epochen. Es ist vielleicht kein Zufall, dass Benjamin im folgenden Fragment nicht vom »*Begriff* der Geschichte« – wie seine »Thesen« nachträglich betitelt wurden –, sondern von einer veränderten, ebenfalls eine Überwindung der Fortschrittsideologie anstrebenden Geschichts*anschauung* spricht. Sicherlich kein Zufall ist es, wenn er einmal mehr die Mode heranzieht, um diese »Anschauung« zu untermauern. Dieser zufolge

> »wäre von der zunehmenden Verdichtung (Integration) der Wirklichkeit zu sprechen, in der alles Vergangene (zu seiner Zeit) einen höheren Aktualitätsgrad als im Augenblick seines Exis-

tierens erhalten kann. Wie es als höhere Aktualität sich ausprägt, das schafft das Bild als das und in dem es verstanden wird. Und diese dialektische Durchdringung und Vergegenwärtigung vergangner Zusammenhänge ist die Probe auf die Wahrheit des gegenwärtigen Handelns. Das heißt: sie bringt den Sprengstoff, der im Gewesnen liegt (und dessen eigentliche Figur die *Mode* ist) zur Entzündung. So an das Gewesene herangehen, das heißt nicht wie bisher es auf historische sondern auf politische Art, in politischen Kategorien behandeln. ›Mode‹«[22]

Auch im anfangs zitierten Fragment, wo es um die Rivalität zwischen Mode und Kunst geht, bezieht sich die Antizipation nicht auf irgendeine, sondern auf die »wahrnehmbare Wirklichkeit«, und wenn Benjamin dort statt von der Zukunft zwei Mal von den »kommenden Dingen« und einmal von dem »Kommenden« spricht, mit denen die Mode in »weit konstanterem, weit präziserm Kontakt« stehe, so soll auch hier wieder durch Wortwahl und Grammatik (Partizip Präsens) deutlich gemacht werden, dass Gegenwart und Zukunft nicht in einem Verhältnis von Ursache und Wirkung zueinander stehen – im Anhang A der Thesen gibt Benjamin seiner Ablehnung gegenüber dem »Kausalnexus« Ausdruck –, sondern dass die Zukunft in der Gegenwart *schon* da ist, genauso wie das »Gewesene« in ihr *noch* da ist. Es handelt sich bei der Antizipation also nicht um geheimnisvolle Kontakte zu einer übersinnlichen, sondern zu einer sinnlichen-materialen Welt bzw. um die Feststellung, dass Vergangenheit, Gegenwart und Zukunft von *einer* Welt sind,und dass die Unterscheidung von sukzessiven Zeitstufen angesichts des »aktuellen« räumlichen Nebeneinanders der Dinge – und sei die Vergangenheit auch nur in Form von Trümmern präsent – an Bedeutung verliert.

Auch wenn die Beschäftigung mit der Zukunft in Benjamins Werk eher eine Ausnahme darstellt und er ihr im »Anhang B« der Thesen im Rahmen einer generellen Fortschrittskritik eine knappe Absage erteilt, so wird doch an Stellen wie dem Eingangszitat deutlich, dass es im Grunde gleichgültig ist, ob es die Vergangenheit oder die Zukunft ist, mit der die Gegenwart in irgendeiner Weise in »Kontakt« steht. In diesem Punkt hat sogar der Wahrsager dem positivistischen Historiker etwas voraus, der von seinesgleichen verlangt, dass er »alles, was er vom spätern Verlauf der Geschichte wisse, sich aus dem Kopf schlagen« solle (7. These), um nur das ›positive‹ Ereignis gelten zu lassen:

»Sicher wurde die Zeit von den Wahrsagern, die ihr abfragten, was sie in ihrem Schoße birgt, weder als homogen noch als leer erfahren. Wer sich das vor Augen hält, kommt vielleicht zu einem Begriff davon, wie im Eingedenken vergangene Zeit ist erfahren worden: nämlich ebenso.«[23]

Wenn die Mode »die Witterung für das Aktuelle [hat], wo immer es sich im Dickicht des Einst bewegt«, so geht das Verhältnis zwischen Gegenwart und Vergangenheit weit über das einer bloßen Nähe hinaus, und der »Tigersprung ins Vergangene«, den auch die Mode vollzieht, hat weniger mit dem Überspringen der großen Distanz zu tun, wie sie die Französische Revolution und das alte Rom voneinander trennt, als mit dem Auflauern und Erbeuten des Aktuellen, das auch hier nicht einfach nur ein Synonym für Gegenwart innerhalb einer »leeren und homogenen Zeit« ist, sondern für die zur Gegenwart verdichteten Vergangenheit bzw. für das »Dickicht des Einst« steht.

Auch die Arena, wo der domestizierte Tigersprung der urbanen Klassengesellschaft stattfindet, ist ein Zeit-Raum, in dem Geschichte sich vollzieht und in dem die Frage, ob ein Ereignis vor oder nach dem anderen liegt, zweitrangig ist. Für Benjamin gibt es nicht verschiedene ›Schauplätze der Geschichte‹, die im Sinne des positivistischen Objektivitätsideals voneinander isoliert werden müssten, sondern Geschichte als ganzes ist – wie die Arena – ein einziger großer Schauplatz, auf dem die Ereignisse in verschiedene »Konstellationen« zueinander treten können. So eindeutig Benjamin immer wieder für den historischen Materialismus Position bezieht, so wird gerade in dieser 14. These deutlich, dass »Dickicht«, »Arena« und »freier Himmel« Ausdruck einer Verräumlichung der Zeit sind, für die sich schwerlich bei Marx Belege finden dürften. So bleibt Benjamin auch eine nähere Erläuterung dieses angeblich marxistischen Konzepts schuldig, zumal Marx das »Zitat« in der Geschichte als »Farce« abtut und den Rückgriff auf die Vergangenheit eher als Hemmschuh in einer revolutionären Entwicklung betrachtet als einen möglichen Erkenntnisgewinn:

»Und wenn sie eben damit beschäftigt scheinen, sich und die Dinge umzuwälzen, noch nicht Dagewesenes zu schaffen, gerade in solchen Epochen revolutionärer Krise beschwören sie ängstlich die Geister der Vergangenheit zu ihrem Dienste herauf, entlehnen ihnen Namen, Schlachtparole, Kostüm, um in dieser altehrwürdigen Verkleidung und mit dieser erborgten Sprache die neuen Weltgeschichtsszene aufzuführen. So maskierte sich Luther als Apostel Paulus, die Revolution von 1789-1814 drapierte sich abwechselnd als römische Republik und als römisches Kaisertum [...].«[24]

Wenn auch Marx hier den Bildbereich der Kleidung und des Stoffes bemüht, so geschieht dies in der klaren Absicht, die Bezugnahme auf die Vergangenheit nicht als Zitat, sondern als Maskerade abzutun, die der politischen Aktion in der Gegenwart eher abträglich ist. »Kostüm« und »Verkleidung« werden mit der Welt des Theaters assoziiert und sollen somit den Scheincharakter solcher

Rückgriffe auf die Vergangenheit entlarven. Von einem dialektischen Verhältnis zur Vergangenheit kann bei Marx keine Rede sein; denn, so der Satz vor der zitierten Stelle, die »Tradition aller toten Geschlechter lastet wie ein Alp auf dem Gehirne der Lebenden.« Während das »gründlich Totsein« (s.o.) der Vergangenheit bei Benjamin lediglich Voraussetzung dafür ist, dass sie zitiert und somit wiederbelebt werden kann, ist die Vergangenheit für Marx eine Last, von der die Gegenwart sich freizuhalten hat.

Entscheidender jedoch als die Divergenzen zum marxistischen Geschichtsbild, die im *Passagen-Werk* offen zutage treten, in den »Thesen« jedoch emphatischen Bekenntnissen zum Historischen Materialismus weichen mussten, ist für die hier behandelte Thematik die im angeführten Marx-Zitat vollzogene Abwertung der Anleihen der Gegenwart an die Vergangenheit. Die Verunsicherung angesichts der revolutionären Krisensituation führt nach Marx zu einer »Verkleidung« der Gegenwart mit Versatzstücken der Vergangenheit und damit zu einer Verfälschung der realen Situation. Das Entlehnen, Erborgen, Maskieren und Drapieren, von denen bei Marx die Rede ist, soll deutlich machen, wie das Sein der Gegenwart vom Schein der Vergangenheit verdeckt und dadurch seines revolutionären Potenzials beraubt wird. Die Übernahme von sinnlich wahrnehmbaren Symbolen aus der Vergangenheit dient lediglich der Aufführung einer ›neuen Weltgeschichtsszene‹; Marx selbst erinnert daran, dass die ›Farce‹ ursprünglich aus der Welt des Theaters hervorgegangen ist.

Die Verräumlichung der Geschichte auf dem Marxschen Theater hat also nichts mit der Benjaminschen Arena zu tun; Vergangenheit und Gegenwart durchdringen sich bei Marx auch nicht zu einer historischen Synthese, sondern behindern sich gegenseitig, wenn sie einmal zusammentreffen. So überrascht es auch nicht, wenn Benjamin mit seiner Forderung nach einem alles verbindenden und verdichtenden ›Zeitkern‹ explizit in Distanz zum Marxismus rückt:

> »Entschiedene Abkehr vom Begriffe der ›zeitlosen Wahrheit‹ ist am Platz. Doch Wahrheit ist nicht – wie der Marxismus es behauptet – nur eine zeitliche Funktion des Erkennens sondern an einen Zeitkern, welcher im Erkannten und Erkennenden zugleich steckt, gebunden. Das ist so wahr, dass das Ewige jedenfalls eher eine Rüsche am Kleid ist als eine Idee.«[25]

Benjamin hält nichts von einem Erkenntnisfortschritt, bei welchem die Gegenwart des erkennenden Subjekts gegenüber dem erkannten Objekt der Vergangenheit immer mehr ›fort-schreitet‹, um die für eine angemessene Erkenntnis vorausgesetzte Distanz zu erlangen. So schwierig es sein mag, sich unter diesem Zeitkern etwas vorzustellen – einiges spricht dafür, dass es sich um eine Analogie zum Magnetkern mit seinen Polen und Kraftfeldern handelt[26] –, entscheidend ist, daß hier einmal mehr von einer raumzeitlichen Verdichtung die Rede ist und daß Subjekt und Objekt Teil ein und desselben Kerns sind, vielleicht seine beiden Pole, zwischen denen sich bestimmte Kraftfelder und Spannungen aufbauen.

Einiges spricht dafür, dass auch die Rüsche Eigenschaften eines solchen Zeitkerns übernehmen kann. Nach Art der proustschen Madeleine ›steckt‹ sie als ein Ewiges nicht nur in einem bestimmten historischen Kontext, sondern auch im ›unwillentlichen Gedächtnis‹ (*mémoire involontaire*) der historischen Akteure. Sie ist der Kern, der sowohl polarisiert als auch zusammenhält und somit für die dialektische Spannung zwischen der Identität des ewigen Zeitkerns und der Differenz des Partikularen der verschiedenen Zeitstufen sorgt. Die Mode als solche mag ›sprunghaft‹ sein und somit als Metapher der Differenz herhalten, aber ihre ›einmalig-extremen‹ Accessoires rufen nicht weniger sprunghafte, ›unwillentliche‹ Erinnerungen an bestimmte Epochen der Vergangenheit hervor und stellen aufgrund ihrer zwar marginalen, aber ›ewigen‹ Identität ein untergründiges Verbindungsglied zwischen ihnen dar.

Die Rüsche *zitiert* die Vergangenheit. Dabei hat sie mit dem wörtlichen Zitat die Ambivalenz gemein, welche dem metonymischen Charakter des Zitats generell eigen ist: Genauso wie das verbale Zitat einerseits die identische Wiederholung eines Textfragmentes, gleichzeitig aber Evokation eines ganzen Textes ist – man zitiert einen (ganzen) Text, indem man einen Teil von ihm wiederholt –, stellt auch die Rüsche durch ihr erneutes Auftauchen eine Verknüpfung zwischen unterschiedlichen Kontexten her. Und genauso wie das zitierte Textfragment einerseits einen Bruch innerhalb des aktuellen Textkontinuums herbeiführt, andererseits aber zwei distante Texte einander annähert und einer Synthese zuführt, ruft auch die Rüsche sowohl eine ›Sprengung‹ des Kontinuums des Modegeschehens hervor als auch eine Annäherung zweier unterschiedlicher Epochen. Dabei ist die Leistung des Zitats mit dem vergleichbar, was nach Benjamin Aufgabe des historischen Materialisten ist:

»Er nimmt sie [die Chance] wahr, um eine bestimmte Epoche aus dem homogenen Verlauf der Geschichte herauszusprengen; so sprengt er ein bestimmtes Leben aus der Epoche, so ein bestimmtes Werk aus dem Lebenswerk. Der Ertrag seines Verfahrens besteht darin, daß *im* Werk das Lebenswerk, *im* Lebenswerk die Epoche und *in* der Epoche der gesamte Geschichtsverlauf aufbewahrt ist und aufgehoben.«[27]

Jedes Zitieren ist ein ›Herausbrechen‹ eines Fragments aus *seinem* Text bzw. seinem historischen Kontext und repräsentiert ihn sowohl im Sinne einer Stellvertretung als auch im zeitlichen Sinne, indem er es vergegenwärtigt, ›re-präsent‹ macht. Dem Herausbrechen des Fragments aus der Vergangenheit entspricht sein ›Einbrechen‹ in den Text oder Kontext der Gegenwart. Die Plötzlichkeit, mit der dies geschieht, signalisiert dabei das Aufsprengen der Linearität, dessen destruktiver Aspekt dadurch aufgehoben wird, dass das Zustandekommen von komplexen Konstellationen in Form von ›historischen‹, bzw. ›dialektischen Bildern‹ ermöglicht wird:

»Bild ist dasjenige, worin das Gewesene mit dem Jetzt blitzhaft zu einer Konstellation zusammentritt. Mit anderen Worten: Bild ist die Dialektik im Stillstand. Denn während die Beziehung der Gegenwart zur Vergangenheit eine rein zeitliche, kontinuierliche ist, ist die des Gewesnen zum Jetzt dialektisch: ist nicht Verlauf sondern Bild sprunghaft.«[28]

So überrascht es auch nicht, wenn Benjamin den vielzitierten Satz mit der Rüsche nicht nur im erkenntnistheoretischen Konvolut N zum besten gibt, sondern ihn noch einmal als selbstständiges Fragment in das Mode-Konvolut B aufnimmt, und zwar mit dem Stichwort ›Dialektisches Bild‹ als Querverweis.[29] »Die Mode besteht ja nur aus Extremen«[30], heißt es im selben Konvolut, denn Extreme wie die Rüsche sind es, die einer bestimmten Mode einerseits ihre Identität verleihen, zum anderen das blitzhafte *Déjà-vu*-Erlebnis des dialektischen Bildes ermöglichen.

Benjamins Anwendung des Zitatbegriffs auf die materiale Wirklichkeit ist heute – in der Architektur z.B. – weit verbreitet[31], und wenn unser Autor sowohl im Falle der Mode als auch der Architektur immer wieder auf deren Bezüge zur Vergangenheit hinweist, so mag man ihn neben anderen Vorläuferschaften – bzw. ›Antizipationen‹ – auch für die der Postmoderne in Anspruch nehmen. Zu fragen wäre, inwieweit dies auch für den Begriff der Lesbarkeit gilt, der sich inzwischen – auch im Bereich der Kulturwissenschaften – einer gewissen Beliebtheit erfreut.[32] Für die *Cultural Studies* angelsächsischen Ursprungs könnte er u.a. für den emanzipatorischen Aspekt der Kulturen in Anspruch genommen werden, nämlich in dem Sinne, dass die Vorherrschaft von logozentrischen Schriftkulturen dadurch in Frage gestellt wird, dass der Schrift andere symbolische – und damit ›lesbare‹ – Formen als gleichberechtigt beigeordnet werden. Auch hier könnte man Benjamin ein Vordenkerrolle einräumen, obwohl bei aller Vereinnahmung unseres Autors durch postkoloniale Theorien[33] betont werden muss, dass er sich an keiner Stelle mit Fragen des (kulturellen) Kolonialismus auseinander gesetzt hat.

Dass diese Vereinnahmung dennoch möglich ist, könnte damit zu tun haben, dass Benjamin die Emanzipation der Wirklichkeit gegenüber der Sprache überhaupt betreibt bzw. der Herrschaft der letzteren über erstere dadurch entgegenarbeitet, dass er generell den traditionellen Dualismus von Signifikant und Signifikat aufzulösen versucht. Wenn es an einer Stelle im *Passagen-Werk* heißt: »Methode dieser Arbeit [des *Passagen-Werks*]: literarische Montage. Ich habe nichts zu sagen. Nur zu zeigen.«[34], so wird einmal mehr deutlich, dass es bei diesem Unternehmen nicht um einen Text *über* eine bestimmte Wirklichkeit geht, sondern dass die gesammelten Texte, wie z.B. die Werbung für ein Parfum, Teil dieser Wirklichkeit sind, wie umgekehrt das angepriesene Parfum etwas über diese Wirklichkeit ›sagt‹. Sprache wird verdinglicht und Dinge werden ›zum Sprechen‹ gebracht. Wörter und Dinge sind Teil einer umfassenderen Wirklichkeit, gleichgültig ob es sich dabei um die materiale Dingwelt oder die verbale Textwelt handelt.

Mit jedem Lesen geht ein Zitieren einher und ist somit immer ein Mitlesen[35], gleichgültig, ob es sich um Worte oder Dinge handelt. Entscheidend für den spezifischen Begriff des Lesens bei Benjamin ist die Frage, ob der Bedeutungsträger, das Medium für das Zustandekommen dieses Lesens konstitutiv ist oder ob es im Sinne der Saussureschen Willkür des Zeichens auf eine reine Mittlerfunktion reduziert wird[36]. Konstitutiv kann er nur dann sein, wenn er Teil eines Kontextes ist, der mit seinem Gebrauch evoziert, hervor-gerufen wird, so wie die Rüsche eine Mode aus dem Dunkel der Vergangenheit ans Licht der Gegenwart bringt, sie ›herbeizitiert‹. Während es bei rationalen Kunstsprachen darum geht, dass jeglicher partikulärer bzw. historischer Ballast abgeworfen, eben wegrationalisiert wird, soll bei Benjamin Geschichtlichkeit in der Sprache – der Wörter und der Dinge – wieder zu ihrem Recht kommen. Wie im Falle der Rüsche besitzen Wörter und Dinge aufgrund ihrer Materialität ›Ewigkeit‹ oder zumindest eine gewisse Beständigkeit, die sie auch dann nicht verlieren, wenn sie nicht mehr in ihrem ursprünglichen Kontext stehen. Im Gegenteil: Als ›Einmalig-Extremes‹ müssen diese ›Trümmer‹ aus ihrem Kontext ›herausgesprengt‹ sein, um ihre Mittlerrolle übernehmen zu können. Auch Prousts *mémoire involontaire* kommt nur aufgrund einer wenn nicht einmaligen, so doch seltenen Geschmackskombination zum Tragen.

Der Topos von der Sprache der Dinge bzw. der Welt als Buch geht auf eine lange Tradition zurück, und so stellt sich Benjamin selbst in eine mehr als tausendjährige Tradition, deren Anfänge noch hinter Augustinus zurückgehen und deren letzter Höhepunkt das Lesen des genetischen Codes ist[37]:

Die Rede vom Buch der Natur weist darauf hin, dass man das Wirkliche wie einen Text lesen kann. So soll es hier [im *Passagen-Werk*] mit der Wirklichkeit den neunzehnten Jahrhunderts gehalten werden. Wir schlagen das Buch des Geschehenen auf.[38]

Allen Varianten dieses Topos[39] ist gemeinsam, dass es sich nicht um Bücher *über* die Natur, sondern um die Natur *als* Buch handelt. Das ›Buch der Natur‹ ist eine Metapher, die darauf gründet, dass beide, sowohl das Buch als auch die Natur auf Anderes verweisen, dass die Natur nicht reiner Selbstzweck ist. Eine nähere Untersuchung dieses Topos könnte sich auf den unterschiedlichen Verweischarakter der Dinge stützen, der hier nur angedeutet werden kann. So geht es bei Augustinus, dem freilich jede Geschichtlichkeit der Welt fremd ist, hauptsächlich darum, dass die Dinge auf Gott als ihren Schöpfer verweisen, während es sich bei Benjamins ›Buch der (urbanen) Kultur‹ um innerweltliche und innergeschichtliche Bezugnahmen handelt. Transzendenz und Immanenz wären mögliche Unterscheidungskriterien, durch die sich Benjamin von anderen Autoren abgrenzen lässt – auch von solchen, die zwar geschichtlich denken, aber die Verweise der Gegenwart auf eine zwar nicht transzendente, doch aber utopische Zukunft richten; der Begriff der Utopie als solcher legt nahe, dass es sich um einen Ort außerhalb der Topographie der Geschichte handelt.

Die Auffassung von Geschichte als einem Raum macht es möglich, dass sie als Totalität gesehen wird, in der jedes Objekt mit anderen Objekten in Beziehung treten und neue Konstellationen bilden kann, die gemeinhin als ›Ereignis‹ bezeichnet werden. Wenn Benjamin es auch mit dem Bild der Konstellation wieder unternimmt, sich terminologisch vom konventionellen Sprachgebrauch abzusetzen, so kann darin der Versuch gesehen werden, auch der verbreiteten Vorstellung von ›Ereignis‹ eine andere Qualität abzugewinnen. Der geläufigen Auffassung von Geschichte als einer Folge von einander sich ablösenden Ereignissen stellt Benjamin räumliche Formationen entgegen, deren ›Material‹ mit ihrer Auflösung nicht seinen Wert verliert. Ganz im Gegenteil: Der ›Abfallhaufen der Geschichte‹ ist eine Fundgrube, wo aus jedem Objekt sehr schnell ein Wertgegenstand werden kann, wenn er nach Art der Rüsche eine Brücke zur Vergangenheit schlägt, diese zitiert und ein gegenseitiges bzw. ›dialektisches‹ Durchdringen beider Zeitstufen bewirkt. Deshalb ist auch das bidimensionale Bild, das diese ›Dialektik im Stillstand‹ repräsentiert, einem solchen Geschichtsbegriff angemessener als die lineare Darstellung mit ihrer Betonung des sukzessiven Verlaufs. Entsprechend überlässt Benjamin auch die Erkenntnis der Geschichte nicht einer monokausalen, sozusagen emphatisch linearen Logik von Ursache und Wirkung, sondern einem ›dialektischen‹ Lesen, das ständig zwischen Vergangenheit und Gegenwart vermittelt. So ist auch die Beziehung zwischen beiden Zeitstufen

»nicht zeitlicher sondern bildlicher Natur. Nur dialektische Bilder sind echt geschichtliche, d.h. nicht archaische. Das gelesene Bild, will sagen das Bild im Jetzt der Erkennbarkeit trägt im höchsten Grade den Stempel des kritischen, gefährlichen Moments, welcher allem Lesen zugrunde liegt. [N 3,1]«[40]

Nachweise und Anmerkungen

* Ich danke der Coordenação de Aperfeiçoamento de Pessoal de Nível Superior (CAPES) des brasilianischen Kultusministeriums für die finanzielle Unterstützung, mit deren Hilfe die Abfassung der vorliegenden Arbeit im Rahmen eines Postdoktoranden-Stipendiums am Kulturwissenschaftlichen Institut der Humboldt-Universität ermöglicht wurde. Ebenfalls zu Dank verpflichtet bin ich Herrn Prof. Dr. Hartmut Böhme und den Teilnehmern seines Kolloquiums, deren Anregungen zur Abfassung des vorliegenden Textes beigetragen haben.
1 Walter Benjamin: *Das Passagen-Werk.* In: *Gesammelte Schriften.* Hrsg. von R. Tiedemann u. H. Schweppenhäuser (Hg.). Frankfurt am Main 1983, Bd. 7, S. 112. Im Folgenden werden alle Zitate aus dem *Passagen-Werk* textgetreu, d.h. samt ihren von der Norm abweichenden orthographischen und grammatikalischen Eigentümlichkeiten übernommen.
2 Georg Simmel: »Philosophie der Mode«. In: *Gesamtausgabe.* Hrsg. von O. Rammstedt, Frankfurt am Main 1995, S. 7-37.
3 Zur Außenseiterrolle von Simmel gegenüber der Schulphilosophie vgl. Peter Matussek, u.a.: *Orientierung Kulturwissenschaft. Was sie kann, was sie will.* Reinbek 2000, S. 56-65. Matussek sieht in Simmel den hervorragendsten Vertreter der Kulturphilosophie, die ihrerseits nicht »die Bezeichnung für einen bestimmten Zweig der Philosophie« sei (Matussek: *Orientierung Kulturwissenschaft.* A.a.O., S. 57).
4 Die Giorgio-Armani-Ausstellung in der Berliner Nationalgalerie im Frühjahr 2003 mag als Beispiel für eine institutionelle Gleichstellung der Mode gegenüber der Kunst angesehen werden. Auch dass man über Armani und über Mode überhaupt philosophieren kann, zeigt Gert Mattenklott in seinem Artikel »Textile Erotik. Freiköper? Kultur«. In: *Süddeutsche Zeitung* vom 09.05.2003.
5 Benjamin: *Das Passagen-Werk.* A.a.O., S. 112.
6 Benjamin: *Gesammelte Schriften.* A.a.O., Bd.1.2, S. 701.

7 Hier ist besonders Adornos Kritik an Benjamins Gebrauch des Marxismus in seinem Brief vom 10.11.1938 (Walter Benjamin: *Briefe*. Frankfurt am Main 1966, S. 782f.) zu nennen, wo der die nötige ›Vermittlung‹ zwischen materieller Basis und kulturellem Überbau einfordert. So sehr Adornos Kritik an einigen vulgärmarxistischen Kurzschlüssen Benjamins berechtigt ist, so zeugt sie doch auch gerade für sein fehlendes Verständnis gegenüber Benjamins Vorliebe für Unvermitteltheit. Weitere Ungereimtheiten von Benjamins Marxismus werden noch in diesem Text erläutert.
8 Sogar Roland Barthes meint in seiner semiologischen Untersuchung der Mode Gefahr zu laufen, sich lächerlich zu machen, wenn er sprachphilosophische Fragestellung anhand der Modekleidung bzw. der Sprache von Modezeitschriften illustriert; vgl. Roland Barthes: *Die Sprache der Mode*. Frankfurt am Main 1985, S. 22.
9 Benjamin: *Das Passagen-Werk*. A.a.O., S. 497.
10 Benjamin: *Gesammelte Schriften*. A.a.O., Bd.1.2, S. 695.
11 Gemeint ist die »für die historischen Akteure der Revolutionsepoche fast zur Selbstverständlichkeit gewordene Ausrichtung ihres Handelns an der zum normativen Modell stilisierten römischen Republik der Antike« (Hans Ulrich Gumbrecht: *Funktionen parlamentarischer Rhetorik in der Französischen Revolution*. München, 1978, S. 37).
12 Benjamin: *Gesammelte Schriften*. A.a.O., Bd.1.2, S. 693 f.
13 Benjamin sah diese Praktiken sogar als Vorstufen des Lesens von Schrift an: »Dies Lesen ist das älteste: das Lesen vor aller Sprache, aus den Eingeweiden, den Sternen oder Tänzen. Später kamen Vermittlungsglieder eines neuen Lesens, Runen und Hieroglyphen in Gebrauch.« Benjamin: *Gesammelte Schriften*. A.a.O., Bd. 2.1, S. 213, zitiert nach Wolfgang Bock: *Walter Benjamin – Die Rettung der Nacht*. Bielefeld 2000, S. 31.
14 Benjamin: *Das Passagen-Werk*. A.a.O., S. 459 f.
15 Benjamin: *Gesammelte Schriften*. A.a.O., Bd.1.1, S. 226.
16 Benjamin: *Gesammelte Schriften*. A.a.O., Bd.1.2, S. 214.
17 Benjamin, a.a.O., S. 215.
18 Benjamin: *Das Passagen-Werk*. A.a.O., S. 459.
19 Benjamin, a.a.O., S. 460.
20 Benjamin, a.a.O., S. 495.
21 Vgl. auch Bock: *Walter Benjamin – Die Rettung der Nacht*. A.a.O., S. 52, wo von einer Brechung der »Hierarchie von oberen Ideen und unteren Phänomenen« die Rede ist. Eine Kritik der marxistischen Unterbau-Überbau-Dialektik findet sich sowohl in den Fragmenten K 2, 5, S. 495-6 und N 1a,6, in Benjamin: *Das Passagen-Werk*. A.a.O., S. 573 f.
22 Benjamin: *Das Passagen-Werk*. A.a.O., S. 495.
23 Benjamin: *Gesammelte Schriften*. A.a.O., Bd.1.2, S. 704.
24 Karl Marx: »Der achtzehnte Brumaire des Louis Bonaparte« In: Karl Marx, Friedrich Engels: *Werke*. Berlin 1972, Bd. 8, S. 115.
25 Benjamin: *Das Passagen-Werk*. A.a.O., S. 578.
26 Vgl. Benjamin: *Das Passagen-Werk*. A.a.O., Fragment 7a,1, S. 587 f.
27 Benjamin: *Gesammelte Schriften*. A.a.O., Bd. 1.2, S. 703.
28 Benjamin: *Das Passagen-Werk*. A.a.O., S. 576 f.
29 Benjamin, a.a.O., S. 118.
30 Benjamin, a.a.O., S. 119. Benjamin zitiert aus einer Schrift mit dem Titel *70 Jahre deutsche Mode* von 1925. Das Zitat bezieht sich allerdings auf die Ansicht, die Mode

wechsele von einem Extrem in das andere – und nicht auf die ›extremen‹ Accessoires.
31 Vgl. dazu Claus Dreier: »Zitat und Zitieren in der zeitgenössischen Architektur«. In: *Zeitschrift für Semiotik 1992*. S. 14.
32 Für den deutschsprachigen Raum vgl. G. Neumann, S. Weigel (Hg.): *Die Lesbarkeit der Kultur*. München 2000. In diesem Zusammenhang ist auch der Begriff der ›Codierung‹ zu erwähnen, der über die rein verbale Verschriftung hinausgeht und der ein angemessenes Lesen bzw. eine ›Decodierung‹ erfordert. Ähnlich verhält es sich mit dem Topos der ›Chiffre‹, der eine entsprechende ›Dechiffrierung‹ gegenübersteht, wobei jedoch angemerkt werden muss, dass ›Decodierung‹ und ›Dechiffrierung‹ aufgrund der suggerierten Eindeutigkeit kaum als negative Korrelate von ›Codierung‹ und ›Chiffre‹ gesehen werden können.
33 Vgl. Homi K. Bhabha: *Die Verortung der Kultur*. Tübingen 2000, der mehrfach auf die Thesen von »Über den Begriff der Geschichte« (Benjamin: *Gesammelte Schriften*. A.a.O., Bd. 1.2, S. 691-704) und vor allem auf den Übersetzer-Aufsatz zurückgreift (Walter Benjamin: »Die Aufgabe des Übersetzers«. In: *Gesammelte Schriften*. A.a.O., Bd. 4.1, S. S. 9-21), um aus Benjamins Übersetzungstheorie – und außerdem in Anlehnung an Derrida – ein Konzept der kulturellen Differenz zu entwickeln: »Die ›Fremdheit der Sprachen‹ ist deren ›unübersetzbarer Kern‹, der die Übertragung von Inhalten zwischen kulturellen Texten oder Praktiken sprengt.« (Bhabha: *Die Verortung der Kultur*. A.a.O., S. 243-4)
34 Benjamin: *Das Passagen-Werk*. A.a.O., S. 574.
35 Hans Blumenberg: *Die Lesbarkeit der Welt*. Frankfurt am Main 1986, S. 342.
36 Vgl. den sehr aufschlussreichen Beitrag von Aleida Assmann: »Die Sprache der Dinge. Der lange Blick und die wilde Semiose«. In: H. U. Gumbrecht (Hg.): *Materialität der Kommunikation*, Frankfurt am Main 1988, S. 237-251. Mit einem Verweis auf Carlo Ginzburg weist die Aleida Assmann auf das sehr wichtige Moment des Spurenlesens hin, geht jedoch nicht auf die für Benjamin so wichtigen zeitlichen Verschiebungen im Sinne der ›Spur in die Vergangenheit‹ ein. Jegliches Zitat kann als eine solche Spur aufgefasst werden.
37 Grundlegend ist hier Blumenberg: *Die Lesbarkeit der Welt*. A.a.O.
38 Benjamin: *Das Passagen-Werk*. A.a.O., S. 580.
39 Ich übernehme hier den Topos-Begriff aus Ernst Robert Curtius: *Europäische Literatur und lateinisches Mittelalter*. Bern 1948, der seinerseits dem Topos des Buches der Natur ein Unterkapitel widmet (S. 323-329).
40 Benjamin: *Das Passagen-Werk*. A.a.O., S. 578.

Stavros Arabatzis

Die Rüsche am Kleid
Zur Lesbarkeit der Mode

HÜLLEN im Endlichen, dehnbar, in jeder wächst eine andere Gestalt fest
Paul Celan

Eine ewige Figur?

Die Paradoxie der Mode besteht darin, dass sie als ein durch und durch Zeitliches, Aktuelles und Flüchtiges in ein Zeitloses, Ewiges, in eine Mythologie und Ontologie umschlägt, in ein Neu*sein* und Jung*sein*, das umgekehrt im Äußeren der Mode die Figur eines dynamisch erneuerten Alten aktualisiert.

Die flüchtige Oberfläche zeigt sich damit zugleich als ein Sein, als ein Ewiges, das sie doch am wenigsten ist. Das hebt bereits Hegel am zeitlichen Charakter der Mode für die bürgerliche Welt wie Individualität, Zufälligkeit, Zuschnitt der Kleider hervor, wenn er die statischen Ideen der Alten in der Bewegung der ›Rüsche des Kleides‹ verschwinden sieht: »Denn«, so Hegel, »es ist die Vernünftigkeit der Mode, daß sie über das Zeitliche das Recht, es immer von neuem wieder zu verändern, ausübt.«[1] Freilich wird bei ihm die ›Rüsche des Kleids‹ wieder entwertet und in eine ideelle Atmosphäre eingehüllt, sodass Benjamin mit seiner Formulierung, »dass das Ewige jedenfalls eher eine Rüsche am Kleid ist, als eine Idee«[2] diesen spätidealistischen Dunst der Rüsche noch vertreiben will, um *in* ihrer Bewegung – nicht hinter ihr – ihre Sprachschrift zu entziffern.

Denn Benjamin will nicht ihr zeitliches Hin- und Herschwenken betrachten, wo jeder Augenblick den vorhergehenden frisst – Was folgt als nächste und übernächste Mode auf diese? –, sondern gerade in ihrer zeitlichen Funktion, die selbst den ökonomischen, ästhetischen, technologischen und sozial-historischen Bedingungen unterworfen ist, den *Zeitkern der modischen Rüsche* selbst herauslesen. Die eigene Bedeutung der Rüsche sprengt für einen Augenblick ihr zeitumstürzendes Neusein und setzt dies in Bezug zu etwas anderes, was die Rüsche des Kleids in ihrer bloßen Bewegung selbst nicht ist und was nicht die jeweils folgende Mode nur ist: Ein Diskontinuierliches *in* ihrer Oberflächenkontinuität, das nicht bloß das jeweils Neueste nur ist, vielmehr dies als ein Un-Neues, Immer-Wieder-Selbiges, damit aber auch zugleich das Versprechen des Neuen als seine Nichtverwirklichung und seine Nichterfüllung darstellt.

Mode als Ausdruck der Kultur

Freilich, solange dies abstrakt behauptet wird, bleibt die ›Rüsche des Kleids‹ in ihrer Historizität, Temporalität und ›Materialität‹ noch leer. Ihre objektiven Niederschläge in der Ökonomie, Technik und Wissenschaft bleiben darin ungelesen. Lesen hieße hier, dass alle gegenständlichen und inzwischen ›ungegenständlichen‹ Dinge (künstliche Materialien sowie ihre Auflösung in den so genannten immateriellen Strukturen) sich wie ein Buch lesen ließen. Ein Lesen der ›stummen‹ semiotischen oder ›sprechenden‹ semantischen Zeichen; des Stofflich-Materiellen, Visuellen, Mimisch-Gestischen, Atmosphärischen oder Phonetisch-Akustischen. Es ist ein Buch des Künstlichen, des Körpers, der Natur, der Geschichte und des Lebens. Mode, als eine gegenständliche wie ungegenständliche Schrift, als künstliche Atmosphäre, Licht-, Klang- und Umweltdesign, hat somit nicht nur einen Erkenntnischarakter, sondern ist auch ein unbewusster kollektiver Ausdruck – ein Ausdruck der Kultur, auch von einer beschädigten und erkrankten Kultur.

Im 19. Jahrhundert etwa wird aus der Rüsche des Kleids vor allem der spezifische Warencharakter und die industrielle Warenproduktion gelesen, die in eine Massenproduktion der Prêt-à-porter-Industrie mündet, welche die Haute Couture (das Privileg der Wenigen am oberen Rand der Gesellschaft) tendenziell auflöst und eine Demokratisierung des ›Andersseins‹ einleitet. Das Zeitzeichen der Mode erzählt dann im Besonderen der Trägerinnen nicht bloß ihre subjektive Geschichte, sondern drückt zugleich die objektive Tendenz und das *Weltgefühl* des jeweiligen Zeitalters aus, das vor allem auch emanzipatorisch wirken kann.

Das beschreibt Walter Benjamin am Beispiel der Radlerin. Freilich macht er sich hier keine Illusionen über solch eine sportliche Emanzipation, sodass er sie ebenso in eine hadeshafte Figur des Todes umschlagen lässt: »Denn nie war Mode anderes als die Parodie der bunten Leiche [...]. Darum wechselt sie so geschwinde; kitzelt den Tod und ist schon wieder eine andere, neue, wenn er nach ihr sich umsieht, um sie zu schlagen.«[3]

Ich lese diese Passage so, dass der Wechsel der Mode gerade von der Figur des Todes lebt, die im Äußeren der Mode dynamisch erneuert wird und die in ihrer Oberfläche untergründig immer mitwandert, aber darin als ihr Grund sich versteckt. Der Tod wird von der Dynamis der Mode »gekitzelt«, sodass im ›Lachen‹ der Farben, Stile, Körperformen und Stoffe dieser Tod als das Leben selbst erscheint. Benjamin sieht hier, wie Mode in ihrem Neu- und Jungsein immer wieder sich über den Tod hinwegsetzt, diesen zugleich aber auch immer mitschleift und in immer neuer Verkleidung als das Leben selbst präsentiert – ein Un-Neues, Immer-Wieder-Selbiges, das im neunzehnten Jahrhundert, im Stande der industriellen kapitalistischen Produktionsweise als der Warenfetischismus sich präsentiert.

Insofern war noch jener Dualismus von sozialem Gehorsam und individueller Differenzierung, den Georg Simmel ausmacht, undialektisch. Denn die individuelle Differenzierung ist selber eine Gestalt von Objektivität, sodass die Objektivität in der schöpferischen Individualität verkannt wird: die objektive Prägung und Ausprägung alles Individuellen dergestalt, dass im Signum dieser objektiven Entmenschlichung das individuelle Leben der Mode als ein *Gespenstertreiben* sich offenbart.

Meteorologie der Kultur: Mode als Gespenstertreiben

Die Welt der Mode gleicht der des Hades, die von den Schattengestalten belebt ist – wie ja Hades selbst ohne Fleisch und Blut immer noch als Schatten fortlebt. Vergangenes wird somit in der Mode nicht etwa vergessen und missachtet, sondern in der Wiederbelebung des Abgestorbenen wird jene Vergänglichkeit zum Verschwinden gebracht. Die abgelagerten historischen Formen werden auf dem Markt des Neuen als das Leben selbst feilgeboten, sodass diese neuen ›Formen‹ und Atmosphären aus dem Repertoire einer erstorbenen Vergangenheit stammen, die als die kostümhistorische Grabstätte der Zivilisation in der Mode selbst ungelesen bleibt.

Hier findet gleichsam ein unendliches *Recycling der Zeiten* statt, die auf erhöhter historischer Stufenleiter als vierziger, fünfziger oder siebziger Jahre in der Mode immer neue Aufstände feiern. Es handelt sich um eine Erweckung des Abgestorbenen, die heute entweder von oben nach unten verläuft oder aber von unten nach oben; von einer schöpferischem Subjektivität oder von einer manipulativen Trendforschung bis hin zu den Trend-Scouts, vor denen heute nicht einmal die Lumpen, der Müll und die Ruinen sicher sind.

In der heutigen Sprache ausgedrückt heißt dies, dass die Szene-Scouts in der so genannten *Echtzeit* arbeiten und die feineren Antennen für den Geschmack ihrer Zeit haben – in der *Echtzeit des absoluten Marktes* und des *ästhetischen Kapitalismus* gründen, während die Trendforscher auf das Kundenfeedback angewiesen sind, wie es etwa an den Scannerkassen nach Form, Farbe, Material, Geruch oder Schnitt erfasst wird.[4] Trendforschung heute, in der globalen kapitalistischen Moderne, ist dann so etwas wie eine *Meteorologie der Kultur*, welche die universelle gesellschaftliche Wetterlage in ihrer Ungreifbarkeit mikroästhetisch und audiovisuell abtastet. Und die Trend-Scouts sind dann so etwas wie die Atmosphärenbeobachter, die mit ihren fünf Sinnen – nicht mit wissenschaftlichen Instrumenten –, ihrerseits gespenstisch geworden, die gesamte gesellschaftliche Wetterlage in ihren mikrologischen Zuständen registrieren.

Ein Registrieren im Zustand ihrer objekt-fetischistischen Verwerfung: Das Verschwinden des Subjekts im Chaos des vernunftlosen, ästhetischen Funktionalismus, in der Polymorphie mythischen Trugs, und das Verschwinden des Objektiven in der Designordnung des Subjekts. Die Trend-Scouts, die diese amorphe chaotische Formation als eine geschichtslose beobachten, sind dann auf ein unendlich Kleines eingestellt, welches schließlich der Modebetrieb symbolisch-formal verdichtet und vor allem namentlich in der Weltmarke ausspuckt, womit er als ›Namengeber‹ fungiert.

Modesprache heute ist insofern eine *Namen-, Ding- und Atmosphärensprache*. Das heisst, das Sinnliche tritt einerseits in der Weltmarke vergeistigend und namensprechend, andererseits im Stoff, Körper, Bild, Luft und Ton repräsentierend, als Designform wie als Wahrnehmungsform auf. Als eine sinnliche Vergeistigung und eine Repräsentation, in der der Modemacher entweder in seinen Formgebungen verschwindet oder aber darin aufwacht, wie etwa manche *Modekunst* (wie etwa die ›dekonstruktiven‹ Kleider Margielas) uns heute zeigt.

Vom neuen Korsett

Jene mythische Figur von der ›Ewigkeit des Neuen‹ ist also keineswegs eine statisch-fixierte. Vielmehr gewinnt sie erst durch ihre konkrete gesellschaftlich-historische Konstruktion jene Schärfe und Tiefe, in der auch das mythische Zeichen darin lesbar wird. Diese neue historische Konstellation bedeutet dann, dass eine emanzipatorische Bewegung, wie sie etwa Benjamin an der Sportbekleidung der Frauen schildert, sich nicht nur erschöpft und in eine Konformität, in eine Figur der Vergeblichkeit umschlägt, sondern in einer anderen Zeit auch eine andere Bedeutung haben kann.

An einem Gegenstand der Mode, wie etwa dem Korsett, ließe sich diese neue historische Konstellation verdeutlichen. Im Kampf gegen das Korsett Mitte des 19. Jahrhunderts, das den Hauptangriffspunkt aller Reformbewegungen bildete, sahen die Frauenrechtlerinnen nicht nur das Zeichen demonstrativer Muße adeliger und großbürgerlicher Schichten, sondern vor allem ein Repressionsinstrument, ein steifes und unbequemes Gestell, das die Frau unterdrückte und sie zu einem Repräsentationsobjekt des Mannes degradierte. Wird dieses körperformende Korsett wie in der Ausgabe der *Vogue* vom November 1996 für die hautengen Moden im Jahre 1997 für Frau und Mann erneut empfohlen, so hat dies nicht mehr die gleiche Bedeutung wie damals. Es ist also, mit Hegel gesprochen, nicht mehr substantiell. Denn nicht nur haben sich die technischen und materialen Qualitäten des Korsetts geändert, sondern die Trägerin und der Träger sind bereits durch diese aufklärerische und gesellschaftliche Emanzipation, durch das Zivilisationsdesign hindurchgegangen und daher andere als damals. Dort, wo die Originale kopiert werden, sind sie in der Kopie eben nicht mehr die gleichen. Ebenso wenig können dann vom Original die Niederschläge der Zeit dergestalt ausgeblendet werden, dass im neuen Korsett nicht etwa jene Zeit des frühen Hochkapitalismus sich ausdrückte, sondern vielmehr die neue Zeit eines globalisierten Designs, eines Körper-, Ding- und Atmosphären-Designs und einer globalisierten Wahrnehmung, welche die Welt, über die ökonomische Dimension hinaus, nun auch ästhetisch, physiologisch und in den Weltmarken erobern.

Auf diese Weise entsteht ein *Anthropodesign*, das sich nun nach innen mikrobiologisch verlängert und zur *Eroberung des Körpers* (Virilio) aufmacht. Das Korsett kehrt dann nicht mehr bloß äußerlich als Joch, als ein Repressionsinstrument des Mannes, als eine »industrielle Macht« (Horkheimer/Adorno), als Repräsentation eines privilegierten Besitzstandes oder als soziale Differenzierung (G. Simmel), als Attribut eines sichtbaren Müßiganges, das die Grenze gegen die Welt der Arbeit setzt, zurück. Ebenso wenig tut es das als ein zu ertragendes, flächendeckendes Modediktat mit dem Ideal der engen Taille. Vielmehr wird es benutzt, um nun die eigenen Körperformen durch Praktiken der Selbstverfügung individuell- wie kollektiv-schöpferisch zu bestimmen.

Damit wandert nun jene äußere Macht ins Innere des Modekollektivs als ein allgemeiner ästhetischer Zwang ein, um als eine ökonomische, physische und ästhetische Ausbeutung von Mensch und Ding weiterzuwirken. Das Selbst, das sein *objektives Korsett* übersieht, tritt nun eigenschöpferisch auf, sodass es kreativ am eigenen Korsett unbewusst baut. Es entsteht ein aktuelles *Designwerk an sich selbst*, das gerade im modischen Anderssein die Differenz setzt und wieder wegnimmt. Individuelle Differenzierung wird dergestalt zu einem sozialen Gehorsam, dass nun die *eine* Figur des *Andersseinkonformismus* beschreibt.

Zum Vorantreiben und Drängen des Modesubjekts gehört es auch, dass dieses ebenfalls von der Mode- und Medienindustrie vorangetrieben und gedrängt wird: Das Drängende, Aktive erweist sich zugleich als das Gedrängtwerden, Passive.

Betrachtet man die Subjekt-Objekt-Konstellation auf diese Weise, dann tritt im Neuen ein altes Bild hervor, etwas, das der Sache nach schon in der mythischen Vorwelt gewissermaßen urbildlich sich zeigt: Als ein sinnlos ewig sich drehendes Rad, wie bei den Pelasgern, oder der Phönix, der zu Asche verbrennt, daraus aufsteigt und wieder verbrennt, wie bei den Phöniziern. Die Mode erscheint als eine geradezu olympische Disziplin der Grenzsetzung und Grenzwegnahme, als die Figur einer Vergeblichkeit, die aber gerade in ihrer Wiederholung bedeuten will, dass sie eben nicht vergeblich ist. Die Mode ist damit auf dem Bogen einer Eskalationsfigur aufgespannt, die bis ans Ende gesteigert wird. Bis zu wessen Ende? Etwa auch das des Mythos und der Geschichte, sodass diese Steigerung auch jene Übersteigerung mit einschließt?

Das ewig versportlichte Leben

Damit aber ist der Emanzipationshorizont, wie er sich noch im 18. und 19. Jahrhundert gezeigt hat, abgeschnitten. Die neue ›Versportung‹ unserer Kleidung etwa, wie wir sie gegenwärtig in der Mode beobachten, leitet dann keine neue Emanzipation mehr ein, wie sie Benjamin an der radfahrenden Frau fürs 19. Jahrhundert beschrieb und wie sie Ende des 19. Jahrhunderts von den Vertretern des Reformgedankens aus dem technisch-gesellschaftlichen Prozess heraus erklärt wurde.[5] Vielmehr wird darin das beschleunigte Tempo des absoluten Weltmarktes als ein allgemeiner Sozialisationszwang bewusstlos nachgemacht. Das ›versportlichte‹ Leben wird zu einer endlos perpetuierten Marathon-Leistung, womit Körper, Kleidung und Designbewusstsein an die synchrone Weltzeit des absoluten Marktes angeschlossen werden. Es kommt zu einer ökonomisch-ästhetischen und soziale Vereinheitlichung, die ihrerseits die Individualisierung und Differenzierung steigert, sodass das global agierende Modesubjekt in seinem einheitlichen und vermehrenden Design sich gespenstisch verselbstständigt und ein vampirhaftes Eigenleben annimmt.

Das Korsett wird heute also nicht bloß äußerlich als ein Modediktat dem Subjekt aufgedrückt, vielmehr ist dies inzwischen zu einer produktdesignerischen Aufgabe geworden, die im Individuum als Unternehmer, der am eigenen Selbst die Bauprojekte ausführt, als neue Schöpfung – inzwischen auch als Änderung am genetischen Bauplan – pseudoreligiös zelebriert wird. Jenes Korsett muss nicht die gleiche materielle Beschaffenheit wie das alte aufweisen, sondern kann in einer ganz neuen Konstellation auftreten und die Form einer blutigen kosmetischen Korrektur annehmen. Es kann zu einem direkten chirurgischen Eingriff werden, der das klassische Gestell von Ordnungsdenken und szientifische Gesinnung im Körper selbst wieder auferstehen lässt.

Das körperformende Korsett wandert so in den Körper hinein, der nicht etwa als eine kurzfristige Mode, sondern als eine klassische Form von ewiger Schönheit auftreten möchte – als hätte hier Phidias, mithilfe der neuen computergesteuerten Körpervermessungssysteme, am lebenden Körper mit Hand angelegt.

Das Korsett durchläuft also eine Metamorphose und taucht im Zeitalter des globalen Zivilisationsdesigns, in den Kreationen des Massengeschmacks, in neuer Konstellationen auf, sodass die Trägerin, mithilfe ihres kosmetischen Chirurgen, freiwillig in einer narzisstischen Trance das einheitliche erotische Gestell nun selber konstruiert. Es wird zu einem disziplinierenden und reduktiv-technoiden Zwang, den das Subjekt über sich selbst und über die Dinge ausübt. Die gemachte, gesetzte und künstliche Natur zeigt nun nicht etwa jene Emanzipation der Frau an, vielmehr weist sie auf die Tendenz der zweiten Natur hin, sich von der ›ersten‹ gewachsenen, angelegten, gegebenen, ihrerseits historisch produzierten emanzipieren zu wollen.

Wir haben es mit einer Künstlichkeit zu tun, die in den entwickelten Praktiken des Anthropodesigns gesteigert und nach Gesichtspunkten der Perfektionierung oder der Mängelkompensation formiert wird – bis hin zur Deformation, Fesselung, Entstellung und Denaturierung des eigenen Körpers: Eine mentale und physische Ausrichtung der Subjekte, ihre Disziplinierung, Dressur und Zucht, die von den Dressierten selber, in der Anpassung ans funktional-ästhetische Universum und an den audiovisuellen Vampirismus gewünscht und ersehnt wird.

Das neue Körpergestell wird folglich nicht als ein allgemeines Prinzip der Entstaltung, als ein sich selbst unbewusster Ausdruck wahrgenommen, sondern als die *neue Palette von Körperbildern*, aus der dann das Individuum schöpferisch auswählt und dies als seine kreative »Selbsterlösung« (Bolz) feiert. Aber so, dass diese Selbsterlösung bei der nächsten Mode zu einem *Fluch* sich verwandelt – in Wahrheit lauert die Verachtung des Lebens schon in der vorhergehenden Mode: die Lust als Unlust, Schmerz, Strafe und Qual –, zu einer Verachtung des vormals so sehr geliebten Körperbildes. Und die erneute Zerstörung des Körperbildes durch den kosmetischen Chirurgen – etwa das Entfernen der Silikonimplantate, des Hautschmucks oder der Tätowierung wird dann als eine Selbsterlösung aus der eigenen Körperfalle empfunden.

Die Nase von Michael Jackson oder: Lesarten der ewigen Baustelle Körper

Was Benjamin noch als eine »Umarbeitung des alten Kleides« beschrieben hat, aus der dann ein neues Kleid gewonnen werden sollte, wird also im Zeitalter der totalisierenden kreierten Umhüllungen nun auch auf den Körper und seinen Atmosphären selbst angewandt. Es ist gleichsam die *Arbeit am Körper* und an seiner *Umwelt*, sodass beide zu *individuellen* wie *kollektiven Baustellen* werden, die ihrerseits, wie vorerst noch die Nase von Michael Jackson, ein ewig Unfertiges präsentieren.

Wollte Benjamin in den *Antizipationen der Mode* etwa diese ewige Baustelle beschreiben? Oder sogar durch sie hindurch noch auf ein Anderes hindeuten, das in dieser Baustelle noch lesbar sein soll, wenn er ihre Antizipationen beschreibt? »Jede Saison«, so Benjamin, »bringt in ihren neuesten Kreationen irgendwelche geheimen Flaggensignale der kommenden Dinge. Wer sie zu lesen verstünde, der wüsste im voraus nicht nur um neue Strömungen der Kunst, sondern um neue Gesetzbücher, Kriege und Revolutionen.« (V, 112).

Sind diese Antizipationen etwa mit Bloch als eine Tendenz, Latenz und Utopie, als ein X des Unmittelbaren gedacht, das in der Mode gärt und treibt? Gerade diese Gärung scheint aber bei Benjamin im versteinerten Leben der Mode bereits ausgegoren zu sein. Und zwar so, dass diese vollendete Entelechie ihrerseits eine intentionslose Sprachschrift bildet, die gelesen sein will.

Die Formulierung vom antizipatorischen Charakter der Mode scheint mir jedenfalls eine der schwierigsten Stellen des *Passagenwerks* zu sein, die nicht nur mehrere Deutungen zulässt, sondern auch Benjamins eigene theologische Intentionen über die Zukunft zu widersprechen scheint. Denn war es denn nicht »den Juden untersagt, der Zukunft nachzuforschen«? Würde diese Zukunft, angenommen der Philosoph könnte sie aus der neuen Mode herauslesen, nicht dem Bilderverbot widersprechen? Angenommen wir ›verstünden‹ dann in den ›neuesten Kreationen‹ der Mode diese ›geheimen Flaggensignale‹ zu lesen. Welche »neuen Strömungen der Künste«, welche »neuen Gesetzbücher, Kriege und sogar Revolutionen« könnten wir heute darin entziffern?

Nimmt man die These von einer Arbeit am Körper, von einer Arbeit an der Umwelt als eine individuelle wie kollektive Baustelle ernst, welche die »erste Baustelle der Natur« (in Wahrheit immer in Bewegung zwischen erster und zweiter) tendenziell ersetzt, sowie ihre Überblendung in den audiovisuellen Bildern und Simulationen – dann wären etwa die kosmetische Chirurgie, die Biotechnologien, die gestalteten Dinge und Atmosphären, die gemessenen, verrechtlichten Welten und Umwelten so etwas wie die ›geheimen Flaggensignale‹, die entweder über die kommende technologische, mikroelektronische, militärische, gesetzgeberisch-juristische, architektonische und bildnerische Nachrüstung des Anthropos seismographisch berichten. Sie rapportierten, dass hier der Anthropos durch Risse, Durchbohrungen im Körper, Ding und Umwelt einerseits, durch universell-ätherische Präsenz andererseits die zukünftige Invasion des Technologischen vorbereitet, das die letzten Lücken besetzt, die Körper, Natur und Umwelt noch anbieten.

Oder aber wir lesen in dieser Baustelle und in diesem Atmosphärendesign ihre eigene katastrophisch-infernalische Topographie sowie die Physiognomie des Menschen darin – ähnlich wie das Paris in der Antizipation seines eigenen Trümmerfeldes, seiner eigenen zukünftigen historische Ruine. Ein Erkranktes, ja Todkrankes des spätkulturellen Zivilisationsdesigns tritt dann hervor. Die kleinste Differenz (dx) wird dann weder aufklärerisch-technokratisch als Übergang zur Designhelligkeit begriffen noch als eine letzte Entelechie, die aus der historischen Bewegung heraus diese zuletzt überspringt. Vielmehr wird noch diese unmerkliche oder eschatologische Bewegung als die Sprachschrift eines Anderen und Neuen gelesen, das im historisch Gegebenen und Alten verschwand.

Das erste Lesen der geheimen Flaggensignale würde also über den Typus des schöpferischen Übermenschen berichten, den Benjamin mit Nietzsche, Marx und Freud »ohne Umkehr« »durch den Himmel hindurchwachsen« sieht, während das zweite Lesen diesen Menschen und Übermenschen in seinem eigenen Abgrund entziffern würde.[6] Der neue Mensch wäre dann in seinen produktdesignerischen Steigerungen und Übersteigerungen zu begreifen. In seiner aktiven und überaktiven Designmanipulation, die ihm zur Kultursache selbst geworden ist – und die von Anfang an in den abgegrenzten Orten die Züge eines designerischen Zugriffs und einer Überwältigung der Natur aufweist, während im heutigen Weltdesign wie in den audiovisuellen Gespenstern noch jene exakt abgrenzbaren Zonen und Zeiten der Gegenstände, Körper und Umwelten evakuiert worden sind.

Freilich passiert das so, dass diese technologische Evakuierung des Körpers von einer »ursprünglichen Natur« auch dementiert wird. Dieser Ort soll dann – im Kult des ethnisch-kulturellen Ornaments, der Heimat, der Natur oder des Heiligen – zwar vom kalten Wind des universellen Designs erfasst, aber dennoch irgendwie doch immun dagegen sein. Mag die Baustelle des Designs durch den Modernisierungsschub draußen ins Grenzenlose anwachsen – die alt-natürlichen Lebensverhältnisse, die fraglos gegebenen und sorglos vorausgesetzten naturwüchsigen Körper, Umwelten und folkloristischen Kleider können angeblich ihres immunisiert-geheiligten, vormodernen Orts noch gewiss sein.

Mode als menschliche Spur

Benjamin will sich aber nicht auf solche geheiligten Traditionen und vormodernen Gewissheiten verlassen, weil für ihn diese mythischen, ontologischen und theologischen Orte selbst der Rettung bedürftig sind. Sie haben sich im kalten Wind der Mode und des Designs selber aufgelöst und sind darin verkehrt und entstellt dergestalt anwesend, dass die ewige Baustelle des Designs zugleich als eine Sprachschrift des Gegebenen, Alten, und darin zugleich die eines Neuen, Anderen, lesbar wird. Als eine Schrift des Welt- und Umwelt-Schöpfers, wie er sich in der Neuzeit und schließlich in höchster Potenz in der globalisierten Moderne nun offenbart. Ein Maßloses, das sein Maß einzig noch in seinem *Zeitraum* hat, sodass ein »höherer Aufwand an formalem Design und technischer Herstellung« diese Figur nur dynamisch wieder zudecken kann. Ein Negativ-Substantielles, das dann nicht bloß die Abwesenheit des Substanz darstellt. Vielmehr ist dies *die Substanz selber, in ihrem historisch-mythischen Anderssein*. Das glänzende Kleid der Mode-Gottheit, das sie sonst bedeckt hält, wird für einen Augenblick gelüftet, sodass sie in ihren Grund abstürzt und dort ihr verschlissenes Kleid zeigt.

Gerade darin aber wird, nach der jüdischen Mystik, auch das *neue Kleid der Gottheit im Exil* offenbart. Eine Gottheit, die in ihrer Selbstvereinung – wie in Rothkos Meditationstüchern, in Barnett Newmans starren Farbflächen, in Ad Reinhardts lichtfressenden Bildern bis zu Dieter Roths *Großer Tischruine* – lesbar wird und die Benjamin, in seinem Kafka-Essay, als die Entstellungen unseres Raumes und unserer Zeit liest. Nimmt man dann jene Revolutionen der Mode als ein messianisches Element ernst, so würde die designerische Aufgabe heute darin bestehen, jenen entwesten Gespenstern der Mode eine konkrete *Spur* zu geben, damit sie in ihrer Tiefe und Plastizität ihr eigenes Bild betrachten kann.

Die Oberflächengestalten der Mode sind also kein Betrug; wenn sie in ihrem Formalismus als das erscheinen, was sie nicht sind, so ist das der Mangel derer, die sie anschauen und dabei in ihrem Code des ›In‹ und ›Out‹ verwechseln. Denn ein Gespenst hinterlässt keine Spur auf der Erde, wohl aber der konkrete Mensch und die von ihm gestalteten Sphären und Atmosphären. Eine konkrete Spur, in der zugleich das ganz Andere in seiner Spur ist.

Die neue Mode wird dann nicht bloß in ihren dynamischen Eskalationen gesehen, die den Modehungrigen atemlos machen und ihm keine Ruhe mehr lassen. Vielmehr wird die ›Rüsche des Kleids‹ auch als eine erschöpfte historisch-mythische Energie gelesen. Und das Verhalten, das dieser erschöpften Energie entspricht, ist dann nicht mehr ein dynamisches Weiterschreiten und Überschreiten, sondern ein paradoxes Einhalten und Betrachten. Sodass ich meine ganze Spontaneität dazu brauche, um schließlich nichts mehr zu tun, sondern nur zu sehen, was eigentlich als *Modegrund* konkret ist.

Ich muss also in der ›Rüsche des Kleids‹ eine unausdenkliche Schrift dergestalt erkennen, dass die Umwölkung von Mensch und Ding (die ›reale‹ Modewelt und ihre audiovisuelle Welt) in einem Regen sich schließlich auflöst und ihre elementare Schrift scharf und klar hervortritt.

Nachweise und Anmerkungen

1 G.W. Hegel: *Vorlesungen über die Ästhetik II*. In: *Werke, Bd. 14,* Frankfurt am Main 1970, S. 408 ff.
2 Walter Benjamin: *Das Passagen-Werk*. In: Ders.: *Gesammelte Schriften*. Hrsg. von R. Tiedemann u. H. Schweppenhäuser. Frankfurt am Main 1983, Bd.6, S. 118.
3 Benjamin, a.a.O., S. 111.
4 Echtzeit ist ein Ausdruck, den Paul Virilio verwendet. Seine Medientheorie krankt an einem Dualismus von Realem und Irrealem, von Wirklichkeit und Virtualität. Wirklichkeit und Realität sind hier zuwenig geschichtlich gedacht. Denn von Anfang an besteht die ›Natur‹ dieser Wirklichkeit eben darin, keine ›erste‹ mehr zu sein. (Paul Virilio: *Die Eroberung des Körpers. Vom Übermenschen zum überreizten Menschen*, München 1994.)
5 »Was in den verflossenen anderthalb Jahrzehnten Wort und Schrift nicht vermocht haben, weitere Kreise von der Reformbedürftigkeit der weiblichen Kleidung zu überzeugen, das hat ganz von selbst der Radsport fertiggebracht: Die radfahrenden Frauen und Mädchen wurden gezwungen, über eine zweckentsprechende Bekleidung nachzudenken.« So ein zeitgenösische Vertreterin des Reformgedankens. (Zitat in: Erika Thiel: *Geschichte des Kostüms. Die europäische Mode von den Anfängen bis zur Gegenwart*. Berlin (DDR) 1982, S. 379.)
6 Benjamin: *Gesammelte Schriften*. Bd. 5.1, S. 101.

ADORNOS AKTUALITÄT

Lars Rensmann

Adorno at Ground Zero
Zur Vergegenwärtigung kritischer Theorie im Zeitalter
postindustrieller Globalisierung*

Vor 26 Jahren erinnerte Leo Löwenthal in einem Vortrag an der University of
Southern California an Adorno:

> »Zu unserem großen Schmerz, vor allem Adornos, war in Vergessenheit geraten, daß kritisches Denken selbst adäquate Praxis sein kann. Es steht im Widerspruch zum [...] kulturellen und einem Teil des politischen Establishments, das das *skandalon* nonkonformistischer Theorie auf bloße skandalöse Verirrung reduzieren und damit Wortführer und Anhänger Kritischer Theorie möglichst zum Schweigen bringen will. In diesem Sinne könne Adornos Leben und Werk im Deutschland nach Hitler als ein beredtes Zeugnis gelten für seine historische Sensibilität und sein Wissen darum, daß historischer Fortschritt und Rückschritt nur durch ein emphatisches »Nein« im kritischen Bewußtsein wach gehalten werden können.«[1]

Adorno blieb, so Löwenthal, indes »melancholisch, wenn nicht sogar verzweifelt, angesichts der – wenigstens zum gegenwärtigen Zeitpunkt – offensichtlich unlösbaren Verstrickung« der Gesellschaft und ihrer Subjekte: Der Verstrickung in eine laut Adorno selbstreflexionslose oder beschränkte, an Herrschaft gebundene Rationalität, die sich hinter den Subjekten und durch die Subjekte hindurch von der Idee der Freiheit emanzipiert zu haben schien. Die aufklärerische, selbstreflexive Kritik jener Rationalität, in die alles Denken verwoben ist, stellt zweifelsohne das Leitmotiv der Adornoschen Theorie dar.

Der für diesen Aufsatz programmatisch gewählte Begriff der *Vergegenwärtigung* sozialwissenschaftlicher Theoreme von Adornos kritischer Theorie hat einen doppelten Sinn und Klang: Er verweist auf ein reflexives Gewahrwerden von etwas Vergangenem, einer in der Wissenschaftspraxis verschütteten und wissenschaftsgeschichtlich marginalisierten intellektuellen Tradition (die

2003 freilich anlässlich Adornos 100. Geburtstag eine kurze feuilletonistische Wiederentdeckung erfahren hat).[2] Und der Begriff der Vergegenwärtigung impliziert »Aktualisierung« im Sinne einer theoretischen Erneuerung, die jenseits der *intellectual history* nach der Geltungskraft, den zeitgenössischen Anknüpfungspunkten einer Theorie fragt, um ihr kritisches Potenzial für Gegenwartsanalysen auszuloten.[3] Die Vergegenwärtigung von sozialwissenschaftlichen und theoretischen Gehalten von Adornos Werk im Horizont der postindustriellen Gesellschaft zielt hierbei auf eine Infragestellung der, in Löwenthals Wort, »Auslöschung der Geschichte« oder »Entsorgung der Vergangenheit«[4] in einem ebenfalls doppelten Sinn: Erstens avisiert sie *motivisch* mit Adorno eine post-konventionelle Reflexion verdrängter geschichtlicher Möglichkeiten sowie des für kritisches Denken konstitutiven Zivilisationsbruchs der Shoah. Zweitens stellt die Verdrängung der Theoriegeschichte eine stille Entsorgung dar, die im Hinblick auf gegenwärtige Analysen überdacht werden sollte. Adornos Theorie selbst hat keinen festen Ort im Kanon der Politik- und Sozialwissenschaften finden können, wodurch die Rezeptionsgeschichte nach einigen der Kritischen Theorie wohl gesonneneren Jahren schließlich weitgehend das Axiom der intellektuellen Ortlosigkeit dialektischer Kritik bestätigte.

Der selbst gesetzten Aufgabe, ›anschlussfähige‹ Theoreme Adornos für gegenwärtige sozialwissenschaftliche Gegenstände und politische Theorie im Zeitalter heutiger postindustrieller Globalisierung zu erarbeiten, kann hier nur kursorisch nachgegangen werden. Ich werde versuchen vier Themenkomplexe, Theoreme und Analyseebenen zu konzeptionalisieren und deren Potenzial für zeitdiagnostische Theorie und Philosophie anzudeuten. Es sind dies das Theorem der Totalität instrumenteller Rationalität als konstitutives und generierendes Prinzip gesellschaftlicher Beziehungen im Zeitalter der Globalisierung; die These der Kulturindustrie als kulturellem modus vivendi, gerade im ›hyperrealen‹ (Baudrillard) Kontext von *reality television* und *big brother* in einer visuellen massenmedialen Gesellschaft; das Theorem des autoritären Charakters im Horizont eines nahezu global revitalisierten Populismus, Nationalismus und Antisemitismus; sowie schließlich der von Adorno entfaltete Problemhorizont moralphilosophischen und politischen Denkens nach Auschwitz, und zwar insbesondere im Horizont der neuen Herausforderungen der Globalisierung einerseits und neuer totalitärer Drohungen andererseits, die sich u.a. in den Anschlägen auf das New Yorker World Trade Center materialisierten.

Zur Theorie moderner Vergesellschaftung im Zeitalter postindustrieller Globalisierung

Die ›Wesensgesetze‹ der gegenwärtigen Gesellschaft werden bei Adorno im Kontext eines weit zurück reichenden gesellschaftsgeschichtlichen Verlaufs gedeutet. Adorno sucht nach den Ursprüngen der modernen Herrschafts-, Sozialisations- und Verkehrsformen zunächst in ›urgeschichtlichen‹ Kontinuitäten, die als historische zugleich auch als kontigent sichtbar zu machen und prinzipiell transformierbar sind. Er findet den Nukleus moderner Vergesellschaftungs- und Rationalisierungsprinzipien in den Mustern und Dialektiken bürgerlicher Subjektkonstitution schlechthin, deren ›blindes‹, ›mythisches‹ und ›reflexionsloses‹ Modell der Selbsterhaltung und Naturbeherrschung sich schon in den Bildern und Narrativen der Antike spiegele – paradigmatisch kristallisiert in Odysseus als erstem Bürger. Die Herausbildung eines auf Zwang, Selbstunterwerfung und Heteronomie gründenden, alles Fremde und Unverstandene mehr oder weniger unterschiedslos abwehrenden bzw. bekämpfenden Subjekts, das sich bereits in Homers *Odyssee* – wenngleich noch in schwächlichen Umrissen – manifestiere, trage demnach bereits den Keim des blinden Selb*stopfers* als Preis unerhellter Selbsterhaltung, die auch und gerade die moderne Gesellschaft bestimme, freilich in einer neuen, sekundären Art mythischer Naturbefangenheit, die das Existierende als unausweichliche Natur verdinglicht. Die Geschichte der Zivilisation, so Horkheimer und Adorno an prominenter Stelle, sei mithin somit »die Geschichte der Introversion des Opfers«.[5]

Jene Form der Subjektivation ist im Adornoschen Denken »hinter dem Rücken der Akteure« geprägt vom *zweckgerichteten Muster der Arbeit*, das Axel Honneth als Handlungs- und Vergesellschaftungsmodus einer bloßen instrumentellen Aneignung von bzw. Ausdehnung der Verfügungsgewalt über Objekte rekonstruiert hat.[6] Dass die Subjekte schließlich im vom Kapitalismus geprägten gesellschaftlichen Bewusstsein ganz zu Dingen werden und die Dingwelt scheinbar jenseits des subjektiven Handelns abstrakt den sozialen Austausch regelt, korreliert nach Adorno mit der Freisetzung, aber auch mit der ›bürgerlichen Kälte‹ des autonomen Subjekts, das sich gegenüber den eigenen Regungen ebenso schematisch abgrenzt und im reflexhaften Selbstopfer verdichtet wie gegenüber denen der Anderen oder der Vielfalt der Objektwelt.[7] Jeder Fortschritt habe den Menschen deshalb nicht nur die Möglichkeit der Freiheit von der Notwendigkeit aufgezeigt, sondern auch perfektionierte Herrschaftstechniken und ihre subjektive Internalisierung abgezwungen und durchgesetzt, ja die schließlich abstrakten Netzwerke einer universellen Abhängigkeit immer dichter gewebt und vorstrukturiert.

In der Dialektik von Individuum und gesellschaftlicher Entwicklung unter dem Vorrang des Modus der Arbeit waren nach Adorno indes auch Subjektivität im emphatischen Sinn und mit ihr die Ideen von Freiheit, Geist, Vermittlung, Unabhängigkeit, ja die Vorstellung einer künftigen Assoziation von Freien und Gleichen entstanden.[10] Die Gesellschaft hatte schließlich in der Phase des Aufstiegs bürgerlicher Konkurrenz, in der Freisetzung vom unmittelbaren Zwang und durch die Sphäre ökonomischer Vermittlung, eigenständiges Handeln und Denken, relative Autonomie der bürgerlichen Subjekte geradezu erfordert. Die Marktwirtschaft, so Adorno und Horkheimer, hatte ein einigermaßen »freies Zusammenspiel der Subjekte ermöglicht«[10], welche dem Idealtypus des homo oeconomicus nacheiferten. Dieser historische Doppelcharakter der bürgerlichen Subjektkonstitution (als Bedingung der Möglichkeit von Freiheit wie als Agentur von Unterdrückung) und Gesellschaft ändert sich nach Adorno allerdings im spätkapitalistischen Zeitalter, im Zuge einer totalisierten Integration, Ökonomisierung und Verfügung. Vom laut Adorno zunehmend objektiv nichtigen Individuum bleibe schließlich einzig das Versprechen, die *Idee* der Freiheit, während zugleich – so die dialektische Figur – es *nur noch* das Individuum ist, das diese Idee zu repräsentieren scheint.

Adorno diagnostiziert den Zerfall von Individualität und Autonomie, beide selbst unhintergehbare conditio sine qua non von Freiheit, im Abstrakt-Allgemeinen der modernen Gesellschaft und unter dem Räderwerk der Konzerne und Monopole. Der Prozess wird theoretisch gedeutet im Anschluss sowohl an Max Webers Rationalisierungsthese als auch an Marx' These vom Fetischcharakter der Ware, die das Verdinglichungsparadigma der Kritischen Theorie begründet. Im Kontext (instrumenteller) Rationalisierung im Vergesellschaftungsmodus der Arbeit und unter den Bedingungen monopol- respektive staatskapitalistischer Verwaltung sei, so Adorno, eben jener Spielraum der Vermittlung und Subjektivität, der immer auch über die gegenwärtige Verfassung der Gesellschaft hinausweist, nahezu getilgt.[11] Objektiv sei das Individuum im späten Kapitalismus nahezu funktionsloses Überbleibsel; auf der subjektiven Seite verkümmern in diesem Prozess laut Adorno die kognitiven und moralischen Selbstregulierungskompetenzen der Gesellschaftsmitglieder, wird das Ich in seiner Entscheidungs-, Denk- und Handlungsfähigkeit entscheidend geschwächt und damit widerstandsloser den übermächtigen sozialen Mechanismen der Ökonomisierung ausgesetzt.

Moderne Vergesellschaftungsmodi sind Adorno zufolge insofern von einer spezifischen *Totalisierung* des von Marx diagnostizierten Wertgesetzes bestimmt, das reflexionslos und hinter dem Rücken der sozialen Akteure den gesellschaftlichen Prozess steuere, ähnlich einer fahrerlosen Untergrundbahn, die ein ebenso offenes wie dunkles und unbekanntes Ende avisiert. Die instrumentellen Strukturprinzipien oder ›Wesensgesetze‹ der Gesellschaft, die sich den Handlungsmöglichkeiten der ohnmächtigen Einzelnen entziehen, bewegen demnach als ›zweite Natur‹ die Subjekte, die selbst als Tauschobjekte objektifiziert und reifiziert werden. Jene Strukturprinzipien fügen laut Adorno systematisch alles Besondere in einen allgemeinen Zusammenhang, dem sich das darin subordinierte Subjekt nicht entwinden kann. Der universale Vollzug des bürgerlichen Tauschgesetzes als alles durchdringende *reale Abstraktion* vom Besonderen, der »Herrschaft des Allgemeinen über das Besondere, der Gesellschaft über ihre Zwangsmitglieder«[11], so Adorno, entpuppe sich dergestalt als die fortgeschrittenste Form der Herrschaft von Menschen über Menschen. Nicht erst durch den totalen Terrorapparat des Nationalsozialismus, für Adorno der negative Höhepunkt und Umschlag einer negativen gesellschaftsgeschichtlichen Entwicklung, sondern schon durch die Universalisierung des Wert- und Tauschgesetzes werde objektiv konsequenzlogisch abstrahiert – von den Individuen und ihren qualitativen Beschaffenheiten und Bedürfnissen. Das Sinnlich-Konkrete, Besondere erscheint in der ›vergesellschafteten Gesellschaft‹[12] dann schließlich nur noch als Ausdruck des Abstrakt-Allgemeinen. Auch Zweck und Sinn dieser Realabstraktion als Strukturprinzip der modernen Warengesellschaft werden infolgedessen selbst ganz abstrakt: Hinter dem Prozess des Arbeitens, Verwertens und Produzierens, des blinden Selbsterhalts um seiner selbst willen, sei laut Adorno kein Sinn, keine Vernunft, als Idee guten, freien und autonomen Lebens, mehr zu erblicken. »Über den Kopf« noch der formal freien Individuen der liberalen, ausdifferenzierten Gesellschaft, so Adorno, »setzt das Wertgesetz sich durch«.[13] Die Subjekte in der spätkapitalistischen Gesellschaft hätten somit letztlich nur noch ›Wert‹ in der Subordination unter den gesellschaftlichen Funktionszusammenhang. In der »Reduktion der Menschen auf Agenten und Träger des Warentausches« versteckt sich laut Adorno indes letztlich wenig mehr als die Vollendung des ursprünglichen bürgerlichen Prinzips, das stets zur Selbstaufhebung des Subjekts tendiere. Gerade das späteste Produkt der bürgerlichen Gesellschaft, das vereinheitlichende und zuletzt »allherrschende Identitätsprinzip, die abstrakte Vergleichbarkeit ihrer gesellschaftlichen Arbeit, treibt [die Menschen] bis zur Auslöschung ihrer Identität.«[14] Die entfesselte Selbsterhaltung drückt demnach die Totalität, das Wesensgesetz der Gesellschaft aus und bildet es ab. Indem sich das Selbst gegenüber der Erfahrung, der Introspektion und dem Leiden ganz abdichtet, wird es selbst als Individuum abgeschafft; »der Mechanismus der Anpassung an die verhärteten Verhältnisse ist zugleich einer der Verhärtung des Subjekts in sich.«[15]

Der integrale Druck zur Anpassung an das Tauschgesetz in der alles mit Warencharakter schlagenden vergesellschafteten Gesellschaft verändere dergestalt noch die anthropologischen Grundlagen der Subjektivität, die psychologische Verfassung der Menschen. Unter dem Zwang der ›objektiven Strukturgesetze‹ der Gesellschaft werde das Individuum, das aus der bürgerlichen Vergesellschaftung hervorgegangen ist, zuletzt wieder auf den Stand des »reinen Subjekts der Selbsterhaltung« reduziert; nur unter Aufgabe der lebendigen, subjektiven Anteile, durch die »Selbsterhaltung ohne Selbst« gelinge dann noch das Fortkommen im universellen Funktionszusammenhang. Dessen die soziale Beziehungen generierendes Prinzip, das Tauschgesetz, dem der Lebensprozess im modernen Zeitalter gehorche, sei hierbei ›leibhaftiger‹ als die Gewalt jeder einzelnen Institution. Es bewirke eine fortschreitende abstrakte *Integration* alles Besonderen und doch zugleich eine Vereinzelung ihrer Mitglieder, eine *Isolation* der verdinglichten Subjektmonaden.

Im spätkapitalistischen Zeitalter haben dergestalt der objektifizierende, instrumentelle Modus der Arbeit, der auf die Beherrschung der Natur und die Verfolgung subjektiver Partikularinteressen ausgerichtet ist, und die Integration der Gesellschaft laut der Adornoschen Theorie eine neue Stufe erreicht, die zugleich den Niedergang des Individuums und der Individualität indiziert: Noch die privatesten Regungen werden in der nunmehr vom Modus der Verfügung, des Tausches und der Objektivation affiziert und standardisiert. Die moderne gesellschaftliche Totalität, in der alle sozialen Beziehungen durch den Herrschafts- und Wertzusammenhang erfasst und strukturiert würden, tendiere letzthin somit nicht nur zur universalen Anpassung ihrer Mitglieder, sondern auch zur »Ausmerzung der Differenz«.[16]

Daran schließlich, dass die Menschen trotz aller produktiven Möglichkeiten, die das moderne Zeitalter bereitstellt, immer noch nicht oder immer weniger selbst bestimmt und frei über ihr Schicksal verfügen können, sondern vielmehr fortwährend abstrakten ökonomischen Zwangsmechanismen und Funktionsimperativen ausgesetzt sind, die den Alltag strukturieren und autonome Handlungskompetenz in enormer Weise per unsichtbarem, gleichwohl objektivem Druck restringieren, könne das geschwächte Individuum, als Subjekt-Objekt der Macht, schließlich so verrückt werden wie die Gesellschaft, die laut Adorno stets vor dem »erneuten Übergang in unmittelbare Herrschaft«[18] stehe. Der Widerspruch, dass der soziale Druck in der gegenwärtigen Gesellschaft umso stärker auf den Menschen lastet und die Abhängigkeit vom vorgegebenen und internalisierten ökonomischen Zeit- und Arbeitstakt umso universeller wird, je mehr die objektiven technischen Bedingungen des Zeitalters ein freieres Dasein ermöglichten, bestärkt demnach irrationale individuelle wie soziale Regressionen im universalisierten, schließlich globalisierten Spätkapitalismus.

Adornos an Marx, Lukacs und Weber angelehntes, mit den Hypothesen Freuds zur Dialektik der Kultur legiertes modernes Verdinglichungs- und Rationalisierungsparadigma, laut dem die Gesellschaft zum ›stählernen Gehäuse‹ universeller ökonomischer wie herrschaftlicher Dependenzen gerinne, gewinnt im Zeitalter der Globalisierung neue Bedeutungen. Der zitierte Widerspruch zwischen objektiven Möglichkeiten und potenziertem ökonomischen Druck, hat sich im Lauf der letzten beiden Jahrzehnte zweifellos eher gesteigert – er reproduziert sich auf erweiterter Stufenleiter in der globalen Dienstleistungsgesellschaft, die die ökonomisch bedingten Abhängigkeiten und den Reproduktionsdruck zu einem Zeitpunkt verschärfen, zu dem die Verausgabung von Arbeitskraft in der industriellen Produktion weitgehend überflüssig geworden ist. Die alles durchdringende Realabstraktion ist wie der soziale Druck auf den Subjekten im Kontext gegenwärtiger ökonomischer Funktionsimperative und neoliberaler Globalisierung scheinbar allgegenwärtig, und die Akteure in der Politik selbst berufen sich zunehmend auf den ›Sachzwang‹, jene Funktionsimperative schlicht umsetzen zu müssen. Der grundlegende ökonomische Widerspruch zwischen umfassenden materiellen Ressourcen zur Versorgung der Weltbevölkerung und der Tatsache, dass über eine Milliarde Menschen (2030 prognostizierte zwei Milliarden) in Slums ohne Wasser und Elektrizität leben, zeigt zudem die von Adorno diagnostizierte Irrationalität bestimmter, maßgeblicher sozioökonomischer Strukturprinzipien auch in der postindustriellen Epoche. Adornos Kernhypothese, dass die allgemeine Durchsetzung des Wertgesetzes die sozialen Beziehungen, Gedankenformen und Gefühlsregungen in der kapitalistischen Gesellschaft vorstrukturiert, standardisiert und inkorporiert und jene subjektiven Impulse zum unhinterfragten, abstrakten Zweck der Verwertung ökonomisiert, kann sich angesichts des heutigen Ökonomisierungsprozesses noch jeglicher ›ideeller Güter‹ im globalen Maßstab bestätigt sehen.

Der Prozess der Ökonomisierung der Intersubjektivität im kapitalistischen Zeittakt reicht zugleich mikrosoziologisch in die kleinsten Regungen und Segmente der Gesellschaft; diese ist nicht mehr nur de facto vom Tauschprinzip und von instrumenteller Rationalität durchdrungen. Sondern heute bekommt tatsächlich alles sein Warenetikett und wird unmittelbar der ökonomischen Funktion unterworfen: die vollends parzellierte Natur, die streng ökonomisch regulierte soziale Welt, ja jedes Stück ›Bildung‹ und ›Halbbildung‹, bis zur jüngst zunehmend eingeforderten gänzlichen Abschaffung der ›unproduktiven Wissenschaften‹ (so exemplarisch Berlins Finanzsenator Thilo Sarrazin über die Geistes- und Sozialwissenschaften). Die fortgeschrittene Globalisierung der Verwertung dient zugleich dazu, die vereinzelten Akteure, welche die Strukturierung ihres psychischen wie kognitiven Haushalts unter dem Prinzip der konstitutiven Realabstraktion kapitalistischer Vergesellschaftung weitestgehend internalisiert haben, unter Druck zu setzen: Das abhängige und in seiner Autonomie geschwächte Warensubjekt soll als ›Ich-AG‹, der offen proklamierten Selbsterhaltung ohne Selbst und soziale Sicherung unterm Wertgesetz, nunmehr international konkurrieren und zugleich nationale Standortvorteile sichern. Die Ökonomisierung und Objektifizierung sozialer Beziehungen im Weltmaßstab dürfte insofern Adornos negativste Erwartungen übertroffen haben; heute scheint kaum ein öffentliches Handeln mehr zu existieren, das nicht dazu genötigt würde, sich im Hinblick auf seine Verwertbarkeit und ökonomische Funktionalität/Effektivität hin zu rechtfertigen.

Nicht jedes der soziologischen Argumente Adornos zu den Bedingungen des ›Spätkapitalismus‹ wirkt heute noch plausibel; manche Annahme hat ihren historischen Zeitkern, der jeder Theorie zu Eigen ist, nicht überlebt. Der integrale Etatismus, die These vom Staatskapitalismus und von der starr bürokratisch verwalteten Welt, ist etwa offensichtlich veraltet. Das Theorem hat seinen historischen Bezugspunkt im Fordismus. Im Zuge postfordistischer Organisation sowie der neoliberalen Deregulierung von Arbeitsbeziehungen, des weitgehenden internationalen *outsourcings* von Tätigkeiten selbst im gehobenen Dienstleistungssektor und des Abbaus von sozialen staatlichen Sicherungssystemen im Kontext der Globalisierung befindet sich auch der Staat als Akteur auf dem Rückzug; er privatisiert vielmehr öffentliche Güter, führt sie wieder dem privaten Profit zu, vom Verkehr über die Krankenversicherung bis zur Benutzung von Parks, Gärten und Stränden oder zu den zunehmend als Werbemittel genutzten öffentlichen Einrichtungen wie Schulen, und der tendenziell verschlankte Staat sozialisiert nur noch die Verluste dieses Prozesses. Doch diese Entwicklung selbst kann mit Adornos Theorem der Ökonomisierung gedeutet werden. Die universale Konkurrenzgesellschaft reüssiert im ›späten‹, postindustriellen Spätkapitalismus in neuer Form. Während der Begriff der ›Deregulierung‹ als Ideologie darüber hinwegtäuscht, dass sich das Netz der Abhängigkeiten und der ökonomischen Rationalität hinter und durch die Subjekte hindurch in der Tat verschärft und den Alltag ›reguliert‹, ist es schließlich fraglich, inwieweit sich nicht auch Adornos These vom Spätkapitalismus als ›verwaltete Welt‹ weiter bestätigt. Denn während die sozialen Leistungen einer neoliberalen Austeritätspolitik und dem Erhalt der krisengeschüttelten Profitrate zum Opfer fallen, nimmt die Kontrolle, Verwaltung und Erfassung der Bürger zugleich weiter zu.

Adorno kann dergestalt als ein theoretischer Leitfaden fungieren, der Schneisen schlägt für aktuelle Ideologie-, Herrschafts- und Institutionenanalysen im globalisierten Zeitalter. Diese sind an der Zeit, insofern die ›moderne Gesellschaft‹ keineswegs eine vergangene Epoche markiert, sondern sich im Gegenteil erst heute ganz realisiert. Die von Adorno inspirierte Untersuchung immer noch konstitutiver moderner Vergesellschaftungsmodi, Handlungsparadigmen und sozialer Macht- und Exklusionsverhältnisse, von denen Staat, Gesellschaft und Öffentlichkeit in einem dichten Netz von Konformitäts- und Funktionsimperativen durchdrungen sind, könnte hierbei ein notwendiges Gegengewicht gegen den ›cultural turn‹ und die dekonstruktivistische Wende in der Theoriebildung bilden, die heute dazu neigt, strukturelle Herrschaftsmechanismen zu überblenden und in kulturellen Konstruktionen aufzulösen. Komplementär zur Kritik der Gewalt kann mit Adorno die dekonstruktivistische Annahme, dass alle Träume vom autonomen Leben in den Totalitarismus führen, in Frage gestellt werden.[18] Allerdings ist zugleich ein latent ökonomistischer Zug in Adornos Theorie auszumachen, die die Rolle des kontingenten Subjekts in der Gesellschaft allzu stark vom sozioökonomischen Wandel ableitet, in dem es aber nicht aufgeht. Darüber hinaus vernachlässigt Adorno die durchaus universalistischen und demokratischen Implikationen des von ihm diagnostizierten Rationalisierungsprozesses; die weitgehende Instituierung demokratischer Verfassung der Gesellschaft und die Handlungsmöglichkeiten und Rechte, die sie bereitstellt. Entsprechend wäre auch die Dialektik der Globalisierung in ihrer Ambiguität zu konzeptionalisieren: Mit der ökonomisch induzierten Kapital- und Arbeitsmigration, dem globalisierten Austausch von Gütern und Subjekten, der den Druck auf die Einzelnen erhöht, sind nämlich auch post-konventionelle Identitäten, transnationale Kommunikationsstrukturen und kosmopolitische soziokulturelle Rationalisierungen von Norm- und Lebenswelten forciert worden.

Die bislang entfalteten Thesen zu den sozioökonomischen Strukturprinzipien der post-industriellen, globalisierten Gesellschaft und der veränderten Rolle der Subjektivität bereiten indes den Kontext für die Vergegenwärtigung der weiteren Theoreme Adornos, die hier diskutiert werden.

Kulturindustrie im Zeitalter von Internet und ›Big Brother‹

Die Bedeutung massenmedialer Kommunikations- und Werbemittel, ja die visualisierte Struktur des öffentlichen Raumes in der postindustriellen Epoche, der heute primär von Mausklicken (Internet) und *zap culture* (Kabelfernsehen) und durch stakkatoartige Zeittakte und Wahrnehmungsformen bestimmt wird, haben Adornos Überlegungen zur Kulturindustrie wieder interessant werden lassen. Adornos Kritik der ›mass culture‹, soziologisch wohl das am breitesten rezipierte Element seiner Theorie und ebenso gängig missverstanden, zielt weder gegen eine »künstliche« Kultur (wie es manch Gegner einer kulturellen Moderne gerne hätte, der sich über Hollywood mokiert und die Idee authentischer Erfahrungsfähigkeit mit Ursprünglichkeit und Natürlichkeit verwechselt) noch auf die – heute vornehmlich computergestützt perfektionierten – Fertigungstechniken kultureller Produkte. Laut Adorno ist nämlich alle Kultur – und mit ihr auch alle Erkenntnis – in ihre geschichtlichen Konstitutionsbedingungen unauflösbar verschränkt: Die Sehnsucht nach Unmittelbarkeit, nach Aufhebung von kultureller Vermittlung, ›Künstlichkeit‹ und Sublimierung, ist für Adorno eine ebenso gefährliche Illusion wie die Idee der Rettung einer ursprünglichen Natur oder Kunst.[19] Adorno teilt ebenso wenig den verbreiteten Affekt gegen moderne Technik, der mit dieser Illusion verbunden ist. Für Adorno ist Kulturindustrie vielmehr im Horizont moderner Vergesellschaftung das dem gesellschaftlichen Verwertungsmodell entsprechende historische *Prinzip* kultureller Reproduktion: Das in die gegenwärtige Kultur eingeprägte Schema eines potenziell anti-aufklärerischen ›Massenbetrugs‹, der das Bewusstsein verschlammt und schwächt und nur niedrige Instinkte bedient.

Für Adorno ist die – gleichsam aporetisch verstellte – Bildung autonomer Individuation eine conditio sine qua non einer demokratischen politischen Kultur und Gesellschaft. Es ist für Adorno dagegen nicht zuletzt die Kulturindustrie, welche die Individuen am demokratischen Bewusstsein hindert: Die die Menschen statt zu autonom Individuierten, erfahrungs-, denk- und urteilsfähigen Subjekten zu abhängigen Objekten, ja »zu den Massen macht, die sie dann verachtet und an der Emanzipation verhindert, zu der die Menschen selbst so reif wären wie die produktiven Kräfte des Zeitalters sie erlaubten.«[20] Das kulturindustrielle Verfahren ist dabei das, in Löwenthals Wort, einer *umgekehrten Psychoanalyse*. Gesellschaftlich vorgeformte, stereotypisierte und verdinglichte Trieb- und Gefühlsregungen werden demnach aufgegriffen, angesprochen, wiederum in standardisierter Weise reproduziert und kanalisiert; sie werden gleichsam überwältigend bestärkt und verdunkelt und konformistisch mit den gesellschaftlichen Funktionsimperativen versöhnt. Alles fügt sich so zum »glücklichen Bewusstsein«, dem die gesellschaftsgeschichtlichen Prinzipien zur zweiten Natur geronnen sind.

Die gesellschaftliche Technik kulturindustrieller Produktivkraft und umgekehrter Psychoanalyse hat sich seit Adornos Zeit in enormer, rasanter Weise weiterentwickelt und totalisiert. Selbst die Kritiker der Kulturindustrie-These, die die emanzipativen Seiten und Potenziale der Massenkultur im Sinne der kurzen Orthodoxie-Phase Walter Benjamins betonen, können nicht umhin anzuerkennen, dass die kulturindustrielle Erfassung und Standardisierung individueller Regungen in einem erstaunlichen Maß perfektioniert worden ist. Im Zug des immer perfekter die Regungen der Zuschauer vorausberechnenden Marketings befinden wir uns auf einem Stand, in dem längst alle Kultur ganz zur Ware geworden ist, und dabei selbst die Werbung, die früher Produkte bewarb, selbst zum Produkt geworden ist; die Distinktion von Gebrauchswert und Tauschwert verschwimmt gänzlich, wie einst von Adorno prognostiziert. Dies sollte man ohne Melancholie und sentimentales Lamentieren feststellen können. Ingesamt verflüssigen sich (nicht nur, aber auch durch *reality tv*) Realität und Phantasie zur medial reproduzierten »Hyperrealität« (Baudrillard). Dieser gesellschaftliche Verlust der Unterscheidungsfähigkeit zwischen Wirklichkeit und kulturindustrieller Traumwelt induziert einen Bewusstseinsverlust, der nach Freud psychopathologische Züge tragen kann.

Heute wird in den kulturindustriellen Medien nicht nur die kleinste Gefühlsregung, der intimste Nahbereich ausgestellt, standardisiert und grenzenlos vermarktet bzw. verwertet, wie Adorno schon früh – vielleicht zu früh – diagnostizierte. Von der Allgegenwärtigkeit dieses Modus und seinen sozialen Implikationen künden u.a. die täglichen Talkshows, die vom Exhibitionismus dessen leben, was früher einmal dem bürgerlichen Subjekt Privatsphäre hieß. Der Mensch erscheint hierbei als gläsern, das Muster der ausgestellten Regung bleibt freilich so *predictable*, so vorhersehbar wie die Reaktionsmuster scheinbar perfekt konditionierter Lebewesen; noch das erzeugte Überraschungsmoment, die kontingente Regung, die hier und da auftritt, ist fest einkalkuliert und folgt der rezeptiven Erwartungshaltung. Im Zeitalter des *reality TV* von »big brother« wird die negative Utopie des gläsernen, medial ausgestellten Menschen, dessen intimen Regungen unter 24-Stunden-Beobachtung gebracht und massenkulturell ausgestellt werden, zu einer Wirklichkeit, ohne noch als repressives gesellschaftliches Modells reflektiert zu werden. Die subjektive Freiwilligkeit seiner Teilnehmer an diesem Experiment, das paradigmatisch Menschen in einem gut ausgestatteten Käfig exponiert, die noch energisch um die Teilnahme konkurrieren, um ihrem durchschnittlichen Dasein zu entragen, zeugt nach Adorno von dem gegenwärtigen Maß der Identifikation mit dem konformistischen Ideal, das Selbst in toto dem wöchentlich zur Abstimmung schreitenden Massengeschmack zu unterwerfen.

Die Helden des Spektakels verkörpern dabei kaum mehr eine *bestimmte* Illusion oder Ideologie; im Sinne der Kulturindustrie-These Adornos ist es das

Ganze, das affirmativ wirkt, weniger das vorgespielte Glück, das vom Alltag verstellt wird: Neben den übergroßen – und trotzdem ach so menschlichen – Idolen haben sich die Kleinbürger in den Prozess permanenter Visualisierung eingereiht und sind auf die mediale Bühne getreten; beim *reality TV* identifiziert man sich mit denen, die über die eigene Existenz nicht hinausweisen, oder man freut sich über die schwächlichen Vertreter der menschlichen Gattung, denen man sich selbst noch überlegen fühlt, und lacht über den ausgestellten Defekt. Überdies könnte im Zeitalter der *zap culture*, der sekunden-wie häppchenweise Konsumption von Bildsegmenten, die das laut Adorno vom gesellschaftlichen Druck erschlaffte Bewusstsein im reproduktiven Bereich zerstückeln, über das Verhältnis von Kulturindustrie und Adornos These vom durch sie verstärkten Erfahrungsverlust neu nachgedacht werden. Die analytischen Zugänge zu den massenkulturellen Verfahren, die Adornos Kritische Theorie bereit stellt, haben im Angesicht standardisierter Muster der kulturellen Produktion insofern nicht an Attraktivität verloren; vor reduktionistischen Kurzschlüssen der Theorie ist jedoch auch hier zu warnen.

In »Aldous Huxley und die Utopie« resümiert Adorno: Der Endeffekt des scheinbar allgegenwärtigen gesellschaftlichen und kulturindustriellen conditioning, »der zu sich selbst gekommenen Anpassung, ist Verinnerlichung und Zueignung von gesellschaftlichem Druck und Zwang weit über alles protestantische Maß hinaus: die Menschen resignieren dazu, das zu lieben, was sie tun müssen, ohne auch nur zu wissen, daß sie resignieren.« Mit der Erfolgsgeschichte der Kulturindustrie triumphieren, so Adorno, statt Freiheit, Gleichheit und Brüderlichkeit, vielfach »community, identity und stability.«[21] So sehr Adorno hier eindrucksvoll ins Herz aktueller Kulturentwicklung trifft: Trotz des augenscheinlichen Fortschritts der kulturindustriell beförderten *corporate identity* scheint er indes wiederum die an diesen Prozess gekoppelten, produktiven Impulse und die Widersprüche moderner Massenkommunikation wie Populärkultur nicht in den Blick zu bekommen; so wie heute, nach Adornos Zeit, der e-mail-Verkehr die Muße und das Eingedenken des Anderen im individuellen Briefeschreiben unterminiert, so hat jener auch neue internationale Kommunikationen ermöglicht. Die moderne *popular culture* hat dazu beigetragen, dass sich Jugendliche auch in Deutschland und Europa eher mit Michael Jordan oder Jennifer Lopez denn mit Adolf Hitler identifizieren. Die historischen und politischen Kontingenzen, Differenzen, Widersprüche und Selbstwidersprüche sind auch diesbezüglich gegen Adornos impliziten Hang zur Generalisierung zu reflektieren, genauso wie die Bedeutung der lebensweltlichen Einübung demokratischer politischer Kultur.

Deren entscheidende Rolle hat Adorno indes selbst stets betont, obschon nicht in seinen maßgeblichen theoretischen Schriften. Nachdrücklich hat er sich gegen die in Deutschland und Europa konstruierte, reifizierte Frontstellung von Kultur und (amerikanischer) *culture* verwahrt, ein Gegensatz, der sich auch gegen die lange demokratische politisch-kulturelle Tradition der USA und die demokratische Westbindung richte. Denn Amerika sei nicht nur das Land eines fortgeschrittenen Kapitalismus und weit entwickelter Kulturindustrie, sondern repräsentiere auch ein »Stück der erfüllten Utopie«, alltagskulturelle Momente der Freundlichkeit wie »Friedlichkeit und des Unaggressiven«, die »Durchdringung der Gesamtgesellschaft mit Humanität im unmittelbaren Verhalten, die recht wohl dafür entschädigen vermag, daß die betreffenden Leute die Namen Bach und Beethoven vielleicht nicht ganz so korrekt aussprechen, wie wir glauben, daß es zur Bildung nun einmal dazugehöre.« Trotz des Charakters einer »reinen Tauschgesellschaft«, so Adorno, könne man »wohl sagen, daß das bürgerliche Prinzip, das mit dem Prinzip der Humanität nun doch einmal sehr eng zusammenhängt, drüben radikal bis zu Ende nicht nur gedacht, sondern auch getrieben ist.« Aufgrund der demokratischen politischen Kultur, die sich über einen langen Zeitraum entwickelt hat, und die Nähe der Demokratie zum Lebensgefühl der Menschen sei z.B. gerade in Amerika die »Demokratie mit ihren Spielregeln und Verfahrensweisen unendlich viel substantieller als jedenfalls bei uns in Deutschland«, der gesellschaftliche Pluralismus stärker verankert und deshalb auch die »Resistenzkraft gegen totalitäre Strömungen« größer »als in irgendeinem europäischen Land.«[22] Diese Betonung der politisch-kulturellen Unterschiede und Gleichzeitigkeiten von Spätkapitalismus, Kulturindustrialisierung und Demokratie/Demokratisierung steht freilich in einem durchaus spannungsreichen Verhältnis zu Adornos Gesamttheorie.

Adornos Autoritarismus-Theorie und die Analyse von zeitgenössischem Populismus, Nationalismus und Antisemitismus

Die Analyse des modernen Autoritarismus, Nationalismus und Antisemitismus, den Adorno zunächst wesentlich im Kontext der oben skizzierten Theoreme zu modernen Vergesellschaftungsmodi zu bestimmen sucht, ist eng gekoppelt an die These der gesellschaftlichen Schwächung der Subjekte. Aus dieser objektiven wie subjektiven Schwächung resultierten gestiegene Bedürfnisse nach kollektiver Gratifikation und Entlastung des in seinen kognitiv-moralischen Kompetenzen reduzierten und sozial überforderten Ichs: Die Ich-Schwäche sucht »in einem allmächtigen, aufgeblähten und dabei doch dem eigenen schwachen Ich tief ähnlichen Kollektivgebilde.« Und im »Sinne der eigentlichen psychoanalytischen Theorie,« so Adorno,»sind die [...] Erscheinungen sturer Identifikation mit der ›in-group‹ in weitem Maße solche eines kollektiven Narzissmus.«[23]

Kritisch-theoretische Überlegungen zum Nationalismus und Antisemitismus, also besonders griffig personifizierende Deutung einer komplexen sozialen Welt, fußen dergestalt auf einer gesellschaftskritisch begründeten Subjektkritik und psychoanalytisch begründeten Autoritarismusanalyse. Politischer und sozialer Autoritarismus fungiere als innerer Kitt der Gesellschaft, der ihn erzeugt. Der vergesellschafteten modernen Gesellschaft entspreche nämlich das sozialpsychologisch enteignete, ›vergesellschaftete Subjekt‹ – der Ich-schwache, *autoritätsgebundene Charakter*. Der autoritäre Charakter gilt Adorno quasi als Idealtypus moderner ›Subjektivität‹. Er ist laut Adorno aus der beschriebenen gesellschaftlichen Transformation der Gesellschaft hervorgegangen und ein Zerfallsprodukt der bürgerlichen Subjektivation. Das gesellschaftlich abhängige Selbst, in dem eigenständiges Bewusstsein und Gewissen weitgehend verkümmert seien, erscheint in der Adornoschen Theorie so als von außen geleitetes, dissoziiertes Reaktionsbündel, das danach drängt, sich und die Welt gleichzumachen und selbst aufzugehen im hypostasierten Kollektiv, das von der nur noch mühsam aufrechterhaltenen Autonomie entlastet. An die Stelle der autonomen, die Triebstruktur regulierenden inwendigen Vermittlungsinstanz des Ichs, Quelle von Sublimierung wie der kritischen Seelenvermögen, Bewusstsein und Gewissen, trete die unmittelbare Identifikation mit autoritärer Macht und kollektiver Gewalt. Die »gesellschaftliche Macht« bedürfe, wie gesagt, »kaum mehr der vermittelnden Agenturen von Ich und Individualität«[24].

Jene Zurückbildung und Desintegration des Ichs, der moralischen, affektiven und kognitiven Selbstregulierungskompetenzen, führe nach Adorno dann auch bis zur bedingungslosen Identifikation mit der Herrschaft und zur infantilen narzisstischen Besetzung des Selbst bzw. des aufgeblähten Kollektiv-Ichs des Nationalismus, mit dem man sich identifizieren kann; aber auch zum Hang zu einer autoritären Aggressivität, die darauf verweise, dass das Selbst kaum mehr in der Lage ist, die Integration seiner Persönlichkeit zu vollziehen.[25] Aggressivität und Unterwürfigkeit, ein machtfixierter Konformismus, der beim Auftreten jeder sozialen Abweichung Beängstigung bezeugt, eine pathisch-stereotype Mentalität, die für Ressentiments ebenso anfällig macht wie für kollektiv-narzisstische Gratifikationen des geschwächten Ichs, sind, zusammengefasst, die wesentlichen Charakteristika autoritärer Persönlichkeitssyndrome.[26] Autoritarismus, Ethnozentrismus, extremer Nationalismus und Antisemitismus stehen dabei nach Adorno in einem innigen Zusammenhang.

Der Autoritäre tendiere zugleich immer zur Verachtung der »Anderen«, der Differenz, zu dem, dem möglich scheint, was jener sich versagen muss, und zur omnipräsenten Besetzung der Welt mit Angst, also zur *sozialen Paranoia*. Da alles und jedes sein dürftig zusammengehaltenes Ich gefährdet, ist er laut Adorno für stereotype Welterklärungen (wie die des Antisemitismus), die eine Gruppe für jegliches subjektive und objektive Problem verantwortlich machen, so empfänglich wie für Rationalisierungen seiner Aggressivität. Das mächtige Kollektiv, das sich vor allem in der Exklusion und Abwertung eines projektiven »Feindes« konstituieren als solches konstituieren kann, der als schuldig ausgemacht wird, schafft dem Nichtigen, der seine Nichtigkeit ahnt, Aufwertung. Der Stereotypie des autoritären, anti-demokratischen Subjekts, das die Welt nur noch nach dumpfem Schemata, ja in Eigen-und Fremdgruppe einteilt, entspreche dabei dem Verfall der bürgerlichen Aufklärung unter dem Bann universaler Verfügung in der Moderne, die sich nicht aus den Denkformen mythischer Dualismen habe emanzipieren können und sich in standardisierten Forme(l)n zurückgebildet habe.

Adorno sieht den modernen Autoritarismus insofern auch als *Voraussetzung* der Wirkungskraft des modernen Nationalismus wie des modernen Antisemitismus, und alle drei Phänomene zeitlebens von bedrückender Aktualität. Wie der Nationalsozialismus ein kontigentes Phänomen, aber kein bloßer geschichtlicher Zufall war, so wenig war es Adorno zufolge Zufall, dass sich der völkische Hass und die kollektive Vernichtungspraxis in der modernen Gesellschaft vor allem gegen Juden richtete. Diese haben den Hass bereits traditionell erfahren. Vor allem aber finden die inhaltlich heterogenen »pathischen Projektionen« und Ambivalenzen des Autoritätsgebundenen, aber auch die soziokulturelle Moderne im modernen Antisemitismus der Kritischen Theorie zufolge ihr »perfektes« Ventil, ihre Entsprechung und personifizierende Zuschreibung. Keine andere Vorurteilsstruktur vermag es, ähnlich widersprüchliche psychosoziale Funktionen zu erfüllen. Hierbei verbinden sich nach außen *projizierte* destruktive Selbstanteile: Phantasien von Macht und Bemächtigung, Verschwörungen einer exklusiven Ingroup, zivilisationszerstörerischer Triebentfesselung, die als Erklärung für die erfahrene Malaise dienen, aber auch verdrängte Wünsche nach Freiheit, einer vom Zwang befreiten Lust, nach arbeitsfreier (»parasitärer«) Existenz, materieller Wohlstand und Intellektualität, die der Autoritäre verachtet, weil sie ihm verstellt scheinen, ja auch die bürgerlichen Glücksversprechen und universalistischen Ideen von grenzenloser Freiheit und Gleichheit. Insofern reiche der Antisemitismus als welterklärendes Vexierbild entscheidend hinaus über den Hass auf den Schwächeren, der noch ohnmächtiger erscheint als die Ohnmacht, die man an sich selber ahnt, und auf den Fremden, der von der herrschaftlich organisierten Ordnung – bzw. dem pathischen Bild von ihr – abweicht.[27] Der völkische Nationalismus, als eine extreme Variante des kollektiven Größen-Selbst, das dem geschwächten Ich Schutz, Fürsorge und kollektive Identifikation verspricht, erhebt sich demnach zumeist auf einem rassistisch abwertenden Gegenbild, das im Antisemitismus seine radikalste Verdichtung findet. Dieser personifiziert jedes soziale Übel und stiftet zugleich kollektive, soziale Identität als hohler Abhub des Selbst. Der Antisemitismus verleihe vor allem dem »unerhellten Trieb« zudem eine Rationalisierung. Das antisemitische »Vorurteil des Hasses« gestattet dem Subjekt, wie Horkheimer schreibt, »schlecht zu sein und sich dabei für gut zu halten.«[28]

Im Zeitalter eines erstarkten Rechtspopulismus in Europa hat in den letzten Jahren nicht nur ein aggressiver, autoritärer Neo-Nationalismus, die Betonung der »eigenen kulturellen Identität und Gemeinschaft«, an Bedeutung und politischer Schlagkraft gewonnen. Im Zeitalter einer rapiden Globalisierung und Diffusion bisheriger politischer Ordnungssysteme und kollektiver Identitäten reüssiert nicht zufällig auch der Antisemitismus als verschwörungstheoretische Welterklärung. Er personifiziert, so lässt sich mit Adorno argumentieren, in stereotyp-griffiger Weise die komplexen wie widersprüchlichen Prozesse globalisierter kapitalistischer Vergesellschaftungsprozesse wie soziokultureller Modernisierung. Dabei wird vor allem das Bild des kosmopolitischen, wandernden, *globalisierten Juden* als Repräsentanz einer abstrakten, weltumspannenden Vergesellschaftung mobilisiert.[29]

In einer autoritären Dialektik von lokaler Vergemeinschaftung, Entdifferenzierung und Homogenisierung korrespondieren zunehmend populistisch ventilierte stereotype, reifizierte gesellschaftliche Wahrnehmungsmuster, die nicht ein idealisiertes kollektives Selbstbild generieren, sondern auch (oft antisemitisch besetzte) Verschwörungstheorien, die nach Adorno mit Autoritarismus korrelieren. Den vielfach ambivalenten soziokulturellen Prozessen wird insbesondere im neuen Rechtspopulismus und Rechtsextremismus, aber auch in Teilen der Linken eine regressive, anti-universalistische wie kollektivistische Gemeinschafts- und Ordnungsmoral der ›Völker‹ gegenübergestellt, die mit einer Inflation von verschwörungstheoretischen Welt-Deutungen korrespondiert, welche böse Agenten im und hinter dem ›volksfeindlichen‹ »Establishment« ausmachen. Anti-modernistische, anti-universalistische und rechtsautoritäre Gemeinschaftsideologien (›wir‹) korrelieren hierbei, im Einlang mit den Adornoschen Hypothesen, mit Fremdenabwehr, Wohlstandschauvinismus und Verschwörungstheorien (›die‹). Wenn auch in unterschiedlichem Maße und eingebettet in spezifische politisch-psychologische Dynamiken, erscheinen letztlich immer die ›Anderen‹, das ›Außen‹ und bestimmte Teile des ›Oben‹ (ausschließlich das vermeintlich korrupte politische ›Establishment‹), zunehmend als Objekte öffentlich-politischer Agitation, was mit Adorno plausibel als eine ›autoritäre Rebellion‹ gedeutet werden kann. Diese ›Anderen‹ werden mitunter politisch-psychologisch mit Juden und ›Fremden‹ (und jüngst verstärkt auch mit Amerikanern) besetzt – als reifizierte Personifikationen soziokultureller Modernisierungs-, Liberalisierungs- und Transformationsprozesse im Allgemeinen, der ökonomischen wie soziokulturellen Globalisierungsprozesse im Besonderen, die als bedrohlich für die eigene, schwache persönliche wie kollektive Identitätskonstruktion empfunden werden: Insbesondere Juden repräsentieren sozialpsychologisch an diese soziokulturellen Transformationen gekoppelte *features*: demokratischen Universalismus, Individualismus, Abweichung, Heimatlosigkeit, Multikulturalismus und Migration, zugleich aber auch ›alternative‹ Formen soziokulturellen Zusammenhalts und lebensweltlicher Kommunikation in einer sozialen Welt der Fragmentierung sowie die Ambivalenzen und Widersprüche der modernen Welt schlechthin. Teils erscheinen autoritäre Vorurteilsbilder auch in ihren Funktionen parzelliert: für die Auflösung/Pluralisierung homogener Identitätsbilder wie Lebenswege und die ›Zersetzung‹ autoritärer Ordnungs- und Moralvorstellungen, d.h. lebensweltliche Formen der Demokratisierung und Rationalisierung, werden vermehrt Juden, Immigranten und Amerikaner verantwortlich gemacht; ›raffenden‹ Kapitalismus als ›Finanzkapital‹, ›Börse‹ und ›Verschwörung‹ wird meist im Bild von Juden personifiziert, als neue ökonomische Konkurrenz auf dem Lohnarbeitsmarkt erscheinen Immigranten, soziokulturelle Urbanisierung und Modernität erscheint als ›Amerikanisierung‹. Jüngst werden die ›Anderen‹ auch mit den globalisierten Übertragungswegen infektiöser Krankheiten ›Viren‹ und ›Bazillen‹ in Verbindung gebracht.

Für all die insbesondere für autoritär Disponierte als unerträglich empfundenen, mit flottierenden Ängsten wie verdrängten Sehnsüchten besetzten Ambivalenzen der Modernisierung und Globalisierung mitsamt ihren Möglichkeiten, Problemen und Gefahren kann dergestalt ein ›Außen‹ identifiziert werden. Dem wird in rechtspopulistischen Bewegungen die Rückkehr zum Volk als geschlossene, konkrete Gemeinschaft entgegengesetzt, das, anders als das korrupte ›Establishment‹, all diese komplexen wie abstrakten Transformations- und Gesellschaftsprozesse nicht gewollt habe und das autoritär – wenngleich uneinlösbar – Sicherheit vor und ›Freiheit‹ verspricht von den personifizierten Repräsentanten einer spätmodernen ›Risikokultur‹ (Anthony Giddens). Insbesondere der Antisemitismus, der von verschiedenen populistischen Akteuren

– nicht nur der Rechten – zunehmend mobilisiert wird, die Identifikation von USA und Israel als ›Schurkenstaaten‹ (Peter Sloterdijk), stellt hierbei eine Projektionsfläche sui generis dar, in dem alle möglichen verdrängten Wünsche, Sehnsüchte und Ängste auf das Bild vom weltweit agierenden, globalen Juden delegiert werden können. Diese ideologische ›Verarbeitungsform‹ innerer wie politisch-sozialer Konflikte können auch heute in einer antisemitisch besetzten sozialen Paranoia kumulieren. Während jedoch Israelis und Amerikaner in kulturellen Konstruktionen und populistischen politischen Diskursen auch der Linken vermehrt als Verbrecher erscheinen, denen eine gestärkte europäische Außenpolitik entgegenzusetzen sei, bleiben die inneren neoliberalen ›Reformen‹ der sozialen Sicherungssysteme fast ohne politische Antwort.

Adornos Analysen können zum Verständnis solch autoritärer Dynamiken und Zuschreibungspraktiken sowie der aktuellen Elemente von Nationalismus und Antisemitismus nach wie vor viel Erhellendes beitragen. Ein zentrales Desiderat einer Kritischen Theorie heute, die sich den konstitutiven Logiken von nationalistischen Identitätskonstruktionen und antisemitischen Weltdeutungen widmet, muss sich indes auch der unterschiedlichen, historisch wie (selbst im europäischen Kontext) nationalstaatlich höchst divergierenden Wirkungsmacht dieser Phänomene stellen, also dem Problem der *historical specificity*. Hierzu ist besonders die Analyse konkreter politischer Prozesse und ideologischer Formierungen sowie der gesellschaftstheoretisch orientierte historische »Vergleich verschiedener Gesellschaften miteinander«[30] vonnöten, den Adorno in seiner späten Vorlesung zur *Einleitung in die Soziologie* eingefordert hat.

Kritische Theorie nach Auschwitz als politische Philosophie

Ich möchte zuletzt zum vielleicht bedeutendsten und Adorno zuletzt besonders bewegenden Motiv mit wenigen Gedanken zurückkehren, das sein philosophisches und soziologisches Denken wie kein zweites berührte: der Frage nach einer Kritischen Theorie nach Auschwitz, die an Adornos Werk nicht vorbei kann. Adorno benannte 1945, im Blick auf die unvorstellbaren Leichenberge, die der deutsche Faschismus hinterlassen hat, die aporetische Aufgabe einer Kritischen Theorie, die erkennend die Idee der Freiheit bewahren und verwirklichen will, und doch ohnmächtig vor einer »unendliche Mauer von Toten« (Elie Wiesel) steht. In Auschwitz ist für Adorno die »Vernichtung des Nichtidentischen« ganz zur barbarischen Wirklichkeit geworden. »Auschwitz bestätigt das Philosophem von der reinen Identität als dem Tod.«[31] Der »jeglichen Sinns verlustige Tod«[32] in den Vernichtungslagern, der über alle Begriffe geht, wird analytisch als

Resultat eines Wahns begriffen, der die Subjekte ergriffen hat, aber aus der Rationalität der Herrschaft und den objektiven Strukturgesetzen der Gesellschaft hervorgegangen ist. Auschwitz ist laut Adorno eben zugleich der »Endzustand eines geschichtlichen Prozesses.«[33]

Adorno rehabilitiert dabei eine politische Theorie der Individualität im Horizont ihrer diagnostizierten Ohnmacht. Die Hoffnung hat sich laut Adorno nicht mit schlechtem Gewissen auf das Individuum zurückgezogen. Den kollektivistischen Verführungen und Regressionstendenzen sich zu entziehen, so Adorno,

»mündig zu werden, der eigenen geschichtlichen und gesellschaftlichen Situation und der internationalen ins Auge zu fassen, wäre gerade an denen, die auf deutsche Tradition sich berufen, die Kants. Sein Denken hat sein Zentrum im Begriff der Autonomie, der Selbstverantwortung des vernünftigen Individuums anstelle jener blinden Abhängigkeiten, deren eine die unreflektierte des Nationalen ist. Nur im Einzelnen verwirklicht sich, Kant zufolge, das Allgemeine der Vernunft.«[34]

Es ist hierbei politisch-philosophisch kein Zufall, dass der späte Adorno sich mehr und mehr dem Werk Kants widmete, der sich der Hegelschen Apologie der ›Entfernung des Kontingenten‹ versagt. Dies affiziert eine kritische, materialistische politische Philosophie und Moralphilosophie nach Auschwitz in besonderer Weise. Die Hochschätzung Kants wurde jedoch bisher in der Rezeption von Adornos Denken m.E. vernachlässigt und im Blick auf die Bezugspunkte Hegel, Freud und Marx unterschätzt. Gerade die exponierte Stellung der Kant-Auseinandersetzung in Adornos späten Schriften und Vorlesungen, von der *Negativen Dialektik* bis zu den *Vorlesungen über die Moralphilosophie* und zur *Metaphysik* dokumentiert eine Nähe zu kantischen Fragestellungen, trotz Adornos ausgewiesener Kritik an den idealistischen Limitierungen Kants und seines ›Formalismus‹. Die teils offenbaren ›performativen Widersprüche‹ bei Adorno verweisen im Anschluss daran auch auf antinomische Formen der kritischen Philosophie und Theoriebildung, die sich mit oft widersprüchlichen gesellschaftlichen Gegenständen und Vernunftbedingungen konfrontiert sehen und die infolgedessen über die Beschränkungen bloß formaler Logik und logischer Vernunft hinausweisen müssen, um gerade deren Grenzen kritisch zu reflektieren. Das Gewahrwerden der Antinomien menschlicher Vernunft, die nach Auschwitz neu zu reflektieren sind, aber ist neben der Idee öffentlich-politischer Autonomie das zentrale Erbe Kants. Adorno erweist sich hierbei als Verteidiger der Kontingenz und Differenz, dessen, was nicht in der Logik und der Geschichte aufgeht. So opponiert er auf seine Weise, ohne das Hegelsche

Denken zu verabschieden, gegen den bewusstseinsphilosophischen Hegel und dessen konsequentes Primat des Allgemeinen in der Geschichte, wonach in unerbittlicher Konsequenz, so Hegel, »die philosophische Betrachtung keine andere Absicht hat, als das Zufällige zu entfernen.«[35]

Die Haltlosigkeit der modernen Gesellschaftsprozesse, die Schrankenlosigkeit der universal erscheinenden Dependenzen gerade in einer globalisierten Welt, aber auch der möglichen wie der realen Verbrechen vor allem in den Konzentrations- und Vernichtungslagern, führt Adorno indes überdies zu der Erkenntnis, dass der vortheoretischen moralischen Intuition und dem moralischen Sinn, dem, was Kant als ›Faktum der Vernunft‹ auszeichnet, nicht mehr ohne weiteres zu vertrauen ist, so wenig wie dem Individuum als autonomer Träger dieses Faktums. Eine soziale Welt, in der die Einrichtung von Konzentrationslagern gesellschaftlich möglich war, nötigt Adorno dazu, nicht nur den Kategorischen Imperativ neu zu formulieren, sondern auch Kants Fragen nach den Grenzen und den Antinomien menschlicher Vernunft und Urteilskraft im nachmetaphysischen Zeitalter neu auszutarieren.

In diesem Sinn bleibt aber Adornos Sozialphilosophie als eine noch im Augenblick der Einsicht in die Unmöglichkeit von Veränderung auf praktische Veränderung *zielende* zugleich eine *politische* Philosophie. Die von Kant extrapolierten Antinomien der menschlichen Vernunft stellen sich nach Auschwitz anders und neu dar, ohne dass sie doch aufgehoben worden wären (allenfalls ist die Vernunft selbst zwischenzeitlich mit der Realität der Konzentrationslager universal an ihr Ende gekommen). Die konkrete Tat Auschwitz, der Zivilisationsbruch, ist für Adorno dabei nicht nur das zitierte negative Ende der historischen Logik. Er ist vielmehr zugleich in seiner Präzedenzlosigkeit (Yehuda Bauer), Spezifik und Kontingenz zu begreifen, ohne das Band zur fortgeschrittenen gesellschaftlichen Kälte abstrakt begründeter Beziehungsgewebe ganz zu zerschneiden.

Adorno hat ferner angeführt, dass legitimes *politisches* Handeln und politische Ordnungen nach Auschwitz zur Bedingung hätten, »den nationalstaatlich definierten Begriff des politischen Subjekts hinter sich« zu lassen[36], auf dessen Hintergrund sich der barbarische kollektive Narzissmus des Nationalsozialismus erhob. Dabei wäre selbst der kategorische Imperativ, der den Menschen mit der Shoah aufgezwungen wurde, alles zu tun, dass Auschwitz sich nicht wiederhole, nichts Ähnliches geschehe und auch entsprechende demokratische Ordnungen einzurichten, nicht mehr als die geistige wie praktische Voraussetzung einer freien Gesellschaft. Die nach Adorno notwendig aporetische Reflexion auf Vernunft und Gesellschaft ist darauf angewiesen, selbst nach dem negativen Ende der Geschichte in Auschwitz und Treblinka, allerdings immer noch die Idee der

Freiheit freizulegen, sonst hat Erkenntnis, so Adorno, »kein Licht«.[37] Durch die vollendete Sinnlosigkeit und vollkommene Nichtigkeit der Menschen in den Konzentrations- und Vernichtungslagern schien aber in der Tat, objektiv, kein Licht der Freiheit mehr hindurch, nicht einmal in der Idee ex negativo, und Erkenntnis kann aus Auschwitz keine Erhellung schöpfen, so wenig jene an den Verbrechen vorbeigehen kann. In dieser Spannung sich bewegend wäre Kritische Theorie nach Auschwitz der Versuch der Kritik der aktuellen Gesellschaft in ihren spezifischen Gestalten, um die Wirklichkeit, im Wort von Nelly Sachs, mit transzendentem Überschuss wie eine Mauer abbröckeln zu lassen, aber im erinnernd erahnenden, durchschmerzten Bewusstsein, dass die sinnlos Ermordeten durch nichts mehr versöhnt und erlöst werden können.

Politische Philosophie nach Auschwitz impliziert nach Adorno schließlich ein politisches Denken und Handeln, das einer universalistischen Ethik im Eingedenken ihrer strukturellen Unmöglichkeit, ihrer Grenzen folgt. Adornos Negativität, die moderne Herrschaft und Dependenzen illusionslos benennt und mitunter überpointiert, konfligiert nicht mit dem praktisch-politischen Eintreten für Grundrechte sowie staatliche Bedingungen liberaler und partizipatorischer Demokratie, in der die Menschen diese *against all odds* zu ihrer eigenen Sache machen können. Adorno opponiert folgerichtig unmissverständlich der These, bestimmte Länder seien zur Demokratie nicht reif oder diese entspreche nicht ihrer Lebensweise, um damit die Menschen kulturrelativistisch zur Unmündigkeit zu verdammen. Jene These amalgamiert sich heute verstärkt mit einem vorgeblich ›zivilisationskritischen‹ Standpunkt, der Demokratie und universelle Menschenrechte nur als westliche Maske oder Eigenart denunziert und sich eigentümlicher Weise nicht selten auch auf Adorno beruft. Adornos Verfahren immanenter Kritik der zeitgenössischen Gesellschaft misst dagegen diese an ihrem Anspruch; die selbstreflexive Verteidigung universeller aufklärerischer Normen, hinter die es für Adorno kein Zurück gibt, und demokratischer Institutionen, Verfahren und Rechte ist für Adorno eine Selbstverständlichkeit – erst recht nach den Verbrechen des 20. Jahrhunderts.[38]

Zur sozialwissenschaftlichen Zukunft kritischer Theorie

Die Frage nach der sozialwissenschaftlichen Aktualität von Adornos soziologischen Theoremen ist mit den neueren Landschaftsgestaltungen einer vielfältigen postmodernen Wissenskultur und -produktion nur oberflächlich diffundiert. Adorno bietet einen Kontrapunkt zu einer großenteils auf Marktforschung reduzierten Soziologie. In der verbliebenen theoretischen Soziologie werden indes Paradigmenwechsel oft und gerne proklamiert und bisweilen auch mit schillernden Begriffen erzwungen, die einen wissenschaftlichen Fortschritt indizieren sollen. Das scheinbar axiomatisch Überkommene, die Vergegenwärtigung einer Tradition, auf dem Stand der Adornoschen Reflektiertheit zumal, kann sich mithin jedoch als nachhaltiger und theoretisch weitreichender erweisen als zwischenzeitliche Theoriemoden. Selbst die sozialwissenschaftlich und sozialphilosophisch avancierteren Versuche einer produktiven, kritischen Weiterentwicklung Adornoscher Theoreme, die sich u.a. im Werk von Jürgen Habermas und Axel Honneth finden, können daraufhin befragt werden, welche Erkenntnisse mit der Revision und Integration der kritischen Theorie und dem legitimen Versuch, performative Widersprüche, Vereinseitigungen und Aporien aufzuheben, zugleich verloren gehen; oder ob nicht der in den kommunikationstheoretischen und anerkennungstheoretischen Ansätzen aufscheinende Fortschritts-, Demokratisierungs- und Rationalisierungsoptimismus durch die Gegenüberstellung mit den von Adorno diagnostizierten Zerfallstendenzen und restringierenden Strukturprinzipien moderner Vergesellschaftung in ein erkenntnisreiches Spannungsverhältnis gebracht werden könnte.

Anhand von vier Theoremen und Theoriebezügen konnte aufgezeigt werden, dass Adorno durchaus konzeptionelle Schneisen bereitstellt, um aktuelle soziale und politische Phänomene im Zeitalter postindustrieller Globalisierung zu deuten. Dabei stechen im Angesicht gegenwärtiger Entwicklungen Adornos Thesen von der Universalisierung des Tausch- und Wertgesetzes als Vergesellschaftungsmodus und an sie gekoppelter, homogenisierender kulturindustrieller Modi genauso hervor wie seine Analysen zu den sozialpsychologischen Dynamiken von politischem Autoritarismus und Nationalismus.

Indes sollten andererseits auch gegenläufige politische, kulturelle und soziale Momente zur von Adorno diagnostizierten spätkapitalistischen Homogenisierungs- und Entindividualisierungstendenz wahrgenommen werden. Adorno unterschätzt m.E. die demokratischen, lebensweltlichen Potenziale und kommunikativen Rationalisierungen, die auch Teil moderner gesellschaftlicher Dialektik und heute der Globalisierung sind. Dabei scheinen sich im Zuge der soziokulturellen Globalisierung nicht nur pluralisierte, post-konventionelle Lebenswelten und verflüssigte Identitätsbilder zu verbreiten, sondern auch kosmopolitische Normen in einer globalisierten Öffentlichkeit hervorzutreten.[39] Der Zivilisationsprozess zerstört nicht nur Differenz, er produziert sie auch, wie Rolf Johannes betont[40], und er untergräbt nicht nur universalistische Ansprüche und Möglichkeiten demokratischen Handelns, er generiert auch diese. Überdies ist Andreas Huyssens Kritik, Adorno vermeide »historic specificity in his work«, nicht ganz von der Hand zu weisen.

Allerdings ist eine kritische, materialistische Soziologie und Politikwissenschaft nach, in Helmut Dahmers Formulierung, »einem barbarischen Jahrhundert«[41], sollte sie denn überleben, nicht ohne die Kritik an den modernen Vergesellschaftungsmodi und Strukturprinzipien zu formulieren, die die soziale Gegenwart weitreichend organisieren und freies Handeln in erstaunlichem Maße versperren. Kritische Theorie nach Adorno heute müsste sich in dieser Spannung entfalten, ohne orthodox historische und geistige Nivellierungen zu übernehmen. Kritische Theorie heute repräsentiert nicht zuletzt die andauernde Frage nach dem Stand der gesellschaftlichen Möglichkeiten und Zwänge, nach den Bedingungen der Möglichkeit freier Individuation und gesellschaftlicher Demokratie, Egalität und Differenz, getragen von dem unhintergehbaren universalistisch-kosmopolitanen ethischen Impuls, Leiden beredt werden zu lassen und politisch-praktisch auch überwinden zu wollen.

Adornos Theorie verkörpert dabei den heuristischen Versuch, universalistische normative Horizonte mit dem Besonderen, den unhintergehbaren Ansprüchen der individuellen spontanen Regung und Reflexionsfähigkeit ins Gespräch zu bringen, aus denen der normative Universalismus erst seine Kraft zieht. Zentrales Motiv Adornos ist insofern die Anwaltschaft für einen ›differenzsensiblen Universalismus‹ und die immer noch aktuelle Vorstellung einer Gesellschaft, in der man »ohne Angst verschieden sein kann.« Entsprechend kommuniziert das von ihm begründete konstellative Denken, das dem Besonderen möglichst wenig Gewalt antun will, indem es Begriff und Gegenstand reflexiv umstellt, mit der eingeklagten Fähigkeit zur scharfen begrifflich-analytischen Distinktion und der nachdrücklichen Kritik einer diffusen, abstrakten Negation gesellschaftlicher Prozesse durch Vulgärmaterialisten. Obgleich sein Politik- und Demokratiebegriff eher zurückhaltend, umrisshaft denn systematisch konzeptionell begründet wird, verteidigt Adorno, daran ist zu erinnern, ohne affirmativen Zug die Gehalte demokratischer und universalistischer Rechtsnormen und ihre institutionellen Verankerungen genauso wie – voraussetzungslos – die unteilbaren Rechte der Individuen auf physische Unversehrtheit. Mit Adorno zu denken heißt fraglos, gegen jede Form des autoritären Kollektivismus jeglicher politischen Provenienz zu opponieren sowie gegen die pauschale, autoritäre Rebellion gegen die moderne Zivilisation und soziokulturelle Modernisierung. Adorno verweist dabei mit Freud vor dem Hintergrund der Verbrechen des 20. Jahrhunderts auch auf die regressiven Potenziale der Massenpolitik. Und Adorno inspiriert dergestalt eine bestimmte Kritik gegenwärtiger sozialer

Exklusions- und Armutsprozesse im Horizont der gegenwärtigen postindustriellen Globalisierung, der Ökonomisierung der Gesellschaft, sowie ihrer kulturindustriellen Begleitung, aber eben auch autoritärer ›Lösungen‹ und regressiver Phantasien von links und rechts, dem unterschiedlich perzipierten Elend mit Gewalt ein Ende zu setzen.

Das antiaufklärerische Gegenbild zur Adornoschen Kritik, das derzeit in der politischen Kultur zu reüssieren scheint, ist anti-universalistischer Kulturrelativismus, die mitunter von rechts und links mobilisierte kulturelle Ranküne gegen Demokratie und ›Westbindung‹, und vor allem ein neuer, nicht-staatlicher und *globalisierter* Totalitarismus. Insbesondere die transnationalen Akteure eines anitsemitisch-islamistischen Terrors – global agierende Feinde soziokultureller Globalisierung – zielen nicht nur auf die sinnlose Vernichtung von Individuen, sondern auch auf die Auslöschung noch der *Idee* von Aufklärung, Freiheit, Demokratie und Individualität. Jenseits mancher Irrungen und Wirrungen intellektueller Debatten der europäischen Gegenwart, in denen Terror bisweilen als legitimierbare ›Reaktion‹ auf ›Amerikanismus‹ und Kapitalismus oder als ›Kleinzwischenfall‹ (Peter Sloterdijk) gedeutet wird, der neue »Bedingungen der Kritik« eröffne[42], hilft Adornos benjaminianischer Blick auf das Besondere schließlich, die Sicht freizulegen auf die konkreten Opfer der Geschichte, d.h. heute vor allem der Ökonomie und des Terrors, im Zeitalter der Globalisierung. Und das bedeutet nicht zuletzt, auch *Ground Zero* – Produkt der autoritären Rebellion eines neuen, verrückten, globalisierten Terrorismus – als das zu sehen, was es vor allem ist: ein sinnloses, gigantisches Massengrab des 21. Jahrhunderts.

Nachweise und Anmerkungen

* Dieser Aufsatz geht zurück auf den Vortrag »Zur Vergegenwärtigung und zum sozialwissenschaftlichen Potenzial kritischer Theorie«, den ich auf der Tagung »Zur Aktualität Adornos« am 12. Juni 2003 im Literaturhaus Berlin gehalten habe. Mein Dank für Anregungen und Kritik gilt Richard Wolin, John Abromeit und Ina Klingenberg.

1 Leo Löwenthal: »Adorno und seine Kritiker«. In: *Gesammelte Schriften*. Frankfurt am Main 1987, Bd. 4, S. 69f.
2 Während in den Feuilletons einige Autoren eher voyeuristisch im biographischen Detail schwelgten, um sich über Adornos persönliche Eigenheiten oder Schwächen zu mokieren, sind auch zwei eindrucksvolle Studien mit unterschiedlichen Zugängen zur intellektuellen Biographie Adornos erschienen; Vgl. Detlev Claussen: *Theodor W. Adorno. Ein letztes Genie*. Frankfurt am Main 2003; Stefan Müller-Doohm: *Adorno*. Frankfurt am Main 2003.
3 Zu einem dergestalt erweiterten Verständnis von »intellectual history« vgl. Martin Jay, Force Fields: *Between Intellectual History and Cultural Critique*. New York 1993; vgl. auch Dirk Auer, Lars Rensmann und Julia Schulze Wessel: »Affinität und Aversion. Zum theoretischen Dialog zwischen Arendt und Adorno.« In: *Arendt und Adorno*. Frankfurt am Main 2003, (S. 7–31), S. 11ff.
4 Leo Löwenthal: »Calibans Erbe.« In: *Gesammelte Schriften*. A.a.O., Bd.4.
5 Max Horkheimer und Theodor W. Adorno: *Dialektik der Aufklärung*. Frankfurt am Main 1986, S. 79.
6 Vgl. Axel Honneth: *Kritik der Macht. Reflexionsstufen kritischer Gesellschaftstheorie*. Frankfurt am Main 1985.
7 Adorno bestimmt dies als Herrschaft über die Natur, über den Menschen und Herrschaft über die inwendige Natur des Menschen; vgl. Theodor W. Adorno: *Negative Dialektik*. Frankfurt am Main 1966, S. 314. Vgl. auch Dirk Auer: »Daß die Naturbefangenheit nicht das letzte Wort behalte. Fortschritt, Vernunft und Aufklärung«. In: D. Auer, T. Bonacker und S. Müller-Doohm (Hg.): *Die Gesellschaftstheorie Adornos*. Darmstadt 1998, S. 21–40.
8 Adorno lässt keinen Zweifel daran, dass Freiheit »nur durch den zivilisatorischen Zwang hindurch« erreicht werden kann; siehe Adorno: *Negative Dialektik*. A.a.O., S. 150.
9 Horkheimer, Adorno: *Dialektik der Aufklärung*. A.a.O., S. 234
10 In der spätkapitalistischen Ära erweise sich die Vermittlung des Gesellschaftsprozesses durch die Individuen, so eine ebenso radikale wie ökonomistisch anmutende These der *Dialektik der Aufklärung*, nunmehr als gänzlich rückständig; die Subjekte der Triebökonomie würden psychisch enteignet und diese rationeller von der Gesellschaft organisiert. Der fortgeschrittene Gang der Zivilisation unter dem Identitäts- und Herrschaftsprinzip, die aquisitive Rationalisierung aller Lebensbereiche, münde so in der Identität des Zerfalls von Individuum und Gesellschaft.
11 Theodor W. Adorno: »Gesellschaft«. In: *Soziologische Schriften I*. In: *Gesammelte Schriften*. Frankfurt am Main 1979, Bd.8, (S. 9–19), S. 14.
12 Siehe u.a. Theodor W. Adorno: *Einleitung in die Soziologie*. Frankfurt am Main 1993. S. 57.
13 Adorno: *Negative Dialektik*. A.a.O., S. 259.
14 Adorno: »Gesellschaft«. A.a.O., S. 13.
15 Theodor W. Adorno: »Zum Verhältnis von Soziologie und Psychologie«. In: *Soziologi-*

sche Schriften I. A.a.O., (S. 42–85), S. 60.
16 Ihr entspricht die *identifizierende Denkform*, Produkt bürgerlicher Rationalität, die ganz dem abstrakten Schema universeller Ver- und Einfügung folgt und die die Objektwelt einverleibt und erstarren lässt. Dabei wird grenzenlos die Außenwelt mit der Starre belehnt, die im herrschaftlich Subjektivierten selber ist.
17 Theodor W. Adorno: *Vorrede zu ›Spätkapitalismus oder Industriegesellschaft?‹*. In: *Soziologische Schriften I*. A.a.O, S. 584. Die »Frage nach der Herrschaft«, so Adorno, sei heute zentral. Es »gewinnt [...] der Begriff der Herrschaft erneut eine gewisse Präponderanz gegenüber den rein ökonomischen Prozessen. Strukturell scheinen durch eine immanente sozial-ökonomische Bewegung Formen gezeitigt zu werden oder sich abzuzeichnen, die dann ihrerseits aus dem Determinationszusammenhang der reinen Ökonomie und der reinen immanenten gesellschaftlichen Dialektik heraustreten und bis zu einem gewissen Grad sich verselbständigen, und keineswegs zum Guten.« Der Faschismus habe uns »aufs gründlichste darüber belehrt«, »was der erneute Übergang in unmittelbare Herrschaft bedeuten kann.«
18 Vgl. Martin Jay: »Hannah Arendt und die ›Ideologie des Ästhetischen‹ oder: Die Ästhetisierung des Politischen«. In: Peter Kemper (Hg.): *Die Zukunft des Politischen. Ausblicke auf Hannah Arendt*. Frankfurt am Main 1993. (S. 119–135), S. 128.
19 Man kommt aus dem Staunen nicht heraus, wenn man sieht, welch muffige nationale ›Kulturkritik‹ sich bisweilen ausgerechnet auf Adorno, ihren schärfsten Kritiker, beruft. Ebenso wie die Sympathie der Kulturkritiker für Adorno auf einem Missverständnis beruht, so fußt indes auch manche Kritik an der Kulturindustriethese auf einer fragwürdigen Interpretation. Gerade in US-amerikanischen Debatten wird oft und gerne auf Adornos Essay über den Jazz verwiesen und fürs Ganze des Adornoschen Schaffens genommen, um Adorno anti-moderne ›Kulturkritik‹ nachweisen zu wollen und den Autor mit leichter Hand als unzeitgemäß ad acta zu legen.
20 Theodor W. Adorno: »Résumé über Kulturindustrie«. In: *Kulturkritik und Gesellschaft I*. In: *Gesammelte Schriften*. Frankfurt am Main 1977, Bd. 10.1, (S. 337-345), S. 345.
21 Theodor W. Adorno: »Aldous Huxley und die Utopie«. In: *Kulturkritik und Gesellschaft I*. A.a.O., (S. 97-122), S. 101f.
22 Theodor W. Adorno: *Kultur und Culture. Vorträge – Gehalten anlässlich der Hessischen Hochschulwochen für staatswissenschaftliche Fortbildung, 29. Juni 9. Juli 1958 in Bad Wildungen*. Bad Homburg, Berlin, Zürich 1959, Bd. 23. Diese These Adornos steht im scharfen Kontrast zur heute gängigen Gleichsetzung der US-amerikanischen Demokratie mit ›Totalitarismus‹. Dies soll keine Idealisierung der USA implizieren. In jüngerer Zeit jedoch entgleist oftmals im öffentlichen Raum die notwendige und legitime Kritik an Gesellschaftsprozessen und Policies in ein affektiv besetztes, stereotypes Negativbild der USA (und Israels), das ihre widersprüchliche Realität projektiv homogenisiert. Bundestagspräsident Wolfgang Thierse will entsprechend eine Quote für deutsche Musik, »damit deutsche und europäische Kultur sich gegen die Allmacht des amerikanischen Kulturimperialismus durchsetzen kann.« (Zitiert nach *Jungle World*. 7.4.2004, S. 4) Gerade Teile der kulturwissenschaftlich und politisch repräsentierten Intelligenz raunen dergestalt, im oppositionellen Gestus, heute vermehrt wie einst Alain de Benoist, Rainer Zitelmann und die *Neue Rechte* über eine ›Amerikanisierung‹ der Kultur, was im Wort des Mitbegründers des Deutsch-Amerikanischen Gesellschaft, Adorno, »unter Missbrauch eines Höheren nur die muffigsten Instinkte [nutzt]«; »Hochmut gegen Amerika in Deutschland ist unbillig.« Adorno: »Auf die Frage: Was ist deutsch«. In: *Kulturkritik und*

Gesellschaft II. In: *Gesammelte Schriften* A.a.O., Bd. 10.2, (S. 691-701), S. 697. Vgl. zu Adorno und Amerika auch D. Claussen, O. Negt und M. Werz (Hg.): *Keine Kritische Theorie ohne Amerika.* Frankfurt am Main 1999.
23 Theodor W. Adorno: »Politik und Neurose«. In: *Soziologische Schriften I.* A.a.O. (S. 434–439), S. 436f.
24 Adorno: »Zum Verhältnis von Soziologie und Psychologie«. A.a.O., S. 83. Der Ursprung dieser Schwächung liege indes bereits im ökonomischen Prinzip: »Vollendete Ich-Schwäche, der Übergang der Subjekte in passives, reflexähnliches Verhalten, ist zugleich das Gericht, welches die Person sich verdiente, in der das ökonomische Prinzip der Aneignung anthropologisch geworden war.« Siehe Adorno: *Negative Dialektik.* A.a.O., S. 273.
25 Vgl. Theodor W. Adorno: *Der autoritäre Charakter.* Frankfurt am Main 1971.
26 Adorno: *Der autoritäre Charakter.* A.a.O., S. 51ff.
27 Vgl. zur Antisemitismus-Theorie Adornos Detlev Claussen: *Grenzen der Aufklärung.* Frankfurt am Main 1987; Lars Rensmann: *Kritische Theorie über den Antisemitismus.* Berlin, Hamburg 1998.
28 Max Horkheimer: »Über das Vorurteil«. In: *Gesammelte Schriften.* Frankfurt am Main 1987, (Bd. 8, S. 194–200), S. 198.
29 Vgl. Lars Rensmann: *Demokratie und Judenbild. Antisemitismus in der politischen Kultur der Bundesrepublik Deutschland.* Wiesbaden 2004.
30 Adorno: *Einleitung in die Soziologie.* A.a.O, S. 105.
31 Adorno: *Negative Dialektik.* A.a.O., S. 366.
32 Adorno: *Ästhetische Theorie.* Frankfurt am Main 1970, S. 477.
33 Adorno: »Die auferstandene Kultur«. In: *Gesammelte Schriften* A.a.O., Bd. 20.2., S. 464.
34 Adorno: »Auf die Frage: Was ist deutsch«. A.a.O., S. 692.
35 G.W.F Hegel: »Die Philosophie der Weltgeschichte. Zweiter Entwurf«. In: *Studienausgabe in drei Bänden.* Frankfurt am Main 1986, S. 288.
36 Adorno: »Die auferstandene Kultur«. A.a.O., S. 464.
37 Theodor W. Adorno: *Minima Moralia.* Frankfurt am Main 1951, S. 333.
38 Nicht nur rechtsradikale, sondern auch (›progressive‹) Teile der kulturellen, wissenschaftlichen und politischen Eliten Europas mühen sich nach dem 11. September 2001 um einen ›interkulturellen Dialog‹ über ›Werte‹ ausgerechnet auch mit islamistischen Wortführern wie z.B. der Hizbollah; ein ›Dialog‹, der den universalistischen Anspruch von frei und gleich Individuierten nicht zur Voraussetzung hat, sondern für islamische Gesellschaften die Abschaffung dieses normativen Anspruchs der bürgerlichen Gesellschaft akzeptiert: ein friedliches Nebeneinander von Sharia und Wahlrecht. Dem Dialog der Verschiedenen, den Adorno im Sinn hatte, der die universale Anerkennung des Anderen nicht rechtlich systematisiert, sondern bereits zur Denkvoraussetzung hat, spricht solche Art des Lamentierens vom interkulturellen Dialog über ›Werte‹ Hohn, wie auch jedem Festhalten an Aufklärung, die dem generalisierten wie dem konkreten Anderen in seinem Leiden nicht gleichgültig gegenüber steht.
39 Vgl. Jürgen Habermas: *Die postnationale Konstellation.* Frankfurt am Main 1998.
40 Rolf Johannes: »Zur Kritik der Gesellschaftkritik«. In: *Zeitschrift für kritische Theorie.* Heft 13. 2001, S. 94.
41 Helmut Dahmer: *Soziologie nach einem barbarischen Jahrhundert.* Wien 2001.
42 Vgl. kritisch hierzu Richard Wolin: »Kant at Ground Zero«. In: *The New Republic. 9. Februar 2004.*

Andreas Gruschka

Pädagogische Aufklärung nach Adorno*

Meine Damen und Herren, als ich vor vielen Monaten leichtsinnig für die heutige Veranstaltung zusagte, war mir noch nicht bewusst, welch schwierige Lage das für mich, aber nun vielleicht auch für Sie, werden könnte. Am Ende des Jubeljahres bemerke ich nämlich bei mir, und auch bei vielen dem Anlass Wohlwollenden, starke Ermüdungserscheinungen. Schwer vorzustellen, dass Sie sich heute zum ersten mal dem Festanlass aussetzen! Ich war (zu Recht? zu Unrecht?) skeptisch, ob sich überhaupt noch jemand mit dem Thema beschäftigen möchte. Ist Adorno nicht bereits zu Tode gefeiert worden? Das würde es eigentlich verbieten, damit fortzufahren. Ungezählte Würdigungen, darunter so manche des Pädagogen, sind vorgetragen und veröffentlicht worden. So stellt sich für mich, und wohl überhaupt, die Frage, ob nicht schon alles gesagt worden ist. Ich habe jedenfalls selten so lange und zunehmend verzweifelt darüber nachgedacht, wie ich die mir gestellte Aufgabe heute bewältigen könnte. Seien Sie nachsichtig mit mir, wenn ich ihr nicht gewachsen sein sollte.

Was erwartet Sie? Vier Variationen zur Bedeutung des Titels »Pädagogische Aufklärung nach Adorno«, mit denen ich auf vier Erwartungen reagiere, die ich bei Ihnen unterstelle. Erstens möchte ich in Erinnerung bringen, welche pädagogische Aufklärung Adorno selbst, mittelbar als akademischer Lehrer und direkt mit Texten über Pädagogik, betrieben hat. Zweitens werde ich kurz darauf eingehen, wie seine pädagogische Aufklärung nach seinem Tod bei denen angekommen ist, die sich von ihm angesprochen fühlten. Drittens wird darauf einzugehen sein, welches Schicksal pädagogische Aufklärung gegenwärtig, also nach der heroische Epoche der Kritik, erleidet. Viertens schließlich werde ich versuchsweise die Aktualität der pädagogischen Aufklärung Adornos an heutigen Themen der Pädagogik illustrieren, also gleichsam gedankenexperimentell fragen: Was hätte Adorno wohl dazu gesagt?

1.

Die Erinnerung an die pädagogische Wirkung des Philosophen führt uns hier zusammen. Seine größte und vielleicht auch nachhaltigste Popularität hat Adorno auf dem Feld der Pädagogik errungen. Seine Forderungen haben sich Pädagogen wie keine andere Berufsgruppe zu Herzen genommen. Und er war der vielleicht erfolgreichste Lehrer der damaligen akademischen Jugend. Beides ist verwunderlich. Denn er war ein scharfer Kritiker, wenn nicht ein Verächter dessen, was er den pädagogischen Betrieb nannte. Sein Ruf bestand auch darin, dass man – wie in diesem Jahr notorisch erinnert wurde – in seinen Vorlesungen und Seminaren so gut wie nichts verstanden haben will.

Auch ich war als junger Mensch fasziniert von Adornos Texten. Die Mahlermonographie war das erste Buch Adornos, das ich in die Finger bekam. Unmittelbar drängte sich der Eindruck auf: Das ist ein bedeutendes Buch! Auch wenn es für mich mindestens sieben Siegel besaß. Seine Texte waren ein Versprechen auf eine tiefgründige Erklärung der Gesellschaft und der Bedingungen des Lebens in ihr. Leicht wollte und konnte es der Autor dem Leser nicht machen. Auch seine Texte zur Pädagogik provozierten bei mir eine immer wieder neu ansetzende Lektüre. Noch heute, wenn ich mit Studierenden die »Theorie der Halbbildung« lese, bin ich überrascht, wie viel Neues sie mir mitteilen kann.

Das lässt sich als eine pädagogische Wirkung begreifen; eine, die freilich wohl nur dadurch entsteht, dass es dem Autor gelingt, zugleich jede Form der vereinnahmenden, es dem Leser zu leicht machenden Lektüre zu verbauen. Adorno schreibt denkend so, dass der angestrengte Nachvollzug der Texte durch das Glück einer Erkenntnis belohnt wird, die nie akademisch bleibt, sondern mit dem Interesse des Lesers an der Aufklärung des falschen gesellschaftlichen Zustandes verbunden ist.

In einem paradoxen Sinne war Adorno als Aufklärer also ein Pädagoge, der sich bewusst nicht der Mittel bediente, die gemeinhin die Pädagogen nutzen. Noch die Vorlesungen, mit denen er die Studierenden in das Thema der Philosophie und Soziologie einführen wollte, belegen das für den geduldigen Leser der Nachschriften eindrücklich: Sie sind im besten Sinne propädeutische Texte. Sie verzichten auf didaktische Vereinfachungen. Sie erschließen die Sache unter Verzicht auf jede Pädagogisierung und verwickeln den Hörer in die Sache auf dem Stand der fortgeschrittenen Erkenntnis mit Angabe des Verfahrens. Diese Einheit von Methode und Sache mit der Unterstellung, etwas sei lehrbar, ohne es zu lehren, war wahrlich ein anspruchsvolles Unterfangen. Und so ist es kein Wunder, wenn manche sich an den Lehrer erinnern, als hätten sie »nichts verstanden«. In Wahrheit sind die Hörer und Leser keineswegs ahnungslos zurückgeblieben. Vielmehr erfuhren sie so viel, dass ihnen zu Bewusstsein kam, dass sie die Sache selbstständig durchdenken müssen.

Durch diese Erfahrung musste man nicht einfach frustriert, sondern konnte auch angestachelt werden, sie nachzuvollziehen. Ich will es pathetisch ausdrücken: Adorno bediente die Sehnsucht nach wahrer Erkenntnis des Falschen, die ein Wissen enthält, die Dinge könnten auch anders sein.

Abwegig erscheint es mir deswegen, in Adornos Rede und Schreiben eine professorale Marotte zu erblicken, gar zu behaupten, dass er es manieriert liebte, die Sache künstlich zu verkomplizieren, sie bewusst dunkel zu entwickeln. Wer die Texte nachkonstruiert, wird feststellen können, wie ungeheuer bewusst in der sprachlichen Anschmiegung an die Probleme der jeweils verhandelten Sache ihre Darstellung erfolgt.

Dass dies heute gerne negativ ausgelegt wird, ja dafür herhalten muss, der Autor sei veraltet, hängt mit einer Entwicklung zusammen, die Adorno hellsichtig in seinen Texten antizipiert hat: der Transformation der Bildungsaufgabe in eine möglichst anstrengungsfreie Informationsvermittlung. Der Hochschullehrer wird heute in den Fragebögen der Hochschulevaluateure als guter Lehrer ausgewiesen, der multimedial für Prüfungen orientierendes Wissen auf Flaschen zieht, konkret: der auf übersichtliche Folien die Schemata und Definitionen schreibt, die man getrost mit nach Hause tragen kann. Nach der Logik des Hochschulrankings würde Adorno heute glatt durchfallen, auch wenn ich nicht sicher bin, dass er deswegen bei den Studierenden nicht mehr ankäme.

Zu seiner paradoxen Wirkung auf dem Felde der Pädagogik zählt sodann, dass er in all den Schriften, in denen er sich direkt auf pädagogische Fragen bezieht, den Bildungsbetrieb frontal attackiert hat. So sehr seine verzweifelte Hoffnung auf die Erziehung und Bildung gerichtet war, so scharf griff er die gängige Praxis und die zeitgenössische Theorie an. »Das Pathos der Schule heute, ihr moralischer Ernst ist, daß inmitten des Bestehenden nur sie, wenn sie sich dessen bewußt ist, unmittelbar auf die Entbarbarisierung der Menschheit hinzuarbeiten vermag.« Adorno adressierte diese Aufgabe nun nicht leichtsinnig optimistisch an die öffentliche Erziehung. Er verlangte, »daß sie des verhängnisvollen Erbes an Vorstellungen sich bewußt wird, das auf ihr lastet.« Was heißt das?

- Adorno war Kritiker einer Reformpädagogik, die, statt der Anstrengung der Bildung, diese verflache. Schon in den *Minima Moralia* finden sich beißende Kommentare zum Obskurantismus der Waldorfpädagogik. Adornos Mitstreiter Heinz Joachim Heydorn nannte dergleichen »Fluchtversuche« der Pädagogik aus der Gesellschaft.
- Adorno bewunderte, anders als die Reformpädagogik, die produktive Naivität von Kindern und sah klar, wie sie durch die Bildungsinstitutionen um ihre Neugier auf die Erschließung der Welt gebracht werden.
- In seiner »Theorie der Halbbildung« geht es zwar nicht direkt um Schulbildung, aber jedem Leser ist klar, dass er mit ihr die bohrende Frage stellte, inwieweit die Schule das Geschäft der Kulturindustrie besorge: mittelbar,

indem sie die Heranwachsenden nicht stärkt *gegen* die Enteignung ihrer Urteilskraft, und direkt, indem sie diese Enteignung durch Didaktik selbst besorgt. Um mit den Schülern ins Geschäft zu kommen, würde der Musiklehrer lieber die Beatles vorspielen und sich damit lächerlich machen, anstatt den Kunstcharakter großer Komposition zu entfalten. Er würde sich scheuen, den Schund der populären Musik zu erklären, sie, wie er es nennt, den Schülern »madig zu machen«.

Pars pro toto bekam die Musikdidaktik von Adorno ihr Fett weg, sodass schon Ende der fünfziger Jahre akademische Pädagogen vor der Übertreibung dieser Kritik warnten: Herr Professor, wo bleibt denn das Positive? Man dürfe das Engagement der Lehrer nicht durch demaskierende Kritik zerstören. Es gibt es nichts Gutes, außer man tut es!

In seinem Vortrag zu den »Tabus über dem Lehrberuf« ging Adorno auf die heftigste Weise gegen die Illusionen des Berufsstandes vor. Welcher Pädagoge las gerne,
- dass er latent immer noch ein Steißtrommler sei, eine Parodie realer Macht, das Zerrbild einer Despotie, weil »er nicht mehr anrichten kann, als irgendwelche armen Kinder, seine Opfer, einen Nachmittag einzusperren«,
- dass er als Rollenträger einen kastrierten Menschentyp darstelle, »wenigstens einen erotisch Neutralisierten, nicht frei Entwickelten, das Bild von einem Menschen, der in der erotischen Konkurrenz nicht zähle«; ein Bild, das sich »mit der wirklichen oder vermeintlichen Infantilität des Lehrers« deckt,
- dass er die Schüler um das betrüge, was er ihnen gleichwohl verspreche: »Das Problem der immanenten Unwahrheit der Pädagogik ist wohl, dass die Sache, die man betreibt, auf die Rezipierenden zugeschnitten wird, keine rein sachliche Arbeit um der Sache willen ist. Diese wird vielmehr pädagogisiert. Dadurch allein schon dürften die Kinder unbewusst sich betrogen fühlen.«

Das Regressive des Lehrers bestünde darin, dass er den »Mikrokosmos der Schule, der gegen die Gesellschaft der Erwachsenen mehr oder weniger abgedichtet ist, [...] dass er die ummauerte Scheinwelt mit der Realität« verwechsle. Der Lehrer sei ein Zirkulationsagent, stehe nicht für seinen Stoff und seine Praxis selbst ein; er sei ein Verkäufer, der unter dem Zwang stehe zu zeigen, dass er alles besser wisse und deswegen etwas von allgemeiner Abneigung auf sich ziehe. An Heiratsannoncen war Adorno aufgefallen, wie sehr in diesen sich Lehrer bemühten, gegen das Bild vom »Lehrertyp« sich zu empfehlen. Noch heute heißt es: Wer eine Wohnung mieten will, teilt besser nicht mit, dass er ein Lehrer ist.

Schließlich machte Adorno auf die Kälteerziehung in der Schule aufmerksam, die Unfähigkeit, wenn nicht die Unmöglichkeit der Lehrer, zu ihren Schülern in eine nicht-gestörte Beziehung zu treten. Verhielten sie sich ganz objektiv zu ihrer Aufgabe, erschienen sie den Kindern »unmenschlich und kalt«. Versuchten sie dagegen ganz subjektiv und warm sich den Kindern zu nähern, schlüge dies allzu oft illusionär um in falsche Nähe, mit der die Kinder bloß anders zum Verfügungsobjekt einer Erziehung gemacht würden, die letztlich mit der Integration in das Bestehende dessen Hinnahme beförderte und damit der bürgerlichen Kälte zuarbeite.

Riskierte Adorno es nicht, sich unter Lehrern unbeliebt zu machen, indem er so schroff die Tabus zu Bewusstsein brachte, die über die schlechte Praxis wachen? Er betonte zwar die Notwendigkeit von Reformen; aber es wäre ihm nie in den Sinn gekommen, so etwas wie die verkrüppelte Gesamtschule zu unterstützen. Wenn überhaupt, so war er ein Verfechter jener Anstalt, die die Reformer abschaffen wollten, nämlich des humanistischen Gymnasiums. Er hielt von der »progressiven« Pädagogik nichts und bekannte sich dazu, in Sachen Schulbildung ein Reaktionär zu sein: Besser ordentlich lateinische Stilistik lernen, als sich bei der Romfahrt in einer italienischen Trattoria den Magen zu verderben.

Über die Universitätspädagogik seiner Zeit urteilte er vernichtend. Pädagogik sollte, anstatt »mit Tiefsinn aus zweiter Hand übers Sein des Menschen zu schwafeln«, der Selbstaufklärung sich zuwenden.

All das bislang von mir mit einigen »Blitzlichtern« Erinnerte hat keine abschreckende Wirkung auf die Pädagogen entfaltet. Im Gegenteil, es hinderte die studentische Avantgarde der 68er (die in ihrer Mehrheit eine pädagogisch inspirierte war, weil hier wie an wenigen anderen Stellen die Chance einer eingreifenden Veränderung der Gesellschaft gegeben zu sein schien, und die dann ja auch massenhaft in pädagogische Berufe strebte) keineswegs daran, Adorno zum Gewährsmann zu machen.

2.

Die so genannte Emanzipationspädagogik berief sich immer wieder auf Adorno. Seine Kritik etwa an der überflüssigen Herrschaft sollte in den Schulstuben gelehrt werden. Das freilich ging nur, indem die Kritik Adornos an der Pädagogik überlesen oder nach dem Muster verarbeitet wurde: Gemeint sind wohl nur die anderen und die Alten. Aus heutiger Sicht ist es schon merkwürdig, wenn man sich vergegenwärtigt, dass unmittelbar nach seinem Tod eine »kritische Pädagogik« ausgerufen worden ist, die in Theorie und Praxis als die der kritischen Theorie begriffen wurde. Als hätte es Adornos unausgesetzte Mahnung nicht gegeben, man möge nicht das Kontinuum zwischen Theorie und Praxis erzwingen, wurde Adornos Theorie noch dort zur pädagogischen Praxis erklärt, wo er sich explizit anders geäußert hatte.

Der Wunsch nach eingreifender Reaktion auf das gesellschaftlich Falsche war der Vater des pädagogischen Gedankens, und auch der, es möge – typisch deutsch – in der Innerlichkeit des Denkens eine Entschädigung für die verbauten Lebensumstände geben. Anders ist nicht zu verstehen, dass trotz der Rede, es gäbe kein richtiges Leben im Falschen, mancher Gedanke des Philosophen als Hinweis für die rechte Lebenspraxis verstanden und gelehrt wurde. In wie vielen studentischen Tagebüchern wurden Aphorismen und Postulate des Meisters eingetragen?! Ich erinnere mich selbst daran, wie tröstlich es in meinem Liebeskummer war, auf dieses wunderbare: »Geliebt wirst du einzig, wo schwach du dich zeigen darfst, ohne Stärke zu produzieren« zu verweisen. Adornos Gedanken wurden nicht selten zur praktischen Lebenshilfe.

Vor diesem Hintergrund verwundert es nicht, dass dieses Mutmachen gegen das Falsche in der Pädagogik Karriere machte.

Ich erinnere daran, dass Adornos einziger Bestseller, posthum veröffentlicht, die Sammlung *Erziehung zur Mündigkeit* wurde. Weit über 100.000 Exemplare hat der Verlag verkauft. Hier – so Helmut Becker böse –, in seinen Rundfunkgesprächen, habe *der* Adorno gesprochen, den Lehrer gerade noch verstehen konnten. Aber selbst wenn der Leser den »Tabu-Aufsatz« übersprang: Noch die wie spontan wirkenden Unterhaltungen zwischen Becker und Adorno bleiben, jenseits der Emphase der Forderungen des Philosophen, ungemein kritisch gegenüber dem Betrieb. Während Becker der Ermutigung durch pädagogische Postulate zusprach, blieb Adorno unbestechlich in der Kritik.

Sein vielleicht meistgelesener Text beginnt mit der berühmt gewordenen »Forderung, daß Auschwitz nicht noch einmal sei«; dies sei »die allererste der Erziehung«. Das ist die wohl eindringlichste Formel für ein pädagogisches Postulat der Nachkriegszeit. Sie wurde zu *dem* pädagogischen Imperativ.

Adornos emphatische Aufgabenbestimmung für die Erziehung, eine zur Mündigkeit, Entbarbarisierung und eben nach Auschwitz zu werden, nahmen Lehrer und mache Lehrer der Lehrer, abonniert auf empathisches sich Mutmachen, engagiert auf. Die Unbedingtheit des pädagogischen Urteils, gegen das schlechthin Schlechte unterrichten und erziehen zu müssen, ließ sich wie eine Konsensformel nutzen, hinter der alle anderen Aufgaben und Probleme des pädagogischen Betriebs nachrangig erscheinen konnten. Das verführte gleichzeitig dazu, Nachrangiges, aber politisch Umkämpftes zum Zentralen zu pathetisieren. Zum Beispiel einen Klassenbildungserlass, der eine Erhöhung der Lehrer-Schüler-Relation dekretierte, damit zu attackieren, dass die Lehrer auf diese Weise gezwungen würden, die Selektion wie an der Rampe von Auschwitz zu betreiben, bzw. milder ausgedrückt, dass sie gehindert würden, eine solche Selektionshaltung mit Tätern und Opfern auszuschließen. Wo dagegen die Indienstnahme der Pathosformel nicht gelang, wurde das vermeintlich Nachrangige oft als das Natürliche und nicht Strukturbildende der Kritik entzogen (etwa die für die Selektion ungemein folgenreiche Tatsache, dass die Leistungen einer Schulklasse naturgesetzlich nach der Normalverteilung differenziert werden).

Der Umschlag der Kritik in das »bloß gut Gemeinte« kann nicht allein mit einer falschen Rezeption des Anspruchs erklärt werden. Das Problem liegt bereits in der Höhe des Ziels und dessen Unbedingtheit als Imperativ. Welche Last lag nun auf der Pädagogik! Wie sollte man mit kleiner alltäglicher Münze auf die Forderung reagieren? Adorno verführte damit seine Leser und Hörer dazu, sich angesichts der erlebten Ohnmacht im Betrieb mit Postulaten über diesen zu erheben. Ungeschlichtet blieb und eingeebnet wurde so die aufgebrochene eklatante Differenz zwischen dem, was Pädagogik im Sinne jener Zielformeln zu sein beanspruchen *musste*, und dem, was sie in Wirklichkeit sein konnte. So resultierte aus der »Erziehung nach Auschwitz« eine oft hilflose Aufklärung über Auschwitz, die mit allen Hypotheken einer Moralisierung der Bildungsaufgabe geschlagen blieb. Aber was hätten die Lehrer zur Entbarbarisierung der Erziehung tun können? Eine Menge, möchte ich meinen, aber eben nicht als Aktionismus gegen das Schlechte, sondern als Fähigkeit zur Selbstkritik, als Ausdruck von Widerstand. Nur wenn das adornosche Postulat als Anstoß für eine radikale Selbstaufklärung der Pädagogik in Theorie und Praxis genutzt worden wäre, hätte es nicht zu dieser illusionären Tröstung mit dem guten Anspruch über die schlechte Wirklichkeit kommen müssen.

Inzwischen ist Adorno ein Klassiker der Pädagogik und ein fest etablierter Autor in Lehrwerken der verschiedenen einschlägigen Fächer geworden, damit zum Lehrstoff wie jeder andere. Und er ist damit historisch geworden: eine Erinnerung an die heroische Epoche der Gesellschaftskritik.

Die Wirkung des Philosophen sei in drei Thesen zusammengefasst:
- Adorno gehörte in den letzten 30 Jahren wie vielleicht kein anderer gegenwärtiger Denker zur geistigen Hausapotheke der Pädagogik: Er wurde zum gymnasialen Lehrstoff, diente als Lieferant von Zielformeln und als jemand, der Gedankentiefe versprechende Topoi für den Kontext flacher Programme bereit hielt.

- Die Aufforderung Adornos, Pädagogik als Aufklärung über sich selbst zu betreiben, also zu erkennen, was sie dazu beiträgt, dass sie nicht wird, was sie zu sein beansprucht, ist in der Pädagogik nur selten angekommen.
- An dieser Selbstaufklärung über ihre Praxis hat die Pädagogik ihre fehlende Bereitschaft gehindert, ihr Theorie-Praxis-Problem durch Erforschung der dialektischen Einheit von Anspruch und Wirklichkeit zu klären.

Pädagogen weigern sich aus Gründen der Ermutigung von Praxis, das Schlechte im positiv Konzipierten zu erkennen. Das Fach übt sich in der Arbeitsteilung von normativer, konstruierender Pädagogik und positivistischer Tatsachenforschung nach dem Modell der PISA-Studie. Mit dem Ersten wird zwar Schule kritisiert, dies geschieht aber vor allem mit dem Motiv, Zustimmung für die eigene modellartig konzipierte Praxis zu finden. Mit dem Zweiten mögen zwar Defizite der pädagogischen Praxis in den Blick geraten, aber weder lassen sie sich so wirklich erklären, noch lässt sich auf diese Weise verstehen, warum sie sich resistent reproduzieren. PISA ist vor allem Mittel zum Modernisierungs- und Rationalisierungszweck, nicht zu dem der Aufklärung. Erst mit der bestimmten Negation der Pädagogik – einer erschließenden, immanenten Kritik am Widerspruch zwischen Begriff und Wirklichkeit – wäre aus diesem unfruchtbaren Entweder-Oder herauszukommen.

Pädagogische Theorie dient freilich nicht selten dazu, den Bruch zu kitten, Hoffnung zu verbreiten, es könne doch gut gehen. Sie wird damit zu einem Musterfall für *affirmative* Theorie. Kein Wunder also, dass man mit einem Denker, der Kitt verabscheute, immer weniger anfangen konnte.

3.

Die adornosche Wirkung ist vergangen, genauer ausgedrückt: Sie ist als fortgesetzter Einspruch randständig geworden. Man stelle sich vor, jemand würde heute so sprechen, wie er es getan hat. Schon die Vorstellung, dass es noch einen Gerd Kadelbach in einer Rundfunkanstalt gibt, der einem solchen Denker dreißig Minuten für eine Darlegung der Tabus über dem Lehrberuf zur Verfügung stellt, scheint abwegig zu sein. Man wird zu einer Talkshow eingeladen und hat sich deren Unterhaltungslogik zu unterwerfen: Wer von Ihnen die Adorno-Talkshow gehört hat, die der Hessische Rundfunk im September veranstaltet hat, konnte erleben, dass es sich ganz ungeniert leben lässt, wenn der Ruf erst einmal ruiniert ist.

Pädagogische Aufklärung artikuliert sich heute in seltsamen Formen. Sie hat mit Aufklärung als dem unbedingten Festhalten an einer Erziehung zur

Mündigkeit wenig zu tun. Ich sehe vor allem die folgenden acht Typen der Aufklärung:
- Die *depressive* Aufklärung hört man aus Lehrerkreisen. Über den schlimmen Zustand der Bildungseinrichtungen wird im Stile von Klagen und Klagen über die Klagen der anderen (Spiegel, Focus etc.) berichtet und geurteilt. Larmoyant schlägt immer wieder die Hoffnungslosigkeit auf künftige Anerkennung durch.
- Die *agitatorische* Aufklärung kommt aus den Medien. Auch sie urteilt über die Schule, aber sie tut das inzwischen vor allem im Stile der periodisch aufbrechenden Tartarenmeldungen. Aufklärung wird als Skandalisierung und Beschimpfung inszeniert.
- Dagegen tritt die *psychologische* Aufklärung auf. Hier wird das Schlechte umgemünzt in das Rettende, das in der richtigen inneren Stimmung (als emotionale Intelligenz oder neurolingustistische Programmiertheit usw. usf.) den Wunsch zum Vater des Gedankens, und diesen zum mächtigen Akteur der Heilung, erklärt.
- Am Geschäft der *praktischen* Aufklärung will sodann die Marketingfraktion profitieren. Hier tummeln sich die weichen Organisationsentwickler und Consulter oder harten Controller. Die einen reden von Visionen und Missionen, propagieren das Querdenken statt des richtigen Denkens, das Gutreden und das Positiv-Denken mit Mitteln des organisierten Wandels. Die anderen machen den Pädagogen Beine durch Daten, die sie schlecht aussehen lassen und mit denen behauptet wird, die Wahrheit über die Wirkung der Praxis auszusprechen.
- Aus der pädagogischen Zunft selbst kommt die *postmoderne Beruhigung* der Aufklärung. Sie operiert mit der Stilisierung einer entlastenden Unzuständigkeit für emphatische Einsprüche: wie den der Bildung, die noch das Versprechen einer Einheit des Wahren, Guten und Schönen bewegt. Diese Einheit der Vernunft wird als Zwangssystem denunziert, die Objektivität und Sachlichkeit der Erkenntnis durch »Konstruktivismus« und das Befreiende eines »Pluralismus der Werte« entsorgt. Alles so schön bunt hier!
- Eine andere Spielart der Aufklärung bedient sich der *Systemtheorie* Luhmanns. Ein oft fröhlicher Zynismus, die Ironie eines Beobachters, der für das Beobachtete nicht haftbar gemacht werden möchte, steckt in den Analysen. Auch hier wird die Aufklärung von dem befreit, was sie einmal motivierte. Aus der aufklärerischen Skepsis wird die Resignation, dass Pädagogik, egal wie schlecht sie sein möge, wohl nicht wirklich anders sein könne.

- Dagegen argumentieren *traditionalistische* Pädagogen, indem sie die Überlegenheit ihres philosophischen Bestecks demonstrieren. Dazu fliehen sie in die akademische Argumentation, die beweist, dass die Kategorie der Bildung nicht tot zu kriegen ist, nicht durch Systemtheorie oder Neuro- oder Molekularbiologie. Das tröstet darüber, dass die lebendige Bildung nicht mehr gefunden werden kann.
- Und schließlich haben wir es mit *Reformern* als praktischen Aufklärern zu tun, die Kritik nur noch als Ornament kennen und verzweifelt versuchen, im politischen Geschäft zu bleiben: dem der neuen Medien, der neuen Steuerung, der Evaluation und was immer sich Technokraten ausdenken.

Die Pädagogik ist aus der Rolle des Hoffnungsträgers einer ganzen Epoche in die Rolle des Prügelknaben gewechselt. Ihr kann man mit beliebigen Behauptungen ungestraft jedes Versagen zuschreiben. Versagte die Schule vor 35 Jahren noch an ihrer Bildungsaufgabe, so steht sie heute vor Controllern aus der Betriebswirtschaftslehre und den Pisabildungsforschern als ineffektiver Dienstleister dar. Von der Schule wird nicht mehr die Verwirklichung dessen verlangt, was Pädagogik als praktischer Teil der Aufklärung aufgegeben ist. Statt dessen soll sie nun zeigen, dass sie mit weniger Mitteln und mehr Aufgaben zu den besseren Ergebnissen kommen kann. Blut, Schweiß und Tränen gilt es zu vergießen, damit das Land bei der nächsten PISA-Studie wieder an der Spitze steht.

IV

Angesichts der Differenz zwischen der Bedeutung und der damaligen Situation des Jubilars und der unsrigen Situation ist die Rede vom Klassiker hoffentlich nicht nur im musealen Sinne gerechtfertigt. (Es liegt eine feine Ironie darin, dass wir uns im stadthistorischen Museum befinden, in der Nähe von Adorno-Devotionalien.) Vielleicht ist sie es auch in dem Sinne, dass er für das steht, was man das unvergänglich Vergangene nennen kann. Oder, mit dem Philosophen selbst gesprochen: Hält sich Adornos Denken auch über Pädagogik am Leben, weil der Augenblick ihrer Verwirklichung versäumt ward?

Wir hätten dafür genau zu klären, ob nicht Adornos Kritik und Ermutigung an der Pädagogik heute objektiv überholt sind
- weil unser Erkenntnisstand fortgeschritten ist
- und weil die Problemlagen andere geworden sind.

Viele meiner Kollegen machen sich die Antwort leicht, indem sie gleichsam aus Prinzip vom avancierten Stand der Dinge ausgehen, sodass ein Rückgriff auf Adorno, wie ich ihn in verschiedenen Schriften unternommen habe, ihnen als ein Rückfall hinter Habermas, die Postmoderne, die Systemtheorie etc. erscheint. Es ist hier weder die Zeit noch der Anlass, Sie mit diesen Streitigkeiten zu bedrücken. Statt dessen möchte in mit wenigen Hinweisen der Frage nachgehen, was Adorno wohl zu prägnanten Problemen der gegenwärtigen Pädagogik gesagt hätte.

- Zum Zustand der *akademischen Bildung:*

Angesichts der Ökonomisierung der Hochschulen, ihrer Unterwerfung unter die Kalküle der Betriebswirtschaftslehre – und das heißt vor allem: der Logik des Tauschwerts der Bildungsprodukte – statt unter das Prinzip der Wahrheit wissenschaftlicher Erkenntnis und der Logik des besseren Arguments würde sich Adorno vielleicht dazu verlocken lassen, einen neuen »Bund Freiheit der Wissenschaft« zu gründen. Damit hätte er die Bildung im Medium der Wissenschaft verteidigt gegen die Auslieferung der Institution an vordergründige Nützlichkeitserwägungen. Aber neben dieses praktische Engagement hätte er die Analyse der Bedingungen für diesen Wandel gesetzt und in diesem bestätigt gesehen, was er schon in seinen Analysen zur Kulturindustrie vorgezeichnet gesehen hat: Wenn alles zur Ware wird, warum dann nicht auch Wissenschaft und akademische Bildung, und indem sie das wird, kann Kritik nur als nützliches Produkt in ihr überleben. Genau in diesem Sinne hätte man ihm vielleicht ein Angebot gemacht. Die von der hiesigen Universitätsleitung zur Hilfe gerufene Unternehmensberatung McKinsey hätte dieser geraten, das Alleinstellungsmerkmal der Universität, die Weltgeltung der Frankfurter Schule, zum aktuellen Standortmarketing zu nutzen. Hätte? Nein, das ist wirklich vor geraumer Zeit geschehen, aber noch hat es nicht zur Neugründung einer Frankfurter Schule geführt.

- Zur *Schulentwicklung*:

In der Schulentwicklung macht sich Vergleichbares bemerkbar. Die Titel hierfür lauten: Schulprogrammarbeit, Organisationsentwicklung und, besonders schön, »Lernende Schule« oder »Haus des Lernens«. Neben der Wahrheit, die in solchen unfreiwillig komischen Bezeichnungen steckt, dass sie nämlich indizieren, es handele sich gegenwärtig bei Schulen wohl nicht um Orte des Lernens, hätte Adorno wohl auch auf die Unwahrheit einer Schulentwicklung aufmerksam gemacht, in der es nicht um ihre Sache geht, sondern um die Verpackung. Bestätigt hätte er sich gesehen in der Ausrichtung der gegenwärtigen Bildungsforschung. PISA steht nicht im Dienst der Aufklärung über die Frage, warum die Schule nicht leistet, was im Sinne der Erziehung zur Mündigkeit von ihr erwartet werden müsste. Die Studie richtet sich vielmehr auf fraglos gesetzte Kompetenzstandards, um mit den Ergebnissen technokratische Steuerung und Effektivitätssteigerung zu legitimieren. Die Kritik an der Schule wird wissenschaftlich in der Form einer OECD-weiten Auftragsforschung der miteinander konkurrierenden Staaten. Sie kann damit zu nichts anderem führen als zur Affirmation einer Schule, die nicht Bildung, sondern Qualifikation will und die Lehrende unter dieser Zielsetzung vereidigt.

- Zu *didaktischen* Entwicklungen:

Würde Adorno die Gelegenheit haben, sich mit den heutigen Produkten der Lehrkunst zu beschäftigen, er wäre maßlos erstaunt, in welchem Umfang und mit welcher Konsequenz das in den Produkten der Kulturindustrie Vorgeprägte nun in einer Vermittlungsindustrie ankommen ist. Aus dem Mittelcharakter der Didaktik ist Didaktik als Selbstzweck geworden. Statt Bildung möglichst wirkungsvoll mit ihrer Hilfe zu lehren, vermittelt die fortgeschrittene Didaktik nur noch sich selbst, konditioniert sie die Schüler für ihre Art der Aufgabenrituale. Die Lehrer unter Ihnen werden ahnen, auf wen sich diese Kritik vor allem bezieht: auf die Arbeiten des Herrn Klippert zum Methodentraining. Hier fällt die Erschließung von Welt völlig aus. Statt dessen wird nur das Methodentraining eingeübt – mit Aufgaben zum Unterstreichen, zum schnelleren Lesen, zum Präsentieren von was auch immer. Wir haben es mit einer Analogie zur Kulturindustrie zu tun. Es geht nicht bloß um die Vermarktung von Kultur (hier: von Bildungsstoffen), sondern um die Erfindung eigener Stoffe. Die Lehrwerke sind so beschaffen, dass sie die Konsumenten dazu zwingen, nur noch sie zu benutzen. Schulbücher werden mit Blick auf ihre Durchsetzung auf dem Markt geschrieben. Die Nutzer der jüngsten Produktion werden in totale Abhängigkeit zu ihnen gebracht. Adorno hätte die Frage interessiert, was dazu geführt hat, dass die Lehrer ihr professionelles Vermögen und Gewissen an der Warentheke getauscht haben gegen diese Art der Rezeptedidaktik.

- Zur *Erziehung durch Gedenken*:

Es reizt mich, zum Schluss wenigstens auf einen Aspekt außerschulischer Erziehung einzugehen, der Adorno in dieser Weise wohl noch nicht begegnet sein kann. Kämpfte er noch dafür, dass die Auschwitz-Vergangenheit nicht einfach verdrängt würde, so findet heute, wohl auch aus der Angst vor dem Vergessen, eine unausgesetzte, konfliktreich medial inszenierte Erziehung zum Erinnern statt – bzw. die Abwehr dieser Erziehung. Bei diesem Streit geht es darum, was und vor allem wie zu sprechen sei und wie das öffentliche Sprechen als Gedenken geschehen soll. Letztlich lauert dahinter ein Erziehungsprogramm.

Ich möchte Zweifel äußern, ob sich Adorno auf die Seite von Bubis oder die von Walser gestellt hätte und eher annehmen, dass er mit größtem Unbehagen vor allem die inflationäre Ausbreitung der »Erinnerungskultur« und der auf sie reagierenden Einsprüche und Reaktionsbildungen (z.B. Hohmann) verfolgt hätte. Ihm wäre das vielleicht nicht als ein Beitrag zur Aufarbeitung der Vergangenheit erschienen, sondern eher als Zeichen für das Überdecken des eingedenkenden Erinnerns durch dessen politisch bestimmte Einforderung. Er hätte sich an die Erfahrung mit der *reeducation* erinnert und daran, wie sein Freund Horkheimer ihn davor warnte, die Menschen zum Geständnis zu zwingen – sie würden damit nur bockiger und reagierten vielleicht mit dem Gegenteil dessen, wozu sie gebracht werden sollen. Entsprechend irritiert hätte er vermutlich auf die Massierung, die Architektur gewordene materielle Ausdehnung des Erinnerns (z.B. Berlin) reagiert. Denkmäler regen nicht mehr zum Denken an, wenn sie vor allem physisch wirken und psychisch schier erschlagen.

In harmloser Weise hätte Adorno das in diesem Jahr an sich selbst erleben und sich fragen können: »Soll ich mit der Omnipräsenz des Erinnerns vielleicht endgültig aus meiner anstößigen Gegenwart vertrieben werden?«

Nachweis

* Vortrag am 3. Dezember 2003 im Historischen Museum der Stadt Frankfurt anlässlich der Ausstellung zum 100. Geburtstag Theodor W. Adornos.

Konstantinos Rantis

Adornos Kritik antiker Ontologie

1. Adornos Verhältnis zur griechischen Philosophie

Über Adornos Verhältnis zur antiken griechischen Philosophie im Allgemeinen und zur Aristotelischen Ontologie im Besonderem wissen wir relativ wenig. Es stimmt, dass sich Adorno in seinen Schriften nur sporadisch auf die antike Philosophie bezieht und auch während seiner Lehrtätigkeit sind es nur wenige Vorlesungen, die die griechische Philosophie zum Thema haben. Während des Wintersemesters 1953/54 und im darauf folgenden Sommersemester war sein Thema das Problem des Idealismus im Bezug auf die antike griechische Philosophie. Im Wintersemester 1956/57 behandelte er in seinen Vorlesungen die Ethiktheorien von Sokrates, Platon und Aristoteles.[1] Ebenfalls ist richtig, dass Adornos Denken infolge seiner Mitgliedschaft im Frankfurter Institut für Sozialforschung mehr durch die modernen Wissenschaften bzw. die zeitgenössische Philosophie bestimmt wurde – mit den Schwerpunkten Soziologie, Psychologie und Erkenntnistheorie[2] – als durch die Ursprungstexte der Philosophie des Abendlandes und deren Interpretation, wie es bei seinem Antipoden Heidegger der Fall war. Aus diesem Grund mag sich der Eindruck verfestigt haben, Adorno sei ein moderner Philosoph, der sich im Grunde nicht mit der antiken Philosophie beschäftigt, sondern sich auf die neuere beschränkte.

Dieser Eindruck trügt jedoch. Adornos Werk setzt sowohl das Verständnis der antiken griechischen Philosophie als auch das der neueren Philosophie voraus. Es darf auch nicht in Vergessenheit geraten, dass in Adornos Hauptwerk *Dialektik der Aufklärung*, welches er zusammen mit Horkheimer verfasst hat, als Einschub *Odysseus oder Mythos und Aufklärung*[3], ein geschichtsphilosophischer Exkurs zur Odyssee, den Adorno selbst als seine Theorie über die Vorsokratiker[4] bezeichnet hat, eingefügt wurde. Ferner geht seine Kritik an Husserls Phänomenologie wie auch an Heideggers Ontologie von seiner Kritik an Platons Zahlenmetaphysik und an Aristoteles' Erster Philosophie aus.[5] Des Weiteren trägt das letzte Kapitel seines Werkes *Negative Dialektik* die Überschrift *Meditationen zur Metaphysik*[6], und er nimmt als Ausgangspunkt dafür die im Sommersemester 1965 an der Frankfurter Universität gehaltenen Vorlesungen, die sich im ersten und größten Teil auf die Metaphysik des Aristoteles beziehen. Auf der Grundlage dieser Vorlesungen, die Adornos umfangreichste über die antike Philosophie und besonders über die Aristotelische sind und 1998 unter dem Titel *Metaphysik. Begriff und Probleme*[7] publiziert wurden, werde ich versuchen, seine Kritik an der antiken Ontologie zu rekonstruieren und zu bewerten. Zum Kreis der *Negativen Dialektik* gehören auch die Vorlesungen über *Ontologie und Dialektik*[8], die ebenfalls für die Rekonstruktion der Kritik Adornos an der antiken Ontologie von Bedeutung sind. Diese Vorlesungen, und besonders die *Metaphysik-Vorlesungen*, sind der Ausgangspunkt der nachfolgenden Analyse.

Aus dem Titel der Vorlesungen geht nicht klar hervor, ob Adornos Grundlage für die Analyse des Problems, was Metaphysik und metaphysische Erfahrung heute bedeuten,[9] die griechische Philosophie – allgemein – ist und insbesondere die Aristotelische, der er den ersten und bei weitem größeren und systematischen Teil dieser Vorlesungen widmet. Was also könnte die Metaphysik des Aristoteles mit Adornos negativer Dialektik verbinden? Adornos Ziel ist es, die ursprüngliche Bedeutung der Aristotelischen Metaphysik wieder ins Bewusstsein zu bringen, d.h. sie nicht nur als die »unveränderliche ontologische Weisheit« (*M* 109) zu interpretieren, sondern auch als dialektische Theorie, welche in gewisser Weise das ankündigt, was später sowohl in der spekulativen Dialektik Hegels als auch in seiner eigenen negativen Dialektik erreicht wurde. Aus diesem Grund bedarf es einer philosophischen Anschauung der Aristotelischen Philosophie, die eher an die »Problemgeschichte der Metaphysik« (*M* 41) anzuknüpfen bestrebt ist, als dass sie beanspruchen würde, eine unanfechtbare akribische Darstellung derselben vorzulegen.[10] Diese philosophische Deutung kann nicht durch Arbeiten verbürgt werden, die im Rahmen von Einzelwissenschaften entstehen, weil der Fortschritt, den diese erzielen, auf Kosten ersterer geht. Ältere Forscher wie der Hegelianer E. Zeller[11] befinden sich, trotz aller Fortschritte im Bereich der philosophischen Forschung, sehr nahe an der Wahrheit, weil sie über eine philosophische Anschauung verfügen. Das ist von vornherein Adornos Antwort an alle, die eifrig bestrebt sind, seine Quellen als veraltet und sein Unternehmen als gescheitert anzusehen. Dasselbe Problem war hinsichtlich Horkheimers und Adornos Forschungen in Bezug auf Homer aufgetaucht. Man beschuldigte sie des Gebrauchs von veraltetem Material bezüglich des Begriffs des Mythos.[12] Das Problem wurde aber von Horkheimer und Adorno unter dem geschichtsphilosophischen Aspekt und nicht unter dem der Einzelwissenschaften untersucht.[13]

Adornos Deutung der Aristotelischen Philosophie ist geschichtsphilosophisch. Er hat als Vorbild die Hegelsche philosophische Auffassung von

Geschichte[14] und nicht die der Einzelwissenschaften. »Seine Intention aufs Konkrete« führt ihn zu dem, »was mehr ist als bloßer Stoff«. Er begnügt sich nicht mit der »bloßen stoffgeschichtlichen Entfaltung« der philosophischen Begriffe,[15] sondern versucht stets, das Moment des Nochnichtseins aufzuzeigen. Die philosophischen Fragen werden nicht ein für alle Mal gelöst, sondern tauchen unter veränderten geschichtsphilosophischen Konstellationen wieder auf und fordern erneut eine Antwort (vgl. M 103). »Was ist, ist mehr, als es ist.«[16] Das ist das Movens seiner negativen Dialektik und verbindet sich unmittelbar mit der Frage nach dem Verhältnis von Altem und Neuem. Das Neue ist nicht absolut neu, sondern existiert als Möglichkeit im Alten: »Dialektik ist der Versuch das Neue des Alten zu sehen anstatt einzig das Alte des Neuen.«[17]

Adornos Kritik ist eine immanente, keine transzendente. Adornos Deutung der griechischen Philosophie ist hegelianisch und verweist auf die Wichtigkeit der Aristotelischen Philosophie gegenüber der der früheren Philosophen.[18] Diese Deutung steht der ontologischen entgegen, welche der vorsokratischen Philosophie den Vorrang einräumt. Heidegger, Adornos Antipode, glaubt, »die Metaphysik bleibt das Erste der Philosophie. Das Erste des Denkens erreicht sie nicht.«[19] Adorno hingegen betont mit Nachdruck die »Beseelung der Naturkategorien« (M 135) in der vorsokratischen Philosophie. Die Naturkategorien sind säkularisierte Götter. Das metaphysische und das physische Element sind in den archaischen Begriffen der vorsokratischen Philosophie keineswegs so strikt getrennt. Noch in der Aristotelischen Philosophie überlebt etwas von diesem Hylozoismus, wie sich später beim Begriff der *anagke* zeigen wird. So legt Adorno das Schwergewicht auf die späte Philosophie des Aristoteles, welche in gewisser Weise eine Aufhebung (mit der doppelten Hegelschen Bedeutung von Negation/Bewahrung) der vorangegangenen Philosophien ist. Deswegen stellt die Aristotelische Metaphysik für Adorno den Höhepunkt der griechischen Philosophie dar. Darin liegt ein relevanter Unterschied zwischen Adornos Dialektik und Heideggers Ontologie. Adornos Deutung der griechischen Philosophie steht mit seiner Auseinandersetzung mit Heideggers Ontologie in enger Verbindung. Diese Auseinandersetzung ist aber kein frontales, blindes Zusammenstoßen, denn für Adorno »[ist] die Dialektik eben durch die Ontologie in sich vermittelt«.[20] Um Heideggers Ontologie auf die Spur zu kommen und zu kritisieren, beginnt Adorno mit der Deutung der Aristotelischen Ontologie. In dieser findet er die vollkommenste Gestalt der ursprünglichen »ontologischen Differenz«[21] von Sein (*to on*) und Seiendem (*ta onta*), die den Primat des Seins oder des Geistes gegenüber den vielen, zerstreuten individuierten Seienden behauptet. Der Primat eines Urprinzips, des Seins oder des Geistes impliziert nach Adorno immer den Gebrauch des Begriffs des absolut Ersten, der *arche*, die die Grundlage aller *prima philosophia* bildet.[22] In der Aristotelischen Ontologie, d.h. in der Aristotelischen Lehre von Sein, sieht Adorno nicht nur eine Möglichkeit, die Seinsfrage anders als Heidegger zu deuten, sondern auch eine Möglichkeit der Entfaltung der Dialektik des philosophischen Gedankens.[23]

2. Chorismos und Methexis als Ausgangspunkt der Vermittlungstheorie von Aristoteles

So ist für Adorno die Philosophie von Aristoteles »eine Vermittlungstheorie« (*M* 58) und Aristoteles selbst »ein Vermittlungsphilosoph« (*M* 51). Als den Anfang der Aristotelischen Philosophie sieht auch Adorno Aristoteles' Kritik an den platonischen Ideen der Trennung (*chorismos*) und der Teilhabe (*methexis*). Die Beziehung des Allgemeinen und des Besonderen ist das zentrale Problem der Aristotelischen Philosophie und der Philosophie überhaupt. Die *ousia*, das Wesen, die Substanz, das »an sich, primär, unmittelbar Seiende« (*M* 50) befindet sich für Aristoteles – im Gegensatz zu Platon, für den die Ideen vom Seienden getrennt sind – im Ding selbst. Die platonische Trennung der beiden Bereiche in einen ontologischen, den der reinen Ideen, und in einen ontischen, den des Seienden, schafft das Problem, wie der eine den anderen beeinflussen kann. Platon löste es durch den Begriff der Teilhabe; ein Problem, dessen Widerhall, so bemerkt Adorno, bis zu Kants Kritik der praktischen Vernunft reicht: Wie wirkt letztendlich das Sittengesetz, das aus der rein intelligiblen Welt stammt und unabhängig von jeder empirischen Bestimmung ist, auf die empirische Welt ein? (Vgl. *M* 46) Der Aristotelische Begriff der Substanz an sich, die nicht der Existenz irgendeines anderen bedarf, um zu existieren, wird in verschiedenen Epochen und von unterschiedlichen Philosophen wie Descartes, Spinoza, Husserl immer wieder aufgenommen (vgl. *M* 47). Dieser Begriff der Substanz ist nichts anderes, als »das Unmittelbare« (*M* 48), jedoch nicht in Bezug auf unser Erkenntnisvermögen, so wie er sich wandelte durch die Wendung zum Subjekt in der Philosophie der neueren Zeit, sondern als »das Unmittelbare an sich« (*M* 49).

Bekanntlich akzeptiert Aristoteles neben den ersten Wesenheiten die zweiten – Art und Gattung –,[24] die in Bezug auf die ersten keine reinen Unmittelbarkeiten sind, sondern Erzeugnisse der Abstraktion. Dennoch sind sie jedem einzelnen Ding immanent, sie sind nicht transzendent, sondern den einzelnen Dingen innewohnend (vgl. *M* 52f.). Von hier aus, so Adorno, nimmt Aristoteles' Bemühen um eine Vermittlung seinen Ausgang; einerseits, um die Kluft zwischen den beiden Sphären zu schließen, andererseits, um das Problem, wie die eine Sphäre auf die andere einwirkt, zu lösen: »Denn wenn die deuterai ousiai den einzelnen Dingen innewohnen, anstatt ihnen als ein Äußerliches und Fremdes gegenüberzustehen, dann hat es – so argumentiert Aristoteles – auch nichts Absurdes oder nichts Unzumutbares mehr, sich vorzustellen, daß eben diese Wesenheiten dann auf die einzelnen Dinge einwirken; und daß dadurch zwischen der Idee und dem zerstreuten Seienden eine Vermittlung hergestellt wird.« (*M* 53) Diese Vermittlung wird durch die Formulierung von Aristoteles »das Eine gemäß den Vielen«[25] (*M* 55) prägnant ausgedrückt. Später, bei Kant, werde es die »Einheit in der Mannigfaltigkeit« (*M* 55). Dies sei nichts anderes als der Gedanke der Reziprozität: dass einerseits die Einheit nicht unabhängig ist von der Vielheit wie andererseits die Vielheit sich kraft der Einheit konstituiert. Genau aus diesem Grund wird Aristoteles von Adorno als Vermittlungsphilosoph bezeichnet und die Aristotelische Theorie als eine Vermittlungstheorie, insofern er als Hegels Vorläufer den Begriff der *mesotes*, der Mitte, der Mäßigung entwickelt hat, der natürlich nicht mit dem Begriff der Hegelschen Vermittlung gleichgestellt werden kann, weil er im Wesentlichen eine Einschränkung, eine Rücksichtnahme, eine Billigkeit ist (vgl. *M* 52). Aristoteles versucht die Radikalität der *ousia*, als des Unmittelbaren, durch Akzeptanz der zweiten Wesenheiten *(deuterai ousiai)* zu mäßigen. Denn einerseits akzeptiert er den Vorrang des Einzelnen, des Besonderen, andererseits ist für ihn jedoch die Form, das Allgemeine, das Höhere.

Die Fähigkeit der Aristotelischen Philosophie zur Synthese zeigt sich in der Bildung reziproker aufeinander bezogener Begriffe. Alle diese Korrelate – wie Art/Einzelnes, Form/Materie, Wirklichkeit/Möglichkeit, Seele/Körper, Bewegendes/Bewegtes – werden von Adorno unter dem Aspekt der Vermittlung oder besser unter dem der Reziprozität untersucht, die seiner Deutung nach der wichtigste Begriff in der Aristotelischen Metaphysik ist (vgl. *M* 58). Das zentrale Problem der Aristotelischen Metaphysik, das der Beziehung des Allgemeinen und des Besonderen, konstituiert sich in der Beziehung von Form und Materie oder von Wirklichkeit und Möglichkeit. Die Form, welche die Position der Platonischen Idee einnimmt, bezieht sich immer auf die Materie. Sie ist es, die im Ding immanent ist und es bewegt (*energeia*). Im Gegensatz dazu stellt die Materie, die noch nicht ihre Form erhalten hat, die reine Möglichkeit dar (*dynamis*) (vgl. *M* 60).

3. Das Problem von Genesis und Geltung

Adorno durchforscht den Topos der gesamten abendländischen Metaphysik, und der ist nichts anderes als die Konzeption der *arche*, »des Ersten«. Durch die von Aristoteles vorgenommene Trennung zwischen »früher für uns« (das sinnlich unmittelbar Wahrnehmbare) und »von Natur aus früher« (die Form) trat zum ersten Mal das spätere Problem von Genesis und Geltung in Erscheinung, das in der Philosophie des 20. Jahrhunderts zentral ist (Scheler, Husserl) und somit die abendländische Metaphysik und die Ontologie insgesamt charakterisiert. Aristoteles trennt also auf mechanische Weise das, wie wir zur Erkenntnis gelangen, von dem, was ontologisch das Erste ist. So trifft auch Husserl im 20. Jahrhundert eine klare Unterscheidung zwischen der Genese, also dessen, wie wir psychologisch zu den logischen Sätzen kommen, und der Geltung, der Wahrheit oder Unwahrheit der rein logischen und rein mathematischen Sätze (vgl. *M* 64). In der Ersten Philosophie des Aristoteles ist also der Vorrang der *arche*, des »Ersten« immanent, was nichts anderes ist, als das »Ungewordene als das Älteste, immer schon Seiende als Bedingung der Möglichkeit eines jeden Werdens« (*M* 65) – schließlich als der letzte Grund, die Endursache, und dies ist das erste unbewegte Bewegende.[26]

Adorno gelangt zu dem Schluss, dass der Gedanke der Vermittlung schon bei Aristoteles als Möglichkeit existiert, aber nicht wirklich ausgeführt ist (vgl. *M* 66). Obwohl die Aristotelische Philosophie die Beziehung der beiden Korrelate (früher für uns/von Natur aus früher) ins Zentrum ihrer Reflexion stellt und so die Aufgabe der traditionellen abendländischen Philosophie bestimmt (vgl. *M* 74), kann sie das Problem nicht dialektisch lösen, weil sie immer die Frage nach einem absolut Ersten und Höchsten stellt. Bei seinem Versuch, das Problem des Verhältnisses von Genesis und Geltung zu lösen, nimmt Adorno die Trennung als real, aber zugleich nicht als absolut. Das bedeutet, dass die Erkenntnis weder in ihrer Genese eingeschränkt noch einfach von ihr getrennt werden kann. Denn die genetischen Momente sind für die Erkenntnis nicht etwas absolut Äußerliches, sondern sie befinden sich in ihrem Geltungscharakter (vgl. *M* 72). Die Abhandlung über die Beziehung zwischen Genesis und Geltung ist in den *Metaphysik-Vorlesungen* unübertrefflich dargestellt. Bekanntlich legte Adorno großen Wert auf diese Beziehung und kam in seinen Schriften häufig auf dieses Problem zurück. Die detaillierte Entfaltung dieses Themas in den Vorlesungen straft die ebenso *mala fide* geübte wie verfehlte Kritik von Habermas Lügen, der Adornos Kritik umkehrte und sie anschließend auf die philosophische Kritik der *Dialektik der Aufklärung* anwandte, wodurch er Horkheimer und Adorno in die Nähe des ontologischen Denkens stellte.[27]

4. Das Problem von Form und Materie

Aristoteles gelangt also als erster Denker zu dem Begriff der Vermittlung; er setzt immer zwei konträre Begriffe (Form/Materie, Wirklichkeit/Möglichkeit etc.) in gegenseitige Abhängigkeit. Die Vermittlung, die er unternimmt, ist jedoch keine dialektische, sondern eine mechanische, additive: Die beiden Kategorien erscheinen am Ende als absolut trennbar, anstatt als Abstraktionen erkannt zu werden, die nur Momente eines Ganzen bezeichnen. Diese können in keiner Weise als unabhängig von dem ihnen Konträren gedacht werden und bedürfen in Übereinstimmung mit ihrem eigenen Begriff des Begriffs des anderen (vgl. *M* 75).

Deutlicher tritt in der Aristotelischen Ethik, so Adorno, in Erscheinung, dass Aristoteles wie Platon ein Mittleres zwischen zwei Extremen sieht und nicht das, was im Sinn oder in der Bedeutung der Extreme liegt und durch die Extreme selbst hindurch verwirklicht wird. Die Extreme sind also nicht vermittelt. Es wird lediglich ein richtiges, passendes Mittleres zwischen beiden gesucht: Die Mitte, die im Grunde eine Mäßigung ist, wie Adorno sagt. Das Sein soll die rechte Mitte von Form und Materie sein, jedoch mit einer stärkeren Betonung der Form. Der dialektische Begriff der Vermittlung, der in der Aristotelischen Philosophie nicht existiert, hat als Basis den Bezug der Begriffe auf das Nichtbegriffliche, als dessen Abstraktion er sich realisiert hat. Das bedeutet in diesem Fall, dass Materie und Form Abstraktionen des Geistes sind und es somit unmöglich ist, diese als absolut zu nehmen (vgl. *M* 77). Die Entdeckung der Subjektivität als Konstituens der Erkenntnis, dass nämlich die Subjektivität die Objektivität und die Wahrheit wesentlich mitbedingt und konstituiert, ist der Philosophie der Antike unbekannt; sie ist eine Errungenschaft der Philosophie neuerer Zeit.[28] Dies ist der Grund, warum die Aristotelische Philosophie ein Denken ist, das sich in intentione recta erschöpft, noch nicht die Selbstreflexion kennt und genau deswegen noch nicht den dialektischen Begriff erfassen kann und sich am Begriff der *ousia* orientiert (vgl. *M* 78).[29]

Trotz Aristoteles' Kritik an Platon wird in seiner Philosophie der Vorrang der Idee, als »Vorrang der Form«, bewahrt (*M* 82). Aristoteles stimmt noch mit Platon darin überein, dass die wahre Erkenntnis den Blick auf das Notwendige und Unveränderbare lenkt und dass das Wahrnehmbare das Zufällige bzw. das Zweitrangige ist. Aristoteles wiederholt zwar nicht Platons Theorie, derzufolge das Wahrnehmbare das Nichtseiende ist, doch schon allein sein Begriff der Materie ist im Übermaß entstofflicht und hat sich in etwas Unbestimmtes und Allgemeines (qualitätslose Materie) verwandelt. Von hier nimmt die zentrale These der neueren Metaphysik ihren Ausgang, der Geist habe gegenüber der

Natur den größeren Wert. Der Bezug des Geistes zur Sphäre des Wahrnehmbaren ist Adorno zufolge notwendig, anderenfalls bliebe der Geist in seinem tautologischen Bereich (vgl. *M* 86). Denn das in Rede stehende Problem von Form und Materie bei Aristoteles bedeutet, dass die Form immer Form von etwas ist. Weil jedoch in der Konzeption objektiver Vernunft der Begriff an sich ist, ohne das erkennende Subjekt zu berücksichtigen, entsteht ein Amalgam mit dem Objekt. Der Begriff ist noch nicht dialektisch geworden; es gilt hier lediglich, dass das eine kaum ohne das andere existieren kann (vgl. *M* 89).

5. *Das Problem der Bewegung*

In seinem Bemühen, die Veränderung zu interpretieren, gelangte Aristoteles zu folgender Konstruktion: Jede Veränderung hat als Voraussetzung etwas Unveränderliches, jedes Werden ein Ungewordenes. Das ist die Form an sich, nämlich das Beharrende, das Unveränderliche und Reinste. Von dieser Aristotelischen These stamme die spätere dialektische ab, dass »es keine Vermittlung ohne Unmittelbares, freilich auch kein Unmittelbares ohne Vermittlung gibt« (*M* 90). Es komme bei Aristoteles zu einer Art von Kurzschluss: »Weil eine jede Änderung eines Festen bedürfe, oder ein jedes Werden eines Gewordenen bedürfe, – daß dieses Feste nun schlechthin und unveränderlich sei« (*M* 90f.), was schließlich das erste unbewegte Bewegende ist. Das ist der Punkt, an dem der Übergang der Aristotelischen Ontologie in Theologie stattfindet. Denn die antike Philosophie hat einen anderen Begriff des Unendlichen als die Moderne, in der das Unendliche in den Transzendenzbegriff der monotheistischen Religionen und in die Infinitesimalrechnung der Naturwissenschaften eingeht. Adorno ist in diesem Punkt mit Zeller einig, dass Aristoteles das Unendliche *(apeiron)* prinzipiell als das im Raum Unbegrenzte versteht, es unter diesem Aspekt im dritten Buch seiner *Physik* erforscht und zu dem Resultat kommt, dass es in der Wirklichkeit keinen unendlichen Raum gibt, sodass das *apeiron* am Ende mit dem Unbestimmten und der Materie zusammenfällt (vgl. *M* 260, Anm. 128). Eine ähnliche Auffassung vertrat Oswald Spengler hinsichtlich der Kunst, wenn er meinte, dass (mit Adornos Worten) »das plastische Lebensgefühl der Antike die Wirklichkeit gerade nur in der Begrenzung des Unendlichen durch eine Form und nicht in der Unendlichkeit als solche sieht« (*M* 105f.). Diese Ansicht hält Adorno trotz aller Kritik an Spengler für gar nicht so abwegig.[30] Dass die Ontologie versucht, etwas nicht Begrenztes durch begrenzte Definitionen zu fassen, hat für Adorno etwas Archaisches. Und das ist der zweite Punkt, der das antike vom neueren Denken radikal unterscheidet. Im neueren Denken gibt es eine Wendung zur erkennenden Subjektivität und zugleich eine Wendung zum Begriff der Unendlichkeit: Der Geist, die erkennende Subjektivität, ist von Anfang an selbstbestimmt als ein Unendliches in Bezug auf das Begrenzte der Endlichkeit des Mannigfaltigen (vgl. *M* 93). Dies ist die Grundlage des Identitätsdenkens.[31]

Für das Problem der Veränderung, das für Aristoteles von größter Bedeutung ist, folgt daraus, dass dies das Problem der Verwirklichung der Form ist. Denn einerseits erkennt Aristoteles in der Form eine höhere Wirklichkeit, andererseits aber nur, soweit sie geformte Wirklichkeit ist. Das Ziel des Werdens oder der Veränderung ist der Drang, sich zu der höchsten Form hin zu bewegen *(dynamis)*. Eine Spekulation, die in Schellings objektiver Dialektik unter dem Begriff einer subjektiven Überlegung auftaucht, lautet: Der Geist der Materie ist schon das absolute Subjekt; das freilich kann bei Aristoteles nicht vorliegen (vgl. *M* 100). Die Form ist also für Aristoteles nicht vorläufig, sondern ewig. Keine Materie existiert ohne Form. Die Vermittlung von Materie und Form ist jedoch auf die bloße Fähigkeit des Stoffes zurückgeführt, ein anderes zu werden als es ist. Und »das heißt: er ist nicht selbst zugleich immer auch Form, nicht in sich selbst durch Form vermittelt« (*M* 101).

Die Materie bleibt jedoch im Laufe der Entwicklung der Aristotelischen Philosophie nicht jenes Unbestimmte und Leere, sondern wird eine Art Wesen. Die Form ist also abhängig von der Materie, im Gegensatz zu Kants Philosophie, wo durch die kopernikanische Wendung die Möglichkeit in der Form liegt: dass die Form »nur dann Form einer Wirklichkeit sein kann, wenn in der Wirklichkeit selbst ihr etwas entspricht« (*M* 105).[32] Das ist, laut Adorno, Aristoteles' größte Entdeckung. Die erste Materie, die keine Begrenzung hat und das *apeiron* darstellt, ist dem zufolge unbestimmt, sie begegnet sich nicht selbst und bedarf ihrer Form, um »Wirklichkeit« zu werden, nämlich ein Seiendes (vgl. ebd.).

Das absolut Formlose *(hyle)* existiert nicht, folglich könnte es nie auch für sich selbst existieren (vgl. *M* 109). Aus dieser These des Aristoteles geht Adornos Deutung zufolge das Problem der Vermittlung von Materie und Form hervor. Damit aber diese Vermittlung dialektisch wird, müsste die These durch die ihr entsprechende ergänzt werden, nämlich, dass keine Form ohne Materie existieren könnte; so schreibt Aristoteles den Formen ein Ansichsein zu (vgl. *M* 110). Diese ergänzende These fehlt aber nach Adorno bei Aristoteles. Fragt man nach dem Grund, so verweist Adorno auf die Begriffsbildung. Grundlage des Begriffs ist nach seiner Analyse die Zeitlosigkeit bzw. die Unabhängigkeit von der Zeit. Ontologie ist eine Theorie von Invarianten, von zeitlos Beharrendem (vgl. *M* 111). Die Verselbstständigung des Begriffs wird bei Aristoteles eine Form an sich, ein reines Ansichsein (vgl. *M* 112), die später bei Kant ohne einen möglichen Inhalt existieren kann (vgl. *M* 115).

Analog zum Verhältnis von Wirklichkeit/Möglichkeit ist bei Aristoteles auch das Verhältnis Zweck/Ursache erklärt und konstituiert. Bekanntlich werden die vier Ursachen,[33] die Aristoteles anführt, das Woraus (die Materie, *causa materialis*), die Form (die Formalursache, *causa formalis*), das Woher (Bewegungsursache, die *causa movens*) und das Weswegen (die Zweckursache, *causa finalis*), am Ende auf zwei reduziert: auf Materie und Form[34] – oder besser gesagt, so Adorno, auf Möglichkeit und Wirklichkeit. Der Zweck, das Weswegen, ist der einzige und wahre Grund, und der ist nichts anderes als die reine Form. Wir sind also, sagt Adorno, zum ursprünglichen Dualismus Materie/Form zurückgekehrt, der in der ganzen Aristotelischen Metaphysik vorherrschend ist und sogar in einer ähnlichen Weise, wie man ihm später, nach der kopernikanischen Wende in der Philosophie, begegnet (vgl. *M* 116).

An dieser Stelle betont Adorno die gegenläufigen Tendenzen in der Aristotelischen Philosophie. Die Materie ist für Aristoteles nicht nur eine Möglichkeit, sondern Möglichkeit zur Form, sie ist ein Seiendes, das in Bezug auf ein anderes bestimmt ist. Diese Auffassung von Materie führt zu einer Verflechtung mit der Kausalität *(anagke)*, jenem ursprünglich mythischen Begriff, der nach Adorno eine Rationalisierung oder Säkularisierung der Vorstellung über die »beseelenden Kräfte der Natur« ist (vgl. *M* 117). Die Materie wird die Zufluchtsstätte für jene mythischen Kategorien, die die antike griechische Aufklärung, auch die des Aristoteles, ausschließt. Aristoteles spricht der Materie die schicksalhafte Notwendigkeit der *anagke* zu. Diese blinde Notwendigkeit wirkt dem Endzweck der Teleologie entgegen, »die so ist, als ob sie der Gedanke eines Schöpfers wäre« (*M* 119). Aus dem Unterschied von Kausalität und Teleologie geht das Grundschema der gesamten abendländischen Metaphysik hervor und das Problem, das Kant als »Kausalität aus Freiheit« beschrieben hat, in der die Antithese Notwendigkeit/Freiheit aufgehoben ist. Die Theorie der Freiheit geht folglich aus dem Verhältnis von Materie und Form hervor; ferner stammen aus dem Dualismus Materie/Form ebenfalls viele der neueren Formen des Dualismus, wie beispielsweise der Dualismus des Himmlischen/Irdischen bei Augustinus oder der des Männlichen/Weiblichen. Die Materie widersetzt sich der Form wie später das Geschöpf seinem Schöpfer. Von hier stammt die Bewegung (vgl. *M* 124f.).

Während also bei Aristoteles das Allgemeine das Positive und das Gute ist, betont Adorno, dass in der Wirklichkeit die reine Form nicht anderes sei als die gesellschaftliche Herrschaft *in abstracto*. Am Ende wird die Materie eine zweite *arche* nahe bei der Form und mit einer Kraft ausgerüstet, sie wird entstofflicht, sie wird ein Begriff, der die Stelle der Materie einnimmt. Aristoteles hat zwischen der platonischen Theorie der ewigen, unwandelbaren Idee und dem Element der archaisch griechischen Aufklärung der Bewegung einen Kompromiss hergestellt, der am Ende folgende Gestalt bekommen hat: Die Veränderung geht aus dem Unbewegten hervor. Die Bewegung ist bei Aristoteles nichts anderes als die Verwirklichung des *dynamei on:* »die kraft des Seienden verwirklichte Form *(entelechie)* oder derartiges«.[35] Die Bewegung nimmt ihren Anfang aus etwas, das schon ist und nicht wird – aus dem unbewegt Bewegenden. In der Aristotelischen Vorstellung der Bewegung ist »das, wohin es sich bewegen will, zugleich auch der Agens der Bewegung« (*M* 139). In dieser These steckt, nach Adorno, schon das Motiv des voll entfalteten Idealismus, »daß die Bewegung des Einzelnen zum Absoluten hin dieses Absolute eigentlich bereits voraussetzt«. Das, was von Anfang an aus sich heraus tätig ist, offenbart sich im weiteren als das an sich und für sich: Das ist der Ansatz der Hegelschen Logik, welche nicht anderes unternimmt als die Revision des logischen Programms der Aristotelischen Metaphysik durch »eine transzendentale, also subjektiv gerichtete Analyse« (vgl. *M* 131).

Diese Theorie der Bewegung, die ein Bewegendes und ein Bewegtes voraussetzt, bezog sich im Wesentlichen auf den Menschen, auf den Leib-Seele-Dualismus. Und diesen Dualismus behandelt Aristoteles analog zum Dualismus von Form und Materie. Das Bewegende, die Form, die *energeia*, ist die Ursache, dass das Bewegte, die Materie *(hyle)*, »das der Möglichkeit nach«, zu ihm bewegt wird. Aristoteles stattet die Materie mit dem Drang zur Form aus, und diese ist das Gute, das Göttliche (vgl. *M* 132). Diese These führt direkt zu Hegel, für den die Materie, ohne es zu wissen, der Möglichkeit nach schon Geist ist. So endet die Aristotelische Metaphysik in der Identität der Form mit dem Allgemeinen, dem Guten und dem Göttlichen als dem höchsten metaphysischen Prinzip (vgl. *M* 133), welches später das Christentum zur allgemeinen gültigen Vorstellung erhob.

Die dialektische Vermittlung von Materie und Form wird auch in der Behandlung des Problems der Bewegung nicht verwirklicht. Aristoteles versucht sie durch den Begriff der Berührung zu deuten.[36] Adorno findet auch in diesem Begriff etwas Archaisches. Das besagt, dass in der Metaphysik als Kritik an der Mythologie am Ende etwas von dieser gerettet wird (vgl. *M* 140). Adornos Kritik wird an diesem Punkt bezüglich des Begriffes der Vermittlung sehr konkret: Zwar verweise das eine Prinzip der Aristotelischen Philosophie (die Form oder die Materie) auf das andere, ihre Beziehung bleibe jedoch eine äußerliche, ihre Vermittlung werde in sich nicht erkannt. Die beiden Prinzipien kämen von außen in Kontakt; das eine Prinzip enthalte nicht das andere in sich selbst als Bedingung seiner eigenen Möglichkeit (vgl. *M* 134).

In seiner Zusammenfassung der Aristotelischen Theorie über die Bewegung endet Adorno bei der Schlussfolgerung, dass die Philosophie des Aristoteles sowohl eine dialektische Theorie ist als auch zugleich eine Theorie des Seins wie später die Hegelsche Theorie (vgl. *M* 137). Das Resultat der Anstrengung von Aristoteles sei eine Verschmelzung des aufklärerisch-dynamischen, klassischen Denkens (im Gegensatz zum archaischen) mit dem platonischen Begriffsrealismus. Obwohl die Veränderung das Hauptinteresse des Aristoteles sei, werde sie am Ende ontologisch umgedeutet »in eine Seinsverfassung« und gleichzeitig werde sie neutralisiert, soweit die konkrete Veränderung gegenüber der allgemeinen an Bedeutung verliert. Das Allgemeine habe Vorrang vor dem Besonderen – sowohl metaphysisch wie auch ethisch (vgl. *M* 138). Dass die Bewegung ewig ist – d.h. ebenso wie die Beziehung zwischen Materie und Form niemals einen Anfang oder ein Ende haben könne –, ermögliche Aristoteles die Annahme des unbewegt Bewegenden, welche den Übergang von seiner Metaphysik zur Theologie kennzeichne.

Die Aristotelische Metaphysik beruht auf der These, dass die Form das Vollkommene ist und die Materie das Unvollkommene. Trotz ihrer Unvollkommenheit habe die Materie jedoch den Drang zur Vollkommenheit. Das ist für Adorno das affirmative Element der Aristotelischen Metaphysik, weil durch die Reduzierung des Begriffes auf das Höchste und Vollkommenste gewissermaßen das Bestehende gerechtfertigt wird. In der These, dass die Form vollkommener ist als die Materie, haben wir laut Adorno die antike Vorform des umgekehrten ontologischen Gottesbeweises. Eine Vorform des umgekehrten, denn im objektivem Idealismus des Aristoteles wird die Schlussfolgerung, dass Gott aus reinem Denken sein muss, aus der Existenz auf die Vollkommenheit, aus dem Vorrang der Form über den Stoff gezogen und nicht wie bei Anselm von Canterbury aus dem Begriff der Volkommenheit Gottes auf dessen Existenz. Das Wichtigste jedoch ist für Adorno die Existenz des Identitätsprinzips in der Aristotelischen Metaphysik. Der Gegensatz der Einheit als Einheit der Subjektivität gegenüber der Vielheit der diffusen und antagonistischen Natur ist das Grundmotiv für jede idealistische Philosophie. In der Einheit des ersten unbewegten Bewegenden werde das spätere Identitätsprinzip klar demonstriert (vgl. *M* 142). Und wie später im 17. Jahrhundert schließt Aristoteles, so Adorno, aus der Einheit der Welt und der Bewegung auf die absolute Einheit des ersten Bewegenden: das Identitätsdenken (vgl. *M* 142). Mit der immanenten monotheistischen Tendenz der spekulativen Philosophie gehe der

Übergang der Aristotelischen Metaphysik in Theologie einher. Das unbewegte Bewegende als höchstes Wesen ist unbewegt, unwandelbar, körperlos; es ist auch das äußerste Ziel (Zweck) und notwendigerweise Eines. Reine Energie ist der *nous* des Anaxagoras; er hat als sein Ziel (Zweck) nichts, was sich außerhalb seiner selbst befindet. An diesem Punkt wagt Adorno eine Umdeutung der ungeschiedenen Identität von Sein und Denken des Parmenides[37]: Am Ende werde das Denken aus der Tätigkeit des subjektiven Geistes des Menschen gewonnen. Es könne kein anderes Vorbild für das absolute Denken existieren (vgl. *M* 144). Die Verherrlichung der reinen Theorie durch die Tätigkeit des unbewegten Bewegenden sei ein Werk von Menschen, die seit langem von körperlicher Arbeit dispensiert waren, aber auch ein Resultat ihrer Wendung zur Kontemplation auf Grund des Zusammenbruchs des traditionellen politischen Lebens in Athen nach der Machtübernahme durch Alexander den Großen. Die Theorie werde durch Erhöhung zum Höchsten mystifiziert und ermögliche so die Identifizierung von Logik und Metaphysik – sowohl bei Aristoteles als auch später bei Hegel (vgl. *M* 146).

6. Die Grundlage des Identitätsdenkens

Trotz des Fehlens der subjektiven Reflexion bei Aristoteles ist die Definition des unbewegt Bewegenden als *noesis noeseos* (Denken des Denkens)[38] nichts anderes als das, was später vom objektiven Idealismus erreicht wurde: Das Nicht-Ich ist am Ende tatsächlich Geist *(pneuma)*. *Das ist die Grundlage des Identitätsdenkens.* Diese Definition (Denken des Denkens) hat als ihren Anfang »das gesamte Programm der Philosophie als der Selbstreflexion« (*M* 149), sofern es, sagt Adorno, dem menschlichen Geist zukommt, aufgrund des Prinzips der Analogie und Teleologie sich jenem göttlichen Geist zu nähern. Die *intentio obliqua*, dass der Sinn der Philosophie nicht ist ein Anderes zu denken (die Gegenstände), sondern sich selbst zu reflektieren, existiert bei Aristoteles in Form der *intentio recta* in der Definition des Absoluten als des Denkens seiner Gedanken (vgl. *M* 150). Das erklärt jedoch gleichzeitig auch den Verzicht auf Erfahrung: »Gott wendet nicht der Welt sich zu, sondern die Teleologie wird lediglich im Sinn einer Art von strukturell logischer Hierarchie bewirkt durch das bloße Dasein Gottes selbst« (*M* 151). Und hier findet sich eine klare Abgrenzung des Aristoteles von der Theologie, nämlich insofern, als es keinen Schöpfungsakt Gottes gibt und keinerlei Eingreifen in den Verlauf der Welt (vgl. *M* 153).

Adorno schließt seine umfangreichen, der Aristotelischen Metaphysik gewidmeten Reflexionen, indem er betont, dass diese der Versuch seien, die ursprünglichen theologischen Kategorien zu retten und sie in Kategorien der Vernunft zu übertragen. Doch dies geschehe nicht in derselben Weise wie bei Platon, der der Theologie sicherlich näher stehe als Aristoteles (vgl. *M* 155). Die zentrale These dieser Metaphysik ist die Identität der Struktur des Seins mit der des Denkens oder besser gesagt, dass die Grundstrukturen des Denkens auf Kategorien des Seins reduziert werden: Das ist die Lehre der Ontologie. Aus dieser Rückführung gehe die Identität von Logik und Metaphysik hervor, welche bei Hegel ihren Höhepunkt erreicht habe (vgl. *M* 156). Das Denken und seine konstitutiven Formen sind das Absolute. Dies war die Basis der absoluten Gültigkeit der logischen Formen, an welcher Adorno Kritik übt.[39] Der Kreis der Metaphysik, die das Unveränderliche mit dem Guten, dem Wahren und dem Schönen identifiziert, hat sich geschlossen. Es ist der Kreis der affirmativen Metaphysik. Adornos Anliegen ist eine negative Metaphysik, die als zentralen Punkt nicht Athen, sondern Auschwitz als die Welt der Tortur hat.[40] Denn nach Auschwitz ist es unmöglich, dass die Metaphysik jenen affirmativen Charakter behält, den sie in der Platonischen und Aristotelischen Theorie noch beanspruchen konnte (vgl. *M* 160). Im zweiten Teil seiner Vorlesungen zum Begriff der Metaphysik hat Adorno die Grundrisse seiner eignen negativen Metaphysik dargelegt. Diese beginnt an jenem Punkt, wo sich der Kreis der affirmativen Metaphysik geschlossen hat: »Daß das Unveränderliche Wahrheit sei und das Bewegte, Vergängliche Schein, die Gültigkeit von Zeitlichem und ewigen Ideen gegen einander, ist nicht länger zu behaupten.«.[41]

7. Die Möglichkeit einer Rettung des Nicht-Identischen

Adornos Vorhaben war es, die Aristotelische Metaphysik nicht nur als ontologische Weisheit, sondern als eine dialektische Theorie zu interpretieren. Aus diesem Grund versuchte er überall, die Bedeutung des Begriffes der Vermittlung in allen Teilfragen der Aristotelischen Philosophie aufzuzeigen und eine Verbindung zur Hegelschen Philosophie herzustellen. Sein Versuch hat als Zentrum das Verhältnis von Materie und Form, das auch in anderen Deutungen zentral ist.[42] Am Ende gelingt es Adorno auf eine einzigartige Weise, die Wichtigkeit der Aristotelischen Philosophie für die dialektische Theorie bzw. die philosophische Kritik aufzuzeigen. Die Art und Weise, in der er die Anfänge des Identitätsdenkens aufspürt und analysiert, verdeutlicht nicht nur den problematischen Charakter des Idealismus, sondern auch die Probleme eines Materialismus, der die Materie auf das Äußerste, das Höchste reduziert, sie in *arche* verwandelt und dann selbst eine Erste Philosophie mit umgekehrtem Vorzeichen wird.

Es ist jedoch wichtig, dass unsere Kultur kein anderes Prinzip kennt als das Prinzip der Identität. Die Kritik an ihr hat nicht ihre abstrakte Negation zum Ziel, woraus sich, in Übereinstimmung mit Hegel, am Ende nichts ergeben kann, sondern die bestimmte Negation, aus der das Neue hervorgeht, das als Möglichkeit im Alten existierte. Das Subjekt kann sich dafür verbürgen, wenn es den Vorrang des Objekts[43] anerkennt und nicht nur im Darstellungsprozess des Objekts seine subjektiven Momente weglässt. Die Kommunikation des Unterschiedenen wäre das Ziel: »das Verhältnis von Subjekt und Objekt im verwirklichten Frieden sowohl zwischen den Menschen wie zwischen ihnen und ihrem Anderen. Friede ist der Stand eines Unterschiedenen ohne Herrschaft, in dem das Unterschiedene teilhat aneinander.«[44]

Nachweise und Anmerkungen

1 Vgl. Rolf Tiedemann: »Vorbemerkung«. Zu Theodor W. Adorno: »Das Problem des Idealismus. Stichworte zur Vorlesung vom Wintersemester 1953/54 und Fragmente einer Nachschrift«. In: *Frankfurter Adorno Blätter V*. München 1998, S. 105. Siehe zur Interpretation von Adornos Deutung der antiken Ethik Gerhard Schweppenhäuser: *Ethik nach Auschwitz. Adornos negative Moralphilosophie*. Hamburg 1993, S. 17-42.

2 Horkheimer und Adorno schreiben in der *Dialektik der Aufklärung*: »Sie sollte sich wenigstens thematisch an die traditionellem Disziplinen halten, an Soziologie, Psychologie und Erkenntnistheorie. Die Fragmente, die wir hier vereinigt haben, zeigen jedoch, daß wir jenes Vertrauen aufgeben mußten.« Max Horkheimer, Theodor W. Adorno: *Dialektik der Aufklärung. Philosophische Fragmente*. Frankfurt am Main 1969, S. 1. Rolf Tiedemann kommentiert die häufige Behandlung soziologischer, psychologischer, musikologischer und literarischer Fragen im Werk von Adorno und hebt hervor, dass diese Arbeiten »nur sehr bedingt Beiträge zu den genannten Disziplinen« darstellen. Vgl. R. Tiedemann: »Editorische Nachbemerkung«. In: Th. W. Adorno: *Gesammelte Schriften*. Frankfurt am Main 1975, Bd. 9, S. 401. Das Verhältnis von Philosophie, Soziologie und Psychologie in der *Dialektik der Aufklärung* wird im ersten Kapitel meiner Dissertation ausführlich behandelt: Konstatinos Rantis: *Psychoanalyse und »Dialektik der Aufklärung«*. Lüneburg 2001.

3 Vgl. Horkheimer, Adorno: *Dialektik der Aufklärung*. A.a.O., S. 50. Der ursprüngliche Titel dieses hinzugefügten Kapitels lautete: Geschichtsphilosophischer Exkurs zur Odyssee. Vgl. Theodor W. Adorno: »Geschichtsphilosophischer Exkurs zur Odyssee. [Frühe Fassung von Odysseus oder Mythos und Aufklärung]«. In: *Frankfurter Adorno Blätter V*. A.a.O., S. 37 ff.
4 Vgl. Theodor W. Adorno: »Das Problem des Idealismus«. A.a.O., S. 107, Fußnote 15.
5 Theodor W. Adorno: *Zur Metakritik der Erkenntnistheorie. Studien über Husserl und die phänomenologischen Antinomien*. In: Theodor W. Adorno: *Gesammelte Schriften*. Frankfurt am Main 1990, Bd. 5, S. 17 ff.
6 Theodor W. Adorno: *Negative Dialektik*. In: *Gesammelte Schriften*. A.a.O., Bd. 6, S. 354 ff.
7 Theodor W. Adorno: *Metaphysik. Begriff und Probleme*. In: Ders.: *Nachgelassene Schriften. Abteilung IV: Vorlesungen*. Frankfurt am Main 1998, Bd. 14, S. 37.
8 Theodor W. Adorno: *Ontologie und Dialektik*. In: *Nachgelassene Schriften. Abteilung IV: Vorlesungen*. Hrsg. v. R. Tiedemann. Frankfurt am Main 2002, Bd. 7.
9 »Metaphysik kann überhaupt nichts anderes mehr sein als Nachdenken über Metaphysik […] daß man […] darüber Rechenschaft gibt, ob Denken und seine konstitutiven Formen *tatsächlich* das Absolute sind. […] Und so wollen wir versuchen, uns, soweit man so etwas mit dem Ausspruch einer gewissen allgemeinen Verbindlichkeit überhaupt tun kann, auf den möglichen Stand dessen heute zu begeben, was man metaphysische Erfahrung nennen mag.« (Adorno: *Metaphysik*. A.a.O., S.156f.)
10 Adorno wird nicht müde, bei jedem Problem der Aristotelischen Metaphysik, das er untersucht, zu betonen, es münde stets in ein später auftretendes Problem der Metaphysik, welches schon als Möglichkeit in der Thematik des Aristoteles existiere. (Vgl. Adorno: *Metaphysik*. A.a.O., S. 44)
11 Vgl. Eduard Zeller: *Die Philosophie der Griechen in ihrer geschichtlichen Entwicklung*. Hildesheim 1990. Wie auch Rolf Tiedemann bemerkt, besteht eine große Differenz zwischen Adorno und Zeller hinsichtlich des Begriffs der Vermittlung bei Aristoteles. Zeller verwendete diesen Begriff nicht so nachdrücklich wie Adorno, der ihn als zentral für seine Deutung angesehen hat (vgl. Adorno: *Metaphysik*. A.a.O., S. 251, Anm. 89). Die Wichtigkeit des Begriffs der Vermittlung für die Deutung der Aristotelischen Philosophie wurde von Adorno stark hervorgehoben, und ich folge ihm in diesem Aufsatz hierin. Adorno bezeichnete den Vermittlungsbegriff als eine »unermeßliche Neuerung« (Adorno: *Metaphysik*. A.a.O., S. 70), die Aristoteles in die Philosophie seiner Zeit eingebracht habe. Ein weitere Differenz besteht darin, dass Zeller nicht daran interessiert war, in gleichem Maße wie Adorno den Zusammenhang der Probleme der neueren Metaphysik und Philosophie mit der Aristotelischen aufzuzeigen. Das geht im Übrigen klar aus dem Titel seines o.a. Werkes hervor.
12 Vgl. Stefano Cochetti: *Mythos und Dialektik der Aufklärung*. Königstein 1985.
13 Vgl. Alfred Schmidt: »Aufklärung und Mythos im Werk Max Horkheimers«. In: *Max Horkheimer heute: Werk und Wirkung*. Frankfurt am Main 1986, S. 234. Rolf Tiedemann: »Gegenwärtige Vorwelt. Zu Adornos Begriff des Mythischen (I)«. In: *Frankfurter Adorno Blätter V*. A.a.O., S. 25. Rantis: »Der Begriff des Mythos«. In: *Psychoanalyse und ›Dialektik der Aufklärung‹*. A.a.O.
14 Hegels Vorlesungen über die Weltgeschichte beginnen mit der Unterscheidung von drei Arten der Geschichtsschreibung: der ursprünglichen, der reflektierenden und der philosophischen. Vgl. G.W.F. Hegel: »Die Vernunft in der Geschichte«. In: *Vorlesungen über die Philosophie der Weltgeschichte*, Hamburg 1994, Bd.1.

Adornos Kritik antiker Ontologie

15 Theodor W. Adorno, Karl Kerenyi: »Mythologie und Aufklärung. Ein Rundfunkgespräch«. In: *Frankfurter Adorno Blätter V*. A.a.O., S. 90.
16 Adorno: *Negative Dialektik*. A.a.O., S. 164.
17 Adorno: *Zur Metakritik der Erkenntnistheorie*. A.a.O., S. 46.
18 »Die der Zeit nach letzte Philosophie ist das Resultat aller vorhergehenden Philosophien und muß daher die Prinzipien aller enthalten; sie ist darum, wenn sie anders Philosophie ist, die entfalteste, reichste und konkreteste.« (G.W.F. Hegel: *Enzyklopädie der philosophischen Wissenschaften*. Hamburg 1991, S. 47) Seine eigene Auffassung entwickelte Adorno im Zusammenhang der Kritik an Husserl: »Nicht die Erste Philosophie ist an der Zeit sondern eine letzte.« (Adorno: *Zur Metakritik der Erkenntnistheorie*. A.a.O., S. 47) Zu Recht hat Rolf Tiedemann Adornos Deutung der Aristotelischen Philosophie als »eine letzte Philosophie der ersten« bezeichnet (Tiedemann: »Nachbemerkung des Herausgebers«. In: Adorno *Metaphysik*. A.a.O., S. 299.
19 Martin Heidegger: *Was ist Metaphysik?* Frankfurt am Main 1998, S. 9.
20 Adorno: *Ontologie und Dialektik*. A.a.O., S. 13.
21 Adorno, a.a.O., S. 24.
22 Vgl. Adorno: *Zur Metakritik der Erkenntistheorie*. A.a.O., S. 15 ff.
23 Adorno: *Ontologie und Dialektik*. A.a.O., S. 34.
24 Vgl. Aristoteles: *Kategorien*. 5. 2a 14f.
25 Aristoteles: *Analytica posteriora*. A, 11. 78a 8.
26 Vgl.: »denn am ehrwürdigsten ist das Älteste, der Eid aber ist das Ehrwürdigste.« Aristoteles: *Metaphysica*. Recognitiv brevique adnotatione critica instruxit W. Jaeger, Oxonii 1985, A 983 b32. Adorno übersetzt das »erste unbewegte Bewegende« mit »unbewegter Beweger« (M 65), denn er ist überzeugt vom Aristotelischen Monotheismus.
27 Vgl. Jürgen Habermas: »Die Verschlingung von Mythos und Aufklärung«. In: *Der Philosophische Diskurs der Moderne*. Frankfurt am Main 1993, S. 156.
28 Klaus Oehler hat ohne Erfolg versucht, diese Position zu widerlegen. Vgl. Klaus Oehler: *Subjektivität und Selbstbewußtsein in der Antike*. Würzburg 1997.
29 Adorno bemerkt zu diesem Punkt, dass er nicht ein subjektives idealistisches Denken gegenüber dem antiken ontologischen vertritt. In diesem Fall bedarf auch das Erste in seinem Fortgang anderer Reflexionen, um sich zu korrigieren. Eine solche Bemühung sind Adornos Überlegungen *Zu Subjekt und Objekt* (Theodor W. Adorno: *Gesammelte Schriften*, Frankfurt am Main 1977, Bd. 10.2., S. 741-758.) Obwohl bei Aristoteles dieses subjektive idealistische Denken fehlt, stimmt er laut Adorno in vielen Punkten mit dem neueren idealistischen Denken überein, welches später diese subjektive Reflexion hervorbringt.
30 Von griechischer Seite hat K. Georgulis Kritik an Spengler geübt, indem er darauf beharrte, dass der Begriff des Unendlichen bei Aristoteles existiere. Er verwies auf das dritte Buch der Physik. Das Problem ist freilich anders zu sehen. Natürlich haben auch die Philosophen Kenntnis von dieser Aristotelischen Analyse. Adorno sagt nicht, die Alten hätten keine Anstrengungen unternommen, den Begriff des Unendlichen zu fassen. Dieser Begriff, der in der Moderne als selbstverständlich gilt und die Auffassung als Kern hat, der Kosmos sei unendlich, ist nicht mit dem Begriff des Unendlichen der antiken Philosophie identisch, für die der Kosmos begrenzt ist (vgl. Adorno: *Zur Metakritik der Erkenntnistheorie*. A.a.O., S. 91f.). Die Aristotelische Auffassung der »ersten Materie« als etwas, das keine Grenzen hat, identifiziert nicht die Unendlichkeit als ein Transzendentes (Adorno: *Zur Metakritik der Erkenntnistheorie*. A.a.O., S. 105).

Zur Kritik von Georgoulis an Spengler vgl. K. D. Georgoulis, »Aristoteles«. In: *Neoteron Enzyklopädikon Lexikon »Heliou«: Das hellenikon Pneuma*. S. 443f.

31 Vgl. Ute Guzzoni: *Identität oder nicht. Zur Kritischen Theorie der Ontologie*. Freiburg, München 1981.

32 Zur Unterscheidung von objektiver Vernunft in der antiken Philosophie und subjektiver Vernunft in der neueren hat Horkheimer ausführlich Stellung genommen. Vgl. Max Horkheimer: »Zur Kritik der instrumentellen Vernunft«. In: M. Horkheimer, *Gesammelte Schriften*. Frankfurt am Main 1991, Bd. 6.

33 Vgl. Aristoteles: *Physica*. Recognitiv brevique adnotatione critica instruxit W. D. Ross, Oxonii 1988, B 194 b 24f.

34 Vgl. Aristoteles. A.a.O., B 198a 24f.

35 Vgl. Aristoteles. A.a.O., Λ 200a 10f.

36 »Deshalb ist die Bewegung die verwirklichte Form *(entelecheia)* des Bewegten, sofern es ein Bewegtes ist, dieses geschieht durch Berührung des Bewegten«. Aristoteles: *Physica*. Λ 202 a7f.

37 »Denn dasselbe ist Denken und Sein.« Parmenides: »Frgm. 3«. In: Diels, Kranz: *Die Fragmente der Vorsokratiker*. Hildesheim 1992, Bd. 1, S. 231.

38 Aristoteles: *Metaphysica*. (Anm. 26), Λ 1074 b 34.

39 Aristoteles: *Metaphysica*. (Anm. 15), Λ 1074 b 34.

40 Vgl. den Titel der 13. Vorlesung »Athen und Auschwitz« (Vgl. Adorno: *Metaphysik*. A.a.O., S. 147). Zum Begriff der negativen Metaphysik bei Adorno vgl. Karl Heinz Haag: *Der Fortschritt in der Philosophie*. Frankfurt am Main 1983, S. 67 ff. Haag entwickelt seine Kritik der Metaphysik aus einer Interpretation der antiken Philosophie heraus und sieht Adornos Konzeption einer nicht-affirmativen Metaphysik bei Kant vorgebildet.

41 Theodor W. Adorno: »Meditationen zur Metaphysik«. In: *Negative Dialektik*. In: *Gesammelte Schriften*. A.a.O., Bd. 6, S. 354.

42 Vgl. Ernst Blochs Interpretation des Materie-Form-Problems in den *Leipziger Vorlesungen*. Bloch und Adorno sind freilich meilenweit voneinander entfernt, übrigens auch in Bezug auf Zeller, dessen Werk Bloch nicht als ein philosophisches, sondern als ein philologisches Standardwerk bezeichnet (vgl. Ernst Bloch: *Antike Philosophie. Leipziger Vorlesungen zur Geschichte der Philosophie* [1950-1956]. Frankfurt am Main 1985, Bd. 1, S. 34). Für die Interpretation der Einzelfragen wie der Beziehung Materie/Form ist für Bloch die der sogenannten »linken« Aristoteliker (vgl. Bloch: *Antike Philosophie*. A.a.O., S. 274f.) wichtiger als die von Aristoteles selbst. Trotz der unterschiedlichen Vorhaben betont auch Bloch die Bedeutung des Begriffs *dynamei on*. Aber gegenüber Adornos Deutung wirkt Blochs dürftig und eher historiographisch, nicht geschichtsphilosophisch. Die dialektisch-materialistische Sicht, auf die er sich beruft (Bloch: *Antike Philosophie*. A.a.O., S. 28), bringt meiner Ansicht nach eher bescheidene Resultate für die Erkenntnis der Aristotelischen Theorie, im Gegensatz zu Adornos Theorie der Vermittlung.

43 Theodor W. Adorno: »Zu Subjekt und Objekt«, a.a.O., S. 746f.

44 Adorno: »Zu Subjekt und Objekt«, a.a.O., S. 743.

Silke Kapp

**Asyl für Obdachlose
oder
Zwischen Frankfurter Küche und Frankfurter Schule**

Kritische Theorie versucht die Gesellschaft in ihrem Gesamtzusammenhang zu verstehen. Dazu gehört nicht nur die Kritik abstrakter gesellschaftlicher Verhältnisse, sondern gerade auch die Kritik des durch diese Verhältnisse bedingten konkreten Alltagslebens. Alltagsleben spielt sich in gesellschaftlichem Raum ab, also in Gebäuden, Städten, Landschaften. Dieser Raum ist weder ein neutraler Hintergrund noch oberflächlich auf die Gesellschaft bezogen, sondern grundsätzlich mit ihr vermittelt. Einerseits ist der von Menschen konstituierte Raum selbst Produkt und Ausdruck der *bestehenden* Gesellschaft; andererseits tragen seine Produktion und seine Rezeption wesentlich dazu bei, dass diese Gesellschaft entweder so besteht wie sie ist oder sich verändert. Deshalb sind Produktion und Rezeption des gesellschaftlichen Raums Gegenstand der Kritik, einschließlich der Architektur.[1] Dennoch ist bisher keine kritische Theorie der Architektur entwickelt worden. Es gibt Architekturkritik verschiedener Art und natürlich auch anerkannte architekturtheoretische Richtungen, die Aspekte des Bestehenden kritisieren, aber nur relativ verstreute Ansätze einer Theorie, *die Architektur auf historischer und materialistischer Basis im Kontext des gesellschaftlichen Ganzen begreift und zugleich hinsichtlich der Möglichkeiten einer Veränderung dieses Ganzen interpretiert*. Sie hätte entweder aus der kritischen Theorie selbst hervorgehen können oder aus der Architektur, also gewissermaßen aus der »Frankfurter Schule« oder der »Frankfurter Küche«.[2]

Innerhalb des Arbeitszusammenhangs des Instituts für Sozialforschung, oder allgemeiner: für die kritische Theorie war Architektur kein zentrales Thema. Aber es finden sich in den Schriften von Bloch, Benjamin, Kracauer oder Adorno eine Reihe darauf bezogene Reflexionen und Fragmente. Siegfried Kracauer war (bis 1921) selbst als Architekt tätig, und ein architektonisches Denken bestimmt auch seine theoretische Arbeit. Benjamins Passagen sind architektonische Denkmodelle. In Adornos Vortrag »Funktionalismus heute« zeichnet sich ab, was kritische Theorie der Architektur sein könnte. Davon ausgehend hat Albrecht Wellmer versucht, Adornos ästhetische Theorie im Kontext der postmodernen Architekturdebatte zu diskutieren.[3] Anders verhält es sich seitens der Architekten bzw. Architekturtheoretiker. Obwohl sie für philosophische Betrachtungen gelegentlich auch auf Benjamin, Bloch, Adorno oder Marcuse rekurrieren, hört ihr Bezug auf die kritische Theorie in der Regel dann auf, wenn es tatsächlich um Kritik geht. Vom kritischen Impuls der Negation ist hier nichts zu spüren. Auch zwischen der »Frankfurter Schule« und der »Frankfurter Küche« hat es keine nennenswerte Verbindung gegeben, obwohl der Kontakt im intellektuellen Frankfurt um 1930 nahe gelegen hätte. Es gibt keine Spur eines direkten Austausches zwischen dem Institut für Sozialforschung und etwa Ernst May – damals Stadtbaurat und einer der Gründer der CIAM –, Ferdinand Kramer, Grethe Schütte-Lihotzky – die Achitektin der Frankfurter Küche – oder anderen Architekten des so genannten »Neuen Frankfurts«.[4]

Ebenfalls beispielhaft für die Ablehnung der kritischen Theorie innerhalb der Architekturtheorie ist der Vergleich der unterschiedlichen Rezeptionen von zwei philosophischen Texten zur Architektur – der eine kritisch, der andere unkritisch. Bei dem kritischen Text handelt es sich um Adornos bereits erwähnten Vortrag »Funktionalismus heute«. Der unkritische Text ist Heideggers Vortrag »Bauen Wohnen Denken«, der auf dem zweiten »Darmstädter Gespräch« (1951) zum Thema »Mensch und Raum« von einem »dankbaren« und »begeisterten« Publikum gehört wurde.[5] Heideggers Vortrag wurde nachgerade zum vermeintlichen Schlüsseltext der Architekturtheorie; in den letzten fünfzig Jahren gab es unzählige Übersetzungen und an den Vortrag anschließende Debatten sowie Kongresse, Architekturtheorien und Publikationen. Er wird

»in der Architektur als Architekturtheoretiker genommen. Sein Text diente [...] als Grundlage für die Entwicklung einer Art Phänomenologie der Architektur, Architekten bezeichnen sich als »Heideggerianer« und orientieren sich bei Entwürfen und Planungen direkt oder vermittelt über architekturtheoretische Systeme an ihm.«[6]

Anders Adornos Text: Sein vierzehn Jahre später auf der Tagung des Deutschen Werkbundes in Berlin gehaltener Vortrag, fand relativ wenig Echo. Wenn überhaupt, wird er beiläufig zitiert, reduziert auf das angebliche Lob von Phantasie und Ornament gegen Sachlichkeit, also weitestgehend undialektisch gelesen. Selbst Manfredo Tafuri, der die kritische Architekturtheorie im Italien der siebziger Jahre maßgeblich beeinflusste und der Adornos Text gekannt haben dürfte, setzte die Analysen aus »Funktionalismus heute« nicht wirklich fort. Zwar veröffentlichte die berühmte New Yorker Architekturzeitschrift »Oppositions« eine englische Übersetzung von Adornos Vortragstext 1979 (in der Ausgabe Nr. 17); im »Oppositions Reader« (1998), der die wichtigsten Texte der Zeitschrift versammeln will, ist »Funktionalismus heute« indes nicht aufgenommen worden. Man kann vermuten, dass die euphorische Rezeption von »Bauen Wohnen Denken« wohl wesentlich mit dem von Heidegger angebotenen Stückchen heile Welt zusammenhängt, auf das man buchstäblich »bauen« kann. Dagegen stellt Adorno die Situation in ihrer Auswegslosigkeit dar: Es gibt keine richtige Architektur im falschen Leben.

Das reflektierte Bewusstsein dieser Aporie bleibt in der Selbsteinschätzung der Architekten und generell im traditionellen Verständnis von Architektur Desiderat; insbesondere ist es dem so genannten mainstream architectural discourse fremd. Die Idee, dass Architekten durch Planung und Bauen Bedürfnisse befriedigen und die Welt verbessern, und zwar nicht aus reiner Menschenliebe, sondern durch geniale Einfälle, ist Grundlage ihres Habitus'. Dagegen wäre einer wirklich kritischen Theorie der Architektur schon der Begriff des Planens suspekt. Planen bedeutet immer vorausplanen, jetzt eine Form festlegen, die für möglichst lange Zeit unverändert gut sein soll. Nach der gängigen Praxis meint Planung außerdem das Design der menschlichen Erfahrung, im Gegensatz zum Ungeplanten, dem Zulassen der Möglichkeit nicht voraussehbarer Erfahrung. Darauf zielt eine kritische Theorie; als kritische Theorie der Architektur wäre sie das Gegenteil solcher Anmaßung. Das Auspinseln positiver Utopien ist das, was Architekten prinzipiell tun und was kritische Theoretiker prinzipiell nicht tun. So sagt Horkheimer zum Beispiel: »Wir mögen nicht wissen, was der Mensch und was die rechte Gestaltung der menschlichen Dinge sei, aber was er nicht sein soll und welche Gestaltung der menschlichen Dinge falsch ist, das wissen wir, und einzig in diesem bestimmten und konkreten Wissen ist uns das Andere, Positive, offen.«[7] – Architekten hingegen glauben zu wissen, »was die rechte Gestaltung der menschlichen Dinge sei«.

Hat es dann überhaupt Sinn, die Ansätze einer kritischen Theorie der Architektur zu vertiefen? Oder läuft dies am Ende nicht auf die alte Architekturkritik hinaus, bloß angereichert mit – wie Popper sagen würde – »großen Worten«? Mitnichten, und meines Erachtens ist eine kritische Theorie der Architektur sogar notwendig.

Dem architektonischen Anspruch, einen besseren Zustand zu *bestimmen*, liegt die Forderung zugrunde, den bestehenden Zustand zu *verändern*; und das haben Architektur und Kritik gemeinsam. In beiden Fällen geht es dabei ums Ganze und nicht nur um Reformen von sozialen Teilbereichen. Noch für die unscheinbarste architektonische Aufgabe muss gelten, was Alexander Schwab 1930 vom Städtebau schrieb: Wollte man die Aufgabe nach den »Grundsätzen der menschlichen Zweckmäßigkeit« lösen, also mit allen Mittel, die nach dem Stand der Produktivkräfte zur Verfügung stehen, »so könnte man zwar mit harmlosen Einzelheiten […] anfangen, würde aber von den inneren Folgerichtigkeiten der Tatsachen dazu genötigt, sehr bald bei den Fragen der sozialen Revolution enden.«[8] Nun wird aber gerade diese Beziehung der architektonischen Aufgaben zum Ganzen der Gesellschaft von dem etablierten Architekturbetrieb mühsam, aber beharrlich unterdrückt. Was dazu führt, dass Architekten sich tendenziell auf fachliches Sachverstand konzentrieren und die weiteren Implikationen ihrer Entscheidungen aus ihrem Arbeitsbereich ausblenden. Gesellschaftliche Widersprüche werden in der Regel fälschlich als Teilprobleme verstanden, die technisch zu lösen seien. Der Unterschied zwischen dem, was in der Architektur nach dem Stand der Produktivkräfte tatsächlich möglich wäre, aber wenn überhaupt nur fragmentarisch erscheint, ist im 20. Jahrhunderten immer größer geworden. Andererseits hat sich das Bewusstsein dieses Unterschieds seitens der Architekten verringert. Daher wäre, um es noch einmal deutlich zu machen, eine Theorie der Architektur auf historischer und materialistischer Basis durchaus fällig: Ihre erste Aufgabe wäre es, viele scheinbar architekturspezifischen Probleme als gesellschaftliche Widersprüche bewusst zu machen und ihren Entstehungszusammenhang zu durchleuchten.

Ein weiterer Grund für eine kritische Theorie der Architektur – auf den ich hier nicht näher eingehen werde – ist die Tatsache, dass architektonische und künstlerische Verfahren geschichtlich dasselbe waren, aber der Standort der Architektur in der modernen Gesellschaft nicht dem der so genannten freien Künste entspricht. Freie Kunst ist gewissermaßen ein von der Gesellschaft ausgesperrtes fait social[9]; Architektur ist ein in gesellschaftliche Praxis direkt eingebundenes künstlerisches Verfahren. Dieses Verfahren kann zwar in den Werken der Architektur bis zur reinen Instrumentalität verstümmelt werden, aber es besteht auch die Möglichkeit, dass die Werke der Architektur die Dialektik von Mimesis und Rationalität – die künstlerische Verfahren von instrumentellen unterscheidet – *innerhalb* des Alltagslebens austragen. Diese besondere Konstellation von Kunst und Gesellschaft ist im Rahmen der kritischen Theorie ein noch relativ wenig debattiertes Thema, das aber, ausgehend von der Ästhetik Adornos, Benjamins oder Marcuses, wert ist, genauer bedacht zu werden; nicht nur im Hinblick auf die Architektur selbst, sondern auch allgemeiner im Hinblick auf die Möglichkeiten mimetisch-rationaler Verfahren außerhalb der autonomen Kunst.

Nichtsdestotrotz soll die Frage nach dem Sinn einer kritischen Theorie der Architektur hier nicht entschieden werden. Ich werde mich darauf beschränken, den aporetischen Charakter von Architektur anhand des Stichwortes *Bedürfnis* etwas näher zu analysieren. In diesem Zusammenhang möchte ich auch diskutieren, was ich die »Architekturindustrie« – also architektonische Kulturindustrie – nenne.

Damit soll hier der Versuch unternommen werden, die Grundlagen und Voraussetzungen einer möglichen kritischen Theorie der Architektur zu umreißen.

In vielen einführenden Architekturschriften findet sich die gängige Meinung vertreten, dass Bauen aus dem materiellen Bedürfnis des Menschen entstehe, sich vor der äußeren Natur zu schützen, und aus seinem symbolischen Bedürfnis, der äußeren und der eigenen Natur Sinn zu geben. Bei Hegel heißt es, das Bedürfnis der Kunst finde »seinen Ursprung darin, dass der Mensch denkendes Bewusstsein ist« und daher den Trieb habe, »der Außenwelt ihre spröde Fremdheit zu nehmen«, indem er ihr »das Siegel seines Inneren aufdrückt«.[10] Diese Ansicht entspricht auch dem neuzeitlichen architekturtheoretischen Begriff der »Urhütte«[11]: Das Bauen als Herrichten permanenter Unterkünfte an festen Plätzen wurde als natürlicher Drang des »Menschen an sich« verstanden und mit der Befriedigung des Bedürfnisses, »der Außenwelt ihre spröde Fremdheit zu nehmen« gleichgesetzt. Funktion dieses Begriffszusammenhangs ist, für die Architektur eine Legitimation zu schaffen, auf die sie sich auch in gesellschaftlichen Konfliktsituationen beziehen kann. (Die Eigenschaften der angeblichen Urhütte verändern sich allerdings je nach gesellschaftlichem Kontext.)

Gegen die Ideologie der natürlichen Bedürfnisse schreibt Adorno:

»Zur Befriedigung des konkreten Hungers der Zivilisierten gehört, daß sie etwas zu essen bekommen, wovor sie sich nicht ekeln, und im Ekel und in seinem Gegenteil wird die ganze Geschichte reflektiert. So verhält es sich mit jedem Bedürfnis.«[12]

Nun könnte man sagen, dass jene »spröde Fremdheit« sich zum Wohnen so verhält wie der Ekel zum Essen: in dem, was als fremd gilt, spiegelt sich die ganze Gesellschaft mitsamt ihrer Geschichte. So ist es keineswegs »natürlich«, dass das Errichten von festenstehenden Bauten das Mittel gegen die Fremdheit sei – die Menschheit hat die längste Zeit überhaupt keine Bauten errichtet, sondern diese Mittel mit sich herumgetragen. Lucius Burckhardt vergleicht in ähnlichem Sinn die Ess- und Wohnbedürfnisse:

»Es ist das Wesen der menschlichen Gesellschaft, natürliche Bedürfnisse in den Dienst gesellschaftlicher Akte zu stellen: Indem ein Bedürfnis befriedigt wird, bestätigt sich auch die Gesellschaft – indem zur Mittagszeit das Kind am Familientisch seinen Hunger stillt, ist die Ordnung der Familie wieder einmal bestätigt worden. Die menschlichen Bedürfnisse sind durch diesen Prozeß in solchem Maße mit den gesellschaftlichen Erfordernissen verschmolzen worden, daß von natürlichen Bedürfnissen zu sprechen kaum mehr sich lohnt.«[13]

Wohnbedürfnisse basieren also weder auf Witterungsbedingungen noch auf anthropologischen oder psychologischen Konstanten, sondern auf der »Inszenierung des Menschen bei seinem Auftritt im Leben.«[14] Es wäre unangebracht, die Frage nach Architektur mit Blick auf vermeintliche ursprüngliche oder natürliche Bedürfnisse beantworten zu wollen oder gar Architektur damit zu begründen.

Schon in dieser Hinsicht kann »Bauen Wohnen Denken« als ein Paradebeispiel für eine unkritische Theorie der Architektur dienen. Heidegger unterstellt ein Bedürfnis, das mit Gesellschaft und Geschichte wenig zu tun hat und stattdessen ganz allgemein zum Menschen gehören soll, insofern wir alle sterblich sind und uns »auf der Erde, unter dem Himmel, vor den Göttlichen, mit den Sterblichen« aufhalten.[15] Solche Berufung auf die Natur des Menschen oder auf seinen ontologischen Status ist wie jede andere »Berufung auf die Natur gegenüber irgendeinem Bedürfnis […] bloß die Maske von Versagung und Herrschaft.«[16] Warum passt ausgerechnet diese Maske dem Architekturdiskurs der zweiten Hälfte des 20. Jahrhunderts so besonders gut?

Zu Beginn des 20. Jahrhunderts entstanden die neuen architektonischen Bewegungen im Unterschied zu anderen künstlerischen Avantgarden überwiegend aus einem optimistischen Verständnis der Moderne. Widersprüche zwischen ökonomischer und ethischer Ordnung oder zwischen künstlerischen und industriellen Verfahren wurden im Allgemeinen als Zu- oder Unfälle, nicht als Grundstrukturen interpretiert, so als gäbe es keine *Dialektik der Aufklärung*, sondern nur ein »unvollendetes Projekt der Moderne«. Deswegen stand auf dem Programm, alles Anachronistische zu ersetzen. Der Hauptstrom der neuen Architektur der zwanziger Jahre bestand nicht aus einem offenen Experiment, sondern aus der Gestaltung jener räumlichen Dinge, die zu der – teilweise gegebenen, teilweise erwarteten – industriellen Massengesellschaft gehören sollten: eine weitestgehend instrumentelle oder instrumentalisierte Utopie. Die Einstellung einzelner Architekten und Gruppen variierte dabei mit dem, was jeweils neben der traditionellen Baukultur als anachronistisch galt: soziale Verhältnisse, Produktionsweisen, Technik, Formsprachen, Gewohnheiten der Menschen. Ungeachtet dieser Unterschiede wurde jedoch von fast allen Architekturbewegungen vorausgesetzt, dass die Kräfte der modernen Gesellschaft eine widerspruchslose Einheit bilden könnten. So spricht Ernst May von »homogener Zusammenfassung« und »neuer, geschlossener Großstadtkultur«[17], und Lúcio Costa – der später die brasilianische Hauptstadt Brasília plante – meint, es sei paradox, aber die neue Architektur warte noch auf die Gesellschaft, der sie »logischerweise«[18] angehöre. Den Grund des Paradoxes beschreibt Costa folgendermaßen:

»Sind die Energien, die das alte Gleichgewicht hielten, verbraucht, ist die Einheit zerbrochen, folgt eine undefinierte und mehr oder weniger lange Phase, bis unter der Tätigkeit konvergenter Kräfte die verlorene Übereinstimmung wieder hergestellt wird und ein neues Gleichgewicht sich einstellt.«[19]

Die von Costa und May angedeutete Vorstellung einer widerspruchslosen Gesellschaft ist für jene architektonischen Denkweisen unumgänglich, die sich einerseits an Zwecken orientieren und andererseits das Ideal der einheitlichen, vollkommenen Werke nicht aufgeben. Wenn die moderne Architektur sich auch in vielen Aspekten von der früheren absetzte, blieb dieses Ideal eines lückenlosen Zusammenspiels von Technik, Kunst und Angemessenheit bestehen und mit ihm der Begriff des »cartesianischen« Architekten, dem kein Problem unlösbar ist. Viele Interpretationen moderner Architektur hielten bis vor kurzem am traditionellen Begriff der Einheit auch tatsächlich noch fest – so zum Beispiel auch Jürgen Habermas:

»In der modernen Architektur hat sich, in einem glücklichen Augenblick, der ästhetische Eigensinn des Konstruktivismus mit der Zweckgebundenheit eines strengen Funktionalismus getroffen und zwanglos [!] verbunden.«[20]

Dass diese Verbindung »zwanglos« gewesen sei, wurde zwar von den ersten Historikern der modernen Architektur vertreten (wie Sigfried Giedeon und Nikolaus Pevsner), entspricht aber kaum den Bauten selbst. Meist lässt sich an ihnen eher beobachten, dass zum Beispiel die Forderung einer standardisierten technischen Lösung dem »ästhetischen Eigensinn« widerspricht.

Die Überzeugung der Möglichkeit einer richtigen Architektur für eine widerspruchslose Gesellschaft haben in den fünfziger Jahren sogar Architekten nicht mehr (zumindest nicht in Europa). Das Problem ist immanent, insofern sich auf funktionalistischer Basis keine kohärente Architektur schaffen lässt, wenn ihren Zwecken selbst die Kohärenz fehlt. Der frühere Funktionalismus hatte sich an der positiven Vorstellung einer »guten« (eben im Sinne von kohärenten) Gesellschaft und ihrer angeblich natürlichen Bedürfnissen orientiert. Später, im Dienst des massiven Wiederaufbaus einer in zwei Lager geteilten Welt, wurde das unmöglich. Aber Architektur ist kein Bereich, der sich wie Kernphysik, Zahnmedizin oder Musik innerhalb des gesellschaftlichen Ganzen isolieren ließe. Trotz aller Antagonismen wird nach wie vor allgemein erwartet, dass Architektur ganz verschiedenen Werten genügt (technischen, sozialen, künstlerischen, ökonomischen und dergleichen) und sich reibungslos in das

Alltagsleben einfügt. Sie soll gut, schön und wahr sein und außerdem lukrativ und preiswert, bequem und anregend, fotogen und gemütlich, avanciert und verständlich, kommunikativ und sinnreich. Nach dem Zweiten Weltkrieg gibt es unter der Vorraussetzung all dieser Eigenschaften nur eine Möglichkeit für Architektur, die nicht hinter den geschichtlichen Stand ihrer eigenen Reflexion zurückfallen will (was in diesem Fall heißt: die nicht mehr an eine kurzfristig heilbare Welt glaubt) und zugleich die Idee der Bedürfnisbefriedigung nicht los wird: Der Versuch zwischen »wahren« und »falschen« Bedürfnissen zu entscheiden. Das ist eine der für die Architektur der zweiten Hälfte des 20. Jahrhunderts charakteristischen Grundeinstellungen.[21]

Die Debatte über »wahre« Bedürfnisse verschärft sich in den 1950ern und 1960ern und macht auch Heidegger zum Architekturtheoretiker. In Abgrenzung zum früheren Funktionalismus, der auf den abstrakten Bedürfnissen verallgemeinerter Modellmenschen gründete, werden nun die besonderen psychischen und symbolischen Bedürfnisse der empirischen Menschen zum Mittelpunkt des theoretischen Interesses. Die damals neue Perspektive richtete sich durchaus gegen einen instrumentalisierten Baubetrieb, gegen hygienische Kleinwohnungen, gegen unmenschliche Städte und eine zweckrational programmierte Welt, aber gerade die Berufung auf so genannte Tiefenbedürfnisse ist relativ unverfänglich und zudem kollidiert sie selten mit den Interessen des Kapitals. Man kann sich ungefähr vorstellen, wie zur damaligen Zeit in solchen Debatten die Positionen Heideggers oder Adornos aufgenommen wurden. – Ich versuche das an einem fiktiven Gespräch nachzuvollziehen.

Heidegger: Wie steht es mit dem Wohnen in unser bedenklichen Zeit?
Adorno: Eigentlich kann man überhaupt nicht mehr wohnen. Die traditionellen Wohnungen, in denen wir groß geworden sind, haben etwas Unerträgliches angenommen: jeder Zug des Behagens ist mit Verrat an der Erkenntnis, jede Spur der Geborgenheit mit der muffigen Interessengemeinschaft der Familie bezahlt.
Heidegger: Die eigentliche Not des Wohnens beruht darin, daß die Sterblichen das Wesen des Wohnens immer erst wieder suchen, daß die das Wohnen erst lernen müssen. Wie, wenn die Heimatlosigkeit des Menschen darin bestünde, daß der Mensch die eigentliche Wohnungsnot noch gar nicht als die Not bedenkt? Sobald der Mensch jedoch die Heimatlosigkeit bedenkt, ist sie bereits kein Elend mehr.
Adorno: Die Möglichkeit des Wohnens wird vernichtet von der der sozialistischen Gesellschaft, die, als versäumte, der bürgerlichen zum schleichenden Unheil gerät. Kein Einzelner vermag etwas dagegen.
Heidegger: Die eigentliche Wohnungsnot ist älter als die Weltkriege und die Zerstörungen,

älter auch denn das Ansteigen der Bevölkerungszahl auf der Erde und die Lage des Industrie-Arbeiters.
Adorno: Über der Form allen Wohnens lastet der schwere Schatten des Unsteten, jener Völkerwanderungen, die in den Umsiedlungen der Jahre Hitlers und seines Krieges ihr grausiges Präludium hatten. [...] die Bombenangriffe brachten die Architektur in eine Lage, aus der sie sich nicht herauszuarbeiten vermochte.
Heidegger: Wie anders aber können die Sterblichen diesem Zuspruch [der sie in das Wohnen ruft, S.K.] entsprechen als dadurch, daß sie an ihrem Teil versuchen, von sich her das Wohnen in das Volle seines Wesens zu bringen? Sie vollbringen dies, wenn sie aus dem Wohnen bauen und für das Wohnen denken.
Adorno: Das beste Verhalten all dem gegenüber scheint noch ein unverbindliches, suspendiertes: Das Privatleben führen, solange die Gesellschaftsordnung und die eigenen Bedürfnisse es nicht anders dulden, aber es nicht so belasten, als wäre es noch gesellschaftlich substantiell und individuell angemessen. [...] es gehört zur Moral, nicht bei sich selber zu Hause zu sein.[22]

Bei Heidegger wird die geschichtliche, gesellschaftliche Lage unwichtig; es geht darum, ein verlorenes ursprüngliches Sein des Wohnens wieder zu finden. Auch kann man daraus eine Entwurfshaltung machen: Der Heidegger folgende Architekt wäre ein Mensch, der anderen hilft, das Wohnen neu zu erlernen. Er hält sich dabei an Wesentliches – was immer das heißen mag – und ignoriert konkrete Widersprüche. Egal ob die Entwurfsstrategie aus der Wiederholung traditioneller Elemente, aus reinen geometrischen Körpern oder aus der Reproduktion exotischer Fischerdörfer besteht, baute er mit dem Argument, Inseln »richtiger« Architektur ins falsche Leben zu setzen.[23] Auch spricht bei Heidegger nichts eindeutig dagegen, dass die Sterblichen, die »an ihrem Teil« das existentiale Wohnen versuchen, dies auch als einzelne Individuen vermögen. Im Gegenteil, der individuelle Entschluss ist entscheidender als alles andere. Nach Heidegger ist das, was er als Heimatlosigkeit bezeichnet (die Seinsvergessenheit), sogar schon überwunden, wenn man sie nur bedenkt! Und das nicht im Sinne einer zersetzenden, beunruhigenden Reflexion, sondern in der Atmosphäre religiöser Andacht, deren Gebete dementsprechend auch im übrigen Text erläutert werden.

Adornos Verdikt der Unmöglichkeit von richtigem Leben im falschen ist bekanntlich der Schlusssatz des Aphorismus *Asyl für Obdachlose* aus den *Minima Moralia*.[24] Danach ist richtiges Wohnen im Sinne Heideggers – oder zumindest im Sinne dessen, was für Architektur aus Heidegger herausgelesen wurde – unmoralisch (»es gehört zur Moral, nicht bei sich selber zu Hause zu sein«[25]), weil es nichts anderes bedeutet als »Verrat an der Erkenntnis«. Es wäre beispielsweise zu erkennen, dass im Sinne einer kritischen Theorie der Gesellschaft die Befriedigung des Bedürfnisses existentialen Wohnens ganz anderen Kräften zugute kommt als dem Sein des Menschen unter dem Himmel, auf der Erde und vor dem Göttlichen, vor allem wenn man dabei die Beispiele Heideggers vor Augen hat (geschwungene Brücke, Schlossbezirk, Domplatz, Dörfer, Erntewagen, Schwarzwaldhof, Schindeldach) und ihre Assoziation mit Häuschen am Stadtrand und Ferienort: der Hypostasierung familiärer oder völkischer Gemeinschaft; der Beschränkung der Möglichkeit des Glücks auf die Privatsphäre; der Abhängigkeit jedes Einzelnen vom Privateigentum in Form des ›Eigenheims‹; der sozialen Unterdrückung der Frau als ›Hausfrau‹; der irrationalen, aber lukrativen Erweiterung urbaner Infrastruktur in Vororten und Siedlungen, der Vergnügungs- und Tourismusindustrie.

Auch die Andeutung Heideggers, dass »das Wohnen in das Volle seines Wesens zu bringen« eine individuelle Aufgabe sei, passt relativ problemlos zur bestehenden Gesellschaft. Bezieht man die Überlegungen zum Wohnen und Bauen allein auf die Bedürfnisse des einzelnen Individuums – und nicht auf ein kollektives Subjekt – ist die Wahrscheinlichkeit größer, einzig auf Wünsche zu stoßen, die zwar als innerste empfunden werden, aber in Wirklichkeit vom »falschen Leben« deformiert sind, sodass ihre Erfüllung dem Profitinteresse zugute kommt, anstatt ihm Widerstand zu leisten. »Die so genannten Tiefenbedürfnisse sind ihrerseits zu einem weiten Maße Produkte des Versagungsprozesses und erfüllen eine ablenkende Funktion.«[26]

Nun ist das Problem allerdings nicht dadurch gelöst, dass man die Ablenkung und Kompensation bloß pessimistisch verweigerte. Auch eine Architektur, die die Hoffnung auf das »Glück im Winkel«[27] systematisch frustrierte, wäre keine »richtige«. Die Architektur im falschen Leben bleibt hier indes nach Adorno aporetisch: Versucht sie emanzipatorischem Interesse zu dienen und sich ideologischen Funktionen zu widersetzen, widerspricht sie auch paradox dem unmittelbaren gesellschaftlichen Bedürfnis des Wohnens, auf dessen Befriedigung die Menschen ebenso ein Recht haben wie auf eine veränderte Welt. Architektur ist Bestandteil der Machtstrukturen unserer Gesellschaft mitsamt ihren Kompensationsmechanismen. Die Verinnerlichung dieser Strukturen in der Psyche des Einzelnen hat zur Folge, dass Brüche in der räumlichen »Normalität« oft unerträglich erscheinen. So werden architektonische Experimente von Bewohnern und Betrachtern häufig wie Gewalt empfunden; ähnlich der brutalen Zerstörung jener unscheinbaren Dinge, mit deren Hilfe sich die Menschen noch in den schlimmsten Verhältnissen – in Baracken, Gefängnissen, Notlagern, Verstecken – häuslich einrichten, um zu überleben.

Asyl für Obdachlose oder Zwischen Frankfurter Küche und Frankfurter Schule

»Was, als sein virtuelles Subjekt, einen befreiten, emanzipierten Typus des Menschen, der erst in einer veränderten Gesellschaft möglich wäre, visiert, erscheint in der gegenwärtigen wie Anpassung an die zum Selbstzweck ausgearteten Technik, wie die Apotheose von Verdinglichung, deren unversöhnlicher Gegensatz Kunst ist.«[28]

Ich möchte diese Aporie an einem konkreten Beispiel verdeutlichen, an dem ich selbst beteiligt bin. Es handelt sich um eine Gruppe von zirka fünfzig Menschen, die sich vor fünf Jahren im Zentrum der brasilianischen Großstadt Belo Horizonte (2,3 Millionen Einwohner) auf einem schmalen Streifen zwischen Bahngleis und Schnellstraße angesiedelt haben. Sie verdienen dort das Notwendigste, indem sie nachts mit schweren Karren durch die Straßen der Innenstadt ziehen und den Müll der Bürohäuser einsammeln, bevor der offizielle Müllwagen kommt; am Tag wird dieser Müll dann auf großen Tischen sortiert, später in Säcken, nach Material und Gewicht verkauft. Das Gelände ist in sich ständig wandelnde, aber relativ strukturierte Gebiete aufgeteilt, zu denen ebenfalls sich ständig verändernde familiäre Arbeitsgemeinschaften gehören. Obwohl die meisten »Catadores de papel« (»Papiersammler«, wie sie sich selber nennen) behaupten, dass sie woanders wohnen, leben sie auf dem Gelände und haben in winzigen, aus Restmaterialien gebastelten Hütten ihren Haushalt: ein paar Kisten, Betten, Fernseher, Öfen, samt der Kinder und Hunde. Es gibt kein fließendes Wasser und kein Abwassersystem; Wände und Dächer sind unstabil; es stinkt. Seit zwei Jahren versucht das Stadtbauamt, die Gruppe umzusiedeln; da sie aber mit einem anderen »Papiersammlerverein« in Verbindung steht, der seinerseits von einer Abteilung der katholischen Kirche beaufsichtigten wird, ist es den Catadores inzwischen gelungen, über die Kirche Anwälte zu mobilisieren, die Umsiedlung zu verhindern und den Besitz des Geländes rechtlich zu behaupten. Aus diesen Umständen – die im Einzelnen noch viel verwickelter sind – entstand nun die Bauaufgabe, den Catadores einigermaßen akzeptablen Raum zu schaffen. Allerdings wurde aber nicht geklärt, wer für diese Aufgabe zuständig ist: Kirche oder Stadtbauamt. So entwickelten die Architekten des Stadtbauamtes zunächst eine Standardlösung, bestehend aus einer großen Arbeitshalle ohne Wohnmöglichkeit. Um sich dieser Lösung zu widersetzen, rekurrierten die Catadores erneut auf die Kirche, die dann die Architekturfakultät der katholischen Universität (PUC-Minas) hinzuzog. Nun wird die Lösung aufgrund eines Forschungsprojekts innerhalb dieser Architekturfakultät nochmals diskutiert.[29]

Die Situation ist durch und durch paradox. Bauen ist schlecht, denn es bedeutet die Bestätigung von unmenschlichen Verhältnissen: Wohnen zwischen

Schnellstraße und Bahngleis, mit ewigem Lärm, schlechter Luft und Abfall. Nicht zu bauen ist auch schlecht, denn es bedeutet, die Misere so zu lassen, wie sie ist, und widerspricht den konkreten Bedürfnissen der Catadores. Diese Menschen anderswo unterzubringen, ist gegen ihren Willen, weil sie dadurch ihre Arbeit – also die Nähe zu den Bürohäusern der Innenstadt, die den Müll produzieren – verlieren würden. Zugleich ist diese Arbeit aber selbst schon absurd, weil sie nur durch den allgemein irrationalen Umgang mit der Natur ermöglicht wird: Bei weniger Abfall und organisierter Entsorgung wäre die Arbeit der Catadores überflüssig. Einige Architekten meinen nun, dass eine provisorische, mobile Struktur angebracht sei, die man entfernen könnte, sobald die Welt besser würde (und die sich außerdem in Fachzeitschriften vorführen lässt). Die Catadores wollen aber nicht entfernt werden, sondern ihren Besitz verteidigen und auch entsprechende beständige Zeichen setzen.

Situationen wie diese sind keine Ausnahmen. Sie zeigen nur deutlicher und eindrucksvoller als andere Situationen – deutlicher als beispielsweise die Wohnprojekte für die Mittelschicht –, dass es in dieser Gesellschaft keine unzweifelhaften Bedürfnisse gibt und deshalb auch keine, die zum legitimatorischen Vorwand von Architektur gemacht werden könnten. Gleichzeitig zeigen sie aber auch, dass bei konkretem Leid und dringenden Bedürfnissen die Debatte über Legitimität selbst nicht mehr legitim ist. Adorno schreibt zum Wohnen, das Beste wäre ein suspendiertes Verhalten: Bedürfnisse befriedigen, aber ohne den Glauben, diese Befriedigung sei noch »gesellschaftlich substantiell und individuell angemessen«. Das gilt nicht nur fürs Wohnen, sondern auch für die Produktion von Architektur und ihrer Beziehung zum Bedürfnis. Architektur kann nach den Kriterien der Angemessenheit (Bedürfnisbefriedigung) weder gelingen noch lässt sie sich daran so bewerten, wie es Gremien und Konsumenten meist vorschwebt.

Die Wahrnehmung dieser Aporie der Zwecke ist nichts Neues. Aus ihr folgt auch der Rückzug der einigermaßen reflektierten Architektur aus der Gesellschaft in eine autonome Sphäre, also die Konzentration auf Form und Sprache, die im Laufe der Zeit verschieden benannt und verstanden wurde: Neorationalismus, Postmoderne, Dekonstruktivismus. Ich möchte hier nicht auf die keineswegs uninteressanten Einzelheiten der daraus entstandenen, mehr oder weniger »freien« Architektur (gegen die sich die Aufnahme Heideggers als Architekturtheoretiker übrigens ebenso wendet wie gegen den Funktionalismus der zwanziger bis vierziger Jahre) eingehen, sondern nur hervorheben, was sie im gesellschaftlichen Ganzen und in der Ökonomie der Bedürfnisse bedeutet. Manfredo Tafuri hat wohl als erster klar ausgesprochen, dass gerade eine ver-

Asyl für Obdachlose oder Zwischen Frankfurter Küche und Frankfurter Schule

meintlich freie Architektur der autonomen Form sich der spätkapitalistischen Gesellschaft bestens anpasst und dass es eine wirkliche Architektur des Widerstandes kaum geben kann, weil sich ohne Kapital nicht bauen lässt.[30] Die Rolle freier Architektur gleicht der von anderen mehr oder weniger freien Künsten: Vermittelt durch Reflexion, bekommt sie vielleicht emanzipatorischen Wert, aber in der gesellschaftlichen Praxis ist sie zunächst harmlos. Der Streit um die Unterscheidung zwischen Architektur und Nicht-Architektur, Architecture und Building usw. befreit nicht in erster Linie eine »E-Architektur« von den deformierten Bedürfnissen des Betriebes, sondern den Betrieb von den Ansprüchen dieser Architektur. Das Gegenstück zur autonomen Sphäre ist die Architekturindustrie der total vermarkteten Bedürfnisse, die nach Profitinteresse hergestellt und geändert werden.

Diese lässt sich innerhalb Kulturindustrie analysieren; ihre Mechanismen stimmen miteinander überein und verstärken sich gegenseitig. Bekanntlich beginnt das Kapitel über »Kulturindustrie« der *Dialektik der Aufklärung* mit der Feststellung der Einstimmigkeit ihrer verschiedenen Sparten, einschließlich der Architektur. Wie Film, Radio, Magazine werden Architektur und Städtebau von der Macht der Großkonzerne bestimmt; unter dem Vorwand des technischen Fortschritts werden Bauten konsumiert und kurzfristig erneuert; die systematisierten Wohnungsprogramme, »die in hygienischen Kleinwohnungen das Individuum als gleichsam selbständiges perpetuieren sollen, unterwerfen es seinem Widerpart, der totalen Kapitalmacht, nur um so gründlicher.«[31] Auch die Zwangsmechanismen, mit denen Kulturindustrie einerseits Bedürfnisse und Wünsche der Konsumenten produziert und ihnen andererseits die Erfüllung vorenthält trifft auf Architektur zu: Bis Mitte des 20. Jahrhunderts hatte sie

»den Lohnabhängigen eingeklemmt zwischen die Pflicht, »anständig« zu wohnen, und die Unmöglichkeit, dies zu einem ihm erschwinglichen Preis zu tun. Mit diesem System konnten die unbemittelten Massen über 100 Jahre lang nicht nur am finanziellen, sondern auch am moralischen Gängelband gehalten werden.«[32]

Später blieb der Wohnraum trotz des Warenüberflusses knapp. Wenn man bedenkt, dass für den größten Teil der Städter der Wohnraum das finanziell schwerwiegendste Problem der Selbsterhaltung bedeutet, ist es eine bemerkenswerte Leistung der Kulturindustrie, die allgemein unbezweifelte »Wohnpflicht« im Bewusstsein der Konsumenten zu erhalten.

Auch das Verhältnis der Kulturindustrie zur Kunst entspricht dem der Architekturindustrie zum Star-System einer »Kunst-Architektur«. Diese bringt die Ideen hervor, die kurz danach in abgeschwächter Form dem Konsum als neue Stilrichtungen zur Verfügung stehen. Architekten, die nicht zum Star-System gehören, spiegeln sich in ihm und spezialisieren sich auf die Ästhetisierung des Gegebenen, unter der Bedingung, keine Regel des Marktes zu verletzen. Sie überleben wie leere Hüllen einer vergangenen Berufung.

Allerdings ist ein Aspekt dabei vielleicht für die Architekturindustrie besonders spezifisch: Ihr Schein wird unmittelbarer als Wirklichkeit empfunden – sie ist sozusagen zweite Natur als Physis. So hat Architektur neben der symbolischen oder psychologischen Macht auch Macht über die Körper – von der Frankfurter Küche bis Disneyworld realisiert sie die Domestizierung der Körper (»domus« = Haus), die für die verwaltete Welt Voraussetzung ist. Dies geschieht mit denselben Schlagworten, mit denen zugleich der Fortschritt des Bauens gefeiert wird: Bequemlichkeit, Ergonomie, Komfort und dergleichen. Zwar wurde die Kommunikationsfähigkeit der Architektur in den letzten Jahren immer wieder diskutiert. In Wahrheit ist die Sprache der Architektur aber relativ unwichtig gegenüber anderer Medien. Schon Victor Hugos »Dies tötet das« (Das Buch tötet die Kathedrale) stellt die Unfähigkeit von Architektur, mit der Schrift zu konkurrieren, fest. Robert Venturis Diktum vom dekorierten Schuppen macht deutlich, dass ein Reklameschild effektiver ist, als alle Bemühung durch Architektur zu kommunizieren. Ihre ältere Ikonografie können sowieso nur Spezialisten lesen; die Konstruktion rein visueller Elemente ebenfalls, denn der von Adorno analysierten »Regression des Hörens« entspricht auch eine »Regression des Sehens«. Nur wenige Menschen sehen mit Unterscheidungsvermögen und mehr als nötig ist, um Bekanntes wieder zu erkennen.[33] Die alltägliche Wahrnehmung von Architektur beschränkt sich auf vage Eindrücke und krasse Symbolik. Architektur ist nicht in erster Linie durch ihre Sprache an der Kulturindustrie beteiligt, sondern als Instanz der Beherrschung von Körpern (die übrigens bei den unterschiedlichsten »Stilen« des architektonischen Angebotes relativ konstant bleibt).

In diesem Zusammenhang ist auch die Entwicklung vom Luxus zur Bequemlichkeit zu betrachten. Der Streit um die Vor- und Nachteile der Verfügbarkeit von Dingen, die zunächst als überflüssig empfunden werden, beginnt Ende des 17. Jahrhunderts, zusammen mit der systematisierten Warenproduktion. Damals verglich man die angebliche Genügsamkeit und Reinheit der Städte des Altertums – wie Sparta, Athen oder Rom – mit den überladenen Manieren der französischen Städte unter Louis XIV.[34] Fénelon zum Beispiel ist ein großer Verteidiger der asketischen Lebensweise, und zwar aus einer christlichen Perspektive. Er kritisiert »die neuen Notwendigkeiten, die täglich erfunden werden«, und den »Verfall der Ordnung«

und die Ambitionen, die dies seiner Meinung nach hervorbringt.[35] Ähnlich, aber aus säkularer Sicht, spricht La Bruyère vom Stadtleben und lobt dagegen die »ländlichen Dinge«, das Maßhalten und was er »die wirkliche Größe, die es nicht mehr gibt«, nennt.[36] Auf der anderen Seite stehen die Verteidiger des Überflusses. Pierre Bayle meint gegen Fénelon, dass die Genügsamkeit der Alten nicht aus einer moralischen Entscheidung, sondern einfach aus materieller Armut entspringt und dass die Ablehnung des Luxus in Wahrheit nichts anderes sei als die Ablehnung des sterblichen Lebens, die immer schon zum Christentum gehörte. Mandeville argumentiert, dass die individuellen Wünsche nach Luxus den Fortschritt der Gesellschaft tragen und anspornen. Sogar Voltaire schließt sich nach einer Phase der Kritik den Argumenten Bayles und Mandevilles an und sieht im Luxus einen großen Vorteil der zivilisierten Gesellschaft.

Interessant an der Debatte ist vor allem die Tatsache, dass sowohl Verteidiger als auch Ankläger den Luxus im Zusammenhang mit der Leidenschaft – *pathos* – und dementsprechend die Kargheit materieller Dinge im Zusammenhang mit der Apathie verstehen, also einer Lebensweise, die Fénelon als »nüchtern, gemessen, einfach, von Unruhe und Leidenschaften frei, ordentlich und fleißig« beschreibt. Diese Zusammenhänge haben sich mit der Zeit umgekehrt: Leidenschaftlich nennen wir eher ein zwar karges, unluxuriöses, unkomfortables, aber abenteuerliches Leben, während uns die Assoziation von Apathie mit Luxus und Komfort geläufiger ist. Die Umkehrung folgt aus jener Entwicklung, die den alten Luxus zu dem macht, was wir heute Bequemlichkeit nennen. Es geht einerseits um eine vermeintliche Demokratisierung der Verfügbarkeit von Gütern, aber andererseits auch um ein Standardisierung, die der Idee des Luxus ihre ursprüngliche Entgegensetzung zur Notwendigkeit nimmt. Bequemlichkeit ist Luxus, der zur Gewohnheit geworden ist und deshalb nicht mehr als Luxus wahrgenommen wird. Wenn man Luxus als die Erfahrung des Überflusses von lebensnotwendigen Dinge bezeichnen kann, so ist Bequemlichkeit die sukzessive Abschaffung der Wahrnehmung des eigenen Leibes. Bequeme Kleidungstücke, Autos, Häuser, Reisen sind jene, die das Bewusstsein des Körpers auf ein Minimum reduzieren.

Es scheint nun, dass gerade die Voraussetzung der Bequemlichkeit, der Anpassung, des Komforts, eine drastische Reduzierung der Selbstbestimmung menschlicher Körper im Raum bedeutet, also ihrer Bewegungen und ihres Ausdrucks. Walter Benjamin unterscheidet im Essay über »Das Kunstwerk im Zeitalter seiner technischen Reproduzierbarkeit« zwischen zwei Arten der Rezeption der Architektur: die taktile und die kontemplative. Die erste Art hängt mit dem Körper, den Gewohnheiten, der Benutzung, der Aneignung zusammen; die zweite hat als Modell den Blick des Touristen oder des Kritikers, der sich auf das Herauslesen von Sinn, Technik und Form versteht. Die Bequemlichkeit und ihre Normen neutralisieren die taktile Rezeption zum stereotypen Verhalten und vernichten damit einen großen Teil der möglichen Erfahrung. Auf dieser Betäubung – *Anästhesie* – basiert Architekturindustrie. Sie trifft für die körperliche Verhaltensweise des Kunden jene Vorentscheidung, die andere Sparten der Kulturindustrie an seiner Psyche betreiben.[37] Zerstreute Rezeption bedeutet auch unbewusstes Einüben bestimmter Verhaltensweisen.

Die Überhöhung des Komforts zum unantastbaren Kriterium architektonischer Qualität beginnt im 19. Jahrhundert, wird aber erst im 20. Jahrhundert vollendet. Zunächst sollte der großstädtische Massenwohnungsbau Menschen, die nicht nur in unbequemen, sondern in unmenschlichen Bedingungen lebten, Wohnraum für das »Existenzminimum« ermöglichen.[38] Aber schon der Wohnungsbau in Frankfurt war eine Taylorisierung des architektonischen Raumes, also eine Rationalisierung der Bewegungen im Raum, nach dem Modell der industriellen Produktion. Zwar boten die neuen Wohnungen vielen Menschen bessere Lebensbedingungen als die Behausungen, in denen sie vorher lebten; aber das ändert nichts an der Tatsache, dass durch die vorgebliche optimale Nutzung des Raumes der individuelle Umgang der Menschen mit den Gebrauchsdingen verstellt wird. Die Utopie des Genusses, der Erfüllung, die der Luxus enthält, wird vom Streben nach Bequemlichkeit und Anpassung zunichte gemacht.

Inzwischen hat das Kriterium maximaler Realisierung bei minimalem Aufwand zu Ergebnissen geführt, die sich die Funktionalisten der zwanziger Jahre wahrscheinlich nie vorgestellt hätten. Nicht nur mechanische Bewegungen der körperlichen Arbeit, sondern fast das ganze menschliche Tun, das irgendwie mit Bewegung im Raum zusammenhängt, wurde rationalisiert. Das Ideal der Annehmlichkeit bedingt einen Zustand, in dem die Körper ihre Bewegungen im Raum kaum mehr selbst bestimmen. Dabei ist es im Übrigen auffällig, wie oft sich auch durchaus reflektierte Menschen widerstandslos der architektonischen Ordnung fügen. Zwar verteidigen sie mit allen Mitteln, dass ernste Musik, Filme oder Werke der bildenden Künste nicht leicht und passiv rezipiert werden dürften, ärgern sich aber schon über kleinste Abweichungen der ergonomischen Normen von dem, was sie in der Architektur gewohnt sind. Die Produkte solcher Normen dürfen zwar durch Feinheiten der Form oder der Technik verbessert werden, aber allgemein wird erwartet, dass jede Neuerung oder Erweiterung selbstverständlich einer Perfektionierung der Bequemlichkeit dient oder sie zumindest nicht beeinträchtigt.

Zum Schluss möchte ich noch einmal auf das Beispiel der Catadores zurückkommen. Nachdem die verschiedenen in den Fall verwickelten Instanzen (Stadtbauamt, katholische Kirche und Universität sowie die Catadores selbst) sich einig sind, dass trotz aller Widersprüche ein Gebäude entstehen soll und dass dieses Gebäude Arbeits- und Wohnraum bieten muss, folgt zurzeit die Diskussion über den Entwurf selbst. Dabei wird seitens der Kirche und des Stadtbauamtes vorausgesetzt, dass die Grundelemente der »normalen« Wohnungen der Mittelschicht auch auf diese Situation anzuwenden seien: Struktur, Dach, Wände, Fenster, Türen, abgeteilte Räume, Badezimmer, Treppen und dergleichen. Die einzig akzeptierte Abweichung von diesem Modell besteht aus einer, allerdings auch vorbestimmten Anbaumöglichkeit. Dabei wird die Besonderheit des Umgangs der Catadores mit privatem und öffentlichem Raum ignoriert, nämlich, dass sie sich zum Raum aktiv verhalten. Sie realisieren das, wozu die passive Mittelschicht nicht mehr fähig ist: Sie erfahren die Stadt, bestimmen ihre eigene Umgebung und Bewegung, verändern die Dinge nach ihren Bedürfnissen, hinterlassen Spuren (solange sie nicht mit Gewalt davon abgehalten werden). Da die meisten Dinge, mit denen sie umgehen, in Begriffen der Tauschökonomie weitestgehend wertlos sind, haben sie sich gleichsam auf den Gebrauch dieser Dinge spezialisiert. Im Gegensatz dazu beschränkt sich die Mittelschicht der Stadt (Belo Horizonte) auf Shopping Center, Autos, Hochhäuser und bewachte Viertel (Gated Communities), pflegt die »Gemütlichkeit« und reproduziert stereotypes Verhalten. Ihre Räume werden von Spezialisten in sorgsamer Vorsehung jeder Bewegung zugeschnitten und dann widerspruchslos akzeptiert, weil es eben so bequem ist. Ihre Körper funktionieren wie nach Drehbuch, sei es in der Einbauküche der eigenen Wohnung oder zwischen Schaufenstern, Rolltreppen und Blumentöpfen der Einkaufscenter. Die Veränderungen, die diese passiven Körper hervorbringen, sind durch Bauunternehmer und Staat vermittelt; Spuren eines direkten Ausdrucks finden sich kaum noch. In dieser Hinsicht ist, bei aller Not, der Umgang der Catadores mit Raum und Dingen tendenziell emanzipatorischer als der der bürgerlichen Mittelschicht. Diese Körper auf einen vorbestimmten Wohnstandard bringen – den die anderen vielleicht tatsächlich brauchen – bedeutet keine Wohltat, sondern schlichte Unterdrückung.

Vielleicht wäre es besser, erst den Standard selbst zu bedenken, der Apathie produziert und ohne immer neue und konstante Planung unhaltbar ist und deshalb Abhängigkeit bedeutet. Der perfekt angepasste Raum ist alles andere als wünschenswert. Wenn man in diese Richtung kritisch weitergeht, scheitert allerdings die Ideologie der Architektur als Befriedung von Wünschen und

Nöten. Übrig bleibt die Konstruktion von Möglichkeiten: Keine zugeschnittenen räumlichen Bewegungen, Geschehen, Erlebnisse und auch keine so genannte Flexibilität, sondern Dinge, von denen man nicht weiß, was sie werden können und in denen taktile, erotische, kulinarische Dimensionen nicht von vorneherein ausgeschlossen sind.

Nachweise und Anmerkungen

1 Architektur ist hier im weitesten Sinne des Planens und Bauens gemeint und bezieht sich nicht allein auf außergewöhnliche architektonische Objekte, die allgemein als Kunstwerke angesehen werden. Überhaupt ist die Unterscheidung der Produktion des Raumes in Kategorien wie ›bloßes‹ Bauen und ›echte‹ Architektur selbst erst kritisch zu untersuchen.
2 Mit dem Ausdruck ›Frankfurter Schule‹ – der erst in den sechziger Jahren entstand – meine ich hier den Arbeitszusammenhang des 1924 in Frankfurt eröffneten Instituts für Sozialforschung und der kritischen Theorie der Gesellschaft, die daraus hervorging und deren wichtigste Vertreter Max Horkheimer, Theodor Adorno, Herbert Marcuse, Walter Benjamin und Leo Löwenthal sind. Die so genannte »Frankfurter Küche«, von Margarete Schütte-Lihotzky entworfen, ist das Markenzeichen der Amtszeit Ernst Mays als Leiter des Frankfurter Hochbauamtes (1925-1930). May führte damals ein beeindruckendes Bauprogramm aus; überhaupt das größte der modernen Architekturbewegung der zwanziger Jahre. Dazu wurde eine Zeitschrift veröffentlicht, die zur Bekanntmachung und Diskussion des Programms beitragen sollte: »Das Neue Frankfurt. Monatsschrift für die Fragen der Großstadt-Gestaltung«. Daher wird das Programm auch allgemein als »das neue Frankfurt« bezeichnet. Die »Frankfurter Küche« ist eine komplette Standardküche, mit der alle 10.000 Gemeindewohnungen, die zwischen 1926 und 1930 in Frankfurt entstanden, ausgestattet wurden. Schütte-Lihotzky hielt sich bei dem Entwurf an das ›Taylorsystem‹: Die in den damals gängigen Küchen für verschiedene Arbeitsabläufe benötigte Zeit wurde mit Stoppuhr abgemessen, und daraufhin entstand ein Raum mit rationalisierter Einteilung der Arbeitsflächen, Geräte und Stauräume, zur Griff- und Schrittersparnis, der den – oft berufstätigen – Frauen die Hauswirtschaft erleichtern sollte. Obwohl es durchaus auch um die Emanzipation der Frau ging, bestimmt die angeblich optimale Ergonomie, dass jeweils nur eine Person bequem in der Küche arbeiten kann: am besten eben eine rechtshändige durchschnittlich große Frau.

3 Siehe Albrecht Wellmer: »Kunst und industrielle Produktion«. In: Ders.: *Zur Dialektik von Moderne und Postmoderne. Vernunftkritik nach Adorno*. Frankfurt am Main 1985.
4 Siehe Hilde Heynen: *Architecture and Modernity. A Critique*. Cambridge, London 1999.
5 So Ulrich Conrads, der dabei war. Zitiert in: Eduard Führ: »Einleitung: Zur Rezeption von ›Bauen Wohnen Denken‹ in der Architektur«. In: E. Führ (Hg).: *Bauen und Wohnen. Martin Heideggers Grundlegung einer Phänomenologie der Architektur*. Münster, New York, München, Berlin 2000, S. 10.
6 Führ: »Einleitung«. A.a.O., S. 9.
7 Max Horkheimer: *Gesammelte Schriften*. Frankfurt am Main 1985, Bd. 8, S. 456.
8 Zitiert in: Michael Müller: *Architektur und Avantgarde*. Frankfurt am Main 1987, S. 55.
9 Vgl. Adorno: *Ästhetische Theorie*. Frankfurt am Main 1973, S. 334 ff.
10 G.W.F. Hegel: *Vorlesungen über die Ästhetik I*. Frankfurt am Main 1989, S. 50-51.
11 Vgl. Joseph Rykwert: *On Adam's House in Paradise. The Idea of the Primitive Hut in Architectural History*. New York 1981.
12 Adorno: »Thesen über Bedürfnis«. In: *Soziologische Schriften I*. In: *Gesammelte Schriften in zwanzig Bänden*. Hrsg. von R. Tiedemann. Frankfurt am Main 1997, Bd. 8, S. 392.
13 Lucius Burckhardt: »Wohn-Bedürfnisse«. In: *Die Kinder fressen ihre Revolution*. Köln 1985, S. 399-400.
14 Burckhardt. »Wohn-Bedürfnisse«. A.a.O., S. 400.
15 Martin Heidegger: »Bauen Wohnen Denken«. In: E. Führ: *Bauen und Wohnen*. A.a.O., S. 38.
16 Adorno: »Thesen über Bedürfnis«. A.a.O., S. 392.
17 Ernst May: »Das Neue Frankfurt«. In: H. Hirdina (Hg): *Neues Bauen, Neues Gestalten. Das neue Frankfurt / die neue stadt. Eine Zeitschrift zwischen 1926 und 1933*. Berlin 1984, S. 62-70.
18 Lúcio Costa: »Razões da nova arquitetura [1934]«. In: *Lúcio Costa: Registro de uma vivência*. São Paulo 1995, S. 109.
19 Costa: *Razões da nova arquitetura*. A.a.O., S. 108.
20 Jürgen Habermas: »Die Moderne – ein unvollendetes Projekt«. In: W. Welsch (Hg.): *Wege aus der Moderne*. Weinheim 1988, S. 120.
21 Andere Grundeinstellungen, auf die ich hier nicht näher eingehe, wären: Architektur, die sich auf die imanenten Probleme ihrer Form konzentriert und bei der der Bezug auf Bedürfnisse wegfällt; Architektur, bei der die Voraussetzung der harmonischen Einheit wegfällt und die somit auch Bezug auf Bedürfnisse problematisiert. Letztere ist meines Erachtens die interessantere Möglichkeit.
22 Die Teile des ›Dialogs‹ sind entnommen aus: Adorno: *Minima Moralia*. Frankfurt am Main 1991, S. 40; Adorno: »Funktionalismus heute«. In: *Ohne Leitbild. Parva Aesthetica*. Frankfurt am Main 1967, S.114; Heidegger: »Bauen Wohnen Denken«. A.a.O., S. 48-49.
23 Dieses Schema gilt übrigens gleichermaßen für die vier Grundverständnisse des Textes, die sich nacheinander herausbildeten: »Bauen Wohnen Denken« als Menschenliebe, als Poesie und Poetik der Architektur, als Sozialpsychologie und als Metaphysik der Architektur. Vgl. E. Führ: *Einleitung*. A.a.O.
24 Aus dem Aphorismus sind auch die meisten Teile des fingierten Gesprächs entnommen. Adorno entlehnt die Überschrift seines Aphorismus Siegfried Kracauers gleichnamigen Text aus dessen Essaysammlung *Die Angestellten* von 1929. Mehr als Adorno

gebraucht Kracauer die Formulierung »Asyl für Obdachlose« metaphorisch: Verfüge das Proletariat noch über ein, wenn auch löchriges Dach aus marxistischen Begriffen des Klassenbewusstseins, so sei die »Masse der Angestellten [...] geistig obdachlos«. Ihnen werde in der Befriedigung unterschiedlichster Kulturbedürfnisse Asyl gewährt, in einer »farbenprächtigen Welt«; Kracauer beobachtet dieses provisorische Zuhause der Angestellten, die Büros, Kneipen und Kaufhäuser. »Die Geographie der Obdachlosenasyle ist aus dem Schlager geboren.« Vgl. Siegfried Kracauer: *Die Angestellten*. Frankfurt am Main 1974. S. 91-97.
25 Adorno: *Minima Moralia*. A.a.O., S. 41.
26 Adorno: »Thesen«. A.a.O., S. 392.
27 Adorno: »Funktionalismus heute.« A.a.O., S. 120.
28 Adorno, a.a.O., S. 122.
29 Ziel des Forschungsprojekts ist, in der ersten Phase, die Erläuterung des Umgangs der Catadores mit dem privaten und dem öffentlichen Raum, ihrer Gewohnheiten, ihrer inneren Organisation und eben ihrer Bedürfnisse. Forschungsmethode ist direkte Beobachtung und persönlicher Kontakt, anstelle von distanzierter Datensammlung. Diese Beobachtung wurde überwiegend von Aline Cipriano, einer engagierten Studentin, durchgeführt, deren Arbeit ich betreue. In der zweiten Phase soll daraufhin ein partizipatorischer Entwurf entstehen, an dem das »Escritório de Integração« (wörtlich »Integrationsbüro«, ein universitätsinternes Architekturbüro der PUC-Minas für soziale Projekte) teilnimmt.
30 Manfredo Tafuri: *Projecto e Utopia. Arquitetura e desenvolvimento do capitalismo*. Lisboa 1985.
31 Adorno, Horkheimer: *Dialektik der Aufklärung*. Frankfurt am Main 1990, S. 128.
32 Burckhardt: »Wohn-Bedürfnisse«. A.a.O., S. 404.
33 Siehe George Nelson: *How to see: Visual adventures in a world god never made*. Boston, Toronto 1977. Henry Sanoff: *Visual Research Methods in Design*. New York 1991. Stine Vogt: »Looking at paintings: Patterns of eye movements in artistically naïve and sophisticated subjects«. In: *Leonardo*, v.32, n.4, 1999, S. 325 ff.
34 Siehe Luiz Roberto Monzani: *Desejo e Prazer na Idade Moderna*. Campinas 1995.
35 Fénelon: *Les Aventures de Télémaque*. Paris 1985, S. 120.
36 La Bruyére, zitiert bei: *Monzani*. A.a.O., S. 27.
37 Vgl. Adorno, Horkheimer: *Dialektik der Aufklärung*. A.a.O., S. 132.
38 »Die Wohnung für das Existenzminimum« war das Thema des CIAM 1929 in Frankfurt.

Michael Hirsch

Adorno nach Benjamin
Politik des Geistes

1.

Benjamin liegt uns anscheinend näher als Adorno. Er scheint aktueller, besser vereinbar mit unseren intellektuellen Sehnsüchten und mit dem Geist unserer Zeit. Im Folgenden werde ich eine Klärung dieses intuitiven intellektuellen Eindrucks versuchen – eine Klärung, die vom Misstrauen gegenüber dem Geist unserer Zeit ausgeht. Daher schlage ich vor, Adorno als eine Antwort auf Benjamins Denken zu lesen. Es ist eine Antwort, deren genauen Sinn es noch zu entschlüsseln gilt. Adornos Denken ist in vielerlei Hinsicht eine implizite Auseinandersetzung mit dem Denken Benjamins – eine vor allem kritische und polemische Auseinandersetzung. Anders als die explizite Auseinandersetzung mit dem Feind Heidegger ist die Auseinandersetzung mit dem Freund Benjamin meines Erachtens wirklich interessant: interessant wegen der Nähe der intellektuellen Welten, die Benjamin und Adorno bewohnen. Es handelt sich meines Erachtens um ein bemerkenswertes Kapitel der Geistpolitik des 20. Jahrhunderts. Und es handelt sich um ein Kapitel dieser Geschichte, die uns erlaubt, unsere eigene intellektuelle und politische Situation und ihre Orientierungsprobleme besser zu verstehen

Adornos Denken kann als eine relativ solitäre Position in der geistigen Landschaft der Linken des 20. Jahrhunderts angesehen werden. Es befindet sich zwischen den beiden großen Strömungen des Denkens der nicht- oder post-marxistischen Linken: zwischen dem Denken einer libertären, anarchischen, vitalistischen und apokalyptischen (jüdischen oder nicht-jüdischen) Politik der *Gegenaufklärung* und dem Denken einer »liberalen« Politik der *Aufklärung*, des Glaubens an Vernunft und Fortschritt. Die erste Strömung wird vielleicht am besten, in ihrer Faszination wie in ihren Aporien, von dem Freund Benjamin verkörpert, die zweite von dem Schüler Habermas. Meine Idee ist, dass Adorno sich nicht nur zwischen diesen Lagern oder Fronten des Kampfes zwischen den Ideologien befindet, sondern auch jenseits von ihnen – im Gegensatz zu Benjamin, der sich immer zwischen den Fronten aufhielt, heftig teilnehmend an den Kämpfen, beschäftigt mit immer erstaunlicheren Allianzen. Benjamins Kampf »zwischen den Fronten« setzte auf die geistig produktive Spannung zwischen den Extremen.[1] Adorno dekonstruiert, so meine These, die Idee selbst einer Einheit oder Kompaktheit von *Weltanschauungen*, die eine dichte Einheit von Ethik, Politik und Religion ist. Adornos Denken verkörpert einen Rückzug von einer bestimmten Form der intellektuellen Auseinandersetzung, indem es die zentralen ideologischen Voraussetzungen im Zentrum dieser Auseinandersetzung außer Kraft setzt. Und es ist das Beispiel Benjamins gewesen, das ihm als wichtiges Material für diesen Rückzug gedient hat – ein Rückzug, der von einem fundamentalen ontologischen Bruch zwischen dem Persönlichen (Ethischen) und dem Kollektiven (Politischen) zeugt. *Dialektik der Aufklärung* ist ein Name für ein Projekt, das die Selbstkritik der Vernunft *und* der Unvernunft kombiniert mit einer Ablehnung der Notwendigkeit des Aufbauens gegnerischer ideologischer Lager. Diese Notwendigkeit wurde diktiert von der Sehnsucht nach einer kollektiven Identifikation der Denker-Subjekte, von ihrer Sehnsucht nach Handlung und Engagement. Die zentrale Idee einer Dialektik der Aufklärung: die Kritik der *Aufklärung* nicht ihren Feinden zu überlassen, richtet sich nicht nur gegen die konservative Gegenrevolution und den totalisierenden Rationalismus, sondern auch gegen die *Gegenaufklärung* von links. Das radikal negativistische Projekt Adornos besteht in einer Auseinandersetzung via negationis mit den falschen Antworten seines Freundes auf ein wahres historisches Problem. So folgt er der Logik von Beckett und schlägt einen Kanon dessen vor, »was alles nicht mehr geht«.[2]

2.

In einer ihrer brieflichen Diskussionen über Benjamins politisches Engagement, über sein Schwanken zwischen anarchistischen und kommunistischen Signalen, schrieb Gershom Scholem am 30. März 1931 an Benjamin:

»… du wärest zwar nicht das letzte, aber vielleicht das unbegreiflichste Opfer der Konfusion von Religion und Politik, deren Herausarbeitung in ihrer echten Beziehung von niemand deutlicher erwartet werden durfte als von dir.«[3]

Im Zuge ihrer Korrespondenz vor allem der Jahre 1924 bis 1932 erklärt Walter Benjamin seine politische Haltung. Er zeigt implizit, warum eine Erhellung der Beziehungen zwischen dem Ethischen, dem Religiösen und dem Politischen, warum eine Aufklärung ihres Verhältnisses nicht die Aufgabe seines Denkens sein kann. Hier ist der Zug des Gegenaufklärerischen am stärksten in seinem Denken: Anstatt die Beziehungen zwischen Politik und Religion zu erhellen, bezeugt er in seiner Person ihre anscheinend unvermeidliche Vermischung. Er exponiert und verdunkelt zugleich ein Problem, das er in seiner denkerischen Existenz verkörpert. Mit der extremen Zweideutigkeit seiner Position macht Benjamin die Erfahrung eines objektiven Problems in der Sache. Er bezeugt die systematische Vermischung oder Verwechslung von Politik und Religion, die er mit vielen anderen Denkern seiner Zeit teilte. Die Religion oder das religiöse Bekenntnis ist, so meine These, der harte Kern der Politik (genauer gesagt eines bestimmten Begriffs des Politischen). In seinen Briefen an Scholem erklärt Benjamin nicht wirklich das Problem dieser Vermischung und antwortet nicht direkt auf die Kritiken und Einwände seines Freundes. Er zeigt eher die ethische und geistige Evidenz seiner Position. In dem Brief vom 29. Mai 1926 ist Benjamin am klarsten in dieser Hinsicht. In gewisser Weise erklärt er die Gründe seiner Konfusion: Er behauptet eine geheime Identität von Religion und Politik, eine Identität, die sich im plötzlichen Umschlag des einen in das andere zeigt. Das Zentrum von Benjamins Arbeit befindet sich in einer spekulativen und esoterischen Theorie des Verhältnisses von profaner und messianischer Welt.[4] Es ist gerade der esoterische Charakter seines Denkens, der Benjamin an der Klärung hindert, die Scholem von ihm wünscht. Ich beginne meine Auseinandersetzung mit Benjamin und Adorno mit einem Kommentar dieses berühmten Briefes vom 29. Mai 1926:

»… das Momentane sich vielmehr als ein Versuch zu erkennen gibt, die rein theoretische Sphäre zu verlassen. Dies ist auf menschliche Weise nur zwiefach möglich, in religiöser oder politischer Observanz. Einen Unterschied dieser beiden Observanzen in ihrer Quintessenz gestehe ich nicht zu. Ebensowenig jedoch eine Vermittlung. Ich spreche hier von einer Identität, die sich allein im paradoxen Umschlagen des einen in das andere (in welcher Richtung immer) und unter der unerläßlichen Voraussetzung erweist, daß jede Betrachtung der Aktion rücksichtslos genug, und radikal in ihrem Sinne verfährt. Die Aufgabe ist eben darum hier nicht ein für alle Mal, sondern jeden Augenblick sich zu entscheiden. Aber zu *entscheiden*. Eine andere Identität dieser Bereiche als die des praktischen Umschlagens mag es geben (gibt es gewiß), führt uns aber, die wir hier und jetzt nach ihr suchen wollten, tief in die Irre. Immer radikal, niemals konsequent in den wichtigsten Dingen zu verfahren, wäre auch meine Gesinnung, wenn eines Tages ich der kommunistischen Partei beitreten sollte (was ich wiederum von einem letzten Anstoß des Zufalls abhängig mache) […] wer aus unserer Generation nicht nur phraseologisch den geschichtlichen Augenblick, in welchem er auf der Welt ist, als Kampf fühlt und erfaßt, kann auf das Studium, auf die Praxis jenes Mechanismus nicht verzichten, mit welchem die Dinge (und die Verhältnisse) und die Massen ineinander wirken. […] zumal, warum ich nicht daran denke, »abzuschwören«, wozu ich gestanden habe, warum ich mich des »frühern« Anarchismus nicht schäme, sondern die anarchistischen Methoden zwar für untauglich, die kommunistischen Ziele aber für Unsinn und nichtexistent halte. Was dem Wert der kommunistischen Aktion darum kein Jota benimmt, weil sie das Korrektiv seiner Ziele ist und weil es sinnvoll *politische* Ziele nicht gibt.«[5]

In diesem Brief sind fast alle wichtigen Motive versammelt, die in den Diskussionen der Denker des »libertären Judaismus«[6] (Benjamin, Bloch, Buber, Lukács, Landauer, Rosenzweig, Scholem usw.) in den zehner und zwanziger Jahren des vergangenen Jahrhunderts eine Rolle spielten: Handeln und Praxis; Politik und Religion; Entscheidung und Erlösung; Radikalität und Kampf; Anarchismus und Kommunismus; politische Ziele und Mittel. Warum und worin gibt es für Benjamin eine tiefe Identität von Politik und Religion? Diese Identität erscheint, sobald die Sehnsucht danach, die rein theoretische oder »kulturelle« Sphäre zu verlassen, die Sehnsucht nach Praxis, die anti-bürgerliche intellektuelle Sehnsucht par excellence, in welcher extreme Linke und extreme Rechte der Zeit übereinstimmten bei ihrer verzweifelten Suche nach persönlicher und kollektiver Identität konvergieren. Die wesentlichen Elemente des zitierten Briefes sind:

1. Die gegenwärtige Arbeit Benjamins mit ihren Anzeichen einer politischen Radikalisierung wird von Benjamin als der Versuch präsentiert, die reine Sphäre der theoretischen Innerlichkeit zu verlassen.
2. Diese Bewegung hin zur Praxis ist nur möglich durch die religiöse oder politische »Observanz«, die in ihrem Wesen identisch sind.
3. Diese Identität zeigt sich im plötzlichen und »praktischen« Umschlag des einen in das andere.
4. Die Radikalität der Analyse von (politischer) Handlung oder Engagement zeigt sich in der Entschlossenheit, in der in jedem Augenblick konkreten und neuen Entscheidung des Menschen.
5. Die Radikalität der Entscheidung in den wichtigsten Dingen wird dem Kalkül der sei es ethischen, sei es politischen Konsequenzen der Entscheidung entgegengesetzt; sie ist eine selbstreferentielle Entscheidung
6. Darum hängt der mögliche Eintritt in die kommunistische Partei von einem Zufall ab, von einer willkürlichen Entscheidung eher als von einer eigentlich politischen Reflexion des Programms dieser Partei.
7. Der historische Augenblick wird von Benjamin als ein Kampf erfahren, ein wesentlicher Kampf, der von dem Intellektuellen das Studium *und* die Praxis des Mechanismus verlangt, mit welchem die sozialen Bedingungen und die menschlichen Massen ineinanderwirken.

8. Benjamin widerruft nicht, durch sein neues Engagement für einen gewissen Kommunismus oder Materialismus, seine anarchistische Position. Vielmehr präzisiert er damit den Sinn sowohl des Anarchismus als auch des Kommunismus – welche sich also gegenseitig nicht ausschließen. Wenn für Benjamin die anarchistischen Methoden nichtig sind und die kommunistischen Ziele inexistent, dann folgt daraus, dass die kommunistische Aktion dadurch gerechtfertigt wird, dass sie ihre Ziele korrigiert.
9. Es gibt keine sinnvoll politischen Ziele.

Der letzte Punkt ist besonders wichtig. Die Tatsache, dass es keine (sinnvoll) politischen Ziele gibt, bedeutet, dass das Politische als solches keinen Sinn hat. Das Politische ist in dieser Perspektive eine reine ethisch-religiöse Projektionsfläche, etwas also, das unweigerlich aufgeladen werden muss mit einem Sinn, der nicht sein eigener ist. In der Moderne ist das Politische so die Projektionsfläche par excellence für psychische und psychosoziale Energien. Als leeres und allgemeines Zeichen übernimmt es die Erbschaft der Religion als Zentrum der Produktion und Repräsentation der symbolischen Ordnung von Gemeinschaften und kollektiven Identitäten (Zentrum und zentraler Attraktor der ideologischen Funktion der »Verkennung« im Sinne Althussers). Meiner Ansicht nach geht Benjamin ziemlich weit, in diesem Brief an seinen Freund, bei dem Eingeständnis des leeren Charakters des Politischen und des immanenten Vitalismus des semantischen Feldes, das es umgibt: Aktion, Entscheidung; Kampf; Radikalität ... Der Inhalt der politischen Entscheidung wird als letztlich sekundär anerkannt. Er wird nicht politisch begründet. Um es noch einmal mit einer Formulierung von Althusser zu sagen: das Wichtige bei den politischen Entscheidungen ist nicht ihr Effekt auf die Realität der sozialen Verhältnisse, sondern ihr Effekt auf die imaginären Beziehungen der Individuen zu ihren realen sozialen Lebensbedingungen.[7] Es handelt sich mithin um politische Orientierungen mit einem primär symbolischen, identitätsstiftenden Sinn. Das Element der ideologischen Verkennung, des mindestens partiell falschen Bewusstseins gehört prinzipiell zu diesen Orientierungen. Man kann in Benjamins Brief ein Manifest der linken Gegenaufklärung des 20. Jahrhunderts lesen. Aber man kann in diesem extremen Voluntarismus auch ein gesteigertes Bewusstsein des fiktiven Charakters jedes politischen Engagements lesen. Die verschiedenen Lager der politischen Weltanschauung erscheinen so als wechselseitige Ergänzungen, als die für die Sehnsucht nach Kampf und Aktion notwendigen Fiktionen.

Es handelt sich meines Erachtens um einen Willen zur Aktion und des Engagements auf der Suche nach einer Mission. Die Mission ist es, die man braucht, um den in ihrem Kampf engagierten Akteuren einen objektiven, notwendigen Sinn ihrer Aufgabe zu geben. Sie sind auf der Suche nach einem Mandat. So findet sich in den Notizen zu dem kleinen Text »*Der destruktive Charakter*« der bezeichnende Satz: »Ihm kommt es nicht auf private Abenteuer an sondern auf die Gewißheit, daß er keinen Augenblick ohne historischen Auftrag lebt.«[8]

Die Intellektuellen der Epoche waren besessen von der Suche nach einer richtigen *Haltung*. Es ist diese Suche, die das Politische dem Ethischen unterwirft. Jede politische Entscheidung ist in dieser Perspektive eine ethische Entscheidung, eine ethische und zugleich unvermeidlich religiöse Geste. Die Frage nach einem möglichen Engagement für den Kommunismus stellt sich für Benjamin nicht als theoretisches Problem des Urteils über ein politisches Programm oder eine politische Position, oder über die politischen Konsequenzen der Verwirklichung eines politischen Dogmas, sondern als Frage nach einer engagierten Position, nach einer verbindlichen Haltung des Einzelnen. Der Kommunismus steht in Frage »... nicht als theoretisches Problem sondern zunächst als verbindliche Haltung«.[9] So ist der Sinn des politischen Engagements ein mehr ethischer als politischer Sinn: Der Sinn des Engagements liegt darin, den Einzelnen zu engagieren im starken Sinne, ihn mit einer Gruppe von Ähnlichen zu verbinden und so eine Gemeinschaft zu bilden, eine kollekive Identität. Darin sind Politik und Religion, politisches Engagement und religiöses Bekenntnis identisch. Sie sind identisch im »praktischen« Begehren des Intellektuellen: der Suche nach einer eigenen Haltung, eines eigenen Ortes in der sozialen Welt. Die Suche nach kollektiver Identität vereinigt das Persönliche und das Politische und lädt das Politische mit einer ethischen und religiösen Mission auf. Der Anarchismus Benjamins (wie auch einer großen Zahl seiner Zeitgenossen) ist so gesehen nicht ein politisches Programm, sondern eher der Ausdruck einer primär religiösen Sehnsucht nach der Verschmelzung der Individuen in einer utopischen Gemeinschaft. Ein »theokratischer Anarchismus« war der gemeinsame Ausgangspunkt von Benjamin und Scholem, ihre gemeinsame »Antwort« auf die Frage der Politik.[10] Michael Löwy hat gezeigt, dass der theokratische Anarchismus ein gemeinsamer Zug des »libertären Judaismus« der Epoche war: die infra- oder ultrapolitische Idee einer mystischen oder magischen Gemeinschaft.[11] Dieser Anarchismus ist ein pneumatischer Kommunismus jenseits des Staates und der Gesellschaft. Die An-archie zielt genau auf das magische oder messianische, nicht-herstellbare (nicht-politische) Element einer neuen Ordnung ab, in welcher endlich alles an seinem richtigen Platz wäre. Diese unmittelbare Gemeinschaft richtet sich auf eine geistige Harmonie jenseits oder diesseits menschlicher Herrschaft. Hier konvergieren die biblische Theokratie und der moderne Anarchismus.¹² Der messianische Anarchismus sieht aus den Ruinen der menschlichen und weltlichen Herrschaft auf der und über die Erde eine göttliche Ordnung der Gnade erstehen, welche die Überwindung und Aufhebung der profanen Ordnung der Politik wäre. Benjamins Sinn für die Zerstörung rührt von ihrem göttlichen Auftrag her. Der Text »*Zur Kritik der Gewalt*« ist klar in seiner Idee einer reinen, göttlichen Gewalt, die alle menschliche Gewalt unterbricht.¹³ Die Kritik der Gewalt ist für Benjamin eine Kritik der Politik als solcher, insofern sie eine Rationalität der Mittel und Zwecke impliziert. Sein Anarchismus verneint gerade die Rationalisierung der Beziehung zwischen politischen Mitteln und Zwecken durch das demokratische Gesetz. Theokratischer Anarchismus ist in diesem Zusammenhang der Traum der Unmittelbarkeit, der Traum der unmittelbaren Gegenwart einer erlösten Welt. Darum träumt Benjamin in diesem Text auch von »*reinen Mitteln*«.

Um die neue magische kommunistische Ordnung zu bestimmen, die durch dieses anarchische Zerstörung aller äußeren Formen der Herrschaft angestrebt wird, können wir sowohl den kabbalistischen jüdischen Begriff *tikkun* als auch den christlichen Begriff *apokatastasis* benutzen. Beide bezeichnen einen sowohl utopischen wie restaurativen Stand der Erlösung, in welchem die Dinge und Wesen wieder an ihren (urspünglichen) Ort zurückkehren.¹⁴

Im historischen Kontext war der anarchistische Kommunismus in Form des »libertären Judaismus« eine Form unter vielen, welche die typische Spaltung des bürgerlichen Menschen zwischen den ethischen »persönlichen« Prinzipien und den praktischen sowie politischen Zwängen der kapitalistischen Gesellschaft zu überwinden versuchten. Es ist evident, dass der Übergang zur (anarchistischen oder kommunistisch-marxistischen) Aktion, oder zur Idee der Aktion, genau die Bewegung des »Verlassens der rein theoretischen Sphäre« symbolisiert. Ich habe bereits den willkürlichen Charakter der betreffenden politischen Entscheidungen betont. Das Wesentliche in diesem Zusammenhang ist die Unterscheidung dieses libertären Dezisionismus vom autoritären Dezisionismus der Konservativen Revolution bei Carl Schmitt, welcher die politische Entscheidung ganz der Regierung vorbehält, die die herrschende Ordnung repräsentiert (das heißt garantiert oder wiederherstellt). Der Streit zwischen Benjamin und Scholem (und später: Adorno) ist genau hier angesiedelt: Benjamin gebraucht die messianische Idee der kommunistischen oder gemeinschaftlichen Erlösung (und Versöhnung) zur Legitimation oder Gründung einer politischen Wahl. So arbeitet Benjamin mit einer eigenartigen negativen politischen Theologie – einer Art Negativ der autoritären politischen Theologie Carl Schmitts (ein Negativ, das die vertikale Achse der Herrschaft zu Gunsten der horizontalen

Achse der Gemeinschaft negiert). Indessen befindet sich der Mittelpunkt seiner Aufmerksamkeit nicht in der öffentlichen Sphäre des Staates, sondern in der Sphäre der Identifikation der Subjekte. Hier wird die »vertikale« Achse der Erlösung begleitet von der horizontalen Achse der Versöhnung. Die Sehnsucht nach Versöhnung produziert dieselben Effekte wie die Sehnsucht nach Erlösung. Sie produziert, bei Benjamin, vor allem die Sehnsucht nach Engagement und Aktion für eine gemeinsame Sache, die Sehnsucht nach einem historischen Auftrag. Im Mittelpunkt dieser Geste des Engagements befindet sich das *öffentliche* Bekenntnis des Intellektuellen als Zeichen der Zugehörigkeit zur gemeinsamen Sache und als performativer Akt. Das Bekenntnis muss die Möglichkeit der Verwirklichung der messianisch-kommunistischen Utopie beweisen, insofern es seinen Autor als Helden oder Künder einer ganz anderen, neuen Ordnung setzt.

»Je feindlicher ein Mensch zum Überkommenen steht, desto unerbittlicher wird er sein privates Leben den Normen unterordnen, die er zu Gesetzgebern eines kommenden gesellschaftlichen Zustands erheben will. Es ist, als legten sie ihm die Verpflichtung auf, sie, die noch nirgendwo verwirklicht sind, zum Mindesten in seinem eigenen Lebenskreise vorzubilden. Der Mann jedoch, der sich in Einklang mit den ältesten Überlieferungen seines Standes oder seines Volkes weiß, stellt gelegentlich sein Privatleben ostentativ in Gegensatz zu den Maximen, die er im öffentlichen Leben unnachsichtig vertritt und würdigt ohne leiseste Beklemmung des Gewissens sein eigenes Verhalten insgeheim als bündigsten Beweis unerschütterlicher Autorität der von ihm affichierten Grundsätze. So unterscheiden sich die Typen des anarcho-sozialistischen und des konservativen Politikers.«[15]

Dieser Abschnitt zeigt die Bedeutung des Motivs der Identität. Bedeutsam beim politischen Engagement ist die ethische *Haltung*, die es bei den Subjekten erzeugt, nicht die politische *Praxis*, die sie vertritt. Das Engagement für den Kommunismus begehrt die ethische Haltung, die kollektive Identität der Kommunisten und sagt im selben Moment mit Karl Kraus: »... der Teufel hole seine Praxis, aber Gott erhalte ihn uns als konstante Drohung ...«[16]. Benjamins Haltung gegenüber dem bolschewistischen Kommunismus in den zwanziger und dreißiger Jahren ist zutiefst zweideutig. Seine Suche nach der richtigen Haltung hat ihn zu fragwürdigen Kompromissen mit den realen Mächten seiner Zeit geführt. Seine Zweideutigkeit hat dabei nicht nur eine taktische Funktion – sie drückt seine tiefsten geistigen Überzeugungen aus. Im Mittelpunkt seiner Überzeugungen befindet sich die Idee der Überwindung des privaten Lebens, der »bürgerlichen« Innerlichkeit, die – Benjamin wusste dies wohl – das Lebenselement des westlichen Intellektuellen ist. Im Tagebuch seiner Moskaureise im Winter 1926/1927 lesen wir einen Satz, der zumindest eine gewisse Faszination für die Idee einer Kollektivierung der menschlichen Existenz zeigt: »Der Bolschewismus hat das Privatleben abgeschafft.«[17]

Der Autor verbirgt nicht seine Faszination für ein System, das eine neue Ordnung aufbauen möchte, in der jeder an seinem Platz wäre. Was diese Ordnung für Benjamin zugleich faszinierend und furchterregend macht, ist die Tatsache, dass es in ihr keinen Platz mehr für den freien Intellektuellen gibt. Der freie Denker und die intellektuelle Opposition gegen die bestehende Ordnung sind verschwunden. Benjamin scheint sogar eine gewisse Faszination für das Phänomen der Säuberungen zu verspüren, die staatliche Verfolgung oppositioneller Elemente. In dem Abschnitt, den ich zitieren werde, gibt Benjamin zwei verschiedenen Erklärungen für das Fehlen einer intellektuellen Opposition in Rußland: 1. Sie wurde »vernichtet«. 2. Sie hat ihren Sinn verloren.

»Opposition, wie man im Westen sie sich denken möchte – Intelligenz, die abseits steht, und unterm Joche schmachtet, gibt es nicht oder besser gesagt: gibt es nicht mehr. Sie ist – mit welchen Reservaten immer – den Waffenstillstand mit den Bolschewisten eingegangen oder sie ist vernichtet. Es gibt in Russland – gerade außerhalb der Partei – keine andere Opposition, als die loyalste. Auf keinem lastet nämlich dieses neue Dasein schwerer als auf dem betrachtenden Außenseiter. Als Müßiggänger dieses Dasein zu ertragen ist unmöglich, weil es in jedem minderen Detail schön und verständlich nur durch Arbeit wird. Eigene Gedanken in ein vorgegebenes Kraftfeld einzutragen, ein wenn auch noch so virtuelles Mandat, organisierter, garantierter Kontakt mit Genossen – daran ist dieses Leben so sehr gebunden, daß, wer darauf verzichtet, oder sich das nicht verschaffen kann, geistig verkommt als säße er jahrelang in Einzelhaft.«[18]

Der Kollektivismus des bolschewistischen Systems ist in gewisser Weise eine pervertierte, positivistische Form der Verwirklichung des kommunistischen Traums von Benjamin und anderen Denkern des libertären Judaismus. Benjamin war auch nicht der einzige, der die in diesem System implizierte Perversion nicht klar denunziert hat und bei aller Distanz eine gewisse geistige Treue bewahrte. Warum? Der Bolschewismus wird von Benjamin mit einer »positiven Barbarei« identifiziert, die er gegen die westliche bürgerliche Kultur benutzen möchte. Er projiziert das utopische Motiv der messianischen Versöhnung und Erlösung auf die sehr konkreten politischen Formen des Verschwindens einzelner Individuen im Kollektiv. Das Verschwinden einiger freier Geister ist für ihn das Zeichen einer zukünftigen Wiederauferstehung aller: »Mag doch der Einzelne bisweilen ein wenig Menschlichkeit an jene Masse abgeben, die sie eines Tages ihm mit Zins und Zinseszinsen wiedergibt.«[19]

Gershom Scholems Haltung zu Benjamins »Politik« ist ganz eindeutig: Er beurteilt die politischen Signale seines Freundes als Verwechslung, als ein Missverständnis, einen schädlichen und gefährlichen Selbstbetrug. Schon im Jahre 1919 hatte er in seinem Tagebuch über den Sozialismus notiert: »Der Geistige wäre in einer solchen Ordnung nur als der Wahnsinnige zu fassen.«[20] In dem bereits zitierten Brief vom 30. März 1931 kritisiert er von neuem den Widerspruch zwischen der Benjamin eigenen Methode metaphysischen Denkens einerseits und seinen manifesten Intentionen, diese Methode in einen »materialistischen« politischen Kontext zu stellen auf der anderen Seite. Er beginnt das »Spiel« zu verstehen, das sein Freund mit den Zweideutigkeiten seiner ethisch-politischen Haltung treibt:

»Ich glaube fast, du willst diesen Schwebezustand, und müßte doch jedes Mittel begrüßen, ihn zu beenden. Daß deine Dialektik nicht die des Materialisten ist, der du sie anzunähern strebst, würde sich in dem Moment eindeutig klar, positiv, herausstellen, wo du als typischer Konterrevolutionär und Bourgeois, wie es nicht ausbleiben könnte, von deinen Mitdialektikern entlarvt würdest.«[21]

Es scheint mir wichtig, dass Scholem jetzt (nach Jahren der gemeinsamen Diskussion) versteht, dass Benjamin diesen Schwebezustand *will*, diese systematische politische Zweideutigkeit und systematische Vermischung (oder Verwechslung) von Politik und Religion. Er beginnt, die Entschlossenheit Benjamins zu erkennen, seinen Weg fortzusetzen – einen Weg, der Ausdruck seiner Identität ist. Das heißt, Scholem bemerkt jetzt auch die Vergeblichkeit der Briefe an seinen Freund. Daher benennt er den Preis dieser intellektuellen Verirrung seines Freundes:

»… es fragt sich nur, um auch dies geziemend zu sagen, wielange noch bei einem so zweideutigen Verhältnis die Moralität deiner Einsichten, eines deiner kostbarsten Güter, gesund bleiben kann.«[22]

Scholem spricht hier eine wesentliche Dimension der »Politik des Geistes« an. Die »Moralität der Einsichten« ist für ihn das höchste geistige Gut. Darin unterscheidet er sich fundamental von Benjamin. Dieser ordnet jenes Gut seiner Sehnsucht nach »Praxis« und persönlicher wie kollektiver Identität unter und weigert sich, diese Sehnsucht zu begründen. Man könnte sagen, dass

Benjamin die Irreduzibilität des politischen Unbewussten verteidigt. Er weigert sich vor allem, seine Haltung in dieser Hinsicht zu diskutieren oder zu rechtfertigen. Sein Voluntarismus ist ganz eindeutig an dieser Stelle, ganz seiner selbst gewiss. Das bedeutet meines Erachtens, dass sein Denken sich freiwillig der politisch-ideologischen Funktion der Intelligenz unterwirft. Scholem irrt sich eben, wenn er meint, dass die Moralität der Einsichten für Benjamin ein hohes Gut sein kann. Ganz im Gegenteil ist die systematische politische Zweideutigkeit die Bedingung der intellektuellen Produktivität Benjamins, die Quelle der immensen Faszination, die er für seine Leser ausstrahlt. Es gibt im Grunde seines Denkens eine systematische Verwechslung oder Verkennung. Dabei handelt es sich um das höchste Gut des Intellektuellen, der Benjamin ist, die eigentliche Voraussetzung seiner ethischen *Haltung*, und damit ebensowohl dessen, was für *ihn* dasjenige, was er tat, interessant machte wie auch dessen, was ihn für viele von *uns* interessant macht. Scholem täuscht sich auch, wenn er am Ende dieses selben Briefes sagt, dass Benjamin nicht das letzte, aber das unbegreiflichste Opfer der Verwechslung von Politik und Religion sei. Es handelt sich im Gegenteil um ein sehr begreifliches Beispiel für die Intelligenz der Gegenaufklärung der ersten Hälfte des 20. Jahrhunderts. Die Aufklärung dieser Art von Denken gehört nicht mehr dieser Generation an.

3.

Adorno begreift diesen bestimmten Typ von Denken bereits als eine historische Tatsache. In seinen Bemerkungen über Benjamin kritisiert er vor allem dessen Kollektivismus, seine verzweifelte und vergebliche Suche nach Kollektiven und Gemeinschaften, seine Sehnsucht nach Autorität im Sinne einer kollektiven Garantie (»Bedürfnis nach Autorität im Sinne kollektiver Deckung«[23]). Die bemerkenswerteste Stelle in dem kleinen Text »Charakteristik Walter Benjamins« ist meines Erachtens eine Passage, in der Adorno Benjamins besondere »Naivetät« kommentiert:

»Solche Naivetät ließ ihn zuweilen mit machtpolitischen Tendenzen sympathisieren, welche, wie er wohl wußte, seine eigene Substanz, unreglementierte geistige Erfahrung, liquidiert hätten. Aber auch ihnen gegenüber hat er verschmitzt eine auslegende Haltung eingenommen, als wäre, wenn man nur den objektiven Geist deutet, gleichzeitig ihm Genüge getan und sein Grauen als begriffenes gebannt. Eher war er bereit, der Heteronomie spekulative Theorien beizustellen als auf Spekulation zu verzichten.«[24]

Hier können wir das besondere Programm Adornos sehen: das Programm einer radikalen Nicht-Naivetät. Trotz der großen Anzahl gemeinsamer Intuitionen widersteht Adorno der Versuchung der falschen Unmittelbarkeit und der messianischen Esoterik der Benjamin'schen Doktrin des Politischen. Adorno treibt die Desillusionierung der politischen Analyse ins Extrem, die Benjamin nur als sein manifestes Programm behauptet hat. Vor allem unterzieht Adorno den »libertären Judaismus« einer scharfen Kritik. Gegen die Esoterik der geheimen Beziehung zwischen profaner und messianischer Welt, gegen die systematische Verwechslung und Vermischung von Politik und Religion stellt er ein dialektisches Programm, das die Treue zur Aufklärung der modernen Politik mit der Treue zum radikalen jüdischen Messianismus verbindet und zugleich unendlich voneinander entfernt. Der Kern dieses Denkens ist die Idee der bestimmten Negation, welche ein Tabu über alles Positive verhängt, ein Tabu über die falsche Unmittelbarkeit der Sehnsucht nach Praxis und Identität (zum Beispiel der sehr verständlichen Sehnsucht der Verwirklichung des Messianischen im Profanen, der Benutzung des Theologischen als Grund des Politischen). Der folgende Satz kann gelesen werden als genau gegen diesen bestimmten Typ der Gegenaufklärung bei Benjamin gerichtet:

»Die jüdische Religion duldet kein Wort, das der Verzweiflung alles Sterblichen Trost gewährte. Hoffnung knüpft sie einzig ans Verbot, das Falsche als Gott anzurufen, das Endliche als das Unendliche, die Lüge als Wahrheit. Der Unterpfand der Rettung liegt in der Abwendung von allem Glauben, der sich ihr unterschiebt, die Erkenntnis in der Denunziation des Wahns.«[25]

Es ist schwer, sich mit Adorno zu identifizieren. Sein Standpunkt der Erlösung ist ein strikt unmöglicher Standpunkt. Adorno entwickelt eine Politik des Geistes, die sich vom Kampf um die Hegemonie zurückzieht. Hier liegt die Kraft seiner Negativität: jeder Sehnsucht nach Identifikation, jeder Sehnsucht nach »Praxis« widerstehen, jeder Sehnsucht nach einer ethischen Entscheidung für eine »Weltanschauung«, die das Persönliche und das Politische vereinigt. Es handelt sich mithin um einen seltsamen Kampf, entwaffnet und auf skandalöse Weise ohnmächtig. Das Gesetz dieses Kampfes im Namen der bestimmten Negation ist das Gesetz der bestimmten Negation. Man könnte sagen, es handelt sich um einen Kampf, der darin besteht, sich vom Kampf, oder von einer bestimmten Form des geistigen Kampfes und seiner Lagerbildungen zurückzuziehen. Die einzige Hoffnung liegt in der kritischen Beschreibung des Bestehenden (illuminiert von einem messianischen Licht, einem Licht ausgehend vom Standpunkt der Erlösung).

Das Bestehende erhält dadurch einen gnostischen Aspekt – durch die bestimmte Negation der bestehenden Welt gegenüber so fremd wie möglich werden. Doch es ist eine Gnosis ohne die »sichere«, positive Substanz der Gnosis, ohne die absolute Sicherheit der Seele als »innerer« Besitz des Subjekts, und ohne die »Verklärung der Negativität zur Erlösung«[26]. Und es ist ein jüdischer Messianismus ohne politisches Bekenntnis im starken Sinne, sowie ohne seinen inhärent libertären Zug.

Der Unterschied zwischen dem Standpunkt der Erlösung Adornos und demjenigen Benjamins wird von Jacob Taubes in einer gegen Adorno gerichteten Bemerkung beleuchtet. Er sagt, der Messianismus Adornos sei nur ein Messianismus »als ob«, während der Messianismus Benjamins seiner Meinung nach substantiell ist.[27] Taubes fügt hinzu, dass der Messianismus bei Adorno eine wunderbare Stelle sei, aber letzten Endes leer. Das verdient unsere Aufmerksamkeit. Die Frage lautet: Was ist der Sinn der Differenz zwischen einem vollen, substantiellen, und einem leeren Messianismus? Meines Erachtens gibt Adornos Werk die Antwort: Der »leere« Messianismus zerstört die Vermischung von Politik und Religion und radikalisiert das Tabu über das Positive, das politische Bilderverbot. Er denkt mit einem Standpunkt der Erlösung, der das Theologische der Gegenaufklärung entreißt, indem er auf seine Unmöglichkeit reflektiert. So meditiert Adorno auch im letzten Abschnitt der *Minima Moralia* über die Unmöglichkeit des messianischen Standpunkts außerhalb des Bestehenden, welchen er postuliert. Der Gedanke muss zu einem extremen Bewusstsein seines eigentlich unmöglichen Standpunkts oder Standorts gelangen: »Selbst seine eigene Unmöglichkeit muß er noch begreifen um der Möglichkeit willen.«[28]

Das messianische Licht, von dem er in diesem Abschnitt spricht, wird überlagert vom Licht der Aufklärung. Ich glaube nicht, dass Adorno das immense Problem aufgelöst hat, das in einer solchen Überlagerung liegt. Er hat uns ein Paradox exponiert, oder eher einen Bruch zwischen beiden Positionen. »Dialektik« bedeutet in diesem Sinne das extreme Bewusstsein (aber nicht die Versöhnung!) des Widerspruchs. Das einzig »sichere« Resultat dieser Dialektik ist ein negatives: die radikale Trennung zwischen der profanen und der messianischen Welt. Es kann eine Kontaktzone zwischen beiden geben (eine plötzliche Transformation des einen in das andere, wie Benjamin sagte); aber sie kann auf keinen Fall, durch ein esoterisches Wissen, eine politische Position legitimieren. Diese Trennung erzeugt eine Gewaltenteilung zwischen der Politik auf der einen, Religion und Ethik auf der anderen Seite. Der »leere« Charakter von Adornos Messianismus hat die Funktion einer absoluten Delegitimation des Politischen: Das Messianische kann und darf niemals eine Politik rechtfertigen, und die Politik darf niemals als messianische auftreten. Adorno dekonstruiert mit der der

Verwechslung von Religion und Politik ihre wechselseitige Instrumentalisierung und Reduktion aufeinander. Diese De-Legitimation befreit sich vom Phantom der (ethischen, religiösen) Gründung der Politik wie auch vom Phantom der politischen Gründung der kulturellen Formen (welche ein Hauptzug von Benjamins Schriften über Kunst in den dreißiger Jahren war).

So wird das Problem der ethischen Haltung kategorisch vom Problem der politischen Entscheidung unterschieden. Das bedeutet, sie müssen nach unterschiedlichen Kriterien gerechtfertigt und beurteilt werden. Dieser *ontologische Bruch* zwischen Ethik und Politik ist meines Erachtens unsere historische Existenzbedingung. Aber es scheint mir, dass es sich dabei gerade um einen Zustand handelt, gegen den wir Widerstand leisten. Adorno ist einer der ganz wenigen, die der typisch gegenaufklärerischen Überwindung dieses Zustands widerstanden haben, so wie auch der Versuchung, diesem Zustand die resignative Form einer »liberalen« Metaphysik zuzuschreiben (einer »liberalen« Ontologie der Trennung von privat und öffentlich). Das heißt, er bewahrt in seinem Denken die kommunistische und an-archistische Utopie, aber indem er auf ihrem utopischen, nicht-politischen Sinn insistiert. Insofern ist sein Denken verwandt mit den Meditationen von Maurice Blanchot und Jean-Luc Nancy über den Begriff der Gemeinschaft jenseits ihrer substantiellen politischen Verkörperungen.[29]

Adornos Desillusionierung bringt zugleich eine immense Befreiung und eine immense Schwierigkeit mit sich. Er befreit die ethische und religiöse Idee der Gemeinschaft von ihrer vollen und substantiellen Form als identitäre Figuration; aber indem er auf dem utopischen Charakter dieses »ontologischen Kommunismus« besteht: »Utopie wäre über der Identität und über dem Widerspruch, ein Miteinander des Verschiedenen.«[30]

Adorno besteht mithin auf der realen Unmöglichkeit, unter den bestehenden politischen Bedingungen, einer gemeinschaftlichen Versöhnung. Darin unterscheidet er sich vom zeitgenössischen Denken über den Begriff der Gemeinschaft. Das Gemeinsame, das befreite Miteinander gehört nur dem Stand der Erlösung an. Das Besondere, das Einzelne – Begriffe, um die sich ein großer Teil des avancierten gegenwärtigen Denkens drehen) ist noch nicht. In dem kleinen Text »*Zu Subjekt und Objekt*« schreibt Adorno:

»Wäre Spekulation über den Stand der Versöhnung erlaubt, so ließe in ihm weder die ununterschiedene Einheit von Subjekt und Objekt noch ihre feindselige Antithetik sich vorstellen; eher die Kommunikation des Unterschiedenen. Dann erst käme der Begriff von Kommunikation, als objektiver, an seine Stelle. […] Friede ist der Stand eines Unterschiedenen ohne Herrschaft.«[31]

Die Vorwegnahme eines Standes der Versöhnung in Form einer freien und pluralen ethischen Verhaltensweise muss nach Adorno unter den gegebenen gesellschaftlichen Bedingungen der Versuchung widerstehen, sich als unmittelbar mögliche, positive Praxis zu setzen. Eine solche Verhaltensweise (im »Mitsein« einer Gemeinschaft der Einzelnen, in den fiktiven Formen der Kunst) trägt die Spur der Unmöglichkeit, einer schuldigen Ausnahme im »Block« des Bestehenden. Jede »Praxis« in diesem Sinne trägt die Spur eines Unmöglichen. Es ist das Eigentümliche Adornos, dass er der Sehnsucht nach der falschen Unmittelbarkeit einer ethischen Praxis um jeden Preis widersteht. Man könnte vielleicht sagen, dass für Adorno die wenigen Beispiele eines freien Handelns die Spur der Ausnahme als Zeichen der Schuld *und* als Zeichen der intellektuellen Ehre tragen. Das Bewusstsein des Unmöglichen bewirkt, dass die kommunistischen und anarchistischen Signale in der oben zitierten Passage nicht als Signale einer anarchistischen oder kommunistischen politischen Aktion misszuverstehen sind. Sie haben keinen unmittelbar politischen Sinn, noch den Sinn, eine politische Position zu begründen. Die Utopie eines Standes der Versöhnung, ohne menschliche Herrschaft, rechtfertigt als solche gar nichts im Bereich der politischen Realität (so wie auch die politische Theologie der bestehenden Ordnung nichts rechtfertigen könnte). Diese Utopie zeigt nur die Richtung einer »progressiven« politischen Veränderung an. Diese Veränderung aber muss strikt mit den bestehenden konstitutionellen Formen der liberalen Demokratie vereinbar sein. Das Ziel einer solchen »reformistischen« Veränderung konvergiert mit der anarcho-kommunistischen Utopie. Sie zielt auf die größtmögliche Reduktion politischer Herrschaft, mit den gegebenen und legalen Mitteln der demokratischen politischen Macht. In gewisser Weise ist der Minimalismus dieser Politik (die von Adorno ja nirgendwo ausformuliert wurde) kompatibel mit dem seltsamen Minimalismus des Standes der Versöhnung in Adornos Denken, mit seinem radikalen Bilderverbot: »Im richtigen Zustand wäre alles, wie in dem jüdischen Theologumenon, nur um ein Geringes anders als es ist, aber nicht das Geringste läßt so sich vorstellen, wie es dann wäre.«[32]

4.

Der hier angedeutete Minimalismus ist dem Maximalismus eines revolutionären Diskurses entgegengesetzt, der um jeden Preis alles ändern möchte. Es handelt sich bei diesem Maximalismus um einen Fetischismus der Aktion und einer totalen Politisierung. Adorno wählt den entgegengesetzten Weg zu dieser großen

Strömung des Denkens einer linken Gegenaufklärung. Diese Strömung ist bis auf unsere Tage einflussreich in seiner Tendenz zur Ausweitung des Politikbegriffs. Zumal das politische Denken in der Tradition des Begriffs des Politischen von Claude Lefort (*das* Politische im Gegensatz zu *der* Politik) setzt das Politische als den zentralen symbolischen Pol der Gesellschaft und fährt so fort, die Sphäre des Politischen als Projektionsfläche zu verstehen: als den absoluten Ort der Erscheinung der Gemeinschaft. Im Gegensatz zu einem solchen Symbolismus zielt Adornos Denken auf eine Eingrenzung des Begriffs der Politik und auf die »materielle« Veränderung der gesellschaftlichen Bedingungen sowie auf einen formellen Minimalismus der Selbstbegrenzung der politischen Herrschaftsmittel. Der besagte Minimalismus ist daher auch in einem präzisen Sinne ein Materialismus und ein Instrumentalismus der Politik. Diese Position beinhaltet eine Kritik des zeitgenössischen Denkens sowohl der Rechten wie der Linken.

Im Kontext von 1968 wurde Adorno mit einer heftigen Kritik von links an seiner kritischen Theorie konfrontiert. Hier wird die Differenz zwischen ihm und Benjamin evident: in der Weigerung, sich mit der mächtigsten oppositionellen Bewegung seiner Zeit zu verbinden. Der Dissens ist ein doppelter. Auf der einen Seite sehen wir Adornos Grauen vor jedem Kollektivismus, vor jeder kollektiven ideologischen Identifikation. Auf der anderen Seite sehen wir eine tiefe Ablehnung der politischen und symbolischen Handlungs-*Formen* der Protestbewegung. Für Adorno können die Zwecke als solche nie die Mittel heiligen. Er verspürte ein Grauen vor dem Kult der Praxis, der falschen Unmittelbarkeit der Aktionen der radikalen Bewegungen. Von Anbeginn sah er in diesen Bewegungen Formen eines repressiven Kollektivismus, der das ohnehin schon von den gesellschaftlichen Verhältnissen erdrückte Individuum unterwirft. Adorno bezieht in diesem historischen Kontext, aber auch bis heute, eine unendliche schwache Position. Es handelt sich zwar um eine kritische Theorie, aber eben um eine kritische Theorie, die nichts Positives bietet, nichts von dem, was viele von uns insgeheim suchen, in unserer ethischen und politischen Schwäche. Adorno denkt eine kritische Haltung, die in keinem Augenblick die Stütze einer kollektiven politischen Identität sucht. In dem Text »*Marginalien zu Theorie und Praxis*« entfaltet er die Paradoxien dieser Haltung.[33] Er kritisiert nicht nur die »Pseudorealitäten« und »Pseudo-Aktivitäten« *aller* großen politischen Bewegungen seines Jahrhunderts als Opfer einer gefährlichen Verwechslung von Einbildung und Wirklichkeit. Er verteidigt auch seine eigene intellektuelle Position als Theoretiker gegenüber einer wachsenden Feindschaft gegen den Intellektualismus der Theorie. Er behauptet das Recht eines nicht politischen und nicht unmittelbar praktischen Denkens; dies aber, indem er die Theorie als eine eigene Praxis, und als die seines Erachtens einzig legitime Praxis versteht. Das theoretische Denken erhält als solches einen zugleich praktischen und utopischen Status: Es verkörpert die Idee der Überwindung der schlechten Praxis, die Idee einer Praxis, die endlich von dem Zwang ihrer ökonomischen oder politischen Nützlichkeit befreit wäre.

Anstatt die Politik mit einer unmöglichen Mission zu befrachten, plädiert Adorno für eine Rationalisierung und Minimierung der Politik. Die politische Rationalität und der Messianismus bleiben in einer unaufhebbaren Spannung zueinander. Diese Inkommensurabilität ist ganz wesentlich. Der Messianismus sucht (unmögliche) Standorte und Standpunkte außerhalb des Bestehenden. Die demokratische Politik sucht nach möglichen Maßnahmen zur Änderung des Bestehenden von innen. Keine »Revolution«, keine »Entscheidung«, kein »Auftrag«, keine »Aktion« darf beide vereinen. Darin liegt das Spezifische von Adornos kritischer Theorie gegenüber Benjamin. Sein Radikalismus und Negativismus rechtfertigen nichts in der »profanen« Sphäre der Politik. Die ethische Haltung, oder das ethische Verhalten, ist an-archisch – aber nur insofern man ihren nicht politischen Charakter anerkennt. Die An-archie der ethischen Haltung hat vor allem einen negativen Sinn: eben keine politische Funktion zu haben. Die gemeinschaftliche Utopie, die sie verfolgt, kann nicht beanspruchen, die gesellschaftlichen Bedingungen sozialer Beziehungen zu verändern. Die Befreiung von dieser Idee ist ein immenser Verlust und zugleich ein immenser Gewinn. Ich würde sie als unsere große Möglichkeit begreifen. Die Schwierigkeit, welche diese Beschreibung unserer Lage mit sich bringt, ist die Schwierigkeit eines Verlustes stabiler Orientierung für das, was ich Politik des Geistes genannt habe. Der ontologische Bruch zwischen Politik und Ethik erzeugt ein Problem der Beurteilung des Sinns geistiger und kultureller Praktiken. Sie haben zumindest in Teilen einen kritischen oder negativen Sinn in Bezug auf das Bestehende. Aber diese Qualität lässt sich in diesem Bestehenden nicht repräsentieren, nicht in eine Politik übersetzen. Das zerstört den Sinn des Kampfes zwischen den Weltanschauungen: Sie leben alle von der unmittelbaren Übersetzbarkeit zwischen dem Ethischen (Messianischen) und dem Politischen (Profanen).

Das Feld des Kampfes der Ideologien zu verlassen ist nicht leicht für jemanden, der beseelt ist von einer scharfen Kritik des Bestehenden. Der Sinn der kritischen ethischen Haltung liegt nach Adorno im Kampf gegen den Mythos oder die Ideologie dessen, was ist.[34] Die »praktische« Funktion der Theorie ist der Kampf gegen den »Bann«, die mythische Figur der Macht der bestehenden Wirklichkeit über die Menschen. Die gesellschaftliche Realität *erscheint* uns wie ein Block, eine autonome Totalität. Das Wirkliche erscheint als Mythos.

Für Adorno, den Leser von Marx, ist dies die zeitgenössische Figur des Mythos, der mythischen Macht, die durch den *Glauben* der Individuen an ihre Macht entsteht. Die Ethik von Adornos Denken möchte der Magie dieses Banns widerstehen. Auf der einen Seite zeigt Adorno die phantastische Macht des Banns; auf der anderen besteht er auf der Tatsache, dass er »nur Bann« ist: »So undurchdringlich der Bann, er ist nur Bann.«[35]

Diese Sicht der Dinge ist nur möglich durch die Konstruktion eines Standpunkts der Erlösung: eines Standpunkts, der scheinbar außerhalb des Bestehenden liegt. Das Bewusstsein der Unmöglichkeit dieses Standpunkts verhindert, dass er in das Wirkliche projiziert wird. Aber Adorno wendet die ganze Kraft seines Denkens auf, um zu zeigen, dass das Unmögliche immer möglich bleibt; um die Existenz einer ethischen Widerstandskraft und die Mitteilung dieser widerstehenden Stimme in der Gemeinschaft zu ermöglichen. Die Utopie dieses Widerstands ist die Utopie des Nichtidentischen.[36] Sie konvergiert mit dem politischen Ziel der Emanzipation: die größtmögliche Distanz zwischen den Einzelnen und dem Bestehenden zu erzeugen. Ein freier Geist nimmt in seinem Widerstand den utopischen und nicht-identischen Ort des Besonderen in einer befreiten Welt vorweg. Er muss das Schicksal ertragen, von der radikalen Linken als quietistisch, ohnmächtig, intellektualistisch, bürgerlich und dekadent kritisiert zu werden – und als utopistisch und ebenso dekadent von Sozialdemokraten wie Habermas, dessen Lehre sozialer Integration durch Verständigung die spezifische Differenz zwischen politischen und ethischen Problemen auf eine andere Weise einebnet.

5.

Benjamin ist in vielerlei Hinsicht »interessanter« als Adorno. Er ist faszinierender in der Lebendigkeit seiner radikalen Identifikation von Religion, Ethik und Politik. Gegenüber dem Radikalismus *sans phrase* von Benjamin wirkt Adornos Utopie der Nichtidentität von Politischem und Ethischem, von Profanem und Messianischem wie ein spröder, fast steriler Negativismus. An diesen letzteren kann man meines Erachtens nur dann produktiv anschließen, wenn der politische Illusionismus Benjamins in seiner Grundstruktur verstanden und überwunden wird. Innerhalb dieses politischen Illusionismus ist das Politische immer nur im Hinblick auf seinen ethischen und religiösen Kampfwert von Bedeutung, als identitäts- und gemeinschaftsstiftende Kategorie. Diese gegen politische und gesellschaftstheoretische Reflexion weitgehend immune, theologische oder ontologische Kategorie des Politischen taucht nicht nur bei

Benjamin auf. Sie spielt als Übersetzung des französischen »le politique« eine wichtige Rolle im politischen Denken der Gegenwart.[37] Dies scheint mir ein wichtiger Grund dafür zu sein, dass die avancierte intellektuelle Linke sich bis heute immer wieder auf die Seite der Gegenaufklärung schlägt. Sie sitzt damit Carl Schmitts metaphysischer Kritik des Liberalismus als »Entpolitisierung« auf (welche als einzig ernstzunehmende Ideen nur autoritäre und libertäre anerkennt, weil sie überhaupt nur »Weltanschauungen« anerkennt). Wenn das Lebenselement von Benjamins Denken eine emphatische Zweideutigkeit ist, so wird man diese Zweideutigkeit in einem spezifischen Sinne als unpolitisch charakterisieren müssen. Alles hängt davon ab, wie man den Sinn dieses Unpolitischen bestimmt. Die üblichen vor allem liberalen Kritiken von Totalitarismus und Geschichtsphilosophie meinen, dass sich alles ethische, religiöse Engagement der Einzelnen, alle fundamentale Kritik am Bestehenden in den Bereich des »Privaten« abschieben lasse. Es ist diese banale Form der Trennung von Politischem und Nichtpolitischem, gegen welche sich das Denken »des Politischen« im zwanzigsten Jahrhundert immer wieder wendet. Dieses Denken sitzt damit letztlich auf fatale Weise selbst einer »liberalen« Ontologie und Weltanschauung auf. Dagegen wäre auf der schmalen Grenze zu insistieren, die zwischen dem berechtigten Nichtpolitischen und dem falschen Unpolitischen liegt.

Adornos Negativismus geht davon aus, dass sich eine radikale Kritik auch unter Verzicht auf die Stütze in imaginärem politischen Illusionismus aufrechterhalten lässt. Es ist die eigentümliche Schwäche von Adornos Position, dass sie nicht klarmachen kann, woher die Energie für die ethische Kraft des Widerstands der Einzelnen gegen das Bestehende kommen soll. Hier waltet ein rigides politisches Bilderverbot. Welche *Haltung* wird hier ausgebildet? Ich würde sagen, es ist eine Haltung, die zwischen einem falschen Unpolitischen im Namen eines zu unspezifischen Begriffs des Politischen (wie er Benjamin zu eigen war) und einem richtig verstandenen Nichtpolitischen zu unterscheiden vermag. Die Kategorie des »Nichtpolitischen« wäre ein Versuch, die utopische Kraft des Negativen oder eines Standpunkts der Erlösung im Sinne Adornos ohne die illusionäre Idee einer anderen, eigentlichen Politik zu entwickeln.[38] Dabei gälte es, gleichsam das »Positive«, Affirmative der Negativität zum Beispiel eines Adorno freizulegen. In dieser Sicht liegen auch die meisten Verbindungen mit anderen Modellen des »Nichtpolitischen« bei Benjamin, Georges Bataille, Maurice Blanchot und den zeitgenössischen Formen ihrer Rezeption bei Jacques Derrida, Jean-Luc Nancy. Gegen diese muss betont werden, dass das wohlverstandene emphatische Nichtpolitische die Frage nach der politischen

Einrichtung der Gesellschaft eben *nicht* beantwortet. Insofern wäre die These zu wagen, dass aus dieser Perspektive Anarchismus und Kommunismus auch als im positiven Sinne nichtpolitische Lehren bezeichnet werden könnten. Das würde dann aber bedeuten, dass man politische Projekte auf die Ideen einer Verweigerung der Herrschaft und einer freien Assoziation der Einzelnen in einer Gemeinschaft, die nichts als das »Miteinander des Verschiedenen«[39] wäre, nicht mehr gründen kann. Angedeutet wird dies zum Beispiel in Jean-Luc Nancys Worten von einer »Entwerkung« der Gemeinschaft und von einem »literarischen Kommunismus«.[40]

Benjamins Zweideutigkeit macht einen Großteil der Faszinationskraft seines Denkens aus. Als zweideutig kann man zunächst die *politische Unbestimmtheit* der bei Benjamin vorliegenden Vermischung des Politischen und des Religiösen bezeichnen. Ich habe im Vorhergehenden diese Unbestimmtheit kritisch betrachtet als eine unpolitische Haltung, die versucht, mit Gesten des Engagements politisch Stellungen zu beziehen, die sich bei näherer Betrachtung als nur in einem sehr weiten Sinne politisch gemeint erweisen. Benjamins Zweideutigkeit wäre nur dann eine in meinem Sinne richtige Haltung, wenn er diese Zweideutigkeit eigens reflektieren würde, anstatt gerade die Paradoxie des Zweideutigen in dezisionistischen politischen Formeln aufzuheben. Benjamin versucht letztlich, seine politische Position auf seine engagierte ethische Haltung zu gründen. Eine im positiven Sinne zweideutige Haltung hätte demgegenüber den in einem emphatischen Sinne nichtpolitischen Charakter der ethischen und religiösen Gesten der Verweigerung zu bedenken. Die Haltung des Kritikers der Welt gegenüber begründet politisch nichts und ist tatsächlich in einem eminenten Sinne an-archisch. An dieser Stelle tritt ein ontologischer Bruch auf, eine Nichtidentität verschiedener Haltungen, die durch keine Dialektik mehr zu versöhnen ist. Es zerbricht das weltanschauliche Kontinuum, das klare, eindeutige »Haltungen« zugleich ermöglicht und erzwingt und das den Sinn der intellektuellen Auseinandersetzung im Kampf zwischen verschiedenen, identifizierbaren und die beteiligten Intellektuellen identifizierenden, im Bestehenden verortenden »Lagern« sieht. Benjamins Zweideutigkeit war ein erster Schritt bei der Sichtbarmachung dieses Bruchs. Er hat ihn meines Erachtens zugleich wieder unsichtbar gemacht. Ich würde dafür plädieren, das Denken der Zweideutigkeit mit einem Denken der Nichtidentität zu verbinden. Dabei ginge es gerade nicht darum, sich für das Politische (das Engagement, die Aktion) oder das Nichtpolitische zu entscheiden als für *eine* exklusive Identität, von der aus dann die je andere leicht als falsche Haltung, als falscher Glaube zu verwerfen sind. Diesen geistig-politischen Dezisionismus gälte es zu überwinden. Dabei ginge es darum, die Nichtidentität und Diskontinuität verschiedener Haltungen auszuhalten und Übergänge zu ermöglichen.

Bei Adorno verliert das Problem der »Haltung« der Einzelnen seinen metaphysischen Halt in politischen Weltanschauungen. Adorno verlegt das Politische in den Bereich einer *bewussten* Unbestimmtheit, für welche dann seine großen Leerformeln stehen: »Emanzipation« oder »vernünftige (demokratische) Einrichtung der Gesellschaft«. Adornos wahrlich apokalyptische Vision des Bestehenden hat ihn nicht, wie Benjamin, zu einer Mystik von Zerstörung und Revolution verführt. Er hat mit der gleichen Intensität die bestehende Gesellschaft abgelehnt und dennoch alles unternommen, um den naheliegenden, aber falschen Schluss einer politisch unbestimmten politischen Radikalität zu vermeiden. Er behauptet die scheinbar unmögliche Vereinbarkeit von radikaler Desillusionierung und radikaler Utopie. Adornos gesellschaftskritische Radikalität ist kompatibel mit den bestehenden rechtlichen Formen der modernen bürgerlichen Gesellschaft. Eine andere Gesellschaft würde entstehen, nähme man die proklamierten Ideale der bestehenden beim Wort.

Wir haben es hier meines Erachtens mit einem für die geistige Orientierung der Linken zentralen Problem zu tun. Man könnte im Sinne des Vorhergehenden das Problem so formulieren: Eine mächtige Tendenz der gegenwärtigen geistigen Produktion glaubt, auf den mit gegenaufklärerischen Dispositionen verbundenen Kampfwert von gewissen Zweideutigkeiten nicht verzichten zu können. Diese Tendenz meint, dass eine zweideutige Haltung immer zugleich auch als politische auftreten müsse; dass aus einer emphatisch nichtpolitischen Haltung sich immer auch zugleich eine Politik im Raum der gesellschaftlichen Optionen machen lassen müsse. Für diese Tendenz steht zum Beispiel die zeitgenössische Rezeption von Benjamins anarchistischem Traktat *Zur Kritik der Gewalt*. Benjamins zentrale, dem Begriff demokratischer Gesetzgebung direkt entgegengesetzte Idee reiner Mittel wird dort eben nicht als Hinweis auf den noch näher zu bestimmenden Bereich einer nichtpolitischen Wirksamkeit, eines sowohl der technisch-ökonomischen wie der politisch-juristischen Zweck-Mittel-Rationalität entgegengesetzten oder enthobenen Handelns reflektiert, sondern ganz in der Tradition von Benjamins eigenen fragwürdigen Verortungen als emphatische politische Unmittelbarkeit gedacht. Bei Giorgio Agamben zum Beispiel verschwindet die für unseren Zusammenhang zentrale (und von Benjamin selbst eben noch nicht reflektierte) Differenz zwischen reinen Mitteln und einem Glauben an politische Unmittelbarkeit, wenn er Benjamin paraphrasierend sagt: »Die Politik ist die Sphäre der reinen Mittel, das heißt, die absolute und integrale Gestik der Menschen.«[41]

Ähnlich problematisch in der unkritischen und auf dem Niveau des Vitalismus des frühen 20.Jahrhunderts stagnierenden Rezeption ist die Aneignung von Benjamins Begriff der reinen, revolutionären Gewalt bei Negri und Hart. Das Politische wird bei ihnen ganz auf die Begierden und Praktiken der handelnden Subjekte in den sozialen Bewegungen reduziert, das heißt auf eine aller staatlichen Entscheidungspraxis bündig entgegengesetzte reine Bewegungsdemokratie. Sie suspendieren kurzerhand das Problem der politisch-juristischen Legitimität und ihrer Mittel und damit zugleich das Problem des politischen »Übergangs« zum Kommunismus: »Es gibt keine Stufen oder Mittel der Transition, es gibt nur das Vermögen zur Konstruktion, die konstituierende Macht.«[42] Sie stilisieren die reine Gewalt der reinen Mittel zum reinen Selbstzweck, der als göttliche Gewalt aller Rechtfertigungsbedürftigkeit enthoben ist.

»Wie ist eine Gewalt zu verstehen, die nicht ein ihren Zwecken äußerliches Mittel ist? Wie können wir uns eine nichtrepräsentative oder unrepräsentierbare Gewalt vorstellen? [...] ... die göttliche Gewalt bezeugt das Leben selbst in einer unmittelbaren Weise, außerhalb des Rechts, in der Form des Lebendigen [...] Wir geben dieser göttlichen Gewalt den Namen konstituierende Macht. Die konstituierende Macht der Multitude ist nicht Mittel für irgendetwas außer ihrer eigenen Macht. Diese Praxis ist keine Performanz; sie achtet in ihrer Repräsentation nicht auf Effekte, noch konzentriert sie ihre Energien darauf, eine Botschaft zu übermitteln.«[43]

Das Problem, um das es hier geht, betrifft weniger die Frage nach einem politischen Urteil über Benjamin als vielmehr die Frage nach seiner angemessenen Rezeption in der Gegenwart. Hier gilt es scharf zu unterscheiden zwischen der zweideutigen Geste einer im Kern unpolitischen radikalen Herrschaftskritik, die immer noch wie Benjamin auf eine andere, sozusagen »unmittelbare« Politik außerhalb der staatlichen Rechtsordnung spekuliert, und der Zweideutigkeit eines sich als solches reflektierenden Nichtpolitischen. Es gälte, eine bestimmte Form der anarchisierenden Zweideutigkeit zu kritisieren und sich energischer zu lösen von der scheinbar plausiblen Verbündung radikaler Herrschaftskritik mit dem politischen Irrationalismus. Denn sie bedeutet letztlich die unpolitische *Verleugnung* des Problems politischer *Herrschaft*: die Verleugnung der Frage nach der Rationalität und Legitimität der demokratischen Aneignung und Verwendung staatlicher Zwangsmittel. Ich halte diese Frage für eine der zentralen Fragen der intellektuellen Linken. Es ist eine Frage, die eine Selbstkritik bestimmter ideengeschichtlicher Dispositionen erfordert. Denn eine solche Kritik darf man nicht den eigenen Gegnern überlassen (auch nicht solchen, die wie Habermas mit einer harmonistischen Diskursethik das Verhalten der Einzelnen letztlich dem Primat politischer Integration unterordnen). Adorno ist einen winzigen Schritt auf diesem Weg gegangen, indem er seinen eigenen radikal gesellschafts- und herrschaftskritischen Standpunkt als unmöglichen »Standpunkt der Erlösung« kennzeichnete. Er versuchte, einen sozusagen bewusst fiktiven Standpunkt außerhalb des Bestehenden zu beziehen. Die Gefahr einer solchen Position ist evident: Das bei Benjamin virulente Problem eines reinen aktivistischen Engagements wird durch das Problem eines leicht als quietistisch denunzierbaren Theoretizismus ersetzt. Adornos Kanon dessen, »was alles nicht mehr geht«, treibt die Desillusionierung auf eine Spitze, von der aus es schwer ist, nicht auf den Boden der Tatsachen herunterzufallen. Die winzige Differenz zwischen dem messianischen Standpunkt der Erlösung und dem kruden Realismus des objektiven Geistes gilt es zu markieren. Es ist der Spalt, der den totalen Konformismus der Geister verhindert und die ethische Differenz zum Bestehenden aufrechterhält. Adorno hat sich im Wesentlichen damit begnügt, diese ethische Differenz als nicht unmittelbar politisch zu denken. Er hat das spezifisch Ethische dieses Nichtpolitischen nicht wirklich zum Gegenstand seines Denkens gemacht: die spezifische Praxis und Wirksamkeit, das eigentümliche *Verhalten* eines kritischen Denkens, dessen wesentliche Zweideutigkeit sich im Bestehenden nicht repräsentieren lässt. An dieser Stelle müssen wir Heutigen weiterarbeiten. Und dabei kann man durchaus an einen an manchen Stellen gegen ihn selbst gelesenen Benjamin anknüpfen.

Nachweise und Anmerkungen

1. Vgl. Irving Wohlfahrt: »Der ›Destruktive Charakter‹. Benjamin zwischen den Fronten« In: Burckhardt Lindner (Hg.): »*Links hatte noch alles sich zu enträtseln* ...« *Walter Benjamin im Kontext*. Frankfurt am Main 1978, S. 65-99.
2. Vgl. Theodor W. Adorno: »Versuch, das Endspiel zu verstehen«. In: *Noten zur Literatur*. In: *Gesammelte Schriften in zwanzig Bänden*. Hrsg. von R. Tiedemann. Frankfurt am Main 1997, Bd. 11, S. 293.
3. Gershom Scholem und Theodor W. Adorno (Hg.): *Walter Benjamin. Briefe*. Frankfurt am Main 1966, Bd. I, S. 528f.
4. Vgl. auch Walter Benjamin: »Theologisch-politisches Fragment«. In: *Gesammelte Schriften in sieben Bänden*. Hrsg. von R. Tiedemann u. H. Schweppenhäuser. Frankfurt am Main 1991, Bd. II.1, S. 203f.
5. Scholem, Adorno (Hg.): *Walter Benjamin. Briefe*. A.a.O., Bd. I, S. 425f.
6. Vgl. Michael Löwy: *Erlösung und Utopie. Jüdischer Messianismus und libertäres Denken. Eine Wahlverwandtschaft*. Berlin 1997.
7. Vgl. Louis Althusser: *Ideologie und ideologische Staatsapparate. Aufsätze zur marxistischen Theorie*. Hamburg, Berlin 1977, S. 135.
8. Benjamin: *Gesammelte Schriften*. A.a.O., Bd. 4.2, S. 1000.
9. Brief vom 16. April 1924, in: Scholem, Adorno (Hg.): *Walter Benjamin. Briefe I*. A.a.O., S. 355.
10. Vgl. Gershom Scholem: *Walter Benjamin – die Geschichte einer Freundschaft*. Frankfurt am Main 1975, S. 108 u. passim.
11. Vgl. Löwy, a.a.O., passim.
12. Vgl. Löwy, a.a.O., S. 238.
13. Vgl. Walter Benjamin: »Zur Kritik der Gewalt«. In: *Gesammelte Schriften*. A.a.O., Bd. II.1, S. 179-203.
14. Vgl. Gershom Sholem: »Zum Verständnis der messianischen Idee im Judentum«. In: *Über einige Grundbegriffe des Judentums*. Frankfurt am Main 1970, S. 121-170.
15. Walter Benjamin: *Einbahnstraße*. In: *Gesammelte Schriften*. A.a.O., Bd. 4.1, S. 93.
16. Vgl. Walter Benjamin: »Karl Kraus«. In: *Gesammelte Schriften*. A.a.O., Bd. II.1, S. 366.
17. Walter Benjamin: »Moskau«. In: *Gesammelte Schriften*. A.a.O., Bd. 4.1, S. 327.
18. Ebd.
19. Walter Benjamin: »Erfahrung und Armut«. In: *Gesammelte Schriften*. A.a.O., Bd. II.1, S. 219.
20. Scholem: *Walter Benjamin – die Geschichte einer Freundschaft*. A.a.O., S. 108.
21. Scholem, Adorno (Hg.): *Walter Benjamin. Briefe*. A.a.O., Bd. I, S. 527.
22. Ebd.
23. Theodor W. Adorno: »Einleitung zu Benjamins ›Schriften‹«. In: *Noten zur Literatur*. A.a.O., S. 579.
24. Adorno: »Charakteristik Walter Benjamins«. In: *Kulturkritik und Gesellschaft I*. In: *Gesammelte Schriften*. A.a.O., Bd. 10.1, S. 247.
25. Max Horkheimer, Theodor W. Adorno: *Dialektik der Aufklärung*. In Adorno: *Gesammelte Schriften*. A.a.O., Bd.3, S. 40.
26. Ebd.

27 Jacob Taubes: *Die Politische Theologie des Paulus*. München 1993, S. 103.
28 Adorno: *Minima Moralia*. A.a.O., Bd. 4, S. 283.
29 Vgl. Maurice Blanchot: *La communauté inavouable*. Paris 1983; Jean-Luc Nancy: *La communaté désoeuvrée*. Paris 1986 (dt.: *Die undarstellbare Gemeinschaft*. Stuttgart 1988).
30 Adorno: *Negative Dialektik*. In: *Gesammelte Schriften*. A.a.O., Bd. 6, S. 153.
31 Adorno: »Zu Subjekt und Objekt«. In: *Kulturkritik und Gesellschaft II*. In: *Gesammelte Schriften*. A.a.O., Bd. 10.2, S. 743.
32 Adorno: *Negative Dialektik*. A.a.O., S. 294.
33 Vgl. Adorno: »Marginalien zu Theorie und Praxis«. A.a.O., S. 759-782.
34 Vgl. Adorno: »Beitrag zur Ideologienlehre«. In: *Soziologische Schriften I*. In: *Gesammelte Schriften*. Frankfurt am Main 1997, Bd. 8, S. 477.
35 Adorno: »Spätkapitalismus oder Industriegesellschaft?«. In: *Soziologische Schriften I*. In: *Gesammelte Schriften*. A.a.O., Bd. 8, S. 370.
36 Vgl. Michael Hirsch: »Utopie der Nichtidentität«. In: M. Hirsch u.a. (Hg.): *Adorno. Die Möglichkeit des Unmöglichen*. New York, Berlin 2003, S. 47-60.
37 Vgl. Michael Hirsch: »Der Staat als Kirche. Die Gemeinschaft ›des Politischen‹«. In: G.-P. Callies, M. Mahlmann (Hg.): *Der Staat der Zukunft. Archiv für Rechts- und Sozialphilosophie Beiheft Nr. 83*. 2002, S. 155-171.
38 Vgl. Roberto Esposito: *Categorie dell› Impolitico*. Bologna 1999.
39 Adorno: *Negative Dialektik*. A.a.O., S.153.
40 Jean-Luc Nancy: *Die undarstellbare Gemeinschaft*. A.a.O., S. 9ff., 149 ff.
41 Giorgio Agamben: *Mittel ohne Zweck. Noten zur Politik*. Freiburg/Berlin 2001, S. 62.
42 Antonio Negri, Michael Hart: *Die Arbeit des Dionysos. Materialistische Staatskritik in der Postmoderne*. Berlin/Amsterdam 1997, S. 152.
43 Negri, Hart, a.a.O., S. 158f.

Jochen Hörisch

Über die Sprache Adornos
Rundfunkgespräch mit Peter Kemper*

Peter Kemper: Lassen Sie mich unser Gespräch über die literarischen Aspekte von Adornos Werk, über seinen besonderen Sprach- und Schreibstil, mit einer Anekdote beginnen. Erzählt wird sie von Eckhard Henscheid in seinem Buch *Wie Max Horkheimer einmal sogar Adorno hereinlegte. Anekdoten über Fußball, kritische Theorie, Hegel und Schach*: »Um die verzweifelte Stimmung, welche die ›Frankfurter Schule‹ um das Jahr 1933 herum befallen hatte, etwas aufzulockern, veranstaltete Max Horkheimer eines schönen Tages einen kleinen Wettstreit. Derjenige sollte Sieger und der beste Kritische Theoretiker sein, der das Reflexivum ›sich‹ am weitesten […] [nachstellen] konnte. ›Das hört *sich* gut an!‹ rief Erich Fromm und schied sofort aus. ›Jetzt wird *sich* mal zeigen‹, schrie begeistert Herbert Marcuse, ›wer was drauf hat im Kopf!‹ – und natürlich sah damit auch Marcuse kein Land. Etwas geschickter stellte sich Walter […] Benjamin an, der mit einem ›Der Marxismus muß mit dem Judentum *sich* verbrüdern!‹ zum Erfolg zu kommen hoffte. Habermas hatte offensichtlich die Regeln mißverstanden oder was, jedenfalls schied er mit seinem Beitrag ›*Sich* denken, bringt wahre Selbstreflexion des Geistes‹ aus, und auch Pollock brachte es mit einem ›Gott ist an *sich* im Himmel‹ nicht recht weit, ja er wurde sogar mit Schulverweis bedroht […] – jedenfalls legte nun lächelnd Max Horkheimer mit dem Satz: ›Die Judenfrage erweist in der Tat als Wendepunkt *sich* der Geschichte‹ einen echten Hammer vor, – indessen, nicht zu glauben, dass auch dies noch übertroffen werden konnte: Sieger wurde und sein Meisterstück machte nämlich Adorno mit dem seither geflügelten Satz: ›Das unpersönliche Reflexivum erweist in der Tat noch zu Zeiten der Ohnmacht wie der Barbarei als Kulmination und integrales Kriterium Kritischer Theorie *sich*.‹ Selten ein schönerer, ein rührenderer Anblick, als der, da Max Horkheimer mit den Worten ›Brav, sehr brav‹ dem Jüngeren über den schon haarlosen Kopf strich«. Soweit die, natürlich fiktive, Anekdote von Eckhard Henscheid. Herr Hörisch – Henscheid nimmt hier ironisch den bisweilen prätentiösen Sprach- und Schreibstil von Adorno ins Visier. Inwieweit muss man denn bei ihm eine regelrechte Sprachmagie in Rechnung stellen?

Jochen Hörisch: Die Anekdote, die Sie mit Eckhard Henscheids Hilfe ausbreiten, ist natürlich wunderbar. Sie ist aber auch gemein und fies, weil sie ja Adorno als einen Streber und Musterschüler charakterisiert, der alle anderen übertreffen will. In all dieser Gemeinheit sieht die Anekdote natürlich sehr viel. Was sie nicht sieht, um sogleich mit einer kleinen Henscheidkritik anzufangen, ist, dass Adorno ja Sprachmagie in einem präzisen Sinne betreibt: Er will formalisiert und sprachlich zum Ausdruck bringen, was sachlich das Denkmotiv ist, das ihn umtreibt. Und das ist kein anderes als das der Exzentrik des Subjekts. Das klingt fürchterlich nach Professorendeutsch, ist aber, wie viele Motive Adornos, ein einfaches Motiv. Das ›Ich‹ ist nicht bei sich zu Hause und deshalb muss das reflexive »sich« weit weg vom ›Er‹, vom ›Du‹ oder vom ›Ich‹ usw. stehen. Das Reflexivpronomen muss extrem entfernt sein von seinem Zentrum – es ist exzentrisch. Dahinter steckt eine Botschaft. Natürlich kann man diese Adornosche Fixierung auf das Reflexivpronomen als eine Stil-Macke denunzieren, aber es ist doch eine Macke, die Sinn macht. Es handelt sich in der Tat um ein wunderbares Beispiel für das, was Sie ›Sprachmagie‹ bei Adorno nennen. Magie heißt ja, dass man merkt: Da ist eine Macht, die stärker ist als ich. Das Subjekt ist nicht in der Lage, Herr des Diskurses, Herr der Sprache, Herr dieses Kommunikationsmediums zu sein; und gerade, weil es das einsieht, weil der Magier, weil der Zauberer einsieht, dass es Mächte gibt, die ihm über sind, kann er mit diesen Mächten in ein intimes Verhältnis treten. Und er kann gerade deshalb dann doch wieder – dialektischer Umweg – zu dem, was ihm überlegen ist, in ein befreites Verhältnis treten. Ich glaube, das ist der tiefe Kern der sprachlichen Anstrengungen von Adorno, die wir heute belächeln. Es gibt also gute Gründe, sie ernst zu nehmen, den Impuls ernst zu nehmen, der dahinter steht: Subjekte sind exzentrisch, unter anderem sind sie an die Sprache verloren. Wenn sie sich befreit wiedergewinnen wollen, muss man Magier werden, gerade in Zeiten der späten Moderne, der aufgeklärten Moderne. Die ist nämlich verzauberter und magischer als die Zeiten vorher. Die Selbstbeschreibung von Max Weber, dass wir »in aufgeklärten Zeiten leben« und dass Aufklärung heißt, »die Welt zu ent-zaubern«, ist in Adornos Blick falsch. Da ist er Marxist geblieben. Keine Epoche war so verzaubert, war so magisch gebannt, wie die der kapitalistischen Moderne ...

Kemper: ... wie die vermeintlich aufgeklärte ...

Hörisch: ... wie die vermeintlich aufgeklärte kapitalistische Moderne. Es gilt das genau entgegengesetzte Motiv: Wir sind im Zeitalter der vollendeten Magie. Und also müssen wir Zauberer werden.

Kemper: Im Sommer 1933, ich will noch einmal ein Adorno-Zitat bringen, notierte er: »Die Sprache erlaubt nicht mehr zu sagen, wie es erfahren ist; entweder sie ist verdinglicht, Warensprache, banal, und fälscht den Gedanken auf halbem Weg, oder sie ist auf der Flucht vor dem Banalen, feierlich ohne Feier, ermächtigt ohne Macht, bestätigt auf eigene Faust.« Ist das ein Sprachstil, der die kultivierte Verzweiflung austrägt?

Hörisch: Ich zögere ein bisschen, Herr Kemper, da zuzustimmen, weil ›kultivierte Verzweiflung‹ gewissermaßen einen Topos der Adorno-Lektüre abruft: Da haben wir den depressiven Philosophen, den Denker, der am stärksten verzweifelt ist angesichts dessen, was alles in der Moderne abläuft. Wenn man ›kultiviert‹ betont, stellt sich ein wunderbarer Hintersinn ein. Kultivierte Verzweiflung heißt ja, dass man Verzweiflung deshalb kultiviert, um ihr Einsichten abzutrotzen. Und die dialektische Einsicht wäre natürlich, dass die Zeiten sehr gut sind. Man zögert, das zu sagen; jetzt kommen die obligatorischen Einwände: Zweiter Weltkrieg, Auschwitz, Massenmord und dergleichen mehr. Ich glaube, was Adornos Denken so kultiviert verzweifelt macht, ist, dass er sagt: Keine Zeit war so schrecklich, wie die des 20. Jahrhunderts, in die er hineingeboren wird am 11. September 1903. By the way, Derrida hat darauf aufmerksam gemacht: Es handelt sich um ein seltsames Datum. Adornos Geburtstagsdatum ist auch das Datum des Putsches von Pinochet in Chile, und es ist der ›Nine-Eleven‹, den wir alle kennen. Die drei Daten haben miteinander schier nichts zu tun, aber trotzdem – ›kultivierte Verzweiflung‹ – handelt es sich sozusagen um drei korrespondierende Daten. Adornos Sprachmagie und kultivierte Verzweiflung würde, glaube ich, darin bestehen, aus diesen drei Ereignissen, die miteinander nichts, aber auch gar nichts zu tun haben, dennoch magisch einen Sinn heraus zu zaubern. Ich denke, das macht seine Verzweiflung in dem Sinne kultiviert, dass er lernen kann: »Ich kann diese Verzweiflung genießen.« Der Melancholiker, der er ist – er ist nämlich kein Depressiver –, der Melancholiker genießt seine Melancholie und genießt sein Leiden unglaublich.

Kemper: Sie kennen die Formulierung ›Grandhotel Abgrund‹?

Hörisch: Ja, Adorno hat sich natürlich zu Recht dagegen gewehrt, wobei das Motiv ›Abgrund‹, auch theologisch gesehen, was Lukács gar nicht mehr präsent gehabt haben dürfte, ein großes Kompliment ist. Abgrund ist ja ein alter mystischer Begriff für Gott. Und derjenige, der abgründig denkt, denkt nicht langweilig am Leitfaden des Grundes entlang (der alte, berühmte, aber auch langweilige Satz vom Grund: »Alles was geschieht, hat seinen hinreichenden Grund«), sondern denkt in ganz abgründigen Dimensionen. Adorno dürfte zu denjenigen gehören, die zum Abgrund ein sehr positives Verhältnis hatten.

Kemper: Aber Lukács meint es ja in dem Sinn: »sich in der Verzweiflung einrichten«, sich behaglich fühlen, sozusagen.

Hörisch: Und Adorno würde sagen: ›Ja was denn sonst? Wir haben nur dieses eine Leben, und wenn dieses eine Leben ein Leben am Abgrund ist, dann müssen wir uns auf die Kunst verstehen, abgründig gut zu leben. Was ist daran abgründig, dass man merkt: Es gibt Dimensionen, die man erkunden kann, in denen nicht etwa alles Wesen gründet, sondern in denen alle Gründe verwesen?‹ Und das ist, glaube ich, sein scharfes, sein schönes Motiv: Wie leben wir in Zeiten – auch einmal, damit es nicht zu mystisch und zu verrückt klingt, etwa in der Quantenphysik oder nach der Relativitätstheorie –, wo wir lernen müssen, dass wir nicht mehr auf letzte Gründe stoßen, wo auf A B folgt und auf B C? Wir leben unbegründet grundlos. Und die Frage ist, ob man darüber verzweifelt oder man dazu ein befreites Verhältnis bekommen kann. Um nicht missverstanden zu werden: Das, was an Grundlosigkeiten, an Abgründen, an transzendentaler Obdachlosigkeit, um mit Lukács zu sprechen, sich im 20. Jahrhundert einstellt, das ist Adorno voll bewusst. Die Frage ist, ob wir recht mit diesem Datum umzugehen gelernt haben. Und ich denke, Adornos Interesse an avancierter Kunst resultiert nicht zuletzt daraus, dass er der Kunst die großartige Einsicht anvertraut, dass Grundlosigkeit auch eine Befreiung sein kann, nicht bloß eine Bedrohung.

Kemper: Aber Sie versuchen jetzt natürlich schon, diese radikale Negativität (also die negative Dialektik, es gibt ja viele verschiedene Topoi bei ihm), die ja auch letztlich die Kunst betrifft – die Kunst ist sozusagen das letzte Residuum, in dem sich das Nichtidentische zeigt, sozusagen Einspruch erhebt, das Nicht-Einverstanden-Sein mit der Faktizität –, Sie versuchen das doch jetzt, sage ich mal, positiv zu wenden.

Hörisch: Ja. Meine These wäre in der Tat die, dass ›Teddie‹, der Zeit seines Lebens ein Kind gewesen ist, der seinen Kindernamen ja auch mochte, der ein Musensohn war, der ein Muttersohn war – seine Mutter hat ihn spät geboren –, dass er das Leben geliebt hat. Fast bis zur Operettenseligkeit. Er ist in Wien intellektuell groß geworden, er mochte schöne Frauen, er mochte gepflegte Erotik, er mochte gute Weine – sein Vater war ja ein Weingroßhändler –, er hat eine wunderbare Kindheit und Jugend gehabt, an die er sich immer wieder gerne erinnerte. Er genoss es, an der kalifornischen Küste in feinen Zirkeln zu verkehren, er genoss es auch, einer Gräfin die Hand zu küssen usw. Also, wenn wir jemanden – wenn ich so plump biografisch argumentieren darf – sehen wollen, der unter schlimmen Umständen ein wunderbares Leben gehabt hatte – immer Geld, immer interessante Positionen, immer Gespräche mit den bedeutendsten Zeitgenossen von Charlie Chaplin bis Thomas Mann –, dann ist es Adorno gewesen. Und ich denke, wir müssen in aller Ernsthaftigkeit Adorno einmal als ein Paradigma für eine außerordentlich geglückte Biografie ansehen. Das Schlimme ist nur, er hat es gewusst: Man darf es bloß nicht sagen.

Kemper: Jaja, und der Wegweiser muss den Weg, den er weist, nicht selbst gehen…

Hörisch: … nicht selbst gehen, so ist es. Es gibt auch einige Mitschnitte, wo Adorno geradezu auch Albernheiten praktiziert hat, er war ja ein Kindskopf. Er hatte eben seine Teddie-Qualitäten. Auch seine Lust an surrealistischen Witzen, an Sprachwitz und dergleichen hat er häufig ausgestellt, aber immer nur im kleinsten Kreise, das sollte nicht publiziert werden. Also: Adorno als den kalifornischen Intellektuellen zu sehen, der auch einmal einen *joke* macht, das würde überhaupt gar nicht in unser normales Adornobild passen, aber ich denke, das gehört unmittelbar dazu. Das ist die Seite, die er verdeckt, die er magisch verdeckt, so wie man einem Zauberer nicht in seinen Zauberhut gucken darf.

Bei der Lektüre der *Negativen Dialektik*, seinem theoretischen Hauptwerk, dachte ich, es darf gar nicht wahr sein. Als ich das das erste Mal las, stolperte ich über eine Stelle – die ich jetzt frei paraphrasiere, ich kann sie natürlich nicht auswendig –, da sagt er: ›Als ich, der kleine Teddie, in Amorbach war, im Alter von vielleicht von zehn, elf Jahren, war ich fasziniert, wie alle vorpubertierenden Kinder, von so seltsam obszönen Ausdrücken – und das waren Bezeichnungen für Wege oder kleine Landschaftsstücke um Amorbach herum: Schweinstiege, Luderbach.‹ Das sind Beispiele, die er in seinem philosophischen Hauptwerk bringt! Und da sagt er sinngemäß: ›Wer ganz begreifen würde, was ihn als Kind anfiel, als er solche seltsamen Worte – sind es Begriffe, sind es Namen? – hört wie Schweinstiege und Luderbach, der wäre dem absoluten Wissen, wie Hegel es beschworen hat, näher, als Hegel selbst es glaubte‹. Und ich denke, es kommt viel darauf an, Adorno als den – ich sage bewusst: – polymorph perversen, kindlich gebliebenen Intellektuellen zu begreifen, und nicht immer bloß als den einschüchternden Großintellektuellen. Im Umkreis der frühen kindlichen Motive war er Freudianer, da konnte er seine größte Intellektualität entfalten. Warum? Weil er wusste, dass nur der wahrhaft intellektuell ist, der die Wünsche im Denken zulässt. Natürlich gilt auch die Umkehrung: Man muss das Denken im Wunsch zulassen. Und ich denke, da will ich Adorno doch huldigen, das hat keiner so gut beherrscht wie er...

Kemper: Und das sind natürlich auch Wunschspuren, Erinnerungsspuren der Kindheit, die bei ihm ein Leben lang eigentlich durchgehalten hat. Herr Hörisch, ich würde gerne noch einmal auf diese Sprachcharakteristik bei Adorno zurückkommen. In der landläufigen Meinung zeichnet er sich ja durch endlos lange Satzkonstruktionen aus, die irgendwie unvermittelt beginnen, und das Reflexivpronomen ›sich‹ ist eben nicht, wie Sie es eben ausgedrückt haben, denklogisch möglichst weit weg vom Subjekt platziert, sondern es taucht irgendwo auf, wo man es gar nicht vermutet. Dann fehlen oft Verben, es gibt dann also auch wieder ganz kurze Sätze. Die Sprache ist sehr spannungsreich, sehr in sich widersprüchlich. Würden Sie sagen, Herr Hörisch, Adorno hat als Philosoph in seinen Schriften und Vorlesungen einen literarischen Stil, wenn schon nicht gepflegt, dann doch gesucht?

Hörisch: Er hat ihn gepflegt, er hat ihn gesucht und er hat ihn gefunden. Adorno ist ja derjenige, der das alte Spiel – da ist die schöne Literatur, die *belles lettres*, die Belletristik, auf der einen Seite und da ist das argumentative Denken auf der anderen Seite, das philosophisch zählt – nicht mitgemacht hat. Für ihn war Literatur, wie jedes Kunstmedium, immer auch ein Medium von Einsicht. Und zwar ein Medium von Einsicht, das der Begriffssprache überlegen ist. Literatur weiß etwas. Das weiß übrigens die frühe Literaturtheorie, ich denke etwa an die berühmten Verse bei Horaz in der *ars poetica*: »Aut prodesse, aut delectare volunt poetae.« Die Dichter wollen ebensowohl erfreuen, etwas zum Delektieren geben, als auch belehren. Dies Motiv ist ja weiter als viele ästhetische theoretische Ansätze im Umkreis von Kant. Die ihm zugrunde liegende Einsicht ist: Das Schöne hat ein Wissen, an das die Begriffssprache und das Argument nicht herankommen. Es geht sogar noch weiter: Wer argumentiert, ist eigentlich unfein. Wenn ich jetzt mit Ihnen argumentiere, gibt es zwei Möglichkeiten: Sie stimmen meinem Argument zu oder nicht. Einer von uns beiden ist dann zuviel auf der Welt, entweder habe ich recht, oder Sie haben recht. Wer argumentiert, eskaliert und schließt den anderen aus.

Kemper: Die Kunst als eine freischwebende Wahrheit...

Hörisch: Da kann man mit Adorno Kant zitieren und sagen: »Das ist eine Meinung, die angemutet wird«, die aber nicht konsenspflichtig ist. Konsens ist grauenhaft, Konsens ist der Tod jedes lebendigen Gesprächs! Der Gegensatz könnte nicht größer sein, als er zwischen Habermas und Adorno ist. Adorno ist derjenige, dem sich die wenigen Haare, die er hatte, sträuben, wenn er Worte wie Konsens oder Verständigung hört. Verständigung ist grauenhaft, Konsens ist noch viel schrecklicher; was zählt, sind Dissonanz und Schwerverständlichkeit. Warum sind denn die Werke schwer verständlich? Es ist doch einfach Blödsinn, zu sagen, dass ein Celangedicht oder Hölderlinverse oder der *Faust II* oder Joyces *Ulysses* der Verständigung und der Kommunikation dienen. Wenn einer sich verständlich machen will, soll er nicht so schreiben, wie Mallarmé oder wie Joyce. Er muss aber so schreiben, weil er die sich planvoll und leicht einstellende Verständigung erschweren will. Denn die führt, theologisch gesprochen, auf den breiten Weg, der zur Hölle der Banalitäten führt. Der schwierige Weg der Verständigung, der dunkle, rätselhafte ist es, der wirklich in den Bereich von illuminierten Einsichten führt.

Kemper: Herr Hörisch, unterbrechen wir an dieser Stelle unser Gespräch einmal für ein paar Minuten durch Musik. Sie haben sich für diese Sendung den zweiten Satz aus Schuberts Klaviertrio Es-Dur gewünscht. Was hat es mit diesem Stück für Sie auf sich?

Hörisch: Nun, ich gehöre nicht zu denen, die persönliche Vorlieben allzu gerne und öffentlich ausstellen. Aber ich gebe gerne zu – ich muss es zugeben –, dass ich von diesem Trio-Satz besessen bin. Natürlich kann ich mich dabei auf Adorno berufen. Zu einem seiner frühesten Kinder- und Jugendtexte zählt ja dieser frühe, zwei Seiten lange bzw. kurze Aufsatz über Schubert. Und da ist diese herrliche Formulierung drin, dass demjenigen, der wahrhaft Schubert höt, die Träne ins Auge stürzt, ohne zuvor die Seele zu befragen. Und ich will pathetisch einbekennen, dass es mir bei diesem zweiten Satz aus dem Trio in Es-Dur, ein schwedisches Volkslied liegt da, glaube ich, zu Grunde, ähnlich geht.

*

Kemper: Um noch einmal auf Adornos besonderes Sprachverständnis zurück zu kommen, Herr Hörisch: Er hat ja Anfang der 1930er Jahre die »Zehn Thesen über die Sprache des Philosophen« geschrieben, und da hat er festgehalten, ich zitiere: »Die beabsichtigte Verständlichkeit philosophischer Sprache ist heute in allen Stücken als Trug zu enthüllen. Sie ist entweder banal, setzt also naiv Worte als vorgegeben und gültig, deren Beziehung in Wahrheit zum Gegenstand problematisch wurde, oder sie ist unwahr, indem sie unternimmt, jene Problematik zu verbergen.« Soweit Adorno. Was heißt das? Ist Adornos Vertrauen in die Wahrheitsfähigkeit, in die Wahrheitsfunktion von Sprache nachhaltig erschüttert?

Hörisch: Eindeutig ja. Man muss das sehen im Kontext der unglaublichen Karriere, die der Sprachbegriff im 20. Jahrhundert gemacht hat. Das hat ja gespenstische Dimensionen, und ich glaube, Adorno hat die Gespensterhaftigkeit der Konjunktur von Sprache – der Wendung der Philosophie weg vom Bewusstsein, hin zur Sprache – voll erkannt. Es ist doch gespenstisch, wenn so unterschiedliche Leute wie Heidegger und Wittgenstein, wie Habermas und Carnap gleichermaßen diese Hochschätzung von Sprache mitmachen. Man zögert, es zu sagen, weil man heute sofort aus dem philosophischen Diskurs ›rausfliegt‹, wenn man so redet, aber ich will mit Adorno so argumentieren: Sprache ist nie unwichtiger gewesen als im 20. Jahrhundert. Gerade in dem Zeitalter, wo es Computer gibt, wo maschinell verwaltet wird, wo es Medien gibt, die Töne aller Art auch dies- und jenseits von Sprache aufzeichnen können, wo Sprache ihren Rang als Primärmedium verliert, macht sie philosophisch eine so steile Karriere. Doch um Gottes willen, wir sitzen hier beim Hessischen Rundfunk bei einer Aussprache über Adorno...

Kemper: Adorno war häufig hier zu Gast!

Hörisch: Adorno hatte ein enthusiastisches Verhältnis zu neuen Medien, also muss man Adorno als einen Medienfreak begreifen – seine Schallplattensammlung war legendär, und wenn ihm ein Mikrofon hingehalten wurde, hat er keinen Augenblick gezögert, da hinein zu sprechen.

Kemper: Er war, glaube ich, der Intellektuelle in Deutschland nach dem Krieg, der am häufigsten in den elektronischen Medien produziert hat.

Hörisch: So ist es. Da hätte Heidegger nie und nimmer mitgemacht. Ich glaube, wir haben auch in dieser Hinsicht einen ganz falschen Blick auf Adorno. Also, was ich sagen will, merken Sie schnell – Adorno ist derjenige, der wirklich mit den erstaunten Augen eines Kindes sagt: Leute, was ist da eigentlich los? Ihr macht die sprachanalytische Wendung der Philosophie und schätzt die Sprache in diesem Maße hoch, genau in dem Zeitalter, wo sie einen Kursverlust sondergleichen hat. Sprache ist nicht mehr so wichtig wie zur Goethezeit. Und das finde ich wunderbar, wie Adorno sprachlich bis hin zur Macke, bis zum Tick – Adorno hätte gesagt: »bis zur Idiosynkrasie« – diesen Sprachfetischismus nicht mitmacht.

Kemper: Aber wo genau stand er denn? Sie haben jetzt gerade auch schon die beiden Antipoden angesprochen, also die leblosen Protokollsätze der Wissenschaftstheorie, der Positivisten, und gleichzeitig den Jargon der Eigentlichkeit von Heidegger, gegen dessen Ursprünglichkeit und vermeintliche Tiefe sich Adorno ja gewandt hat. Adorno hatte ja wohl das Problem, einer zerfallenden Sprache gegenüber zu stehen. Wie genau situiert er sich denn da?

Hörisch: Er weiß, dass jede Zerfallsbewegung eine Produktionsbewegung ist. Philosophie ist solidarisch mit der Metaphysik im Augenblick ihres Zerfalls, so programmatisch schließt die *Negative Dialektik*. Und ich glaube, er situiert sich sehr konkret mit dem Dissonanzbegriff. Den würde ich – methodisch ein bisschen heikel, aber ich will es dennoch machen – assoziieren und mehr als nur assoziieren, nämlich: *anbinden* an den Diskursbegriff. Dissonanz heißt: Weil wir uns nicht verständigen, weil wir etwas nicht verstehen, weil etwas nicht harmonisch klingt, weil wir nicht übereinstimmen, weil es keine Horizontverschmelzung gibt, haben wir Anlässe zu denken und zu sprechen. Eine Dissonanz-Erfahrung zu machen, heißt, die Erfahrung von etwas Nicht-Identischem zu machen; etwas kommt nicht in Übereinklang miteinander. Wer dis-kurriert, läuft auseinander. Das lateinische ›Discurrere‹ heißt nichts anderes als ›auseinander laufen‹. Wer zusammenläuft, der macht einen Konkurs, das wäre der scharfe Gegenbegriff. Und genau in dem Maße, wie Sprache einschwingen will ins Sein, in die Seinsgeschichte oder in die kommunikative Kompetenz oder in die Horizontverschmelzung oder in den Konsens, erfährt sie einen Konkurs. Sie muss diskurrieren, sie muss dissonant sein. Konsens ist Nonsens.

Kemper: Herr Hörisch, nun noch einmal die Rückfrage: Sie würden also schon sagen, dass das Nicht-Identische sein sprachliches Äquivalent in der Dissonanz hat?

Hörisch: Eindeutig. Das ist der Grund, warum Adorno der Kunst bzw. der mit Kunst solidarischen Philosophie Einsichten anvertraut. Musik würde nicht funktionieren, wenn man das so sachlich ausdrücken darf, wenn sie nicht Dissonanzen hätte. Die Frage ist, ob sie als klassische Musik, bis hin zu Brahms, Dissonanzen auflöst. Brahms löste sie häufig auf um den Preis harmonischer Verwechslungen, erpresster Versöhnungen und dergleichen mehr. Das Faszinierende für Adorno ist, dass just zu der Zeit, wo es die Psychoanalyse gibt, wo es die Ethnologie gibt, wo es den Kubismus gibt, wo es die Relativitätstheorie gibt, also just in den ersten Jahren des 20. Jahrhunderts, zur Ausbildung einer Zwölftonmusik kommt, die das alte Spiel nicht mehr mitmacht, das Musik darauf verpflichtet, Dissonanzen harmonisch aufzulösen. Ich denke, so einfach ist das, viele Denkmotive bei Adorno sind unglaublich einfach. Das ist die ungeheure Faszination, die für ihn von der Zwölftonmusik Schönbergs ausgeht, die sozusagen wie Ödipus der Sphinx ins Auge sieht. So dem Stand von Dissonanzen in die Augen blicken und das aushalten: Das ist der Heroismus, den man im 20. Jahrhundert entfalten kann.

Kemper: Wir müssen wahrscheinlich in diesem Zusammenhang, wo es um Adornos Sprachverständnis geht, letztlich auch um seinen literarischen Stil, um seinen Literaturbegriff, auch dieses berühmte Diktum von ihm noch einmal in den Blick nehmen, dass sich ›nach Auschwitz kein Gedicht mehr schreiben‹ lasse, denn auch da ist natürlich der Begriff der zerfallenen Sprache im Spiel. »Sein Material«, schrieb Adorno schon 1931 über den Philosophen und seine Sprache, »sind die Trümmer der Worte, an die Geschichte ihn bindet«. Was heißt das nun? Ich meine, der Satz über Gedichte nach Auschwitz ist so oft missverstanden worden. Adorno hat ihn später, glaube ich, präzisiert; er hat gesagt, er meine natürlich Gedichte im Sinne von humorvollen Gedichten. Also heitere Kunst ist demnach nach Auschwitz nicht mehr möglich. Oder heißt es wirklich, dass die Wahrheit der Welt sich nicht mehr in Gedichtform fassen lässt?

Hörisch: Adorno hört bei dem Wort Gedicht auch immer das ›Dichte‹ mit. Dichter sind diejenigen, die etwas dichter sagen, die etwas verdichten, die etwas zusammenbringen, konzentrieren, fokussieren. Und in dem Maße, wie man nach Auschwitz noch versucht, Gedichte zu schreiben, die auf den Punkt bringen, was die Welt im Innersten zusammenhält, sind Gedichte falsch. Das ist wiederum der harte Kern des Argumentes. Er hat sich dann schnell belehren lassen – ich denke, das ist ein wunderbares Beispiel für die Lernfähigkeit auch des älteren Adornos –, dass es z.B. einen Paul Celan gibt. Und der hat Gedichte natürlich nicht mehr nach diesem alten Paradigma des Ver-Dichtens, des Zusammenbringens, des Konzentrierens geschrieben, sondern eben als Entfaltung von Konstellationsbegriffen. Wenn der Mensch in der Moderne dichterisch wohnt, dann wohnt er buchstäblich als exzentrischer Mensch, der in der Hölderlin-Tradition eine exzentrische Bahn, aber keine verdichtete Bahn, einschlägt. Und dann hat Adorno sofort konzedieren können, dass es noch

Gedichte gibt. Empirisch gesehen wäre es albern, das zu bestreiten. Die Frage ist, welchem Stand der Einsicht diese Gedichte Ausdruck verleihen können? Und da ist er natürlich – das kann man kritisieren, belächeln oder eben auch zur Kenntnis nehmen – derjenige, der sehr eindeutig hierarchisiert und zu einer nicht so originellen, aber deshalb ja nicht falschen Einsicht kommt: Es gibt auch nach 1945 hervorragende Gedichte, so schrecklich viele sind es nicht, und es gibt Gedichte, die schlechterdings überflüssig sind, die interessieren ihn auch nicht, sie stören ihn. Sie stören ihn, weil sie die Aufmerksamkeit von den Texten ablenken, die eigentlich zählen. Ich will meine Adornobegeisterung nicht zu weit treiben und nur das sagen: Adornos Rezeptionsgrenzen sind ja durchdekliniert worden, so z.B. seine Verdikte gegen U-Musik oder gegen Jazz oder bestimmte Formen von Heiterkeit (»Vergnügt sein heißt, einverstanden zu sein«) – nehmen wir, weil Sie mit Eckhard Henscheid das Gespräch begonnen hatten, solche Leute wie Robert Gernhardt und die Neue Frankfurter Schule. Ich denke, die haben bzw. hätten, wenn er denn älter geworden wäre, ihn auf der biographischen Ebene auch fasziniert. Für Nonsense-Poesie, für Ringelnatz oder Morgenstern oder so etwas, war er schon zu haben. Aber auch das konnte er nicht öffentlich zugeben...

Kemper: Es entsprach nicht dem Bild, das er natürlich auch kultiviert hat.

Hörisch: Es entsprach nicht dem Bild, das er hatte. Aber z.B. seine Begeisterung für Chaplinfilme ist ein kleiner Hinweis...

Kemper: Die Marx Brothers!

Hörisch: ... auch für die Marx Brothers – ein Hinweis, wie stark seine Faszination durch die Sphäre des Irren, des Verrückten, des buchstäblich von seinem Ort, von seinem Platz verrückten war. Also ich denke, ab und an hat Adorno auch sehr genau gewusst, wie man Argumente platzieren kann, wie man autoritär Einfluss auf eine kulturelle Diskussionslage ausüben kann. Mich stört, dass er da häufig der allzu Strenge war, der sozusagen nicht ganz der Sphäre des gehobenen Oberlehrers entgeht, der da sagt: »Das dürft ihr euch gestatten, öffentlich, und das dürft ihr euch allenfalls heimlich gestatten«. Vieles spricht dafür, dass er in seinem letzten Lebensjahr, nicht zuletzt durch die Achtundsechziger-Revolution, gelernt hat, dass da neue Formen des Ausdrucks kommen, mit denen er nicht mehr so richtig – was auch Generationszugehörigkeit angeht – umgehen konnte. Aber ich glaube schon, dass er ahnte: Da kommt eine Form von Heiterkeit hinein, die ihm fremd war, die ihn aber auch fasziniert hat. Es ist keine andere als eine erotische Heiterkeit. Erotische Heiterkeit heißt auch immer Daseins-Liebe, Daseins-Bejahung...

Kemper: ... sinnliche Unmittelbarkeit...

Hörisch: ...die ihm ja suspekt war. Aber lesen sie, was er über Nietzsche, über Sils-Maria, über die Kunst des Ja-Sagens schreibt. Er zitiert zustimmend den wunderbaren Hegelsatz, »daß die Kunst der Kritik die allereinfachste ist«. Jeder Trottel kann kritisieren, was ihm nicht passt. Und dass die Welt und die Gesellschaft schlecht ist und wir eine Umweltverschmutzung haben und dergleichen mehr, ist alles so wahr wie trivial. Man muss kein brillanter Intellektueller sein, um darauf zu kommen. Und dass Kriege scheußlich sind, warum soll man das sagen? Wer das nicht schon weiß, der – ist halt zu bedauern. Viel interessanter, so geht es dann bei Adorno mit Hegel weiter, ist die Kunst der Affirmation! Wer ›Ja‹ sagen kann ohne in das ›I-A‹-Sagen des Esels zu verfallen, der hat die höheren Dimensionen, oder die tieferen, der Weisheit erkannt. Der ist nämlich durch die Schule Spinozas gegangen...

Kemper: Aber das ist jetzt schon eine gewagte These, Adorno sozusagen als verkappter Ja-Sager, als subversiver...

Hörisch: Aber, lieber Herr Kemper, genau darauf will ich hinaus. Er ist derjenige, der weiß, dass die große Leistung von Kunst das Ja-Sagen ist. Goethe: »Wie es auch sei, das Leben, es ist gut.« Das Türmerlied im Faust: »Es sei wie es wolle, es war doch so schön.«

Kemper: Philosophisch gesehen gehört doch eigentlich das Motiv des Nicht-Einverstandenseins zu seinem Zentralbestand.

Hörisch: Ja nun, er ist einverstanden damit, nicht einverstanden zu sein...

Kemper: ... im Nein-Sagen, auch im Nein-Sagen zum faktisch Gegebenen.

Hörisch: Da sind es auch wiederum nur sozusagen anderthalb Schritte auf dem Weg der Initiation in dialektisches Denken. Man ist sozusagen nicht einverstanden mit dem Nicht-Einverstandensein. Das heißt, um die Kunst des Nicht-Einverstandenseins überhaupt beherrschen zu können, muss man sie natürlich auf sich selbst anwenden können. Und das heißt, das wirklich große Motiv bei Adorno scheint mir ein ganz einfaches zu sein: Die Welt ist an sich, ich drücke es einmal so hilflos aus, wunderbar. Die Frauen sind schön, der Wein ist gut, die Odenwaldlandschaft um Amorbach ist herrlich, die Töne, die man einem Klavier entzaubern kann und entlocken kann, sind jenseits aller Vernunft, alles ist ganz großartig. Und dann kommt dieses, wahrscheinlich auf frühe Traumatisierungen zurückzuführende, aber auch haltbare, sachlich haltbare Motiv: Die Welt steht unter einem Bann. Das ist ja ein zentraler Begriff bei Adorno. Es kommt ein böser Zauberer, der setzt alles unter einen Bann. Es kommt darauf an, das Zauberwort zu treffen, das die Welt von diesem Bann befreit, damit sich ihre Schönheit mitsamt der Schönheit des Lebens, des Seins und des Daseins entfalten kann. Adornos ungeheure Hochschätzung von Kunst beruht auf keiner anderen Intuition, als auf der, dass ver-rückte, dis-sonante, dis-kurrierende Kunst es schafft, zum Nein-Sagen ›Nein‹ zu sagen, die Kritik zu kritisieren und die abgründige Schönheit der Welt und des Daseins wieder erfahrbar zu machen. Ich wüsste – ich will es nicht um der rhetorischen Pointe wegen sagen – keinen, der die Kunst des Lobens so beherrscht hat im 20. Jahrhundert wie Adorno. Da ist er ganz, ganz anders als Horkheimer mit seiner Schopenhauerfixierung, die Adorno eher peinlich war. Da ist er Nietzscheaner und nicht Schopenhauerianer.

Kemper: Herr Hörisch, lassen Sie uns jetzt vielleicht einmal auf die Frage kommen, in wie weit sich Adornos Philosophie selbst als ein Stück Literatur lesen lässt. Also – jedem fallen natürlich die Texte in den *Minima Moralia* ein, das sind Alltagsbeobachtungen, zum Teil durchaus in einem literarischen Stil verfasst, oder auch der Text *Amorbach*, oder der Text über Sils-Maria. Ist das Literatur? Oder wo geht Philosophie hier sozusagen in Literatur über?

Hörisch: Es ist Literatur, die fremdgeht, die Grenzen überschreitet, die exzentrisch ist, so wie das Sich-Wegbewegen von Subjekt und Reflexivpronomen eine bestimmte Einsicht in exzentrische Verhältnisse pflegt. So ist natürlich auch Adornos Stil exzentrisch. Es ist ein Stil, der sich bewusst nicht festlegen lassen will auf ein Genre, eine Gattung. Ein berühmtes Beispiel dafür ist vielleicht die rhythmische Prosa in der *Negativen Dialektik* – ich zitiere jetzt aus dem Kopf, aber ich hoffe, es ist einigermaßen präzise: »Nur wenn, was ist, sich ändern lässt, ist das, was ist, nicht alles«. Man merkt: Ein rhythmisch durchgestylter Satz, da ist Adorno jemand, der mit dem Ohr denkt und nicht mit dem Auge. Oder, ich will einen kleinen Passus zitieren, den ich mir zurechtgelegt habe, aus dem wunderbaren Text über Amorbach, also dem Ferienort, an dem er mit Familie seine Kindheit verbrachte – ein Text, in dem er übrigens sehr schön über den vielfachen Sinn des Wortes ›Ort‹ nachdenkt: Topos, Topografie, Topologie, was ist der Genius Loci? Was ist der Ort, von dem aus sich die richtigen Einsichten, die richtigen Beobachtungspositionen ergeben? »Trieb ich halbwüchsig allein durch das Städtchen im tiefen Abend, so hörte ich auf dem Kopfsteinpflaster die eigenen Schritte nachhallen. Das Geräusch erkannte ich erst wieder, als ich, 1949 aus der amerikanischen Emigration zurückgekehrt, um zwei Uhr durchs nächtliche Paris vom Quai Voltaire in mein Hotel ging«. Exzentrisch, ich kommentiere jetzt, fremdgehend von Amorbach nach Paris – einem stockt der Atem, was soll denn dieses verschlafene Odenwald-Städtchen mit der Metropole Paris zu tun haben? Ich zitiere weiter, wunderbar: »Der Unterschied zwischen Amorbach« – was schon für ein Name: *Amorbach* – »und Paris ist geringer, als der zwischen Paris und New York. Jene Amorbacher Dämmerung jedoch, da ich als kleines Kind von einer Bank auf der halben Höhe des Wolkmann zu sehen glaubte, wie gleichzeitig in allen Häusern das soeben eingeführte elektrische Licht aufblitzte, nahm jeden Schock vorweg, der nachmals dem Vertriebenen in Amerika widerfuhr. So gut hatte mein Städtchen mich behütet, daß es mich noch auf das ihm gänzlich Entgegengesetzte vorbereitete«. Ein literarischer Text – wenn ich den Lehrer spielen darf, der Noten vergibt, würde ich sagen: Nicht schlecht, nicht schlecht! Wenn alle deutsche Prosa nach 1945 dieses Niveau hätte, sähe sie besser aus. Drei Orte: Amorbach, New York, Paris, zusammengehalten mit einer Kindheitserinnerung. Die Schritte, die sich selbst nachhallen: auch da ein exzentrisches Motiv. Ich höre mich gehen, ich höre mich weggehen, auf einmal bin ich als derjenige weggegangen, der Amorbach liebt (den Ort, wo die Liebe fließt), bin weggegangen in die großen Städte, aber Amorbach ist immer bei mir geblieben. Und dann das großartige Motiv, dass die Weltmetropole Paris Amorbach verwandter ist als Paris New York. Das sind Topoi, auch im literarischen Sinne, also Gemeinplätze, aber höhere Gemeinplätze, nämlich Formulierungen, die angeben, von wo aus man denken kann. Und man merkt: Adorno hat ein Motiv, er will von der Metropole aus denken. Da ist die Hauptstadt des 19. Jahrhunderts; da, in New York, ist der Stand der Moderne im 20. Jahrhundert – und da ist die deutsche Provinz, ein exzentrischer Ort, ein im Windschatten der Weltgeschichte verlorener Ort: Gerade von diesem Ort Amorbach aus lässt sich denken, was der Stand der Moderne ist, von diesem Ort aus lässt sich das erfahren.

Kemper: Wir machen hier nochmal eine kleine Zäsur, Herr Hörisch. Als zweite Musik für unser Gespräch haben Sie sich den zweiten Satz aus dem Sextett opus 18 von Johannes Brahms ausgesucht. Was verbinden Sie speziell mit diesem Stück?

Hörisch: Ja gut, ich wollte Adorno nicht bloß huldigen, ich wollte ihn auch ärgern. Für ihn war ja Brahms ein Fall, über den er wenig nachgedacht hat. Warum? Ich denke, für ihn war Brahms doch der souveräne Klassizist, der mit dem Stand des Sonatensatzes nach Mozart, Schubert und Beethoven wunderbar umgehen konnte. Es ist der Tonfall einer Serenade, den wir gleich hören werden; graziös, schlicht, formstill sieht ihn die Vollendung an, könnte man, diesen Satz hörend, synästhetisch sagen. Aber es kommen dann unheimliche Dimensionen hinein, und ich denke, man kann Brahms dann mit Adorno, der mit dem Ohr zu denken gelernt und gelehrt hat, klüger hören, als wenn man Brahms hört, ohne Adorno gelesen zu haben.

*

Kemper: Adorno hat später Musik ja immer wieder als eine Art Philosophie nach Noten, als begrifflose Wahrheit verstanden. Würden Sie sagen, Adornos Sprache zeichnet sich durch eine besondere Musikalität aus?

Hörisch: Eindeutig ja. Musik heißt ja – das ist nicht Adornos Einsicht, sondern eine höhere Trivialität –, dass man nicht direkt angeben kann, wovon sie handelt. Musik ist erst einmal athematisch. Wir können ja uns zurecht lustig darüber machen, wenn die Mondscheinsonate Mondscheinsonate heißt. Wieso wissen wir, dass Mondschein Thema dieser wunderbaren Beethovensonate sein soll? Musik hat kein Thema, hat keine Themen, die man sozusagen sprachlich transportieren kann. Sie hat keine Botschaft, sie ist dasjenige Kunstmedium, das am allerunthematischsten ist. Zugleich aber gilt: Es ist sehr schwer, so zu sprechen, dass man nicht doch irgendwie ein Thema hat in seinem Diskurs. Es ist, selbst bei informeller Malerei, schwer, Assoziationen an Gegenständliches ganz zu vermeiden: Dann ist es eben eine leere Fläche. Kurzum…

Kemper: Darum ist es ja auch so schwierig, von Musik als Sprache zu sprechen.

Hörisch: So ist es, ja. Musik ist eine Sprache, die keine Sprache ist, sie ist eine begrifflose Sprache. Deshalb ist Adorno von ihr fasziniert, denn ›Begriff‹ heißt für Adorno immer auch: Über-Griff. Eine Sprache, die begrifflich verfährt, vergreift sich, über-greift auf ihr Anderes, ich sage es einmal bewusst pathetisch, auf Sein und Seiendes, hat also vergewaltigende Momente. Das großartige an Musik ist, dass sie auf jeden Gestus des Übergreifens, des Begrifflichen, des sich Vergreifenden verzichtet. Und Adorno versucht nun etwas vollkommen

Verrücktes und Paradoxes, nämlich: so zu schreiben, so zu philosophieren, als wäre es möglich, mit Sprache zu erreichen, was Musik immer schon erreicht hat, nämlich begriffslos zu sein. Das heißt, eine ungemeine Zärtlichkeit für eine einzelne Konstellation, für einen einzelnen Sachverhalt, kennzeichnet Adornos Sprache. Manchmal ist da auch eine richtig phobische Dimension mit im Spiel. Adorno hat also Angst, allzu thematisch, zu festgelegt, zu definierend usw. zu sein. Aber all das ist ja das, was er in der Sprache zu vermeiden versucht...

Kemper: ... die Verflüssigung...

Hörisch: Ja, feste Definitionen und Verfestigungen zu liefern, lehnt er mit einer Rigidität ab, die schwer zu überbieten ist. Stattdessen findet sich in seinen Schriften ein systematischer Gestus des Sich-selbst-ins-Wort-Fallens, des Verflüssigens, des melodischen Bogens. Das geht so weit, dass Adorno mehr auf die Stimmigkeit, die interne Stimmigkeit seiner Texte Wert legt, als darauf, dass es sachlich angemessene, über-greifende, be-greifende Worte sind.

Kemper: Also Stilisierungen?

Hörisch: Das sind eindeutig Stilisierungen. Das hat – ich habe den Ausdruck ja nicht gescheut – auch, wenn Sie so wollen, fast gestörte Qualitäten, da laufen phobische Momente in ihm mit. Das weiß Adorno auch sehr genau. Aber er weiß ja auch dieses, dass man eigentlich nur um den Preis einer gewissen intellektuellen Störung zu wirklich großen Einsichten kommen kann. Die Pathologie heißt ja, dass es so etwas wie eine Logik des Leidens gibt, und die Logik des Leidens beruht darauf, dass im Leiden eine Einsicht aufbewahrt ist. Der Brückenphobiker hat recht, die Brücke ist ein Betrug an der Natur; derjenige, der sprachphobisch ist, hat recht, die Sprache ist ein Betrugswesen, weil sie nie und nimmer die Sphäre erreichen kann, über die sie etwas auszusagen vorgibt. Und ich denke, der große Sprachphobiker Adorno läuft dort zu seiner allergrößten Form auf, wo er, literarisches Denken vorantreibend, am allerphobischsten ist. Am stärksten ist er im Umkreis seiner genial gewählten Zitate. Er lässt andere sprechen.

Kemper: Es gibt ja diesen berühmten Fall der Zusammenarbeit, wo Adorno als ›geheimer Rat‹ Thomas Mann einen geheimen Rat gegeben hat. Adorno hat für ihn die musiktheoretischen Konzepte von Adrian Leverkühn im *Doktor Faustus* geliefert. Adorno hatte schon seit seinen Jugendtagen eine große Hochachtung vor Thomas Mann, und er fühlte sich natürlich geehrt, als Thomas Mann nun auf ihn zukam, als den Musik-Fachwissenschaftler. Kann man an diesem Beispiel der Zusammenarbeit mit dem Schriftsteller Thomas Mann Adornos Verhältnis zur Literatur beleuchten? Wie wichtig war ihm Literatur? Jetzt einmal abgesehen davon, dass er sich geschmeichelt fühlte, für Thomas Mann zu arbeiten, an Literatur, am literarischen Produktionsprozess teilzuhaben – wie wichtig war ihm Literatur, was die Wahrheits-, die Erkenntnisfunktion angeht?

Hörisch: Da war ihm Literatur in zweiter Linie wichtig. Warum? Weil an die Erkenntnisdimension der Musik keine andere Kunstform, kein anderes Genre heranreicht. Dass Adorno von Thomas Mann fasziniert war, liegt auf der Hand. Denn Thomas Mann war derjenige, der am musikalischsten geschrieben hat. Leitmotivtechnik spielt bei Thomas Mann seit dem frühen Buddenbrooks-Roman eine entscheidende Rolle. Die unglaubliche Faszination, die von Wagner auf Thomas Mann und natürlich auch auf Adorno ausgegangen ist, beruht auch darin, dass die Musikalität von Sprache als eine interne Stimmigkeit erfahren wird. Ich rede jetzt einmal ganz bewusst sehr sachlich in einer Sprache, die Adorno und Thomas Mann sehr fern ist: Literatur selbst ist ein System mit einem eigenen Code. Der Code der Literatur ist nicht *richtig oder falsch*, das ist der Code der Wissenschaft. *Recht oder Unrecht*: Das ist der Code der Jurisprudenz. Und der Code der Kunst ist eben *stimmig/nichtstimmig*. Für einen unglaublich guten Reim muss ein Dichter jeden Anspruch auf richtige Sätze aufgeben. Er muss von dem Zauber dieses Reims leben. Und deshalb ist Thomas Mann fasziniert von einer Literatur, die eine extreme Prämie auf diese interne Stimmigkeit setzt. Ich kenne keinen zweiten Roman (inklusive *Recherche du temps perdu*, *Ulysses* und *Mann ohne Eigenschaften*) im 20. Jahrhundert, der so stark nach internen Stimmigkeitsregeln gebaut ist wie Thomas Manns Musikroman *Doktor Faustus*: Denken Sie nur an den buchstäblich zentralen Satz im präzise mittleren Kapitel des Romans: »Weistu was so schweig.« Wie viele stimmige Lesemöglichkeiten der hat!

Kemper: Damit entspricht er ja im Grunde dem philosophierenden Gestus von Adorno.

Hörisch: Ganz genau. Und natürlich entspricht dem auch die musikalische Durchkomposition des Romans nach den konstruktiven Regeln der Zwölftonmusik: die 49 Kapitel, das Teufelsgespräch ist im 25. Kapitel, die Rolle, die die Zahl sieben hat, die Rolle, die Zwölftonmusik spielt, die Hetäre-Esmeralda-Motivik – ähnlich übrigens wie bei Brahms, das A G H E, als Brahms von Agatha Abschied nimmt. Das alles sind ja esoterische Verrätselungen. Der Hetäre Esmeralda wird in der Tonfolge H E Es A gehuldigt. Das alles sind sozusagen Verrücktheiten, es ist für den Blick, den nüchternen Blick von außen, nichts anderes als der entfaltete Wahnsinn. Aber es ist ungeheuer stimmig.

Kemper: Herr Hörisch, haben Sie ganz herzlichen Dank für diese aufschlussreichen Ausführungen. Wir lassen unser Doppelkopf-Gespräch über Adornos Sprachstil mit einem Stück ausklingen, das der erklärte Beatles-Gegner Adorno – er hat diese Musik ja sogar einmal mit entarteter Kunst verglichen – sicherlich nicht aufgelegt hätte, mit der Paul-McCartney-Komposition *Let it be*. Warum ist das für Sie, Herr Hörisch, eine passende Schlussmusik für ein Gespräch über Adorno?

Hörisch: Wenn Schubert noch einmal auf Erden wandeln könnte und Paul McCartney und John Lennon treffen würde, so würde er sie gewiß als Brüder im Geiste begrüßen und sagen: Ihr habt begriffen, was die Tradition des deutschen Kunstliedes eigentlich zu leisten vermag. Lieder wie *Girl* oder *Michelle* oder eben auch *Let it be* sind die beste Fortsetzung der Tradition des deutschen Kunstliedes. Und ich will natürlich Adorno posthum noch ein bisschen provozieren und ihn bei aller Huldigung doch noch ärgern: Zu seinen unverzeihlichen Schwächen gehört sicher, dass er die Beatles nicht richtig gehört hat. Er hat nicht begriffen, dass in den Klängen aus Liverpool ein Schubert redivivus mitschwingt.

Nachweis

* Das Radiogespräch wurde am 25. September 2003 im zweiten Programm des Hessischen Rundfunks gesendet. Die Transkription besorgte Johannes Landstorfer (Fachhochschule Mannheim, Fachbereich Gestaltung). Wir danken Jochen Hörisch und Peter Kemper für ihre Überarbeitung des Textes.

Kurt Lenk

Nachlese zum Adorno-Jahr

Der kritischen Theorie und Adorno im Besonderen wurde schon des Öfteren der Totenschein ausgestellt. In einer Epoche der ›nachauratischen Soziologie‹ wie der unsrigen, so hieß es, sei die nostalgische Suche nach einer längst verlorenen Aura endgültig obsolet geworden. In ihr entlarve sich »der Gestus des über jeden routinisierten Forschungsbetrieb Erhabenen als maßlose Selbstüberschätzung«[1]. »Nichts von dem, was Adorno geschrieben hat, zählt in der heutigen Philosophie«[2]. Manche Fachvertreter der Medienwissenschaft scheinen sich zumindest in ihrer Aversion gegen Analysen der Kulturindustrie einig zu sein, desgleichen Organisationssoziologen in ihrer entschlossenen Abwehr gegen das Theorem der ›verwalteten Welt‹. Gleichwohl ist aus derlei Nachrufen weniger stille Befriedigung als vielmehr ein gewisses Unbehagen in Anbetracht einer offenbar wiederkehrenden Aktualität mancher Fragestellungen der kritischen Theorie vernehmbar.

In seiner letzten Vorlesung vom Sommersemester 1968 hatte Adorno selbst solche bereits damals hörbare Verdikte thematisiert und bemerkt: »Es ist sehr interessant, daß überhaupt […] kritische Gedanken heute nicht mehr, wie es früher der Fall war, etwa als zersetzend oder als aggressiv […] angegriffen werden, sondern daß man versucht, sie dadurch zu erledigen, daß man sagt, sie seien eigentlich hinter der Entwicklung zurückgeblieben: eine Art von Rückstand alter Metaphysik, Wesenslehre oder […] verkappter Theologie […]«[3]. Dem entspricht es, wenn der Frankfurter Koordinator des vergangenen Adorno-Jahres, Matthias Zimmer, seine Eindrücke wie folgt resümiert: »Die Domestizierung des einstmals kritischen Impulses erlaubt die Verwaltung des Erbes […]. Nun ist er endgültig einer von uns geworden: ein geheiligtes Kulturgut, Dauer-Aspirant jeder Hitparade der hundert berühmtesten Deutschen […] und in den Erinnerungen der Zeitgenossen seltsam verklärt«[4]. Nur wem bewusst ist, welche Konnotationen ein Unwort wie ›Kulturgut‹ im Kontext Adornoscher Reflexionen hervorzurufen pflegt, wird der Ernüchterung innewerden, die in dieser Bilanz mitschwingt. Trotz alledem steht fest, dass es sich bei den zahllosen Adorno-Festivals um alles andere als ein neudeutsches Heimspiel gehandelt hat, eine Tatsache, die sich allein schon an der weltweiten Teilnahme ablesen ließ: Haben doch etwa fünfunddreißig Goethe-Institute von Bangkok bis Toronto, von Riga bis Santiago je eigene, überaus vielgestaltige und phantasievolle Programme das ganze Jahr über veranstaltet, und dies mit den besten Experten, mit Musik und Film auf Deutsch und in allen Sprachen, in die Adorno übersetzt ist.

Angesichts einer so ungemein vielfältigen und bunten Veranstaltungsserie läge es nahe, an Adornos eigenes Urteil über derartige, chronologisch fixierte Würdigungen zu erinnern. Nahm er doch den 125. Todestag Hegels zum Anlass, seine profunde Abneigung gegen organisiertes Feiern zu bekunden: Der Begriff der Würdigung »meldet den unverschämten Anspruch an, dass, wer das fragwürdige Glück besitzt, später zu leben [...] darum auch souverän dem Toten seine Stelle zuweisen und damit gewissermaßen über ihn sich stellen dürfe. In den abscheulichen Fragen, was an Kant und nun auch an Hegel der Gegenwart etwas bedeute [...], klingt diese Anmaßung mit. Nicht wird die umgekehrte Frage auch nur aufgeworfen, was die Gegenwart vor Hegel bedeutet«[5].

Auch wer Adornos Verdikt nicht beipflichtet, wird doch im Blick auf die erwähnten Events im Jubiläumsjahr sich zu der Frage genötigt sehen, ob es sich dabei vielleicht um mehr gehandelt haben könnte als um eine der üblichen Gedenkfeiern. Nicht bloß die überraschende Intensität, mit der von offizieller und halboffizieller Seite seiner nicht nur in seiner Heimatstadt gedacht wurde, lässt die Vermutung zu, dass es womöglich auch darum ging, ein Versäumnis abzugelten. Nicht nur Verfolgung und das Schicksal der Emigration, sondern auch die Konflikte und Auseinandersetzungen unmittelbar vor seinem frühen Herztod ließen bei manchen Beteiligten Gefühle einer gewissen Mitverantwortung aufkommen.

Im Gegensatz zum Hegelgedenken hat man es im Falle Adornos zwar nicht mit einem Sichmessen am Anspruch einer ›absoluten Vernunft‹ zu tun, hinter die man längst zurück gefallen ist, indem man sich dem bloß Seienden anbequemte, doch scheint die Frage berechtigt, ob der ›Zeitgeist‹ nicht vielleicht auch heute daraufhin zu prüfen wäre, inwieweit er noch dem mächtigen Sog des Nun-Einmal-So-Seienden und damit dem Rückfall hinter den Anspruch der kritischen Theorie entgehen konnte.

Ungewöhnlich erscheint bereits die termingerechte Publikation gleich dreier, miteinander unvergleichbarer ›Biographien‹[6] über einen Autor, dem es aus guten Gründen stets zuwider war, aus willkürlich-akzidentiellen Daten eines Lebenslaufs Schlüsse auf den Gehalt eines Werkes selbst zu ziehen, ein Verfahren, dem sich bekanntlich die zeitweiligen Erfolge solch biographischer Produkte im Allgemeinen verdanken. Demgegenüber hielten Adornos eigene Interpretationen es stets mit dem orthodox-freudianischen Grundsatz, wonach die biographische Wahrheit niemals zu haben ist, und dass, selbst wenn man sie hätte, sie doch für ein angemessenes Verständnis einer Lebensleistung nicht zu brauchen sei.

Da in den Gazetten kaum über andere Neuerscheinungen des Adorno-Jahres eingehender berichtet wurde als über die drei Adorno-Biographien, sei hier nur anerkennend vermerkt, dass zumindest Claussen und Müller-Dohm nicht der Illusion verfallen sind, man könne aus Menschlich-Allzumenschlichem Rückschlüsse auf Inhalt und Form Adornoscher Werke ziehen. Hatte Claussen sich erfreulicherweise vorgenommen, zunächst einmal weniger bekannte Original-Texte zum Sprechen zu bringen, so orientierte Müller-Dohm sich an der Maxime, wonach gerade auch die biographische Einzelperson vorab eine soziale Kategorie sei, ein »Ensemble gesellschaftlicher Verhältnisse«, an deren monadenhaft dunkler Innenwand sich, wie im Einzelfall auch immer, das Marktgesetz widerspiegele. Freilich ist ein so hoher Anspruch nicht einlösbar; gleichwohl wird man den Ertrag dieser quellenkundigen Arbeit künftig zu schätzen wissen.

Über die dritte, vorgeblich ›politische Biographie‹ aus der Feder des Journalisten Lorenz Jäger lässt ein so anerkennendes Urteil sich kaum finden. Nicht frei von gewissen Ressentiments, werden hier Legenden aufgetischt, an denen manche Klatschkolumnisten sich erbauen mögen. Wie, so fragt man sich, mag es im intellektuellen Haushalt eines Biographen aussehen, der es unternimmt, Adorno eine Art Naturmystik zu unterstellen, die nach chthonischen Mythen dürstet? Und obendrein einen ›luftigen Gesellschaftsbegriff‹ Adornos tadelt, der einer Art tabula rasa gleiche: »Die Menschen in ihr leben ohne Tradition, ohne Religion, ohne Nationen und ohne Staat«[7]. Derlei Kunststücke, die nicht einmal mehr zur Erheiterung der Leser beitragen, führen allenfalls in die tristen Niederungen jenes Spiegel-Autors (Johannes Saltzwedel), der nicht davor zurückschreckt, aus Adornos einstiger Anregung, der Frankfurter Zoo solle seine Bestände womöglich mit einem Wombatpärchen komplettieren, auf das ›Wesen‹ von Person und Werk zu schließen und obendrein mit allerhand Zotigem aufzuwarten.

Bemerkenswerter sind allerdings vereinzelte Bekundungen eines Antiintellektualismus, wie sie etwa ein Redakteur des Hauses Springer in der ›Literarischen Welt‹ verlauten ließ. Seine Attacke bezog sich weniger auf Adorno selbst als auf dessen vermeintliche Wirkungen bei seinen Schülern. Unter der dramatischen Überschrift »Adorno als geistiges Verhängnis« konstatiert er eine Verpestung der deutschen Kultur, insbesondere ihrer geisteswissenschaftlichen Fakultäten, die von den Adorno-Adepten ausgegangen sei, durch die »sogar zum Teil die deutschen Feuilletons an jenen Abgrund gebracht worden seien, an dem sie jetzt stehen«[8].

Will man, gewiss vereinfachend, so etwas wie eine ›Generaltendenz‹ zahlreicher Stimmen im Gedenkjahr ausmachen, so mag man sie in einer unübersehbaren Reduktion der kritischen Theorie aufs Ästhetisch-Musikalische und Literarische sehen, bei deutlicher Ausblendung jener Vermittlungen, die in Adornos Schriften zwischen originären Kategorien der Kritik der politischen Ökonomie – Warenproduktion, Verdinglichung und Fetischisierung – und bestimmten Formen des Kulturellen geleistet wird. Gerade darin liegt wohl die Besonderheit seiner Theorie, die zugleich Kultur- und Gesellschaftskritik ist. Es ist kaum zu leugnen, dass nicht erst in den vergangenen Jahren eine geradezu manische Abwehr aller Spielformen der Ideologiekritik zu einer fatalen Neutralisierung auch von Adornos Theorie geführt hat. Ihres dialektischen Salzes beraubt, verfiel sie einer systematischen Nivellierung aufs Normalmaß feuilletonistischen Räsonnierens über den kulturellen Überbau im Allgemeinen, und dies trotz ihrer zahlreichen empiriegesättigten Modellanalysen. Dem entspricht es, wenn auch in Teilen der heutigen Mediensoziologie seine Arbeiten zum Fernsehen mehr oder weniger umstandslos als empirisch unausgewiesen und schlechthin *outdated* verworfen werden.[9]

Hatte doch Adorno selbst den von ihm beobachteten Neutralisierungsprozess im soziologischen Denken noch in einer seiner letzten Vorlesungen am Beispiel der sinnlosen Trennung von Soziologie und Volkswirtschaftslehre thematisiert. Die unaufhaltsam fortschreitende, arbeitsteilige Separierung in voneinander fein säuberlich abgeschottete akademische Fachdisziplinen führt notwendig zu einer Ausblendung der eigentlichen raison d'être der Sozialwissenschaften, »dem Prozess der realen Selbsterhaltung der menschlichen Gesellschaft«[10] auf die Spur zu kommen.

Solchermaßen formalisierte Fachdisziplinen mit je eigener Methodologie sehen schließlich ab »von der gesellschaftlichen Produktion und Reproduktion des Lebens der Gesellschaft als Ganzer«[11]. Damit aber verfehlen sie zugleich ihre genuin kritische Funktion, den Schein der Alltagswahrnehmung mit den darin verborgenen sozialen Mechanismen zu konfrontieren, so wie Adorno dies am positivistischen Verfahren gezeigt hat. Ohne einen solchen Aufweis der konkreten Vermittlungen im Indifferenzbereich von Politischer Ökonomie und Soziologie erstarrt diese zu einer unhistorisch formalen Beziehungslehre, als welche sie die vorgegebenen Fakten einfach verdoppelt.

Adorno ging es stets um die Rekonstruktion einer historisch reflektierten soziologischen Kategorienbildung, um auf diese Weise »des Gewordenseins oder der stillgestellten Dynamik in den Phänomenen innezuwerden«[12]. Demgegenüber sah er die Gefahr einer unhistorisch und damit zugleich unkritisch verfahrenden Soziologie darin, die Gesellschaft als ganze in ein bloßes Objekt zu verwandeln und so im Erkenntnisakt selbst »die Prozesse der

Verdinglichung noch einmal« zu wiederholen, »die ihrerseits durch die objektive Tendenz der gesellschaftlichen Entwicklung in der Konsequenz des sich ausbreitenden Warencharakters eigentlich bereits liegen«[13]. Der Verzicht auf Adornos Schlüsselkategorien bedeutet vor allem, dass die der kritischen Theorie eigene Thematisierung des subjektiven Moments bei der Genese sozialwissenschaftlicher Einsichten aus dem Gesichtsfeld schwindet, zusammen mit der Idee einer möglichen Änderung gesellschaftlicher Verhältnisse. Die Ausblendung der geschichtlichen Dimension, die formalsoziologische Eliminierung dialektischer Vermittlungen führt schließlich zu einer Verdinglichung des Bewusstseins, in der sich jene der sozialen Wirklichkeit widerspiegelt.

Meint Verdinglichung im soziologischen Denken soviel wie Verdrängung und Vergessen historischer Zusammenhänge, so meint Kritik zuerst Erinnerung und Reflexion, »nämlich in den Phänomenen zu mobilisieren, wodurch sie das wurden, was sie geworden sind, und dadurch der Möglichkeit innewerden, daß sie auch ein Anderes hätten werden und dadurch ein Anderes sein können«[14]. Dieses Festhalten an der ursprünglichen Intention von Gesellschaftskritik unterscheidet Adorno von jeglichem Positivismus.

Wie durch einen Abgrund getrennt erscheint denn auch das derzeit vorherrschende Selbstverständnis der Soziologie von jenem Adornos im Blick auf dessen Zentralbegriff von Gesellschaft. Vom Prinzip der Vergesellschaftung, dem Äquivalententausch, gar von Fetischisierung oder Verdinglichung durch Kulturindustrie im Ernst zu sprechen brächte Diskusteilnehmer heute leicht in den Verdacht eines altmarxistischen Sektierertums. Was Jochen Hörisch zu Recht den »heißen Kern der Kritischen Theorie Adornos« nennt,[15] lässt die Soziologenzunft mittlerweile ziemlich kalt. Zwar führen seit längerem nicht nur Erziehungswissenschaftler und Philosophen beredte Klage über das Zur-Ware-Werden und die Kommerzialisierung alles dessen, was sich einmal Bildung nannte,[16] doch, längst zur ›zweiten Natur‹ geworden, fällt die Analyse dieses Vorgangs zwischen die Gräben fachspezifischer Interessen. Während jede Tageszeitung von um sich greifenden Manipulations- und Betrugsserien berichtet, Konzernvorstände im Zeichen der Krise mit erstaunlicher Raffinesse sich Abfindungen zu sichern verstehen, finden sich Begriffe wie ›Manipulation‹, ›Klasse‹ oder gar ›Mehrwert‹ nurmehr auf dem Index.

Eine zweite Fehlanzeige nicht bloß in den Diskursen des Jubiläumsjahres betrifft den gesamten Umkreis der Psychoanalyse, ohne deren Einsichten kritische Theorie gar nicht denkbar ist. Auch dieser Ausfall offenbart die Eindimensionalität ihrer Rezeption. War es doch keineswegs eine Marotte Adornos, wenn er sich stets als ›orthodoxen Freudianer‹ bekannte, um zu betonen, dass für ihn die in den revisionistischen Schulen betriebenen ›Ermäßigungen‹ psychoanalytischer Kategorien ohne Verbindlichkeit blieben. Denn Freud käme genau dort zu seiner Wahrheit, wo er übertreibt.

In einer Selbstdarstellung der Frankfurter Universitätssoziologie lesen wir: »Die Kritische Theorie hatte in den 60ern eine hohe Zeit, stürzte anschließend in eine Orientierungskrise und ist heute in Gefahr, zum Gegenstand von Traditionspflege, kanonisiert und historisiert zu werden«[17]. Am Ende des Adorno-Jahres wird man, alles in allem, dieser Einschätzung wohl zustimmen müssen.

Wenn kritische Theorie im ursprünglichen Sinne soviel bedeutet wie geistige Unruhe, Gesellschafts- und Selbstkritik, so wäre bloße Traditionspflege ihr sicherer Tod. Und dies gerade, weil sie ihrem historischen Bewusstsein gemäß seit je Traditionen die Treue hielt, wie sie seit Kant, Hegel, Marx, Nietzsche, Freud und Max Weber entwickelt worden sind. Einer solchen Erbschaft wäre nicht Traditionspflege, sondern weit eher Traditionsstiftung die angemessenere Form des Umgangs, womit zugleich die Wiederaufnahme verdrängter, emigrierter und darum teilweise vergessener Autoren angesprochen wäre. Das im Zeichen des 200. Todestages stehende ›Kant-Jahr« dürfte erneut eine Probe darauf sein, ob sich postmodern dünkende Gesellschaften noch Raum lassen für marktinkonforme Reflexion.

Nachweise und Anmerkungen

1 Richard Münch: »Editorial«. In: *Soziologische Revue*. Heft 2, April 2001, S. 141.
2 Norbert Bolz: »Der Pyrrhus-Sieger«. In: *Literaturen*, 06/2003, S. 35.
3 Theodor W. Adorno: *Einleitung in die Soziologie (1968)*. Frankfurt am Main 2003, S. 80.
4 Matthias Zimmer: »Unser Adorno«. In: *vorgänge*. Heft 4, Dezember 2003, S. 128.
5 Theodor W. Adorno: »Drei Studien zu Hegel«. In: Ders.: *Gesammelte Schriften in zwanzig Bänden*. Hrsg. von R. Tiedemann. Frankfurt am Main 1997, Bd. 5, S. 251.
6 Detlev Claussen: *Theodor W. Adorno. Ein letztes Genie*. Frankfurt am Main 2003; Stefan Müller-Dohm: *Adorno. Eine Biographie*. Frankfurt am Main 2003; Lorenz Jäger: *Adorno: Eine politische Biographie*. München 2003.

7 Jäger: *Adorno*. A.a.O., S. 244; vgl. S. 64f. und den Hinweis auf Adornos angebliche Nähe zu Ludwig Klages, S. 177. In diesem, von der Presse überwiegend lobend rezensierten, Buch finden sich apodiktische Urteile wie »die Einbeziehung der Lehren Freuds war ein Irrweg« (S. 138); »Wo Adorno Konflikte sah, dort konnte er Würde und Menschlichkeit nicht mehr erkennen [...]«; »erstarrte seine Soziologie zu einer Phänomenologie der Anfeindungen«; »Als Adorno 1969 starb, war auch das normative Potential seiner Theorie erschöpft« (S. 291). Träfe dieser offensichtliche Todeswunsch der Sache nach zu, so erscheint zumindest die polemische Aufgeregtheit einer »politischen« Biographie erklärungsbedürftig, zumal dann, wenn auch ohne psychoanalytisches Instrumentarium manche seiner Projektionen mehr über ihren Urheber aussagen als über seinen Gegenstand.

8 Tilman Krause: »Adorno als geistiges Verhängnis«. In: *Literarische Welt*, 6. 9. 2003.

9 Vgl. z. B. Harald Wenzel (Hg.): *Die Amerikanisierung des Medienalltags*. Frankfurt am Main, New York 1998. Wenzel hält die Analysen der Kulturindustrie von Seiten der ersten Generation der kritischen Theoretiker zwar für »kaum widerlegbar«, doch »nicht sehr hilfreich« (S. 88).

10 Adorno: *Einleitung in die Soziologie*. A.a.O., S. 236.

11 Adorno, a.a.O., S. 237.

12 Adorno, a.a.O., S. 244.

13 Adorno, a.a.O., S. 230.

14 Adorno, a.a.O., S. 250.

15 Jochen Hörisch: *Es gibt (k)ein richtiges Leben im falschen*. Frankfurt am Main 2003, S. 52.

16 Stellvertretend für zahlreiche einschlägige Belege hier nur zwei Stimmen aus jüngster Zeit: »Die Inhalte [...] werden der Tendenz nach gleichgültig und beliebig – wenn sie nur eines gleichsam als Katalysatoren ermöglichen: die Freisetzung von Menschenpotentialen, die im globalen Konkurrenzkampf diverser Gruppen vordere Rangplätze verbürgen [...]. Die Trias Kreativität, Innovationsfähigkeit, Verantwortungsbereitschaft setzt Maßstäbe für das, was aus dem Rohstoff Menschengeist im Nachwuchs herauszuholen ist [...]. Das Bildungswesen ist eine einzige Förderstation sonst brachliegender Ressourcen [...] zu Nutz und Frommen im Kampf um die raren Spitzenplätze in der Weltökonomie. PISA scheint es geschafft zu haben, dass Universitätspräsidenten und Kultusminister neuerdings nicht selten dieselbe Sprache sprechen wie Bankchefs« (Horst Rumpf: »Erstickt das Wissen an sich selbst«. In: *Forschung und Lehre*, 10/2003, S. 552 ff.). »Die moderne Gesellschaft [...] hat die Warenform des Wissens entdeckt. Wissen ist heute in erster Linie ein Gut, das sich den üblichen Marktformen angepasst hat und von diesem beherrscht wird. Das gilt auch vom Wissenschaftler, der sein Handwerk nicht mehr in der eigentlichen Produktion von Wissen [...], sondern als dessen Manager und Verkäufer versteht. Wissen online ist heute in der Rhetorik seiner Vermarkter alles« (Jürgen Mittelstraß: »Universität und Universalität«. In: *Frankfurter Allgemeine Zeitung*, 13.1. 2004).

17 »Soziologie vor Ort«. In: *Soziologie. Mitteilungsblatt der DGS*. Heft 3/1997, S. 65.

Autorin und Autoren

Prof. Dr. Gunzelin Schmid Noerr, Jg. 1947; Arbeitsgebiete: Sozialphilosophie, Technikphilosophie, Ethik, Sprachphilosophie, Kulturphilosophie.
Stralsunder Str. 5, D-60323 Frankfurt am Main.

Dr. des. Tobias Bevc, Jg. 1971; Arbeitsgebiete: Politik, Medien, Ernst Cassirer, Kritische Theorie.
E-mail: TobiasBeevc@gmx.net

Peter-Erwin Jansen, Jg. 1957; Arbeitsgebiete: politische Bildung, Herausgabe des Nachlasses von Herbert Marcuse und Leo Löwenthal.
Bundenweg 34, D-60323 Frankfurt.

Marcus Hawel, Jg. 1973; Arbeitsgebiete: Kritische Gesellschaftstheorie, Kritische Bildungstheorie, Staats- und Rechtsphilosophie, Nation und Nationalismus, Antisemitismus.
E-mail: marcus.hawel@gmx.de

Prof. Dr. Kenichi Mishima, Jg. 1942; Arbeitsgebiete: Deutsche Philosophie und Literatur, Nietzsche, Adorno, Benjamin, vergleichende Kulturwissenschaften.
E-mail: mishima@hus.osaka-u.ac.jp

Dr. habil. Sven Kramer, Visiting Associate Professor, Jg. 1961; Arbeitsgebiete: Neuere deutsche Literatur, deutscher Film, Holocaust-Studien.
University of Toronto, Department for Germanic Languages and Literaturs, 50 St. Joseph St., Odette Hall, 3rd Floor, Toronto, ON, M5S 1J4, Canada.

Prof. Dr. Mauro Ponzi, Jg. 1950; Arbeitsgebiete: Exilliteratur, Goethe-Zeit, Komparatistik und Medienwissenschaft.
E-mail: mauro.ponzi@uniroma1.it

Dr. Georg Otte, Jg. 1959; Arbeitsgebiete: Neuere deutsche Literaturgeschichte, brasilianische Literatur des 20. Jahrhunderts.
E-mail: georg.otte@uol.com.br

Dr. Stavros Arabatzis, Jg. 1961; Arbeitsgebiete: Theorie der Mode, Ästhetik und Design, Ernst Bloch, Walter Benjamin.
E-mail: arabatzis@t-online.de

Dr. Lars Rensmann, Jg. 1970; Arbeitsgebiete: Antisemitismusforschung, politische Theorie.
Otto-Suhr-Institut für Politikwissenschaft der Freien Universität Berlin, Ihnestraße 21, D-14195 Berlin.

Prof. Dr. Andreas Gruschka, Jg. 1950; Arbeitsgebiete: Kritische Theorie der Pädagogik, Empirische Bildungsforschung, Schultheorie und Theorien zum Wandel der Schule, Ontogenese bürgerlicher Kälte als Entwicklung des moralischen Urteils, Pädagogische Einsichten in Bildern durch Bilder.
Johann-Wolfgang-Goethe-Universität, Institut für Pädagogik der Sekundarstufe, Fach 114, Senckenberganlage 15, D-60054 Frankfurt am Main.

Dr. Konstantinos Rantis, Jg. 1963; Arbeitsgebiete: Kritische Theorie, Psychoanalyse, Philosophie des 20. Jahrhunderts, Gesellschaftstheorie.
Anast. Zinni 12, 11741 Athens, Greece.

Prof. Dr. Silke Kapp, Jg. 1966; Arbeitsgebiete: Moderne Architektur, Ästhetische Theorie, Urbanistik.
E-mail: silkekapp@uol.com.br

Dr. Michael Hirsch, Jg. 1966; Arbeitsgebiete: Kritische Theorie, Zeitgenössische Politische Philosophie und Theorie, Neuere französische Philosophie, Ästhetik.
E-mail: Hirschmail@aol.com

Prof. Dr. Jochen Hörisch, Jg. 1951; Arbeitsgebiete: Neuere Germanistik, Mediengeschichte und Medienanalyse.
Zuschriften bitte an die Redaktion.

Prof. em. Dr. Kurt Lenk, Jg. 1929; Arbeitsgebiete: Politische Theorien und Ideengeschichte, Politische Soziologie, Konservatismus- und Rechtsextremismusforschung.
Humboldtstraße 21, D-91054 Erlangen.